衝角付冑の型式学的配列

川　畑　純

---

1. はじめに
2. 研究史
3. 衝角底板連接手法の再分類
4. 型式学的配列
5. 衝角付冑の生産と入手
6. おわりに

― 論 文 要 旨 ―

　衝角付冑を対象として，型式学的配列から復元できる製作順序と，一括資料群の対比を行い，その生産と入手パターンの復元を試みた。

　衝角底板・腰巻板先端部・衝角先端部という３つの部材の形態に着目し，それぞれ５類・５類・４類に分類した。また，各部材形態の組み合わせと連接位置関係から衝角底板の連接手法を分類し，全13型式を設定した。その上で，各部材の形態と近縁関係から各型式間での改良過程を考察し，各型式の系統関係と出現順序を想定した。衝角底板の連接型式に加えて，連接技法・帯金幅・伏板湾曲度・地板枚数などの種々の要素を，地板形式に基づく区分ごとに検討した。そうして複数の要素が整合的に変化する様相を捉えることで，型式学的配列を構築した。その型式学的配列は，共伴遺物相からも衝角付冑個々の製作順序とすることができる。

　個々の冑の配列を型式ごとに検討すると，部材の変化の方向性に相違があることがわかる。そのため，各型式の製作背景として，素材の調達から部材の製作・整形までをある程度独立して行う「工房」が相当すると考えうる。また，その生産は複数の冑を同時並列的に製作するようなものではなく，１個体ごとに部材の製作・組み上げを行い，流通に供するようなものと考えられる。

　一括資料を検討すると，製作段階に差を持つ資料の集積が一般的であり，甲冑の複数埋納の背景として複数段階にわたる集積行為を想定できる。衝角付冑の入手行為は，基本的に被葬者と倭王権周辺との個別的な関係によりなされると考えるが，その質・量ともに多彩な関係の最終的な集積結果として，副葬品総体は構成される。そこには体系的な序列化や流通差配の存在を読み取ることはできない。ただし，例外的に複数資料の同時入手を想定できる例もあることから，倭王権周辺との地理的・社会的関係の強弱により異なる入手パターンが存在する可能性がある。

受付：2011年３月23日
受理：2011年７月19日

キーワード

対象時代　古墳時代中期・後期
対象地域　日本
研究対象　衝角付冑

1. はじめに

（1）本稿の目的

本稿の目的は，器物の製作順序と，一括資料として抽出される資料群との対比から，古墳時代における器物の生産と入手・副葬の一端を復元することである。

ここでいう器物の製作順序とは，遺物の属性分析から得る型式学的配列とほぼ同義とする。妥当性の高い方法論により型式学的配列を得るならば，それは「おおむね」遺物の製作順序を反映すると考えるが，もちろんそれが製作順序そのものと一致するか否かは論証不可能である。しかし，そこで得られる「作業仮説としての製作順序」（＝型式学的配列）は，従来の枠切り形の編年とは異なる次元での副葬品の分析を可能とする。例えば銅鏡を対象として研究が進められているように，個々の資料の製作順序を明らかにできれば，器物の生産契機や生産体制の編成状況のこれまでにない詳細な分析が可能となる。また器物の製作順序と共伴状況との比較から，器物が生産され流通し，最終的に副葬へと至るプロセスの具体的な復元の可能性が開かれる（下垣2005）。

本稿での立論は，あくまで型式学的配列を優位とする方法論によるものである。古墳の副葬品においては，同一の埋葬施設から出土した資料の「埋納時の同時性」が保証される。それに対し，型式学的分析はあくまで「器物のかたちは連続的に変化する」という検証不可能な仮説に立脚する。唯一保証された「埋納時の同時性」を金科玉条とする方法論も当然存在しよう。

しかし一方で，「埋納時の同時性」は「製作時の同時性」を保証しない点に，本稿の方法論が入り込む余地がある。現状において可能な限り追求した「型式学的配列」をそれらの器物の「製作順序」に読み替えることで，「埋納時の同時性」との間になんらかの関係性—具体的にいえば，器物の製作から廃棄までに，器物がどのような動きを辿ったのか—を提示できる。

さらにこの分析方法は，同時に埋納された資料群だけでなく，同一古墳中の別個の埋葬施設に埋納された資料群や，同一古墳群中の別個の古墳に埋納された資料群に対しても有効である。資料状況にさえ恵まれるならば，個人・集団内・集団間といった多様なレベルで，器物が製作から廃棄までにどのように扱われたのかを明らかにできよう。そしてそのような器物の動きは，当該時期の社会状況を背景になされるため，そこから社会の有り様への接近が可能となる。その意味では，本稿での分析は，副葬品の「型式学的」研究における方法論的模索と位置づけることもできる。

（2）検討対象

以上の目的から，本稿では古墳時代の武具の一品目である衝角付冑を検討対象とする。衝角付冑を含む鉄製甲冑は，古墳時代の武具の中でも特に複雑な構造を持ち，型式学的検討により明らかにされてきた事柄は多い。特に短甲の研究は細緻を極め，編年論や技術論・工人系譜論などが，高い実証性を伴って論じられている。また，同一の埋葬施設で複数個体が共伴した例がある程度認められるため，「型式学的配列」と「埋納時の同時性」の関係の検討が可能である。

一方で，衝角付冑は必ずしも詳細な型式学的検討がなされてきたとは言い難い。甲と冑の関係では，機能的にも共伴関係からも甲が主であることは動かない。しかし，冑の甲に対する従属性の一方で，冑の持つ属性の多さは決して甲に劣らない。むしろ頭部の保護という機能的制限は，短甲よりも小型で複雑な曲面加工や微細な部材の連接を要請する。そのような複雑細微な構造と製作技術は，現在の我々にとって，より詳細な型式学的検討の可能性を開くといえる。

以上の資料的特性を持つ衝角付冑の型式学的検討を，方法論的に妥当な形で行うならば，冑そのものの動態から明らかにできる事象は膨大である。さらに，冑の様相をもとに，セットとなる甲をはじめとして，他の武具との比較検討により，古墳時代において武具が果たした社会的機能をより一層明確化することができる。

ただし，衝角付冑は銅鏡における笵傷の進行といった器物の製作順序を確定できる「強い」根拠を持たない。また，結論を先取りすれば，本稿で行う配列の細かさは他の共伴副葬品の編年の精度を上回るため共伴遺物による変遷観の検証が難しいものも多い。この問題点については本稿での分析において常に付きまとう重要な課題であるのだが，今後他の遺物研究の進展により相補的な分析が可能となることを期待するしかない。本稿での型式学的配列はそのための基点とすることもできよう。

2. 研究史

（1）研究史

ここではまず，本稿の研究手段である衝角付冑の型式学的配列を達成するために，特に関連のある編年研究を中心に，研究史を概観する。なお，衝角付冑の部分名称を図1に示す。

今日につながる研究の基点として，末永雅雄と後藤守一による研究が挙げられる（末永1934・後藤1940）。末永と後藤による古墳出土衝角付冑の初期の研究により，現在でも用いられる三角板革綴や横矧板鋲留といった

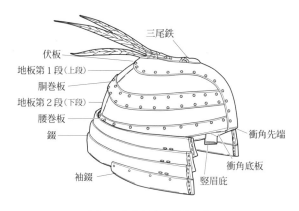

図1　衝角付冑の部分名称

地板形状と連接技法に基づく形式設定がなされた。当初から地板形状の差異の背景には年代差が想定されていたが、資料的な制限の中で予察的に言及された程度であった。地板形状の変遷についてより積極的に明言したのは大塚初重である（大塚1959）。それは、三角板革綴から竪矧細板鋲留と小札鋲留の段階を経て、横矧板鋲留、竪矧板鋲留へと変遷するというものであり、現在でも大局的な視点としてそれはかなりの有効性を持っている。

そのような地板形状のみに基づく変遷観に対し、編年指標として腰巻板と衝角底板の連接手法に着目したのが、小林謙一と野上丈助であった（小林1974a・野上1975）。小林・野上ともにほぼ同様の基準に基づき、鋲留衝角付冑の衝角底板の連接手法を4類に区分した。小林は衝角底板の連接手法の変遷観を重視する一方で、野上は地板形状の変遷観を重視する立場から、両氏が想定した変遷の方向性に見解の統一をみることはなかった。また、村井嵓雄は衝角付冑全体を集成し検討する中で、冑の前後径に対する高さの比に着目し、三角板革綴衝角付冑から小札鋲留衝角付冑、横矧板鋲留衝角付冑へと、高さの比が増加すると述べ、地板の形状とは異なる視点から衝角付冑の変遷観を提示した（村井1974）。

1980年代以降、地板形状の差異に基づく大別的な形式区分を細分する試みが生まれる。特に三角板革綴衝角付冑が細分され、高橋工は大阪府豊中大塚古墳出土資料を検討し、同資料の地板枚数が多く、腰巻板を持たない構造から、三角板革綴衝角付冑の中でも最古相として位置づけた（高橋1987）。滝沢誠は高橋が提示した地板枚数の減少傾向の指摘を受けて、地板枚数が24枚以上のものを古相、20枚以下のものを新相とした。さらに両者の区分の妥当性について、前者は上下段の地板の配置が対角線を描かないという外観上の相違を挙げることで補強を試みた（滝沢1988）。橋本達也は、滝沢による地板枚数の区分をさらに細分した上で、地板枚数の多い古相の資料中に、腰巻板先端に綴じ代を造り出さないものと綴じ代を造り出すものの2者があることを指摘し、前者を古

相、後者を新相とした（橋本1999）。なお、鈴木一有は、これら地板枚数の減少傾向に連動する形で、新相を示す資料は鉢高に対して帯金幅の占める割合が高くなるという、変化の方向性を指摘した（鈴木1995）。

地板形状相互の関係では、早くから小林謙一が竪矧細板鋲留衝角付冑からの製作技術の簡略化により小札鋲留衝角付冑が成立したと論じた（小林1974a）。鈴木一有はその視点を引き継ぎ、小札鋲留衝角付冑のうちでも、上下の地板枚数が一致するものや最も衝角よりの地板に竪矧板を用いるものを、竪矧細板衝角付冑の要素を残す古相の一群として位置づけた（鈴木2004）。

古墳時代後期の資料である竪矧広板衝角付冑は内山敏行が詳細に検討した。内山は、早くは末永雅雄が指摘していた伏板と衝角部を一連に製作するものから別造りのものへと変化するという視点に加え、地板枚数・鋲間隔の属性を加えて竪矧広板衝角付冑それぞれの前後関係を明らかにした（内山1992・2001）。

小林謙一・野上丈助により先駆的になされた腰巻板と衝角底板の連接手法の分類に、改めて着目したのが山田琴子である。山田は小札鋲留衝角付冑と横矧板鋲留衝角付冑の腰巻板と衝角底板の連接手法を6技法に分類し、それぞれが連続的に出現するとして、両形式内での変遷を論じた（山田2002）。

1980年代以降活発化してきた各形式内の細分は、大きくは（三角板）革綴冑と鋲留冑、そして後期の竪矧広板衝角付冑を分断して行われてきた。そのような状況に対し、鈴木一有は、革綴冑・鋲留冑の両者でそれぞれ分析視角のひとつとされており、また両者に共通する属性である腰巻板と衝角底板の連接手法に着目し、衝角付冑全体の様相を整理した。鈴木は、中期の衝角付冑の腰巻板と衝角底板の連接手法を、革綴・鋲留を通観して5類型・細別8類型に区分し、出現順序・変遷観を提示した（鈴木2009）。さらに、後期の資料も分類に加え、最終的に6類型・細別10類型に区分し、中期から後期のすべての衝角付冑を一貫した基準から位置づけた（鈴木2010）。鈴木はそれらの検討に加え、地板形状や錣との関連についてもまとめており、現状における衝角付冑の編年研究の一つの到達点を示したといえる。

衝角付冑の編年研究をまとめるならば、地板形状の差異に基づく形式分類を唯一の編年指標とする段階から、衝角底板の連接手法の分類を加味することで、地板形式に一定の併行期間を認める段階へと移行したといえる。さらに形式を横断する形でみられる冑の前後径に対する高さの増大傾向や、三角板革綴衝角付冑における地板枚数の減少傾向や帯金幅の拡大傾向、竪矧広板衝角付冑における地板枚数や衝角部の作りの違いなどの形式を限定する検討項目を加えることで、変遷観が示されている。

（2）研究史上の問題点と本稿の位置づけ

　先に述べたように，本稿の第一の目的は，衝角付冑の個々の資料にまで及ぶ製作順序を明らかにすることである。鈴木が提示した理解と大局的な変化の様相は高い整合性と有効性を示すが，およそ概略的なものであり本稿の目的との距離は大きい。腰巻板と衝角底板の連接手法の分類と位置づけについても，その細部の検討が十分になされたとは言い難い。

　また地板形状と衝角底板の連接手法という衝角付冑編年の二大看板に対して，地板の枚数や部材・冑全体の規格などの様相がどれほど相関性を持つのかという点は改めて検討が必要である。衝角付冑の構成要素のうちには，これまでの編年において等閑視されてきたものもあり，それらを含めより総合的な検討を加えることで，枠切り形の編年を超える型式学的配列が達成できると考える。

　以上の視点に基づき，衝角付冑を構成する種々の要素の相関性を丁寧に検討することで，型式学的配列を得ることとする。

3．衝角底板連接手法の再分類

（1）各要素の分類と相互関係

　まずは衝角底板連接手法の再分類を行う。研究史上で明らかにされてきたように，衝角底板連接手法は全ての衝角付冑に対して分析が可能な視点である。また，外観からはわかりにくい製作技術上の特色に基づく分析視角であるという点からも有効性が考えられる。その一方で，これまでの研究では衝角底板連接手法は最終的な組み合わせ結果のみから分類されており，その構成原理や技術的な意義に基づく分析が不十分であった。そういった視点にこそ製作技法上の系譜関係や技術的改良過程を論じる余地が大いにあると考える。

　衝角底板の連接手法は「衝角底板」・「腰巻板」・「（伏板の）衝角先端部」という三つの部材の形態とその「組み合わせ方（連接位置関係）」によって決定されるが，各部材の形態にはこれまでの分類上等閑視されてきたものもある。そこで改めて，衝角底板の連接手法を一度各部材個々の形態へと分解した上で，それらの組み合わせを検討し，衝角底板の連接手法の分類を再構築する。衝角底板の形態・腰巻板の形態・衝角先端の形態とそれら連接位置関係の各要素を図2に挙げる。

　衝角底板の形態　衝角底板の形態は，冑本体との連接のための上方への突出部の有無とその位置から次の5種類に区分できる。

　A：上方に突出する部分がないもの。竪眉庇下端は直線をなす。

　B：竪眉庇の側面部分が上方に突出するもの。竪眉庇下端は直線をなす。

　C：底板の側面に明確な綴じ代を造り出さないが，底板側面を上方に折り曲げるもの。折り曲げ部分は前方にいくに従い幅を減じる。竪眉庇下端は直線をなす。

　D：底板の側面部分に綴じ代を造り出し，それを上方に折り曲げるもの。竪眉庇下端は直線をなす。

　E：底板の側面部分に綴じ代を造り出し，それを上方に折り曲げるもの。竪眉庇下端は円弧状をなす。

　腰巻板の形態　腰巻板の形態は，部材の形状と折り曲げ加工の方法から次の5種類に区分できる。

　A：腰巻板に綴じ代を造り出さず，折り曲げも行わないもの。

　B：腰巻板に綴じ代を造り出さないが，先端の下部を内側に折り曲げることで綴じ代とするもの。

　C：腰巻板の先端下部で緩やかに幅を広げて綴じ代を造り出し，その綴じ代部分を内側に折り曲げるもの。

　D：腰巻板の先端下部に角を持つ明瞭な綴じ代を造り出し，その綴じ代部分を内側に折り曲げるもの。

　E：腰巻板の先端下部に綴じ代を造り出し，その綴じ代部分を内側に折り曲げる。さらに綴じ代部分後方に折り曲げを行わない別個の突出部を造り出すもの。

　衝角先端の形態　衝角先端の形態は，内側への折り曲げのために先端部に施す切り込みの入れ方から次の4種類に区分できる。

　A：先端に切り込みを入れず折り曲げを行わないもの。

　B：先端中央に縦に切り込みを入れて折り曲げるもの。折り曲げ部分は方形になり，それぞれが重なりあう。切り込みが不十分で重なり合う部分が少なくL字状となるa類と，切り込みが十分で重なり合う部分が多く，方形となるb類に細分できる[1]。

　C：先端中央に三角形状に切り込みを入れることで，折り曲げ部分の重なりを回避するもの。折り曲げ部分は方形になる。

　D：先端中央に三角形状に切り込みを入れ，さらに左右両角を切り落とすことで，折り曲げ部分の重なりを回避し，かつ折り曲げ部分が三角形になるもの。

　衝角底板と腰巻板の連接位置　衝角底板と腰巻板の連接位置は，次の3種類に区分できる。

　A：衝角底板がすべて腰巻板の内側に収まるもの。

　B：衝角底板の上方への突出部分が腰巻板の外側に出るもの。

　C：衝角底板の上方への突出部分が腰巻板と衝角先端の外側に出るもの。

衝角付冑の型式学的配列

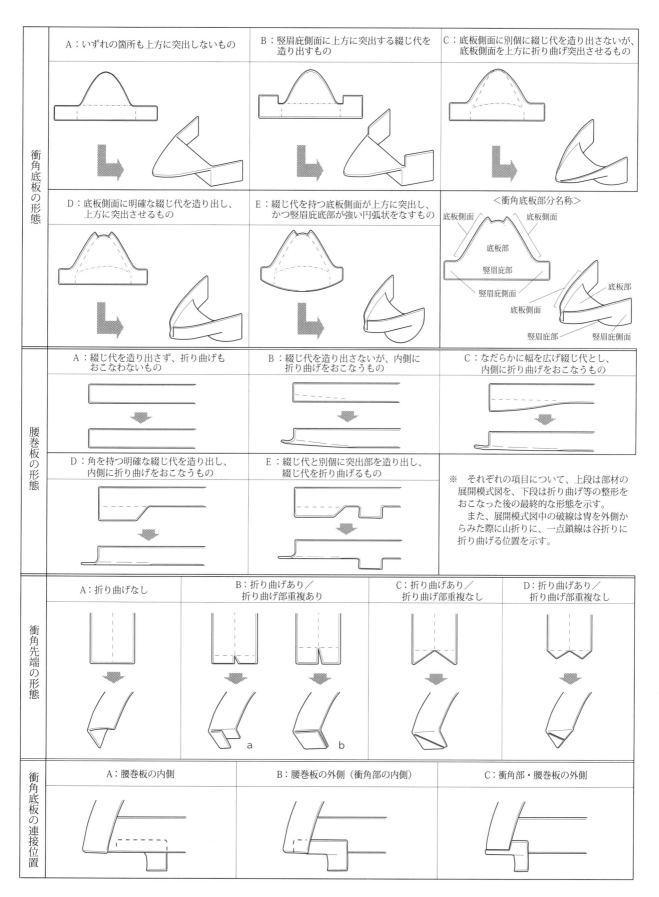

図2　部材の形態

（2）各分類の関係

以上の衝角底板の形態・腰巻板の形態・衝角先端の形態の分類の関係は，次のように位置づけうる。

衝角底板の形態は，B類～E類は衝角底板の底板側面もしくは竪眉庇側面のいずれかを上方に突出させることで，腰巻板との連接用の綴じ代とするという部材間の連接方式に共通性を持ち，上方への突出部を持たないA類と大きく様相が異なる。一方で，底板部分と竪眉庇部分との間のみを折り曲げるという点で，A類とB類は近縁関係にある。また，部材の形態に着目すればA類とC類の近縁性を認めることが可能であるが，上方への突出部を確保するという連接方式の構造上の差異を大きく評価する立場から，A類とC類はあくまで部材平面形の近似であって，両者の間に積極的な近縁関係は認めない。その上で，底板側面に綴じ代を造り出さないという共通性と，上方への突出部を確保する点から，B類とC類に近縁関係を認める。D類はC類の底板側面に綴じ代を加えたものであり，C類に近い。E類は竪眉庇の下端が顕著な円弧状をなす点のみがD類と異なり，D類に近似する。以上から衝角底板の形態はA類・B類・C類・D類・E類という一系的な順序で型式学的な近縁関係にある。

腰巻板の形態は，A類とB類は幅が一定な帯状の鉄板を用いる点で共通する。B類とC類はこれまで明確にその差異が認識されてこなかったように，仕上がりの形態は非常に近似し，両者の関係は近い。C類・D類・E類は腰巻板に綴じ代を設け，衝角底板との連接に用いる点で共通する。E類には腰巻板先端側の突出部分に明確な角を持たずに幅を広げるC類に近似するものと，明確な角を持って綴じ代部を造り出すD類に近似するものの二者があり，C類・D類・E類の形態的な近縁関係は一系的には説明しがたい。以上からA類・B類・C類・D類はそれぞれの順で型式学的な近縁関係にあり，E類はC類・D類との近縁関係を持つが，A類・B類とは明確に様相が異なるといえる。

衝角先端の形態は，A類が折り曲げを行わない点で他の3類と大きく異なる。ただし，B類はA類の中央部分に切り込みを入れることで製作され，先端部分が直線状を呈する点を積極的に評価すればA類とB類の近似性は認めうる。また，Ｂａ類は切り込みが弱いため，A類に対する加工度合いが低いとみるならばA類とＢａ類はより近い関係にあるといえる。ただし，Ｂａ類とＢｂ類は，用いる地板の形状ならびに行う造作は同一であり，さほど大きな相違としては評価できない。また，B類・C類・D類は，折り曲げ部分が方形をなす点からＢｂ類とC類が，折り曲げ部分の重なりを避ける点でC類とD類が近い関係にある。以上から，A類はやや特殊であるがおおむねA類・Ｂａ類・Ｂｂ類・C類・D類という順で型式学的な近縁関係にあるといえる。

（3）各要素の組み合わせと型式設定

続いて，衝角底板の形態・腰巻板の形態・衝角先端の形態と衝角底板と腰巻板の連接位置の組み合わせから，衝角底板の連接手法を分類する。分類に際しては，3部材の組み合わせという構造レベルでの分類である衝角底板と腰巻板の連接位置の関係を第一とし，その上で各部

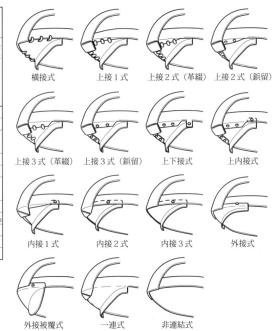

図3　型式と各要素の対応

材の形態による区分を加味する。そうして設定される衝角底板の連接手法の分類を，衝角底板の連接型式，あるいは単に型式と呼称する。衝角底板の連接型式と各要素の対応を図3に示す。

横接式 「衝角底板は腰巻板の内側に収まり（A）」，「衝角底板は上方に突出せず（A）」，「腰巻板は折り曲げない（A）」一群である。基本的に「衝角先端は折り曲げない（A）」が，栃木県佐野八幡山古墳出土例のみ「衝角先端をL字状に重ねて折り曲げる（Ba）」。

上接1式 「衝角底板は腰巻板の内側に収まり（A）」，「衝角底板は上方に突出せず（A）」，「腰巻板は綴じ代を造り出さないが内側に折り曲げ（B）」，「衝角先端は重ねて折り曲げる（B）」一群である。上接1式は実際の存在個体数が著しく少なく，型式設定としては不安定であるが，「横接式」から「上接式」への移行を説明する過渡的な分類として重要であるため，独立した型式とした。詳細は後述する。なお，「腰巻板先端に綴じ代を持たない（B）」という範囲をどの程度まで有効とみなすかは難しいが，綴じ代部の展開幅が腰巻板の他の箇所と比較して2〜3mm程度の増加に収まるものは上接1式に含めている。

上接2式 「衝角底板は腰巻板の内側に収まり（A）」，「衝角底板は上方に突出せず（A）」，「腰巻板は緩やかに幅を広げることで造り出した綴じ代を内側に折り曲げ（C）」，「衝角先端は折り曲げ部同士が重なりあう（B）」一群である。

上接3式 「衝角底板は腰巻板の内側に収まり（A）」，「衝角底板は上方に突出せず（A）」，「腰巻板は角を持って明確に突出する綴じ代を内側に折り曲げる（D）」一群である。基本的に「衝角先端は折り曲げ部同士が重なりあう（B）」が，兵庫県法花堂2号墳例のみ「衝角先端は折り曲げ部同士が重なりあわず方形に準じる形をなす（C）」。

上下接式 「衝角底板は腰巻板の内側に収まり（A）」，「衝角底板は上方に突出せず（A）」，「腰巻板は内側に折り曲げる綴じ代とは別個に下方への突出部を持ち（E）」，「衝角先端は折り曲げ部同士が重なりあう（B）」一群である。兵庫県宮山古墳第3主体例の腰巻板先端の綴じ代部分は緩やかに幅を広げる（C類に相当）が，他例は明確な角を持って幅を広げる（D類に相当）。ただし類例が限られるため細分しない。

上内接式 「衝角底板は腰巻板の内側に収まり（A）」，「衝角底板は竪眉庇の側面が上方に突出し（B）」，「腰巻板は角を持って明確に突出する綴じ代を内側に折り曲げ（D）」，「衝角先端は折り曲げ部同士が重なりあい方形となる（Bb）」一群である。

内接1式 「衝角底板は腰巻板の内側に収まり（A）」，「腰巻板は角を持たない綴じ代部分を内側に折り曲げ（BまたはC）」，「衝角先端は折り曲げ部同士が重ならないように方形に折り曲げる（C）」一群である。「衝角底板は竪眉庇側面または底板側面を上方に突出させる（B・C・D）」。なお，内接1式は腰巻板先端の綴じ代部で底板との連接は行わず，本来の連接という機能を喪失している。詳しくは後述する。

内接2式 「衝角底板は腰巻板の内側に収まり（A）」，「腰巻板は折り曲げず（A）」，「衝角先端は折り曲げるが，折り曲げ部同士が重なりあわない（C・D）」一群である。基本的に「衝角底板は底板側面に明確な綴じ代を造り出し，上方に折り曲げ（D）」るが，京都府青塚古墳例と福岡県塚堂古墳例のみ「衝角底板側面に明確な綴じ代を造り出さずに上方に折り曲げる（C）」。

内接3式 「衝角底板は腰巻板の内側に収まり（A）」，「衝角底板は底板側面に明確な綴じ代を造り出し，上方に折り曲げ（D）」，「腰巻板は折り曲げず（A）」，「衝角先端は折り曲げない（A）」一群である。ただし，栃木県益子天王塚古墳例のみ「衝角底板の竪眉庇下端が強い円弧状をなす（E）」。

外接式 「衝角底板は腰巻板の外側を覆い（B）」，「衝角底板は底板側面に明確な綴じ代を造り出し，上方に折り曲げ（D）」，「腰巻板は折り曲げを行わない（A）」一群である。衝角先端は基本的に「折り曲げない（A）」が，群馬県鶴山古墳例のみ，錆膨れにより判然としないものの「折り曲げあり（B？・C？）」となる可能性がある（図9−4）。ただし，この1点のみであるため，細分は行わない。

外接被覆式 「衝角底板は腰巻板と衝角先端の外側を覆い（C）」，「衝角底板の側面部が上方に突出し，かつ竪眉庇の下端が円弧状を呈し（E）」，「腰巻板は折り曲げない（A）」一群である。衝角先端は「折り曲げない（A）」。

一連式 衝角底板・腰巻板・衝角先端が3つの別部材から構成されず，いずれかの組み合わせが同一の部材から作られる一群である。衝角底板と腰巻板が一連とみられる福井県西塚古墳例や衝角部と腰巻板が一連とみられる茨城県三昧塚古墳例などその組み合わせにも複数のパターンを認めることができるようであるが，それぞれの類例が少ないため，細分しない。

非連結式 衝角底板を持たず，これまでの分類とは大きく様相を異とする一群である。「腰巻板は折り曲げず（A）」，「衝角先端は折り曲げない（A）」。

（3）型式相互の関係

先に検討した各部材の型式学的な近縁関係から，以上の13型式の関係を整理する。

横接式と上接式 横接式と上接1〜3式の4型式は，横接式では基本的に衝角先端を折り曲げない（A類）こ

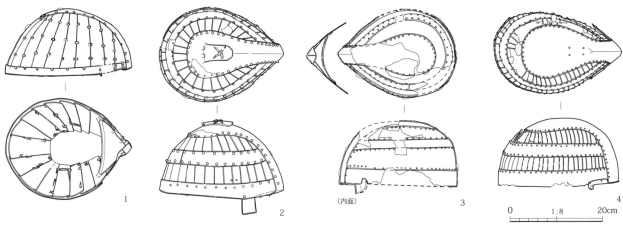

1 福井県天神山7号　2 兵庫県雲部車塚　3 岡山県随庵　4 宮崎県杉ノ原（島内1号）
図4　衝角付冑の諸例（1）

とを除けば，腰巻板先端の綴じ代の違いに基づく分類といえる。その中で，横接式と上接1式は，腰巻板の先端に綴じ代を造り出さない単純な長方形の帯状鉄板を用いる点で共通する。一方で，上接1式の腰巻板先端を内側に折り曲げるという特徴は，内側に衝角底板をはめ込むための部位を設け，衝角底板と腰巻板の連接をより強固にする工夫といえる。つまり，横接式から部材の形態を変化させずに，整形時の造作の違いだけで達成された改良型式として，上接1式は評価できる。

上接1式の具体例として福井県天神山7号墳例があるが（図4-1），下方からみると腰巻板先端の内側に折り曲げた綴じ代部分の幅が著しく狭く，側面からみると腰巻板の先端部分が上方に大きく歪むことがわかる。衝角底板をはめ込む部分を設けることで衝角底板と腰巻板の連接をより強固にすることには成功したが，一方で想定していなかった冑前方部の変形が生じたのである。

そこでその「歪み」が生じるという上接1式に内在する問題を克服するため，腰巻板先端の幅をあらかじめわずかに広げることで，当初から内側に折り曲げる部分（綴じ代）を確保するという部材取りの段階での改良がなされる。C類の腰巻板の採用である。こうして上接1式からの設計・部材取り段階での改良により，上接2式が成立する。

腰巻板の先端の幅をあらかじめわずかに広げることで綴じ代部分とし，それを折り曲げて衝角底板をはめ込む部分を確保する上接2式の手法は，あくまで「腰巻板の先端付近の幅をだらだらと広げておく」という程度のものである。その一方で，上接3式を定義づけるD類の腰巻板先端は，明瞭な角を持って綴じ代を造り出すものである。他の部分と区別できる明確な綴じ代を造り出すことで，綴じ代の折り曲げの段階において本来企図した以上の部分を折り曲げてしまうという，歪みのリスクをより軽減できる。つまり，上接3式は上接2式からの改良によるものと位置づけうる。

以上のように，横接式から上接3式の腰巻板の綴じ代の造り出し方の違いは，衝角底板と腰巻板の連接をより強固とし，組み上げ段階での歪みをより小さくする改良過程として理解できる。すなわち横接式→上接1式→上接2式→上接3式という成立順序が想定できる。

上内接式と上下接式　上内接式は「竪眉庇側面が上方に突出する」B類の衝角底板を採用するが，それ以外は基本的に上接3式と構成要素を同じくする。衝角底板の形態はA～E類が型式学的に一系的な距離関係にあることは先に示した。よって相互の関係を時間差として考えた場合には，A類→B類→C類→D類→E類またはその逆の順序で成立したと考えうる。そのうち，竪眉庇の側面に上方への突出部を持つというB類の特徴は，A類に比べて衝角底板と腰巻板の重なり部分をより多く確保する工夫とみなすことができる。そしてそれは，革綴／鋲留という連接技法との兼ね合いで考えるならば，鉄板同士の重なり部分を連接する鋲留技法により適した形態といえる。上接2式から上接3式への移行過程で革綴／鋲留の連接技法の出現頻度の主客は逆転しており，上接3式では鋲留技法の使用が一般化する。そのような連接技法の変更に対応する形で引き起こされた部材取り段階での改良結果として，B類の衝角底板の出現（＝上内接式の出現）は評価できる。つまり，上接3式の改良型式として上内接式は位置づけることができる。

一方の上下接式を定義づけるE類の腰巻板が持つ下方への突出部は，衝角底板の竪眉庇側面部分と重なり合うことで，鋲留技法による連接のための綴じ代として機能する。つまり，先述の上内接式では衝角底板を上方に突出させることで重なり部分を確保するのに対し，上下接式では腰巻板を下方に突出させることで重なり部分を確保するのである。従って，上内接式と上下接式では，まったく逆の発想と部材取りの変更によって衝角底板と腰巻

板を連接しているのである。いずれにしろ，腰巻板と衝角底板の重なり部分を確保するという目的からＥ類の腰巻板は創出されたといえ，上下接式もまた，鋲留技法の採用に対応する形で引き起こされた部材取りの改変・改良により成立した型式と評価できる。

さて，さらに特定の資料に着目するならば，下方への突出部を持つＥ類の腰巻板の創出という新たな発想の萌芽，すなわち上下接式の祖形の追求が可能である。そしてそれは，兵庫県雲部車塚古墳出土の小札鋲留衝角付冑に求めうる（図４－２）。雲部車塚古墳例は衝角底板はＡ類，腰巻板先端はＤ類の上接３式に属するが，腰巻板の幅が後頭部側で2.3cmであるのに対し，前方に向かって幅を広げ，衝角底板との連接位置では3.1cmとなる。Ａ類の衝角底板は腰巻板との連接用の上方への突出部分を持たないため，腰巻板との重なり部分は十分に確保し難い。革綴技法で連接するならばともかく，鋲留技法で連接するには不適当な形態といえる。そして，その不適当さを解消するために，衝角底板ではなく腰巻板の前方側の幅を広げることで堅眉庇側面と腰巻板の重なりを確保し，連接をより容易とする改良方針を，雲部車塚古墳例の腰巻板に見出すことができる。そのような発想を前提として，腰巻板の一部を下方に突出させることで，綴じ代として利用するというＥ類の腰巻板が成立したと理解することが可能である。つまり，上接３式をもとに上下接式は成立したと位置づけることができる。上内接式と上下接式は，ともに上接３式を親として分化した，兄弟の関係にあるといえる。

内接式の展開　内接１式の成立を考える上で，岡山県随庵古墳例に注目できる（図４－３）。随庵古墳例は上内接式と同様に堅眉庇側面のみが上方に突出するＢ類の衝角底板を採用する。上内接式との違いは，腰巻板先端を内側に折り曲げるが綴じ代部分の幅が狭く，また，綴じ代部分では衝角底板との鋲留を行わず，綴じ代としての体をほとんどなしていない点である。他の内接１式の諸例では，宮崎県小木原１号墓例（図９－７）や京都府原山西手古墳例ではＣ類の衝角底板を，また奈良県円照寺墓山１号墳出土の小札鋲留衝角付冑ではＤ類の衝角底板を採用するが，いずれも腰巻板先端の形態は緩やかに幅を広げるＣ類であり，腰巻板先端の折り曲げ部分では衝角底板との連接を行わない。腰巻板先端の折り曲げは綴じ代としての体をほとんどなさない，形骸化したものとなっている。

このような腰巻板先端の綴じ代の形骸化は，上方に突出部を持つＢ類の衝角底板の創出（＝上内接式の成立）に原因を求めることができる。衝角底板単体で腰巻板との連接箇所の確保が可能となることで，それまで衝角底板と腰巻板との連接箇所として機能してきた腰巻板先端の綴じ代部分がその必須性を喪失し，連接部位としての

機能を喪失していったのである。つまり，上内接式の腰巻板先端の綴じ代部分の省略化の結果として，あるいは腰巻板先端の綴じ代部分がルジメントとして残る段階として内接１式は評価できる。内接１式は上内接式をもとに成立したものといえる[2]。

一方で，腰巻板先端の綴じ代の省略により，衝角底板と腰巻板との連接箇所の減少という事態が発生する。そのような事態に対して，腰巻板との連接のために上方に突出させる部位を，それまでの堅眉庇側面のみに加えて，底板側面をも上方へと突出させることで腰巻板との連接箇所を確保する工夫がなされる。腰巻板先端の綴じ代の形骸化に連動する形で，Ｃ類の衝角底板は成立すると考えることができる。

内接１式中において進行する腰巻板先端の綴じ代部分の形骸化は，やがて腰巻板先端を内側に折り曲げないＡ類の腰巻板の再採用という終着点に達する。内接２式の成立である。さらに，内接２式をもとにして，衝角先端の折り曲げを省略することで内接３式が成立すると考えられる。つまり，上内接式→内接１式→内接２式→内接３式という成立順序が想定できる。

なお，内接１式から内接３式の成立過程において，Ｄ類の衝角底板が成立する。これはＣ類の衝角底板の採用により底板側面を上方に突出させて腰巻板との連接箇所を確保する方式の有効性が認められ，あらかじめ底板側面に明確な綴じ代を造り出しておくという，設計段階へのフィードバックがなされ，部材取りの方式が改変されたものと評価できる。また，Ａ類の腰巻板は，腰巻板つまり外形の変形という手段を避けようとする限り，Ｂ類の衝角底板との組み合わせでは衝角底板との間に隙間を生じさせる可能性を内包する。一方で，Ｃ類やＤ類の衝角底板が採用されることで，衝角底板の形態を外形にあわせて調整する余地が増すため，隙間が生じるリスクの回避が可能となる。この点からも，腰巻板と衝角底板の変遷は相互に連関を持ってなされたものといえよう。

外接式と外接被覆式　外接式は上記の諸型式とは異なり，衝角底板の連接位置が腰巻板の外側（Ｂ類）となるものであるが，Ｄ類の衝角底板を採用する点で内接２式や内接３式と共通する。そのため，両者のいずれかを前提として，衝角底板の連接位置を変更することで成立したものとできる。錆膨れのためやや判然としないが，鶴山古墳例は衝角先端を折り曲げている可能性があるため，衝角先端を折り曲げる内接２式をもとに外接式は成立したと考えておく。

外接被覆式は，衝角底板の連接位置が，腰巻板と衝角先端の両方の外側に連接されるＣ類であること，衝角底板の堅眉庇底部が強い円弧状をなす点Ｅ類であることを除けば，基本的には外接式と同様の特徴を有する。外接被覆式の成立を考える上で注目できる資料として宮崎県

杉ノ原（島内1号）例がある（図4-4）。杉ノ内例は一見すれば一般的な外接式であるが，その衝角底板の先端部分は伏板の内側に収まっておらず，衝角底板の上に伏板（衝角先端）が乗る。つまり，部材の形態は一般的な外接式に一致するが，その組み合わせ方に，外接被覆式に接近する要素をみて取ることができる。外接被覆式にはE類の衝角底板のみが用いられ，また，いわゆる竪矧広板衝角付冑にのみ採用される手法であるため，他の手法と比較してやや特殊な様相を示すとして評価されてきたが，杉ノ内例のような資料を介在させることで外接式からのスムースな型式変化が想定できる。

一連式・非連結式　一連式・非連結式はその設計段階や部品の製作段階・組み上げ段階における様相が著しく他型式と異なっており，その相互関係を指し示すことは難しい。衝角底板の連接方式以外の様相からその位置づけを考える必要がある。

以上，衝角底板の連接方式として設定した各型式の相互関係について，各部材の型式学的近縁関係に依拠してその成立順序を考えた。各型式の成立順序を図5に示す。

4．型式学的配列

（1）配列の要素と優先順位

続いて，腰巻板と衝角底板との連接型式とあわせて他の諸要素を検討することで，衝角付冑の型式学的配列を行う。なお，図5において模式的に示される型式相互の前後関係はあくまで「成立順序」を示すにすぎず，旧型式が新型式の成立後もどれほどの期間併存して存在するのかは先の分析のみからは明らかにできない。そこでまずは各型式内で諸要素を参照して配列を得たのちに，型式を横断してみられる共通の特徴を参照して併行関係を考える。なお，地板形状の差異に基づく系統差を排除するため，さしあたり大前提として地板形式の分類を最上位に設定する。ただしそういった分類は，あくまで衝角付冑の分類を考える上での作業仮説的なものである。最終的にどういった分類要素が衝角付冑を理解する上で重要になるのかについては，各要素の検討後に改めて考え

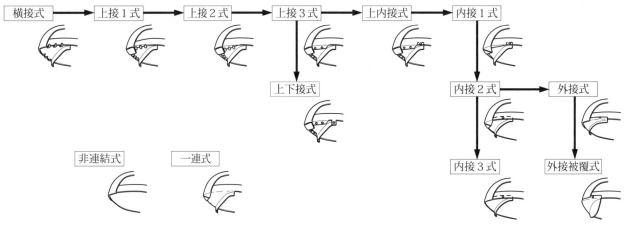

図5　各型式の成立順序

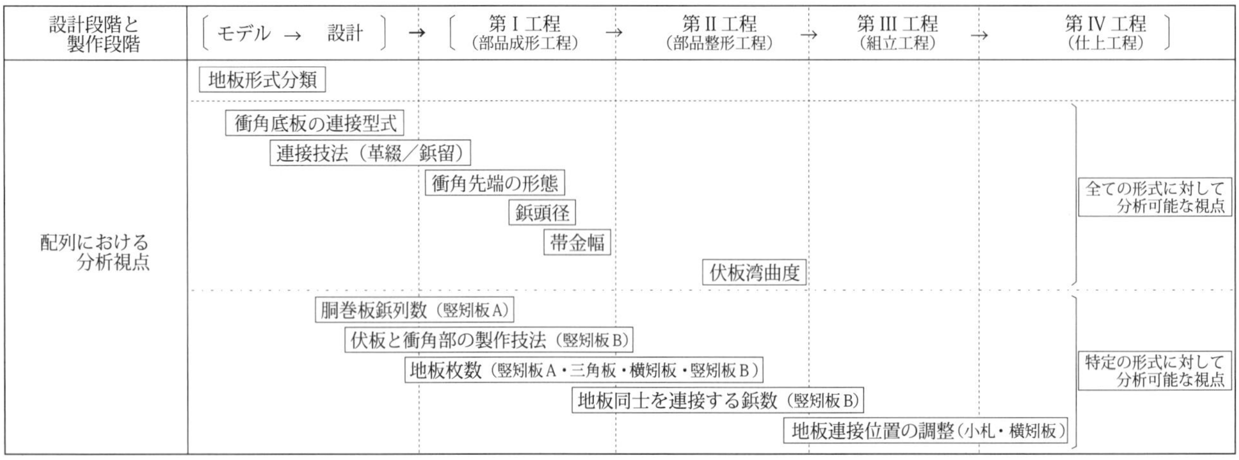

図6　製作工程と分析要素の対応

たい。

配列において参照する諸要素の優先順位は，冑の製作工程でより初期の段階で決定されるものを上位とする。つまり，各要素のうち「設計段階」で規定される要素を最上位に，「部品成形工程」で規定される要素を次に，「部品整形工程」で規定される要素を下位におく（古谷1996）。図6に分析視点と製作工程との対応を示すが，最終的な「組立工程」や「仕上げ工程」での微調整は十分想定でき，各要素と工程との対応は絶対的なものではない。また，配列では上位の分析視点を絶対的に優先するのではなく，複数の下位の要素が上位の要素に反する様相を示す場合には，その有効性を認める。

なお，衝角底板の形態・腰巻板の形態・衝角先端の形態の3項目のうち，衝角先端の形態はその折り曲げの有無を別とすれば，型式設定のための項目として必ずしも積極的に採用していないため，配列に際して参照した。衝角先端の形態は「設計段階」もしくは「部品成形工程」で決定される要素であるため，配列上比較的高い優先順位を与えている。

地板形状の形式分類ごとに検討するが，すべての形式の冑に共通する要素として，帯金幅と伏板湾曲度があるため，先に説明を行う（図7）。

帯金幅はその名のとおり，腰巻板と胴巻板の幅である。両者の合計値も提示するが，腰巻板が鋲の形態や連接方式によってその規格を制限される可能性があるのに対し，胴巻板ではそのような他律的な変化の理由を想定しがたいため，胴巻板幅の違いを配列上優位とする場合がある。基本的に計測は後頭部で行ったが，欠失等により計測が不可能な場合には他の部位で計測した。

伏板湾曲度は衝角部がどれほど前ないし上方に突出しているかを表す数値であり，「側面図で伏板の最前下端（衝角先端）と伏板の最後部を結んだ直線と，それに平行する直線が衝角部に接する位置にあるときの，二直線間の距離」として定義する。

冑の製作工程に位置づければ，帯金幅は鉄板を裁断する「部品成形工程」で決定される。伏板湾曲度は，伏板の裁断後の鍛打による曲面加工の段階，すなわち「部品整形工程」で実際の数値が決定される。そのため，衝角底板の連接型式や，後述する特定形式の地板配列や配置方式といった「設計段階」で決定される要素よりも，配列での参照順位を下位におく。伏板湾曲度は埋納以後の冑の「歪み」によって変化しうる点もまた，配列の指標として下位におく理由である。ただし，伏板湾曲度は，伏板の曲面加工の段階での「木型」の使用を想定するならば，ある程度の定形性を見積もることができる[3]。

地板形状の形式分類は，「竪矧板A系統」「三角板系統」「小札系統」「横矧板系統」「竪矧板B系統」の5群とする。「竪矧板A系統」と「竪矧板B系統」は，前者は中期前半から中葉の竪矧板革綴衝角付冑・竪矧板鋲留衝角付冑・竪矧細板鋲留衝角付冑のことを指し，後者は後期の竪矧広板鋲留衝角付冑のことを指す。研究史上，両者の盛行期には大きな懸隔があることが判明しており，衝角底板の連接型式の差異とあわせて現状の資料状況を鑑みれば，両者に直接的な関連は想定できない。地板配置の近似性にのみ基づいて，改めてあわせて検討することは，徒に議論を複雑化し冗長にするだけであり，建設的ではない。そこで本稿では当初から両者を弁別して議論する。ただし，仮に両者を一括して分析を始めた場合でも，結果として両者を懸隔の大きい別系統とする結論に至ることは述べておく。

（2）竪矧板A系統の検討（表1）

類例が少なく，型式とその他の要素の整合性を単純化して確認できるため，竪矧板A系統から検討する。先述のとおり，竪矧板革綴衝角付冑・竪矧板鋲留衝角付冑・竪矧細板鋲留衝角付冑として分類されてきたものに相当

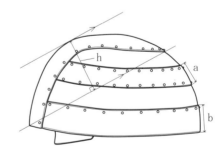

（帯金幅合計）＝ a（胴巻板幅）＋ b（腰巻板幅）
（伏板湾曲度）＝ h

図7　計測部位名称

表1　竪矧板A系統の配列

遺跡名	型式	連接技法	胴巻板鋲列数	地板枚数	衝角先端の形態	帯金幅 胴巻板	帯金幅 腰巻板	合計	伏板湾曲度	鋲	共伴甲冑 短甲	共伴甲冑 頸甲
天神山7号	上接1	革綴	胴巻板なし	19	Ba	なし	1.8cm	1.8cm	5.9cm	BI?	長革Ⅲb	I-b
下開発茶臼山9号	上接2	革綴	胴巻板なし	13	Bb?	なし	2.5cm	2.5cm	5.8cm	A´I	三革DI	―
茶すり山	上接2	鋲留	胴巻板なし	13	Bb	なし	3.7cm	3.7cm	(不明)	C´Ⅲ	長革Ⅲb	I-b(※2)
久津川車塚	上接2	鋲留	1列	37	Bb?	1.9cm	2.5cm	4.4cm	(7.7cm)	C?	三革	Ⅱ-b?Ⅲ-b1?
七観	上接3	鋲留	1列	31	Bb	2.1cm	2.5cm	4.6cm	7.7cm	BⅢ	三革？三鋲？	Ⅱ-c?
恵解山1号	上内接	鋲留	1列	7	Bb	1.8cm	3.3cm	5.1cm	6.7cm	DⅢ	三鋲Ⅰa/b	Ⅲ-c
狐塚(※1)	上内接	鋲留	2列	3	Bb	1.8cm	3.0cm	4.8cm	(不明)	BⅢ	三鋲	Ⅲ-c?

(※1) 狐塚古墳例の計測値および構造は[野上1975]・[鈴木2004]による。
(※2) 茶すり山古墳の頸甲は出土状況からは三角板革綴襟付短甲に伴うが，襟付短甲は頸甲とセットを構成しないと考え，長方板革綴短甲に伴うものとした。

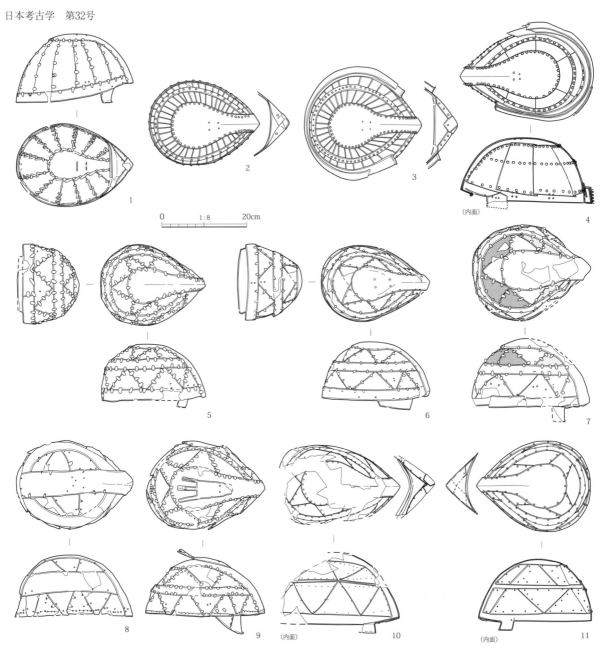

1 石川県下開発茶臼山9号　2 京都府久津川車塚　3 大阪府七観　4 徳島県恵解山1号　5 京都府私市円山第2主体
6 大阪府心合寺山　7 三重県近代　8 大阪府交野東車塚　9 大阪府豊中大塚1号冑　10 大阪府珠金塚　11 大阪府鞍塚

図8 衝角付冑の諸例（2）

する。現在7点がある。竪矧板A系統の衝角付冑には，胴巻板の有無や胴巻板での鋲留などに特徴的な構造を有する資料が多い。それらの構造的な特質は「設計段階」で決定されるため，配列要素として上位に位置づける。

竪矧板A系統の冑では，横接式は確認できない。上接1式として，天神山7号墳例（図4-1）がある。上接2式には，石川県下開発茶臼山9号墳例（図8-1）と兵庫県茶すり山古墳例，京都府久津川車塚古墳例（図8-2）がある。上接3式には大阪府七観古墳例（図8-3）が，上内接式には徳島県恵解山1号墳例（図8-4）と大阪府狐塚古墳例がある。

胴巻板の有無と鋲留の様相は各資料で大きく異なり，天神山7号墳例，下開発茶臼山9号墳例，茶すり山古墳例は胴巻板を持たず，他の4例は胴巻板を持つ。さらに胴巻板を持つ4例のうち，久津川車塚古墳例，七観古墳例，恵解山1号墳例は胴巻板の中央1列のみで地板との連接（鋲留）を行うのに対し，狐塚古墳例では胴巻板の上下2列で地板との連接（鋲留）を行う。

帯金幅は，天神山7号墳例が腰巻板幅1.8cm，下開発茶臼山9号墳例が腰巻板幅2.5cm，茶すり山古墳例が腰巻板幅3.7cmである。胴巻板を持つ4例では，いずれも胴巻板幅は2.0cm前後におさまるが，腰巻板幅は久津川車塚古墳例と七観古墳例が2.5cmなのに対し，恵解山1号墳例と狐塚古墳例は3.0cmを超える。

伏板湾曲度は，天神山7号墳例と下開発茶臼山9号墳例は6.0cmを下回るが，他例は6.5cmを上回る。

連接技法は，天神山７号墳例と下開発茶臼山９号墳例のみ革綴技法であり，他例には鋲留技法が採用される。

竪矧板Ａ系統の種々の要素を提示したが，連接技法，胴巻板の有無および胴巻板の鋲列数，帯金幅の合計値のすべてが型式と整合して変化する。恵解山１号墳例で伏板の湾曲度合いがやや弱いのが唯一の例外である。竪矧板Ａ系統は衝角底板連接型式の上接１式→上接２式→上接３式→上内接式という変遷に従い，胴巻板のないものからあるものへ，胴巻板の鋲列数が１列から２列へと変化する。さらに，帯金幅が広がり，伏板湾曲度が強くなる。あわせて連接技法も革綴から鋲留へと変化する。

なお，表中には地板の枚数も提示したが，久津川車塚古墳例で37枚，七観古墳例で31枚と著しく多く，漸次的な変遷としては例外的である。しかし，それら２古墳を除けば，天神山７号墳例の19枚から狐塚古墳例の３枚へと漸次的に減少する傾向を読み取れる[4]。

改めてまとめると，竪矧板系統の衝角付冑は，種々の要素をあわせて表１に示したように整合的に配列できる。そして，こうして得られた「型式学的配列」は，出現順序の新古を示す衝角底板の連接方式に整合することから，「製作順序の新古」を表すといえる。

この製作順序の妥当性を補強するために，共伴した甲冑をみる[5]。表１右側に鋲・短甲・頸甲を挙げたが，久津川車塚古墳以前の段階では革綴短甲のみと共伴し，やがて共伴する短甲が鋲留式へ移行する。頸甲はセットを確定できないものも多いが，茶すり山古墳段階までは藤田和尊の分類によるⅠ－ｂ式と古相を示すのに対し，久津川車塚古墳以降Ⅱ－ｂ式など新相を示す。共伴する甲冑相の変遷もまた，これらの配列と良好に対応する。

（3）三角板系統の検討（表２）

地板に三角板を用いる一群である。すなわち，三角板革綴衝角付冑と三角板鋲留衝角付冑である。

研究史上，三角板革綴衝角付冑は漸次的に地板枚数を減少させることが論じられている。その一方で，京都府私市円山古墳第２主体例（図８－５）と大阪府心合寺山古墳例（図８－６）のように，上下の地板枚数が一致するにもかかわらず地板配置を異とする資料が存在する。そのような地板配置が異なる資料が存在するならば，例え同じ枚数の地板を用いる場合であっても，その数値をそのまま等価なものと評価してよいかに疑問が残る。なぜならば，特に衝角部付近では，正位置の三角形が配置されるのか，それとも逆三角形が配置されるのかという違いによって，同一サイズの地板を用いた場合でも帯金の間を埋めることが可能な場合と不可能な場合とが生じうるからである。そう考えるならば，地板の配置方向の違いから，地板第１段と第２段それぞれで左右１枚ずつ，上下合わせて最大で４枚程度の地板枚数の違いが生じる可能性は念頭に置く必要がある。

また，三重県近代古墳例（図８－７）では，地板第１段の衝角部両側の地板の配置が，右側頭部では１枚の三角形板を用いるのに対し，左側頭部では同様の部位に２枚の三角形板を用いているとみることができ（薄い網掛け部），左右で異なる。革綴冑を中心とする三角板系統の冑では，その綴紐の重なり合いから地板と帯金の連接に先だって地板間が連接されたことがわかるが，そのような製作工程を踏まえれば，衝角部両側の地板の配置が左右で異なる理由は次のように考えうる。すなわち，横方向に連接した地板を，伏板や帯金からなるフレームに連接しようとした際に想定外のずれが生じていたため，そのずれの解消のために地板の両端のいずれかに地板を追加もしくは省略することで調整を行ったと考えられるのである。つまり当初の設計とは異なる組み上げ段階での地板の１～２枚の増減は十分に想定できるのである[6]。

さらに近代古墳例では，地板第１段右側頭部後方に正位置の三角形が連続して配置される箇所があり（濃い網掛け部），地板の配置は特殊である。左側頭部では同一の箇所を１枚の三角形板で充足しており，右側頭部では１枚の地板でよいところを２枚の地板を用いているとみることもできる。このような配置上のイレギュラーもまた，地板枚数の増減の原因として挙げうる。

以上の点から，地板枚数の差異に内在する「誤差」を低減させる方式として，配列に先立ち地板配置原則による区分を行う。これは既に三角板革綴・鋲留短甲では着目されてきた視点であり（小林1974b・鈴木1996），その地板配置の方式からＡ系統（鼓形系統）・Ｂ系統（菱形系統）と区分するものである[7]。三角板系統の衝角付冑の地板配置の区分として，後頭部側中央の地板第１段・第２段の三角形板の配置方式に着目する。なぜならば，ごく一部の例外を除き[8]，三角板系統の衝角付冑の地板配置は後頭部中央の地板を最も内側として，左右それぞれに外側からみた際に地板を順次上重ねしており，各段内での地板の連接は，後頭部中央の地板を基点として行われるためである。

そして後頭部中央では，後述する特殊な形態の地板を用いる例や管見で２点の例外を除いて，地板第１段と第２段で逆方向の三角形を配置することを原則とする。つまり，地板第１段が頂点を下方に向け一辺を上方に向ける逆三角形をなす場合には，地板第２段は頂点を上方に向け一辺を下方に向けて配置（以下順三角形と仮称）する。それとは逆に地板第１段が順三角形の場合には，地板第２段は逆三角形の配置をとる。前者の配置方式を鼓形配置，後者の配置方式を菱形配置と呼称する。

後頭部中央の地板の配置を鼓形配置とするか，それとも菱形配置とするかが決定してしまえば，冑全体の地板配置方式が決定され，配置時のイレギュラーを除けば，

地板の大きさ以外に地板枚数を変更させるべき要素は排除される。また，鼓形配置・菱形配置という配置原則の違いには，それをどちらかに限定させるような他律的な要素は認められないため，冑製作の系統関係の違いを反映する可能性が高い。であるならば，詳細な配列を試みる場合にはそのような系譜の違いの弁別は必須である。その点からも，両者の区分の有効性を主張する。

表2に三角板系統の衝角付冑の諸要素を挙げる。配列は鼓形配置の一群と菱形配置の一群とを別個に行った。地板枚数に付記した「順」はその後頭部中央の地板の配置が順三角形になることを，「逆」は逆三角形になることを示す。また，先述の通り，鼓形配置・菱形配置といった地板配置の原則に則らない資料が存在する。帯金状の伏板が後頭部地板第1段部分まで及ぶ大阪府交野東車塚古墳例（図8-8）や，地板第1段・第2段ともに逆三角形となり他の地板に平行四辺形板を用いる静岡県安久路2号墳例，地板第1段と第2段の後頭部中央の地板配置がともに順三角形となる宮崎県六野原6号墓例・茶すり山古墳例，地板が1段構成の静岡県五ヶ山B2号墳例である。これらについては，別に特殊配置として表に挙げた。

鼓形配置の諸例からみる。横接式・上接2式・上接3式がある。

横接式のうち，地板枚数から最上位に配列した栃木県佐野八幡山古墳例では，横接式で唯一衝角先端を内側に折り曲げるBa類を採用する。ただし，その折り曲げ部分は非常に小さく，かなりA類に近いため，配列上の優位性は認めない。3例のみであり，地板枚数の減少と帯金幅の数値上の変化には相関性を認めがたい。

上接2式は，地板枚数の減少傾向にあわせて，衝角先端の形態がBa類からBb類に変化し，帯金幅が増加する。ただし，佐賀県西分丸山古墳例は小型品であり，その帯金幅と地板枚数の評価にやや問題が残るが，鋲留製品である点もあわせて，鼓形配置の上接2式のうちで最新の資料とする。

上接3式の近代古墳例は，地板配置にイレギュラーがあるものの，上接2式の大阪府盾塚古墳例や西分丸山古墳例よりも地板の枚数が多く，また，衝角先端もBa類とみられることから古相に位置づけうる可能性がある。

菱形配置では，横接式で腰巻板を持たない構造から衝角付冑の最古例のひとつとして位置づけられてきた大阪府豊中大塚古墳1号冑（図8-9）がある。大阪府百舌鳥大塚山古墳3号施設例よりも地板枚数は少ないとみられるが，構造上上位に配列する。

上接1式には百舌鳥大塚山古墳1号槨例があるが，これは先端付近の腰巻板幅は展開幅で2.6cmであるのに対し，後頭部側では2.3cmであり，やや上接2式に近い。地板枚数からみるならば，横接式の諸例よりも新相を示すが，全ての上接2式よりも古相を示すわけでもない。

上接2式では大阪府堂山1号墳例の地板枚数が多い。

表2　三角板系統の配列

＜鼓形配置＞

遺跡名	型式	連接技法	衝角先端の形態	地板枚数		帯金幅			伏板湾曲度	鋲	共伴甲冑	
				上段	下段	胴巻板	腰巻板	合計			短甲	頸甲
佐野八幡山	横接	革綴	Ba	逆17	順17	2.2cm	2.5cm	4.7cm	5.5cm	AI	三革TII	―
わき塚1号	横接	革綴	A？	逆11	順17	2.7cm	2.4cm	5.1cm	（欠失）	AI	長革III	I-b
野毛大塚	横接	革綴	A	逆9	順13	2.7cm	2.5cm	5.2cm	―	AI	長革IIa	I-b
豊中大塚　2号冑	上接2	革綴	（欠失）	逆11	順13	2.4cm	2.5cm	4.9cm	6.0cm	A´I	三革襟	―
私市円山　第2主体	上接2	革綴	Ba	逆9	順11	2.8cm	2.5cm	5.3cm	5.0cm	A´I	三革DI	―
盾塚	上接2	革綴	Bb	逆7	（順11）	2.8cm	3.3cm	6.1cm	（欠失）	A´I	三革DI	―
西分丸山	上接2	鋲留	Bb	逆7	順9	1.8cm	1.2cm	3.0cm	4.7cm	（不明）	変鋲	（不明）
近代	上接3	革綴	Ba？	逆9	順12	2.8cm	2.6cm	5.4cm	6.1cm	A´I	三鋲IIb？	II-b？

＜菱形配置＞

遺跡名	型式	連接技法	衝角先端の形態	地板枚数		帯金幅			伏板湾曲度	鋲	共伴甲冑	
				上段	下段	胴巻板	腰巻板	合計			短甲	頸甲
豊中大塚　1号冑	横接	革綴	A	順9	逆15	2.0cm	なし	2.0cm	5.7cm	AI	三革襟	―
百舌鳥大塚山　3号施設	横接	革綴	A	（順11）	（逆15）	2.9cm	2.9cm	5.8cm	（欠失）	（不明）	三革	―
百舌鳥大塚山　1号槨	上接1	革綴	Ba？	順9	逆11	2.1cm	2.3cm	4.4cm	（7.0cm）	A´I	三革襟	―
堂山1号	上接2	革綴	Bb	順11	逆14	2.7cm	2.5cm	5.2cm	6.5cm	AI	三革DI	―
千人塚	上接2	革綴	Bb	（順11）	（逆13）	2.0cm	2.1cm	4.1cm	（欠失）	A´I	三革DI？	―
心合寺山	上接2	革綴	Ba	順9	逆13	2.4cm	2.6cm	5.0cm	5.3cm	AI	三革DI	―
珠金塚（D）	上接2	鋲留	Ba	順9	逆11	2.5cm	2.6cm	5.1cm	（7.2cm）	C	三鋲	III-c
島内76号	上接2	革綴	Bb	順9	逆11	2.4cm	2.3cm	4.7cm	6.2cm	A´I	横鋲II	―
宇治二子山北	上接2	革綴	Ba	順7	逆11	2.4cm	2.4cm	4.8cm	5.0cm	C´II	長革IIIa	I-b
竹ረ里94号	上接2	革綴	Bb	順7	（逆9）	2.5cm	（1.7cm）	（4.2cm）	7.1cm	A´II	―	III-c
七観　1号冑	上接2	革綴	Bb	順7	逆9	2.6cm	2.3cm	4.9cm	5.7cm	BIII	三革？三鋲？	（不明）
新開1号	上接2	革綴	（欠失）	順7	逆9	2.6cm	2.9cm	5.5cm	6.7cm	A´II	変鋲	II-a1
私市円山　第1主体	上接3	革綴	Bb	順9	逆9	2.5cm	2.4cm	4.9cm	（不明）	A´II	三革DI	II-b
鞍塚	上内接	鋲留	Bb	順7	逆9	3.2cm	2.7cm	5.9cm	6.6cm	B´III	三革DII	III-c

＜特殊配置＞

遺跡名	型式	連接技法	衝角先端の形態	地板枚数		帯金幅			伏板湾曲度	鋲	共伴甲冑	
				上段	下段	胴巻板	腰巻板	合計			短甲	頸甲
交野東車塚	横接	革綴	A	6（特殊）	順13（特殊）	5.9cm	なし	5.9cm	―	AI	三革襟	―
安久路2号	横接	革綴	A	逆5（特殊）	逆7（特殊）	2.5cm	2.2cm	4.7cm	5.3cm	A´I	長革IIb	―
茶すり山	横接	革綴	A	順9	順11	2.8cm	2.5cm	5.3cm	（不明）	A´I	三革襟	―
六野原6号	横接	革綴	A	（順9）	（順11）	2.2cm	2.6cm	4.8cm	（欠失）	A´I	横鋲II	II-c
五ヶ山B2号	横接	革綴	A		逆7	なし	4.3cm	4.3cm	5.6cm	A´II	三革DI	I-b

堂山1号墳例の腰巻板先端幅は後頭部側よりも0.5cm幅広になるもので、やや上接1式に近い。ただし、衝角先端の折り曲げ方式はBb類である。他例についても、地板枚数の減少傾向と衝角先端の形態や帯金幅の間に明確な相関を認めることはできず、提示した配列はかなり不安定である。なお、大阪府珠金塚古墳例（図8-10）が連接技法として鋲留技法を採用しており、鋲留技法の初現例として理解する。

上接3式には私市円山古墳第1主体例があり、衝角先端の形態はBb類、地板枚数は最少である。

上内接式には大阪府鞍塚古墳例（図8-11）がある。衝角先端の形態はBb類であり、地板枚数も最少である。さらに帯金幅の合計は三角板系統の諸例の中で最大の5.9cmであり、連接技法に鋲留技法を採用することから、三角板系統のうち最新の資料とできる。

特殊配置の例はいずれもが横接式である。最古型式の交野東車塚古墳例（図8-8）を含むため、ある程度の時間差を想定できるが、それぞれの資料の特徴が大きく異なり、当然配列としては機能していない。

共伴する甲冑は、横接式には古谷毅による錣の分類のうちAI式が多く共伴する。上接2式の中位に位置づけた珠金塚古墳例には鋲留短甲や鋲留頸甲がセットとなり、冑の位置づけよりも新相を示す。共伴資料による冑の配列の追認は難しいかもしれない。また、菱形配列のうち、上位に位置づけた一群には頸甲が伴わないことは、付属具の生産量の問題とあわせて古相との評価に親和的かもしれない。

（4）小札系統の検討（表3）

地板に小札を用いる一群である。革綴冑は京都府ニゴレ古墳出土の1例のみがあるが、ニゴレ古墳例の衝角底板の連接型式は不明である。そのため小札鋲留衝角付冑のみ検討する。

小札鋲留衝角付冑について、筆者は先に、伝・雲部車塚古墳出土の小札鋲留衝角付冑（図9-1）の地板が、1枚の竪矧板を上下に2分割することで小札へと改変されたものであることを論じた（川畑2010）。つまり、従来から指摘されてきたように、小札鋲留衝角付冑は、いわゆる竪矧細板鋲留衝角付冑から派生した形式として理解できる。具体的にその祖形を追求するならば、伝・雲部車塚例は腰巻板先端の形態がD類をなすことから、上接3式の七観古墳例を直接の祖形とみなしうる。

小札系統の検討では、地板位置調整の有無・程度の項目を追加する。ここでいう地板位置調整とは、内面からみる場合に、衝角両側部の地板の前端の位置がその上下にある胴巻板や腰巻板の前端の位置と揃うか揃わないかという視点である。例えば、福井県西塚古墳例（図9-2）のように地板と胴巻板や腰巻板との位置が大きくずれるものは「×」、伝・雲部車塚古墳例のように地板の前端と胴巻板や腰巻板の前端が1箇所のみ大きくずれるもの、もしくは複数箇所がややずれるものは「△」、そのようなずれがみられず、各部材の前端が直線的に揃うものは「○」と表記する。福岡県堤当正寺古墳例（図9-3）のように衝角部両側の地板を一枚の竪矧細板とするものは「一連」とする。これらの地板位置調整の有無・程度は、内面の地板同士の位置をきちんと揃える造りの丁寧なもの（○）から、それが徐々に顧みられなくなり（△）、内面での地板の位置を揃えることが全く考慮されないもの（×）へという、製作手順上の粗雑化の度合いを反映する。なおこのような内面へ無頓着さは、地板の形態の変化との相関により助長されるため、地板の形態も勘案するべきではあるが、ここでは参照していない。

表3に小札系統の衝角付冑の諸要素を挙げる。出土点数は必ずしも多くないが、上接3式・上下接式・上内接

表3　小札系統の配列

遺跡名	型式	衝角先端の形態	帯金幅			伏板湾曲度	地板位置調整	錣	共伴甲冑	
			胴巻板	腰巻板	合計				短甲	頸甲
伝・雲部車塚	上接3?	Bb	2.3cm	3.0cm	5.3cm	6.6cm	△	(不明)	(不明)	(不明)
岸ヶ前2号	上接3	Bb	2.8cm	2.5cm	5.3cm	6.5cm	○	C´III	三革DI	II-c
堤当正寺	上接3	Bb	3.1cm	3.8cm	6.9cm	6.2cm	一連	DIII	三革DII	II-c
雲部車塚	上接3	Bb	3.4cm	(2.3cm)	(5.7cm)	7.2cm	○?	(不明)	(不明)	(不明)
法花堂2号	上接3	C	3.2cm	3.9cm	7.1cm	7.0cm	△	DIII(袖)	三鋲Ib	III-b1
島内115号	上下接	Ba	3.0cm	4.2cm	7.2cm	7.0cm	△	DIII(抉)	—	—
御獅子塚	上内接	Bb	2.7cm	2.6cm	5.3cm	5.9cm	一連	DIII(袖)	三鋲Ia	III-c
珠金塚　冑B	上内接	Bb	2.8cm	2.3cm	5.1cm	6.5cm	○	(不明)	—	III-c?
珠金塚　冑A	上内接	Bb	3.1cm	3.0cm	6.1cm	6.7cm	一連	DIII(袖)	三革	III-c
円照寺墓山1号	内接1	(欠失)	3.2cm	3.8cm	7.0cm	(8.0cm)	(欠失)	欠損	—	—
樫山	内接2	C	3.6cm	4.2cm	7.8cm	(8.0cm?)	○?	C?D?	三鋲	III-c
新沢281号	内接2	D	3.3cm	3.8cm	7.1cm	(7.3cm)	△?	CIII(抉)	横鋲IIb/c	III-d
今井1号	内接2	D	3.0cm	3.6cm	6.6cm	8.0cm	×	(不明)	三鋲	III-c・d
鶴山	外接	Bb?C?	3.4cm	3.3cm	6.7cm	7.0cm	×	CIII(袖)	横鋲IIb	III-c
武具八幡	外接	A	2.8cm	4.0cm	6.8cm	(欠失)	(欠失)	CIII?	横鋲IIc	III-d
杉ノ原(島内1号)	外接	A	3.5cm	3.5cm	7.0cm	7.9cm	(不明)	(不明)	横鋲IIc	—
西塚	一連	C	3.8cm	4.0cm	7.8cm	(7.2cm)	×	(不明)	横鋲	III-d

日本考古学　第32号

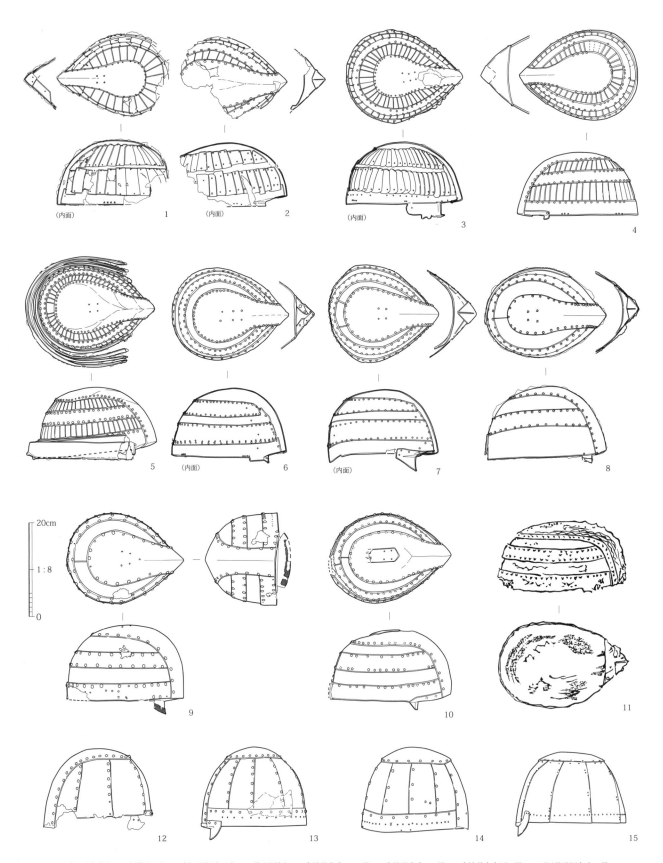

1 伝・雲部車塚　2 福井県西塚　3 福岡県堤当正寺　4 群馬県鶴山　5 宮崎県島内115号　6 宮崎県島内21号　7 宮崎県小木原1号　8 石川県吸坂丸山5号
9 栃木県益子天王塚　10 京都府宇治二子山南　11 旧帝室御物（縮尺任意）　12 埼玉県大宮　13 三重県琴平山　14 群馬県山王金冠塚　15 福島県勿来金冠塚

図9　衝角付冑の諸例（3）

式・内接1式・内接2式・外接式・一連式と多くの型式がある。

小札系統の衝角付冑のうち最古の資料として位置づけうる伝・雲部車塚古墳例の衝角底板連接手法は、D類の腰巻板の採用から上接3式もしくは上内接式に該当するが、衝角底板の欠失のため確定できない。さしあたりここでは上接3式に準ずる位置づけを与えておく。

上接3式には雲部車塚古墳例や堤当正寺古墳例などがある。京都府岸ヶ前2号墳例は、衝角底板側面の一方は上方に突出しないA類であるが、もう一方は上方にわずかに突出するB類であり、上接3式と上内接式の中間に位置づけうる。上内接式の祖形とすることも可能である。帯金幅の合計が5.0cm代前半におさまる伝・雲部車塚古墳例と岸ヶ前2号墳例を古相、6.0cmを上回る堤当正寺古墳例を新相とする。ただし、雲部車塚古墳例については、先述のとおり後頭部での胴巻板幅が狭い特殊な例であるため、伏板湾曲度を含めて新しく位置づけた。伏板湾曲度が6.5cmを超えることが一般化し、新たな衝角底板連接型式の採用とともに、冑鉢の全体的な形態にも変化がみられる。

上下接式として宮崎県島内115号墳例（図9-5）があるが、小札系統では1例のみである。帯金幅合計が7.0cmを超え、また伏板湾曲度も7.0cmであり、上接3式の諸例と比較して新しい要素を示しており、型式設定の前後関係と整合的である。

上内接式には大阪府御獅子塚古墳例と珠金塚古墳出土の2例の計3例がある。御獅子塚古墳例と珠金塚古墳冑Bは帯金幅合計が5.0cm代前半であり上接3式の岸ヶ前2号墳例に近い。一方の珠金塚古墳冑Aは帯金幅合計が6.0cmであり、同冑Bや御獅子塚古墳例よりも新しいとみる。御獅子塚古墳例の伏板湾曲度が5.9cmと小さいため、珠金塚古墳冑Bよりも上位に位置づける。

内接1式には、円照寺墓山古墳例の1例のみがある。帯金幅、伏板湾曲度ともに上内接式よりも新しい位置づけとして整合的である。

内接2式には宮崎県樫山古墳例・奈良県新沢281号墳例・奈良県今井1号墳例がある。樫山古墳例は衝角先端の折り曲げ方式はC類であり、新沢281号墳例・今井1号墳例はD類である。地板位置調整は、樫山古墳例・新沢281号墳例はやや判然としないが、今井1号墳例ではずれが大きく、他の配列にあわせて内面のずれが大きくなるようである。帯金幅は樫山古墳例で合計7.8cm、新沢281号墳例で合計7.1cm、今井1号墳例で合計6.6cmである。これまで一般的に帯金幅の合計が大きいものをより新しい特徴としてきたが、小札系統の内接2式では帯金幅の合計が徐々に減少する可能性がある。

外接式には鶴山古墳例（図9-4）、群馬県武具八幡古墳例、宮崎県杉ノ原（島内1号）例（図4-4）がある。詳細が不明な資料が多く、配列は難しい。

一連式には福井県西塚古墳例（図9-2）がある。衝角先端の折り曲げ方式はD類に近いC類であり、地板位置調整がみられず地板同士が大きくずれるなど、多くの新しい特徴を示す。

共伴する甲冑では、各型式内での配列を良好に検証できる状況にはない。一方で各型式間の関係では、配列上より新相を示す資料では、錣は袖錣から後頭部に抉りを持つものへと変化し、短甲は革綴短甲から鋲留短甲へ、頸甲は革綴式から鋲留式、さらには藤田和尊による分類の最終段階に位置づけられるⅢ-d式へと変化する。

（5）横矧板系統の検討（表4）

横矧板鋲留衝角付冑として分類されてきた一群である。表4に横矧板系統の諸様相を挙げる。横矧板系統には上下接式・内接1式・内接2式・内接3式・外接式・一連式・非連結式があり、出土点数も多い。

横矧板系統は、地板枚数を3枚とする竪矧板A系統の狐塚古墳出土の竪矧板鋲留衝角付冑を前提として、地板を上下に分割することで成立したと考えられる。現状での横矧板系統の最古型式には上下接式や内接1式が該当するが、それらには兵庫県宮山古墳例や、原山西手古墳例、小木原1号墓例など地板の枚数が上下ともに3枚の例が含まれ、上記の想定を裏付ける。横矧板鋲留衝角付冑の地板枚数は上下ともに3枚のものを古相と考える。なお、横矧板系統の分析においても、小札系統と同様に地板位置の調整の有無と程度を加えている。

上下接式には、宮山古墳例、大阪府黒姫山古墳7号衝角、宮崎県島内21号墓例（図9-6）がある。宮山古墳例は帯金幅合計が7.9cmであり、黒姫山古墳7号衝角でも7.6cmと非常に幅広であり、一般的な帯金幅の増加傾向を踏まえれば新相を示すかのようにみえる。しかし、島内21号墓例のBa類の衝角先端部の折り曲げ方式は、小札系統の島内115号墓例を例外とすれば基本的に古相の三角板系統だけにみられる手法であり、それらと連続する古相の指標としては認めがたい。また、島内21号墓例の衝角先端の折り曲げ部を鋲留する手法は他に認められず、他のBa類の衝角先端部とはまったく別個の脈略で生まれたものとして位置づける。さらに黒姫山古墳7号衝角や島内21号墓例は内面の地板の位置が大きくずれ、新しい様相を示す。一方、帯金が著しく幅広な宮山古墳例は、先述のとおり地板の枚数が上下ともに3枚であり、古相を示す。上下接式では、より新しい資料になるにつれ帯金幅が減少するとみる。

内接1式には、原山西手古墳例、小木原1号墓例、随庵古墳例がある。これまでも言及してきたように、地板枚数が3枚の原山西手古墳例・小木原1号墓例を古相とし、地板枚数が上下ともに1枚の随庵古墳例を新相とす

る。これは衝角先端部の折り曲げ方式が，随庵古墳例で
D類に近いC類となることに整合する。

内接2式は6例を挙げた。このうち青塚古墳例と塚堂
古墳例のみ，古相のC類の衝角底板を採用する。青塚古
墳例は内面の地板位置にずれがみられるが，C類の衝角
先端を採用することから，上位に位置づけた。塚堂古墳
例のC類の衝角底板の扱いに問題を残すが，他の例では
衝角先端の形態がC類からD類へと変化するのにあわせ
て，帯金幅が減少する。地板枚数が上下ともに3枚のも
のはみられないが，石川県吸坂丸山5号墳例（図9-8）
や愛媛県東宮山古墳例では地板枚数が2枚となる。ただ
し両例は内面の地板の位置が大きくずれ，また衝角先端
の形態がD類であり新しい要素も多いため，内接2式で
は地板枚数が2枚のものが後出するとみる。その場合，
両例は帯金幅の減少傾向と整合しない。

内接3式は7例を挙げた。地板枚数が上下ともに3枚
の香川県川上古墳例や長野県溝口の塚古墳例[9]を古相
とする。伝・豊富大塚古墳例の地板枚数は上下ともに2枚
であり，内接2式との関係から新しく位置づけた。大阪
府寛弘寺75号墳例や益子天王塚古墳例（図9-9）では
大型の鋲が用いられ，さらに新相とする[10]。益子天王塚
古墳例は，竪眉庇下端が円弧状を描くE類の衝角底板を
採用することから，後述する竪矧板B系統の諸例との関

連の中で成立したものとみる。型式内での配列の整合性
は低い。

外接式は最も資料数が多く，16例を挙げた。基本的に
は地板枚数が上下ともに2枚のものと，上下ともに1枚
のものとに分かれ，後者にのみ大型鋲を用いるものがあ
る。また，その区分に帯金幅もよく整合し，帯金幅の合
計が7.0cmを下回るものは地板枚数が上下ともに2枚と
なるものにだけ認められ，逆に帯金幅が8.0cmを上回る
ものは地板枚数が上下ともに1枚となるものだけに認め
られる。さらに，大型鋲を用いる千葉県法皇塚古墳例や
埼玉県永明寺古墳例は帯金幅が8.5cmを上回る。内面の
地板位置調整は，地板枚数が上下ともに2枚のものには
内面の地板前端が揃うものを一定数認めうるが，上下と
もに1枚のものには内面の地板前端の位置を揃えるもの
がみられない。以上のことから外接式については，地板
枚数の2枚から1枚への減少，大型鋲の採用，帯金幅の
拡大，内面の地板位置のずれの拡大化という種々の要素
を高い整合性を持って配列することが可能であり，良好
に製作順序を反映するものと考える。

一連式として茨城県三昧塚古墳例・愛知県大須二子山
古墳例がある。三昧塚古墳例では衝角部・腰巻板・衝角
底板がすべて一部材から作られているようであり，衝角
部と腰巻板が一連で作られる可能性がある大須二子山古

表4　横矧板系統の配列

| 遺跡名 | 型式 | 地板枚数 | | 衝角先端の形態 | 鋲頭径 | 帯金幅 | | | 伏板湾曲度 | 地板位置調整 | 鋲 | 共伴甲冑 | |
		上段	下段			胴巻板	腰巻板	合計				短甲	頸甲
宮山	上下接	3	3	B?	小	4.2cm	3.7cm	7.9cm	7.9cm	（不明）	DIII（抉?）	三鋲Ia/b	III-c
黒姫山 7号衝角	上下接	1	2	Bb	小	3.6cm	4.0cm	7.6cm	8.6cm	×	（不明）	三鋲IIb	（不明）
島内21号	上下接	1	1	Ba	小	3.5cm	3.6cm	7.1cm	8.1cm	×	CIII（抉）	横鋲IIb	―
原山西手	内接1	3	3	C	小	3.1cm	3.4cm	6.5cm	7.3cm	△	不明（抉）	横鋲IIa?	III-c
小木原1号	内接1	3	3	C	小	3.5cm	4.0cm	7.5cm	7.9cm	△	（不明）	横鋲IIa	III-d
随庵	内接1	1	1	C	小	3.0cm	4.0cm	7.0cm	（7.6cm）	△	（不明）	三鋲IIa	III-c
青塚	内接2	1	1	C	小	3.2cm	4.3cm	7.5cm	7.0cm	×	DIII	三革	―
向出山1号	内接2	（欠失）	（欠失）	C	小	3.2cm	3.8cm	7.0cm	（欠失）	（不明）	（不明）	三鋲	III-c
新沢115号	内接2	1	1	C	小	3.3cm	3.5cm	6.8cm	7.4cm	（不明）	―	三鋲Ib	III-b2
塚堂	内接2	1	1	D	小	3.1cm	3.0cm	6.1cm	7.4cm	○	CIII	三鋲 or 横鋲	III-(d)
吸坂丸山5号	内接2	2	2	D	小	4.0cm	なし	(4.0cm)	7.7cm	（△）	CIII		
東宮山	内接2	2	2	D	小	3.6cm	3.3cm	6.9cm	8.5cm	×	（不明）		
川上	内接3	3	3	A	小	3.3cm	4.1cm	7.4cm	7.3cm	△	CIII（抉）	横鋲IIb	III-d
溝口の塚	内接3	3	1	A	小	3.2cm	6.4cm	7.4cm	7.4cm	△	C?D?	三鋲Ib/IIa	II-c
稲童8号	内接3	1	1	A	小	3.2cm	4.5cm	7.7cm	8.8cm	○	CIII（抉）	横鋲IIb	（小札）
江田船山	内接3	1	1	A	小	3.0cm	3.9cm	6.9cm	8.0cm	△	DIII（袖）	横革IIc	II-b
伝・豊富大塚	内接3	2	2	A	小	3.2cm	3.7cm	6.9cm	7.8cm	（不明）	DIII	不明	（III-d）
寛弘寺75号	内接3	1	1	A?	大	4.2cm	4.3cm	8.5cm	7.3cm	×	小札	小札甲	―
益子天王塚	内接3	2	2	A	大	3.8cm	3.9cm	7.7cm	9.0cm	（不明）	小札	小札甲	―
中小田2号	外接	（欠失）	（欠失）	（不明）	小	3.1cm	3.5cm?	6.6cm?	（不明）	○?	CIII	三鋲	III-c
坊主塚	外接	2	2	A	小	3.3cm	3.5cm	6.8cm	8.5cm	△	CIII（抉）	三鋲Ib	II-b
黒姫山 5号衝角	外接	2	2	A	小	3.5cm	3.3cm	6.8cm	8.1cm	○	CIII（抉）	三鋲IIa	III-c or III-d
黒姫山 8号衝角	外接	2	2	A	小	3.8cm	3.5cm	7.3cm	8.4cm	△	CIII（抉）	横鋲IIb?	III-c or III-d
倭文6号	外接	2	2?	A	小	3.8cm	3.6cm	7.4cm	（不明）	△?	小札	三鋲Ia	―
宇治二子山南	外接	2	2	A	小	4.0cm	3.4cm	7.4cm	8.4cm	×	DIII（抉）	横鋲Ia/b?	III-d
黒姫山 1号衝角	外接	2	2	A	小	3.7cm	3.8cm	7.5cm	7.7cm	○	（不明）	横鋲IIb	III-c or III-d
黒姫山 3号衝角	外接	2	2	A	小	3.8cm	なし	3.8cm	6.4cm	（×）	（不明）		
小田茶臼塚	外接	2	2	A	小	3.9cm	3.8cm	7.7cm	(8.6cm)	△	―	横鋲IIc	III-d
長持山	外接	1	1	A	小	3.2cm	4.3cm	7.5cm	8.8cm	△	小札	小札甲	（小札）
池尻2号	外接	1	1	A	小	3.7cm	3.9cm	7.6cm	8.5cm	△	CIII（抉）		
高井田山	外接	1?	1?	A	小	4.0cm	4.0cm	8.0cm	8.6cm	△	CIII（抉）	横鋲―	III-d
黒姫山 4号衝角	外接	1	1	A	小	4.4cm	3.8cm	8.2cm	6.9cm	×	（不明）	横鋲IIc	（不明）
城山1号	外接	1	1	A	大	3.6cm	4.1cm	7.7cm	（欠失）	（欠失）	小札	小札甲	―
法皇塚	外接	1	1	A	大	4.4cm	4.3cm	8.7cm	6.5cm	（欠失）	小札	小札甲	―
永明寺	外接	1	1	A	大	4.4cm	4.6cm	9.0cm	（欠失）	（欠失）	小札	小札甲	―
三昧塚	一連	1	1	―	小	3.4cm	4.2cm	7.6cm	8.7cm	（不明）	小札	小札甲	―
大須二子山	一連	1	1	A	小	4.4cm	4.2cm	8.6cm	9.6cm	（不明）	（不明）	小札甲	―
上田蝦夷森1号	非連結	1	1	A（特殊）	小	4.6cm	4.9cm	9.5cm	7.6cm	（不明）	小札	―	―

墳例とは様相が異なる。ただし，どちらも詳細が不明瞭であり，一連式の型式設定を含めて，再検討の余地が大きい。

非連結式の上田蝦夷森古墳例は，衝角先端が腰巻板の下端にまで及ばない特異な構造であり，すでに最終段階の横矧板鋲留衝角付冑としての評価が与えられている（鈴木2009）。

横矧板系統の衝角付冑に共伴する甲冑をみると，上下接式最古段階とした宮山古墳例は古相の鋲留短甲と共伴しており，また黒姫山古墳7号衝角や島内21号墓例出土の短甲は新相を示す。内接式では，比較的整合的な配列が得られた内接2式では共伴甲冑の様相が判然とせず，配列の妥当性の検証ができない。外接式では上位から下位にかけて短甲や頸甲の型式学的位置づけが新相を示す傾向を見て取ることができる。

さて，ここで本稿の論旨からは多少はずれるが，類例の希少な金銅装の衝角付冑として知られる，旧帝室御物の横矧板鋲留衝角付冑の位置づけを論じておく（図9－11）。公開されている図面から，旧帝室御物例の衝角先端の折り曲げはD類とわかる。また，腰巻板先端の形態は，D類のようにみえる。ただし，この明確な角を持つ綴じ代の形態は，E類の腰巻板にも認めうる。それを踏まえて側面図を参照すると，腰巻板から下方に垂下する突起部分らしき表現を認めうる。ただし，これについては竪眉庇の表現の可能性は否定しきれない。腰巻板先端の折り曲げ方式からは，旧帝室御物例は上接3式・上内接式・上下接式のいずれかに該当すると考えられる。

しかし，上接3式や上内接式には衝角先端の折り曲げにD類を採用する例はみられず，両型式の範疇に含めることは難しい。一方の上下接式には現状ではD類の衝角先端は認められないが，先述のとおり上下接式の島内21号墓例はD類の衝角先端の出現後に位置づけられ，上下接式の存続内にD類の衝角先端を位置づけることは可能である。

以上のことから，旧帝室御物例は上下接式の可能性が最も高く，上接3式・上内接式の可能性を残す。上下接式として考えるならば，当該型式は存続時間幅に比して類例が少ないため，型式内での位置づけを厳密に決定するのは難しい。また，旧帝室御物例の詳細な計測値は不明である。しかしその中で，あえて位置づけを試みるならば，外観上旧帝室御物例の帯金幅が狭くみえる点は，同型式内でも新しい段階に位置づけうる可能性を示す。

（6）竪矧板B系統の検討（表5）

いわゆる竪矧広板衝角付冑に相当する分類である。すでに内山敏行や鈴木一有により型式学的配列がなされている（内山1992・鈴木2010）。本稿においてもそれ以上の理解を示すことはできず，それらの成果を追認するに留めておく。

埼玉県大宮古墳出土例（図9－12）のように伏板と衝角部が一連で地板枚数が少なく，地板同士の連接鋲数が多いものを古相とする。やがて三重県琴平山古墳例（図9－13）のように伏板と衝角部が別造りのものが成立し，群馬県山王金冠塚古墳例（図9－14）のように地板枚数が多く，地板同士の連接鋲数の少ないものが成立すると考えられる。また，その過程で，福島県勿来金冠塚古墳例（図9－15）のように腰巻板を持たず，連接技法も革綴のものが出現するとみられる。

（7）衝角付冑の型式学的配列

以上，地板形状の差異に基づく分類ごとに衝角付冑の各要素をみた。衝角底板と腰巻板の連接型式の消長と共に，各地板形式の消長がみられ，さらにおおまかには帯金幅や伏板湾曲度が増大する傾向を認めた。ただし，帯金幅は内接2式では徐々にその幅を減少させるとみられ，全ての型式内での変化の方向性は決して同一ではない。また，各形式内でのみ比較可能な要素として，地板の枚数や内面の地板位置の調整などを検討したが，それらと帯金幅や衝角先端の形態についても，ある程度整合的に配列が可能である。これまでに得てきた配列は，緩やかにではあるがその製作順序を反映すると考える。

以上の配列結果に基づき，衝角付冑の型式学的配列を図10として提示する。それぞれの型式内での配列はこれまでの各表で提示してきた配列に依拠するが，これまでにも述べてきたようにその配列全てが製作順序を良好に反映すると確言できないものも多い。特に厳密な前後関係が確定できないものについては上下に近接して配置した。ただし，若干の間隙を開けて配列しているものについては種々の要素に目立った相違があるものであり，配列上の妥当性が高い。なお，各型式間の関係については，帯金幅や鋲頭径といった種々の要素から位置づけたが，当然ながら形式・型式が異なるにつれ，その上下位置関係により示される製作順序の想定の精度は下がる。また，型式は確定できないが，その他の種々の要素からおおよそ位置づけを与えうるものも，枠外に配列した。

各型式間での位置づけについて多少言及しておく。横接式のうち茶すり山古墳例や六野原6号地下式横穴墓例

表5　竪矧板B系統の配列

遺跡名	型式	伏板・衝角部	地板枚数	地板連接鋲数
南塚	外接被覆？	一連	7？	9
大宮	（欠失）	一連	7	6
金鈴塚	外接被覆	別造	7	7
諏訪神社	外接被覆	別造	7	5～8
王墓山	外接被覆	別造	7	5
琴平山	外接被覆	別造	9	6
伝・茨城	外接被覆	別造	9	6／7
山王金冠塚	（欠失）	別造	9	3
小見真観寺	（欠失）	別造	11	3
勿来金冠塚	外接被覆	別造	6	(3)

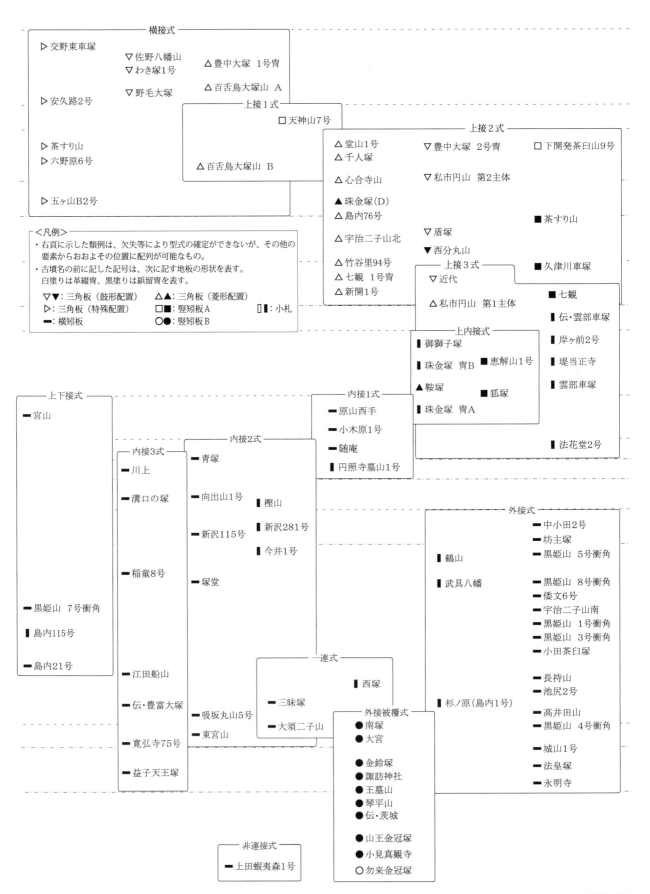

図10 衝角付冑の型式学的配列

衝角付冑の型式学的配列

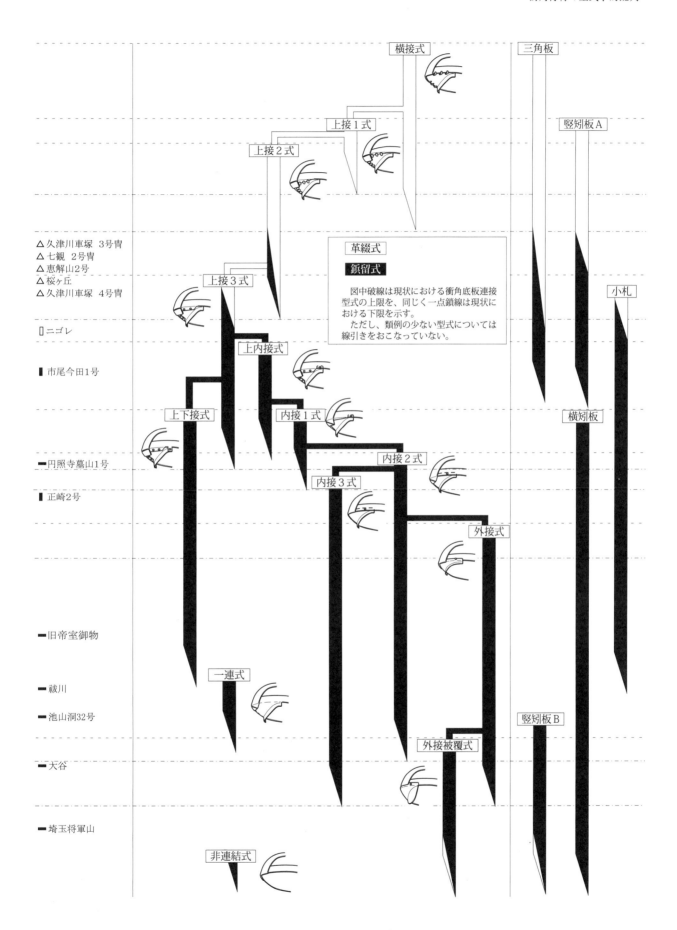

21

は，地板枚数が少ないことから上接1式や上接2式との併行関係を想定した。上接3式のうち，地板枚数から古相に位置づけられる近代古墳例や私市円山古墳第1主体例は上接2式との併行関係を考える。上接3式のうち法花堂2号墳例は衝角先端の形態がC類であり，内接1式や内接2式との併行関係を考える。上下接式や内接2式，内接3式，外接式の併行関係については，地板位置の調整が○や△になるものを古相に，×になるものを新相としておおよその併行関係をみとめ，鋲頭が大型となる鋲を使用する寛弘寺75号墳例と城山1号墳例に併行関係を想定してその範囲内に収めた。衝角底板連接型式から内接3式と外接式は別系統として位置付けたが，鋲頭径や地板位置調整といった要素からも両者の併行関係がより明確化したといえよう。

　ちなみに余談ではあるが，甲冑研究において頻繁に用いられる語である「鋲留技法導入期」について，これまでの検討に基づき衝角付冑からの定義づけを行っておく。その下限は上接3式とする。なぜならば，先に述べたとおり，上接3式に後続する上内接式と上下接式は，連接技法の革綴から鋲留への変化に対応して部材取り方式を改良したものであり，両型式に鋲留技法の使用の定着をみるためである。それゆえ，両型式の前段階の型式である上接3式までを鋲留技法導入期とする。ただし，上接3式のうちの新しい一群は上内接式や上下接式と併行して製作された可能性が高いが，その弁別は容易でないため，「期」という語の適当性に問題は残るものの，上接3式という型式単位に評価を与える。また，衝角先端の折り曲げ方式がC類のため上接3式の最終段階の資料とできる法花堂2号墳例については当該時期に含めるのは妥当ではない。上接3式のうち，B類の衝角先端の折り曲げ方式を採用するものまでが鋲留技法導入期の所産とできる。

　上限は今後の資料状況に応じて流動する可能性が高いが，珠金塚古墳出土の三角板鋲留衝角付冑をその初出とする立場から，また三角板系統の地板枚数の定着を認めることが可能なため，三角板系統の菱形配置のうち地板第1段が9枚，第2段が11枚となる一群以降を鋲留技法導入期とする。鼓形配置の一群では現状の資料状況からは明確な定義づけは難しいが，帯金幅を勘案すれば盾塚古墳例は鋲留技法導入期に含まれる可能性が高い。また，竪矧板A系統の一群についても現状では茶すり山古墳例を最古とするという以上の評価は不可能である。以上の通り，鋲留技法導入期の上限は明言しがたいが，上接2式のうち比較的新相の一群としておく。

　従来の鋲留技法導入期に対してかなり限定的な定義となったが，衝角付冑からみる限り以上のものが妥当といえる。なお，偶然の一致とも考えられるが，以上の定義によれば衝角付冑の鋲留導入期には横矧板系統の一群は

みられない。また，この定義はあくまで冑における鋲留技法導入期であり，短甲のそれとは一致しないことは断わっておく。

5．衝角付冑の生産と入手

（1）衝角付冑の生産とその展開

　衝角付冑の各要素を検討することで，その型式学的配列（≒製作順序）を提示した。

　まず注意するべき点は，地板形式の違いをある程度捨象しなければ，現状においては衝角底板連接型式の整然とした変遷過程は提示できないという点である。これは，将来的な資料の増加により方法論的には解決されうる問題であるが，衝角付冑の生産は，地板の差異により完全に区分される排他的で異なる生産組織によるのではなく，それぞれの地板形式がある程度の連関を持って展開したと考える方が妥当であろう。

　三角板系統には横接式から上内接式の5型式があるが，それぞれある程度の生産の併行関係を認めうるが，大きくは時間差として捉えられる。しかし，各型式内では，地板の枚数や帯金幅，衝角先端の折り曲げ方式といった各要素をすべて整然と配列することはやや難しい。この理由としては確保できる部材が必ずしも常に均質・均一なものではなかったという可能性や，生産体制が散発的で流動的であった可能性などが考えられる。

　地板配置ごとにみると，鼓形配置の一群では，三角板系統の衝角付冑の全体数からすると横接式の割合が比較的高いことが指摘できる。一方の菱形配置の一群は，提示した資料では横接式2例に対し，上接1～3式および上内接式が10例であり，その構成比は鼓形配置の一群と大きく異なる。なお，型式が不明なため表2には提示しなかったが，地板枚数がいずれも地板第1段で9枚以下，第2段で11枚以下となるため上接2式ないし上接3式とみられる，久津川車塚古墳3号冑・4号冑や七観古墳2号冑，徳島県恵解山2号墳例，長野県桜ヶ丘古墳例はすべて菱形配置である。菱形配置の一群に上接式の例が高い割合でみられるという傾向はさらに顕著であったと考えられる。

　鼓形配置の一群に横接式が多く，菱形配置の一群に上接式の資料が多いことは，両者の違いが緩やかに時期差に対応するものであった可能性を示す。しかし，鼓形配置にも鋲留冑がみられ，また菱形配置に最古段階の一例である豊中大塚1号冑が含まれる点も考えると，両者の差を時期差のみで理解することは適切ではない。両者は生産系統の差として併存したが，やがて菱形系統が生産量で主流を占めたとする理解が穏当なところであろう。

　なお，鼓形配置の一群では，表2に提示した8例中2

例のみがのちの畿内に相当する範囲から出土したのに対し，菱形配置の一群では14例中9例がのちの畿内に相当する範囲から出土したという分布傾向の違いを指摘できる。生産系統の違いと分布傾向に相関がある可能性を指摘できる。ただし，菱形配置には，宮崎県島内76号墓例や朝鮮半島の竹谷里94号墓例がみられ，分布範囲はより広大である。

三角板系統のうち，特殊配置とした5例はいずれも横接式である。茶すり山古墳例や六野原6号墓例の地板枚数は少ないため，古式には位置づけ難く，地板配置の生産系統のまとまりと横接式の長期的な採用にも相関があった可能性がある。

三角板系統に続いて現れる竪矧板A系統は，出土点数が7点と非常に限定的な点も方法論上それに寄与しているが，衝角底板と腰巻板の連接方式・胴巻板の有無および施される鋲列数・帯金幅・伏板湾曲度のほぼすべてを整然と配列できる。

竪矧板A系統から地板を上下2段に改変した小札系統が分化し，上接3式の段階で3形式の冑が並立する。さらに上接3式をもとに鋲留技法への対応として上内接式が成立する。ただし，上内接式の三角板系統は現状では鞍塚古墳例のみであり，すみやかに三角板系統の生産は終了する。また，上接3式から上内接式への移行に併行する形で，別系統として上下接式の分化が生じる。ここにおいて，過渡的な併存状況とは異なる，衝角底板連接型式の併存状況が明確なものとなる。

上下接式もしくは内接1式の成立と併行して，地板形式の主流が小札系統から横矧板系統へと変化する。過渡的な型式である内接1式は速やかに内接2へ，さらに内接3式へと移行する。あわせて外接式への分化もみられ，前段階に成立していた上下接式の併存とあわせて衝角底板連接型式の多系化が最大となる。

この型式の多系化について，外接式の横矧板系統のうち古相の一群に，地板枚数が上下ともに2枚のものが集中する点は注目できる。同段階の内接式や上下接式には同様の傾向はみられず，外接式独自の特徴といえる。衝角底板の連接型式と地板の配置方式に対応関係を指摘でき，横矧板系統の外接式という区分に，かなり良好な製作系譜のまとまりを想定できる。外接式の横矧板系統の種々の要素の配列が高い整合性をもって可能なことは，このような製作系統としてのまとまりに関連するのであろう。また，外接式の横矧板系統は地板枚数が上下ともに2枚のものから1枚のものへと変化するが，内接式では新相のものに地板枚数が上下ともに2枚のものが多いことが指摘できる。両者の地板枚数は変化の方向性を逆にし，一致をみないのである。

帯金幅では，上下接式や内接2式では帯金幅の減少傾向が想定でき，帯金幅が増大する外接式とは変化を逆に

する。また，内接2式の帯金幅の減少傾向は小札系統・横矧板系統の両者でみられることから，地板形式の差異よりも衝角底板連接型式のまとまりの方が有意な可能性がある。内接2式もまた，かなり良好に製作系譜のまとまりを示すといえよう。

この製作系譜の違いにさらに踏み込めば，次のようにいえる。特に外接式の横矧板系統にみられる，製作技法と部材取り方式の相関の強さを鑑みれば，衝角底板の連接型式の違いにみられる製作系譜とは，素材の調達や部材の製作から組み上げまでを包括するような「工房」に相当すると考えられる。また，帯金幅の変化の方向性が，外接式と内接2式で逆方向を示すことは，部材の製作基盤が両型式で異なることを示唆する。内接2式についても外接式とは異なる，素材の調達と部材の製作・組み上げを包括する「工房」単位を想定してよい。衝角付冑全体としてのまとまりも確かに存在するが，各型式はそれぞれ素材の調達・部材の作成・組み上げといった全ての工程を別個に担う，異なる工房において製作されたと結論づけうる。

なお，上下接式の初現とした宮山古墳例は，それまでの類例と比較して著しく帯金幅が幅広であり，前段階からの連続的な変化としては捉え難い部分がある。上下接式を特徴づける衝角底板の連接方式の「発想」が，上内接式とまったく反対であることとあわせて，前段階からの連続的な派生や改良というよりも，系譜関係にやや飛躍のある，いわば外観上の模倣のみによるような系統分化を想定するべきかもしれない。型式ならびにその背景としての工房の成立過程を考える上で示唆に富む。

もちろん，すべての衝角底板連接型式を「製作工房の違い」と評価し，その多系化を複数「工房」の並立と速断するには問題があるかもしれない。しかし，近接した時期に次々と生じた衝角底板連接型式の多系化には，自然発生的な製作系譜の分化よりも，意図的な製作工房数の拡大を想定できる。衝角底板連接型式の多系化とほぼ期を同じくして，地板枚数が少なく生産性が最も高い横矧板系統が主流化することから，当該時期に生産量の増大を目的とする動きがあったといえる。ただし，上下接式の生産の存続期間幅が非常に長いとみられる一方で，同型式の出土点数が確実なもので4点に限定されることから，創出された多系的な生産系統もしくは工房が必ずしもそれぞれ均等に冑の生産を担ったとはできない。素材の入手可能量の多寡や生産規模の違いなど，その有り様は多様といえよう。

個々の型式内では，いわゆる「同工品」と評価できる資料に乏しいことが指摘できる。唯一例外的に，三角板革綴衝角付冑のうち七観古墳出土の1号冑と2号冑が，地板の配置や腰巻板下端に覆輪を施す点，地板同士の連接のための革紐が複数の地板をまたがって連続的に用い

られるという共通点から，いわゆる「同工品」に該当する可能性が高い。同じく三角板革綴衝角付冑である茶すり山古墳出土例と六野原6号墓出土例についても，地板枚数や腰巻板下端に覆輪を施す点などから，かなり近しい関係を見て取ることができるが，両者は胴巻板の幅が大きく異なる。また，内接2式では帯金幅が徐々に減少し，外接式では帯金幅が徐々に拡大する点も注目できる。それらの部材の漸次的な変形を考え合わせれば「様」のようなものを用いて部材取りを行い，複数の同形・同大・同技巧の冑を並列的に製作するような体制を復元することはできない。

　ただし，衝角付冑の本来の機能が頭部への着装であることを考えれば，冑は装着する個人に合わせる形でいわばオーダーメイド的に製作され，そのために様が想定できない状況が復元された可能性はある。しかし本稿の分析では冑の径は分析視角として採用しておらず，また，帯金幅の違いは地板幅の違いによって相殺可能な要素であるため，装着者個人を想定した誤差は捨象してよいと考える。

　以上の理解に基づき衝角付冑の製作体制を復元すれば，各工房内において「以前に製作した冑の記憶をもとに，1個体分の部材取りを行い，整形・組み立てをする。完成したら，また次の1個体分の部材取りを行い…」というものが最も妥当である。そのような方式の製作体制ゆえに，徐々に帯金幅を広げる（または減少させる）という変化は生じうるし，伏板湾曲度の増大もそのような理解と整合的である。工程ごとの分業体制は確立されていなかったと考えられる[11]。

（2）一括出土資料について

　最初に述べたように，本稿の目的は，衝角付冑の製作順序と，一括資料として抽出される資料群との対比から，古墳時代における器物の生産と入手・副葬の一端を復元することである。延々と行ってきたこれまでの作業により，ようやく種々の古墳における一括資料の分析の前提が整った。複数の衝角付冑を出土した古墳の様相を検討しよう。

　珠金塚古墳南槨からは三角板鋲留衝角付冑1点と小札鋲留衝角付冑2点が出土した。このうち，三角板鋲留衝角付冑は上接2式，小札鋲留衝角付冑はどちらも上内接式である。上接2式の最新相の資料は上接3式との製作時期の重複を認めうるが，珠金塚古墳の三角板鋲留衝角付冑は上接2式中で中位に配列した資料であり，上接3式からさらに遅れて成立する上内接式とは製作段階に差がある。上内接式の2例にはかなり近い製作時期を想定できる[12]。

　久津川車塚古墳からは衝角底板の連接型式は不明だが三角板革綴衝角付冑2点，小札鋲留衝角付冑1点と，上接2式の竪矧板鋲留衝角付冑1点が出土した。三角板革綴衝角付冑は欠失により型式が不明だが，地板枚数が地板第1段9枚・第2段11枚のものと地板第1段7枚・第2段9枚のものがあり，前者は上接2式の中位に相当する。小札鋲留衝角付冑も型式が不明であるが，伝・雲部車塚古墳例が上接3式であることから少なくとも上接3式以降に位置づけうる。竪矧板鋲留衝角付冑は，三角板革綴衝角付冑2例いずれとも併行関係を認める余地があるが，いずれにしろ小札鋲留衝角付冑は他例と比較して新しく位置づけられる。

　黒姫山古墳には上下接式の7号衝角，外接式の1・3・4・5・8号衝角があり，いずれも横矧板鋲留衝角付冑である。外接式5例のうち，5号衝角は外接式中で古相を示す。1・3・8号衝角は5号衝角よりもやや新しい特徴を有し，それぞれほぼ近い段階の製作といえる。配列は行ったが，3点内で製作時期差を積極的に論じることはやや難しい。4号衝角は地板枚数が上下ともに1枚ずつであり，また帯金幅が幅広で他例と比較して明らかに新しい特徴を有する。上下接式の7号衝角は直接的な比較は難しいが，地板枚数が上段1枚・下段2枚であることを評価するならば，1・3・8号衝角よりも新しく，4号衝角よりも古い段階の所産であろうか。いずれにしろ，最古の5号衝角から最新の4号衝角までにはある程度の製作時間差が存在する。なお，これらの衝角付冑とセットとして副葬された短甲の型式学的位置づけも同様の方向での型式変化がみられることは注目できる（滝沢1991）[13]。

　以上のように，珠金塚古墳南槨・久津川車塚古墳・黒姫山古墳の一括資料中には，型式学的位置づけからは製作時期差と認めるべき差異が存在する。このような製作時期差として理解できる差異は，豊中大塚古墳から出土したともに三角板革綴衝角付冑である横接式の1号冑と上接2式の2号冑や，茶すり山古墳出土の横接式の三角板革綴衝角付冑と上接2式の竪矧板鋲留衝角付冑との間にも認めうる。なお，雲部車塚古墳についても，異形衝角付冑の地板枚数を三角板系統の諸例と同等に評価すれば，上接3式でも中位に配置する小札鋲留衝角付冑との間に製作時期差が想定できる[14]。

　一方で，製作時期差の想定できない冑の集積もみられる。七観古墳の1913年出土資料中では三角板革綴衝角付冑2点が非常に類似した特徴を示し，「同工品」や「連作」のような製作状況が想定できる。また，それら2点は上接2式のうちの最終段階に位置づけられ，上接3式の竪矧板鋲留衝角付冑とかなり近い段階の製作とできる[15]。円照寺墓山1号墳からは小札鋲留衝角付冑と横矧板鋲留衝角付冑の2点が出土したが，後者の型式は確定できないが，上内接式もしくは内接1式とみられ，両者の製作段階は近接する。

これまでの検討により，いわゆる甲冑の大量埋納墳とされる古墳で，型式的分析からすると製作時期を異とすると考えうる資料の集積を多く認めた。ただし製作時期差を認めたといっても，茶すり山古墳では中期前葉から中葉，珠金塚古墳でも中期前葉から中期中葉，黒姫山古墳では中期後葉から中期末葉といった程度には収まる範囲といえる。つまり，いわゆる「伝世」のような世代をまたがる集積状況を積極的に認めることはできないのであって，一個人の活動期間内に収まる程度の時間幅で生産された資料が集積されたといえよう。また，一括資料中で製作時期が近接する資料の中にも，形式・型式が異なるものが共伴する例が多い。これらのことからは，一括資料として複数点共伴する衝角付冑が，当初からある程度の数量単位で流通や配布がなされると予定された上で，同一工房でまとめて生産されたとは想定できない。

それらの製作時期の異なる資料が集積された場所についても考えておきたい。乱暴に分けるならば大きくは生産地（倭王権周辺）と埋納地（被葬者膝下）の二つの可能性を考えうる。ここで黒姫山古墳例を参照すると，先述のとおり衝角付冑の配列順が滝沢誠による短甲の編年順（滝沢1991）に良好に対応することがわかる。この現象を有意とみなせば，そこからは冑と甲の製作順に基づいて構成されたセットが入り乱れることなく保持されたといえる。黒姫山古墳の甲冑セットが生産地に直結する形で保管されていたのであれば，冑と甲（おそらく頸甲などの他の付属具も併せて）を組み合わせたまま保管し，それが組みかえられることなく，一人の人間の活動期間程度留めおかれ続けた状況が想定できる。同様の形で，短甲のみで保管され続けるものもあったと想定すれば話は別だが，冑や頸甲を伴わず，短甲のみが副葬される古墳も多く存在することを考えれば，こういった冑と甲のセットを保持したままの保管状況は，想定しがたいのではないだろうか。

一方で，冑と甲の製作後すぐさまセットが構成され流通に供されたと考えるならば，黒姫山古墳のセット関係は理解がしやすい。必要なのは被葬者膝下での入手単位が乱れない程度の管理のみである。

黒姫山古墳の所在地を考えれば当時の倭王権中枢との距離関係が近すぎるのではないかという問題点は残る。やや実証性に欠ける議論ではあるものの以上の検討から，製作時期差が想定できる衝角付冑の集積場所としては，被葬者の足下を想定したい。それぞれの製作工房で連続的に生産されたもののうちのある1点が，それぞれ別個に入手され，一定の時間幅の中で集積されたものが，現在我々が目にする一括資料の本質であろう。衝角付冑の副葬点数による差異は，あくまで複数段階にわたる入手行為の結果の差異に過ぎない。

ただし，七観古墳での近似する三角板革綴衝角付冑2点の共伴や，黒姫山古墳での外接式の近接した一群の共伴についても，例外とするのではなく，適切な評価をする必要があろう。なぜならば，両古墳の一括資料からは，単一段階での複数の冑の入手を想定でき，そこに両古墳における，単純な入手契機の多寡や活動時間幅の長短とは一線を画す，入手行為の差異の可能性を指摘できるためである。つまり，両古墳には，他古墳にみられる入手活動とは質的に異なる活動を想定できるのである。そしてそのような差異の背景としては，当時の大王墓域である古市・百舌鳥古墳群に含まれる，もしくは近在するという地理的な要因を挙げうるであろう。

（3）盾塚・鞍塚・珠金塚古墳出土資料について

さて，ここで視点を変えて，古市古墳群中において衝角付冑の連続的集積を認めうる盾塚古墳・鞍塚古墳・珠金塚古墳に注目する。

盾塚古墳からは，長方板革綴短甲―頸甲と，三角板革綴短甲―三角板革綴衝角付冑の2セットの甲冑が出土した。長方板革綴短甲には冑は組み合わないが，その短甲の型式は阪口英毅の分類によるI型式であり，組み合う頸甲は藤田和尊による分類のI-b型式であり，どちらも古相を示す。一方で三角板革綴短甲は阪口英毅によりDI型式とされており，存続時期幅が大きく新相に限定することはできないが，一方で，帯金式短甲の最古段階におくこともできない。三角板革綴衝角付冑は，鼓形配置ではあるものの地板枚数が少なく帯金幅が幅広の比較的新相を示す資料であり，その配列位置はI型式の長方板革綴短甲やI-b型式の頸甲に組み合う一群と比較すると，一段階以上新しい。

つまり，衝角付冑の年代観は長方板革綴短甲と頸甲のセットよりも新相を示し，三角板革綴短甲との製作時期の一致が想定できる。短甲と冑の製作時期の対応は今後の検討課題ではあるが，短甲の年代観を衝角付冑に引きつけて考えれば，盾塚古墳の2セットの甲冑には，製作時期の段階差が想定できる[16]。

ここで鉄鏃に目を転じると，盾塚古墳出土鉄鏃のうち二段腸抉柳葉式鉄鏃に，筆者の分類で古相の1型式と，新相の2型式の共伴がみられる（川畑2009）。2型式は鏃身部の大型化と切先の円頭化が進行しており，二段腸抉柳葉式鉄鏃の中でも比較的新相に位置づけうる。1型式と2型式の間の形態差から見込まれる年代差はやや大きい。とすれば，鉄鏃にも製作時期の段階差を認めるべき資料が存在するといえる。

甲冑と鉄鏃の型式学的位置づけから，盾塚古墳の副葬品に新古二段階の資料が存在する可能性を指摘した。そのうち古段階に属する甲冑と鉄鏃は，従来盾塚古墳の年代観に大きな影響を与えてきた，石釧や筒形銅器の副葬

年代に整合的といえる。そのような「中期初頭的な」古相の副葬品に「中期中葉的な」新相の副葬品を加えたものが，盾塚古墳の副葬品総体といえる。

さらに，地板形式の差や三角板系統の地板配置の原則を等閑視するならば，前述の３古墳の衝角付冑の製作順序は「珠金塚古墳の三角板鋲留衝角付冑」→「盾塚古墳の三角板革綴衝角付冑」→「鞍塚古墳の三角板鋲留衝角付冑」→「珠金塚古墳の小札鋲留衝角付冑Ｂ」→「珠金塚古墳の小札鋲留衝角付冑Ａ」とすることができる。形式の異なる資料が混在するため，配列順の厳密性はやや弱いが，これまでに想定されてきた「盾塚→鞍塚→珠金塚」という古墳の築造順序とは異なる衝角付冑の製作順序が想定できる。ただし，鞍塚古墳例の後に珠金塚古墳の小札鋲留衝角付冑を位置づけうることから，最終的な古墳の築造順序に変更はない。

以上から，３古墳の被葬者は，それぞれの活動に応じてまとまった形で衝角付冑（を含む武具）を入手したのではなく，ある程度の時間幅の中で交互に入り乱れる形で武具を入手したと考えうる。そのような活動の時間幅と質的差異により，最終的な衝角付冑の集積状況が生じたと考える[17]。そしてそこには，器物の入手方式に関する何らかの秩序を見出すことは，残念ながら不可能である。現状では，個別的な事情に大きく依拠する質的・量的に異なる活動により，器物の最終的な集積が生じたとの理解に留めておく。

三角板系統の鼓形配置・菱形配置にみられる分布傾向の違いを除けば，形式・型式の差異に対応する分布傾向に明確な違いはない。同じくセットとなる短甲の形式との間にも明確な相関はないようである。セットとなる短甲との間においてすら，製作から流通に至る体系だった体制は構築されておらず，複数系列による恒常的な生産をもとに，完成した製品を特にこだわりなく組み合わせて，流通に供する甲冑セットを構成した，といった程度の理解をするべきであろう。

（4）結　語

衝角付冑の型式学的配列に基づき，複数段階にわたり製作された冑が，それぞれ順次入手され，集積し，最終的に複数点数埋納されることを示した。このことは，いわゆる甲冑の多量埋納墳として認識されてきた古墳の評価に一考の余地があることを示す。なぜならば，通常我々が古墳の副葬品に対して与える評価は，最終的に副葬された一群に対するものであるが，そのような副葬品の総体は，決してその被葬者の生前を通じて常に総体として存在していたものではないからである。例えば４セットの甲冑を出土した古墳のセット内容が，４セット同時に生産され，入手された場合と，１セットずつ生産され，順次入手され，最終的に４セットとなった場合とではその

の示す意味はまったく異なる。従来の研究では，この点の差異を検証することなく，ともすれば無批判に最終的な集積結果から分析がなされてきた。甲冑の入手パターンを議論する際には今後は資料の集積方式にも留意した分析が必要となろう（藤田1988）。

では，型式学的配列を優位とみなし，一括資料に複数段階にわたり製作された資料があることを認めた場合にどのような姿を描きうるであろうか。先にも例示したように，久津川車塚古墳では，甲冑の入手は複数段階にわたり，その総体は「結果としての複数埋納」に過ぎない。雲部車塚古墳についても，絵図から復元できる甲冑セットや現物資料から「結果としての複数埋納」と考えてよかろう。甲冑の多量埋納墳とはいえないまでも，２点の衝角付冑が共伴した古墳においても，豊中大塚古墳や茶すり山古墳などは「結果としての複数埋納」の可能性が高い。一方で，七観古墳や黒姫山古墳では，「結果としての複数埋納」を想定しうるが，それにあわせて「同時期的な複数入手」がなされた蓋然性も高い。器物の入手・保有に別個のパターンを見出すことが可能なのである。「結果としての複数埋納」と「同時期的な複数入手」とを弁別することで，古墳時代における器物の社会的機能を考える新たな展望が開けよう。

古墳時代中期を中心とする時期には，倭王権との関係性の強弱とその個人的な活動の質的・量的差異に基づく形で，甲冑の一度の／複数回の入手が行われた。そこには武具の生産とその差配に心血を注いだ倭王権と各地の被葬者の個別的な事情に基づく体系性のみられない錯綜した関係を読み取ることができ，整然とした体系的な序列化や流通差配の存在は想定できない。

一方で，衝角付冑の型式学的な差異からはその段階の弁別は不可能だが，いわゆる後期の段階，もしくは竪矧板Ｂ系統の段階には，複数点数の衝角付冑の共伴はみられない。この段階における前段階との甲冑の出土傾向の違いは，東日本への分布の集中も含めて既に論じられてきており（村井1974，内山2006，鈴木2010），その傾向の認識に，特に変更の必要はない。そこには被葬者の活動の質的・量的差異という個別的な事情に大きく依拠する前段階の集積とは異なる，何らかの秩序だった生産―流通体制の成立を読み取ることができる。そしてその様な新たな器物の生産―流通体制の成立の背景として，倭王権と各地の有力者との間に，あるいは各地の有力者相互の間により体系的な人間関係―誤解を恐れずにいうならば身分秩序―が成立したことを想定できよう。そして，そのような個別の事情が前面に出る器物の生産・流通・入手体系からの脱却を，古墳時代における有力者間関係の大きな転回として評価するべきである。

そのように考えれば，黒姫山古墳で最後に入手されたと考えられる４号衝角が，単体で入手された可能性が高

いことは注目できる。中期後半から末の段階で，すでに「中期的」な甲冑の同時期的な複数入手が止揚され，「後期的な」器物の生産─流通体制が萌芽していた可能性を示すためである。鉄鏃や刀剣・農工具をみると古墳時代を通じた最大量の埋納は中期中葉をピークとして行われ，すでに中期後半にはそのような数量的な集積と埋納を是とする社会的システムは終焉に向かっていた可能性が高い。鉄製武具の量から質へという副葬品相の転換を考える上でも，甲冑の詳細な検討が寄与する部分は大きいであろう。

6. おわりに

中期中葉から後半における武器や甲冑の大量埋納古墳の存在は，現在の我々に強烈な印象を与える。しかし，詳細な型式学的検討に依拠してその内実を検討すれば，それは前期段階から継続する個別的な事情に大きく依拠した，入手行為の反復による結果としての複数埋納に過ぎないことがわかる。単純な型式学的編年を超え，副葬品の有り様を解きほぐすことで，器物の動態をより具体的に描く可能性が開かれる。そのような操作を経ることではじめて，器物の集積結果の根底にある，器物の授受により紐帯される有力者間関係を精確に描写することができるといえよう。

謝辞 本稿をなすにあたり，下記の個人・機関から多大なご協力を賜りました。記して謝意を表させていただきます（敬称略・五十音順）。

市本芳三　今尾文昭　小栗明彦　甲斐貴充　柿沼菜穂　加藤一郎　岸本一宏　阪口英毅　杉山秀宏　竹広文明　戸根比呂子　中野和浩　中野拓郎　中東洋行　野島永　橋本英将　初村武寛　古谷毅　持田大輔　森本徹　山中英彦　山口裕平　米田文孝　朝倉市教育委員会　安土城考古博物館　綾部市資料館　伊賀市教育委員会　市川市教育委員会　磐田市教育委員会　宇治市教育委員会　えびの市教育委員会　大阪城天守閣　加賀市教育委員会　橿原考古学研究所　橿原考古学研究所附属博物館　柏原市教育委員会　香取市教育委員会　亀岡市教育委員会　元興寺文化財研究所　関西大学考古学研究室　京都国立博物館　京都大学総合博物館　宮内庁書陵部　群馬県立歴史博物館　五條文化博物館　西都原考古博物館　堺市博物館　佐野市教育委員会　総社市教育委員会　近つ飛鳥博物館　敦賀市郷土資料館　東京国立博物館　鳥取市教育委員会　姫路市教育委員会　広島大学考古学研究室　福井市郷土歴史博物館　袋井市教育委員会　宮崎県総合博物館　みはら歴史博物館　明治大学博物館　山城郷土資料館　祐徳博物館　行橋市歴史資料館

早稲田大学會津八一記念博物館

本稿には科学研究費補助金（特別研究員奨励費）を使用した。

註

1) 衝角先端Bb類については，折り曲げた際に内側となる一方になんらかの別個の切断を加えるものが存在するとみられるが，外見上判断が不可能であるため細分しない。

2) 内接1式の祖形としては，上内接式と同じくB類の衝角底板を採用する資料が最も相応しい。現状ではB類の衝角底板を採用する内接1式は随庵古墳例のみであるが，随庵古墳例の衝角底板の堅眉庇側面の突出部の形態は，上内接式のそれとはやや異なるものである。また，随庵古墳例の腰巻板先端の綴じ代部分の折り曲げ幅は非常に狭く，原山西手古墳例や円照寺墓山古墳例の綴じ代部分の折り曲げ幅が幅広である点と比較すると，上内接式のD類の腰巻板先端からの形骸化としては一足飛びに過ぎるといえる。また，随庵古墳例は衝角先端の形態もD類に近いC類であり，さらに後述するように地板枚数が上下ともに1枚ずつである点なども新相の特徴とできる。種々の要素を勘案すれば，随庵古墳例は内接1式の中でも新しい要素を多く持つといえる。上内接式から内接1式への変化の過程においては，まだ見ぬ資料を介在させて理解する必要があるかもしれない。

3) 帯金幅と伏板湾曲度は，前者は鈴木一有が指摘した「帯金の比率」に，後者は村井嵩雄が指摘した「冑の前後径に対する高さの比」に対応する分析視角である。しかし，鈴木の提示した帯金の比率は，腰巻板と胴巻板の合計値を冑底部から胴巻板上端までの高さで割ったものであり，その数値は腰巻板の幅・地板第2段の幅・胴巻板の幅という種々の変数が絡み合って決定され，数値の変化の本質を捉えるのが難しい。よってより単純化した「帯金幅」を分析の視点とする。村井が指摘した前後径に対する高さの比も，冑を構成するどの部材がどのように形態を変化させたために生じた変化であるのかを単純化して説明できない。一方の伏板湾曲度は，基本的に「伏板をどれほど湾曲させたか」という非常に単純な要素として説明することが可能である。属性分析で分析対象とする各要素は独立変数であることが重要であるが，「帯金幅」や「伏板湾曲度」の単純な数値は，独立性が明確である点でより優れていると考える。ただし，帯金幅の広狭と伏板湾曲度の大小は，地板の幅を捨象すれば，ともに冑の高低に関連する要素とみることができ，両者は「完全に」独立した要素とすることもできない。

4) 想像を逞しくすれば，久津川車塚古墳例と七観古墳例の地板枚数は，後頭部中央の1枚を除いた左右両側の地板を前段階のものから3倍に増加させた可能性を指摘できる。そのような想定に基づいて地板枚数を通常の3倍に増加させる以前の数値を読み解けば，久津川車塚古墳例の地板枚数37枚では，後頭部中央の1枚を除いた36枚を3で割った12（枚）（最終的には12枚に先に引いた後頭部中央の1枚を足した13枚，〔（37−1）÷3＋1＝13〕）と，七観古墳例の地板枚数31枚を後頭部中央の1枚を除いた30枚を3で割った10（枚）（同様に11枚，〔（31−1）÷3＋1＝11〕）として復元することができ，茶すり山古墳例（13）→久津川車塚古墳例（13）→七観古墳例（11）→恵解山1号墳例（7）という連続的な数字として読み解くことができる。なお，後述する小札系統の祖形である伝・雲部車塚古墳例の地板枚数は上下ともに25枚とみられ，同様の操作を行う

ならば9（枚）〔(25−1)÷3＋1＝9〕という数値を得ることができ，七観古墳例と恵解山1号墳例の間に位置づけうるため，七観古墳例をもとに派生した小札系統という位置づけに整合する。このような操作による変遷案は，数字を弄した感が強く，妄想の誹りをまぬがれない。しかし，伝・雲部車塚古墳例を含めた現状の竪矧板A系統の地板枚数は，最少の狐塚古墳例を除きいずれも〔(3の倍数)＋1〕となっている。その確率は0.14％であり，偶然としては出来すぎである。地板枚数の決定法則に何らかの規則性があった可能性がある。

5）表中の鋲ならびに，共伴する短甲・頸甲の分類は，鋲：〔古谷1988〕，革綴短甲：〔阪口1998〕，鋲留短甲：〔滝沢1991〕，頸甲：〔藤田1984〕による。短甲の略号は次のとおり。長：長方板，三：三角板，横：横矧板，変：その他の地板形状を，革：革綴，鋲：鋲留の連接技法を示す。また，鋲で袖鋲を持つものには（袖）を後頭部最下段の下端に抉り込みを持つものには（抉）を付した。袖鋲と後頭部最下段下端の抉り込みは型式学的な前後関係にあると考える。なお，表中の項目のうち地板枚数や計測値が復元値のものには括弧を，欠失等により属性にやや疑問が残るものには「？」を付した。

6）左右の地板枚数が異なる例として，他に大阪府堂山1号墳例がある。堂山1号墳例の地板枚数は下段右側で7枚，下段左側で6枚である。堂山1号墳例は，下段後頭部中央の地板の中心位置が冑中軸から左に寄っており，左右両側に同形の地板を配置していくことで結果として左側に対して右側に大きく空間ができたものと考えうる。それゆえ右側に1枚地板を加えることで空間を充填したのであろう。このような冑製作時の地板枚数の調整方法は，次に述べる地板の配置原則を考える上でも示唆的である。すなわち，地板枚数の増減は鼓形配置／菱形配置という地板の配置方向の転換によりなされるのではなく，衝角部両側での地板の付加によりなされると考えうるのである。そもそも衝角付冑では，その形態から地板の上下方向の湾曲度合いは当初から計算されるべきものであり，地板の配置原則を鼓形／菱形と都合よく変化させて地板枚数の増減を計ることは想定できない。ここに地板配置に一定程度の系統性を見出す根拠の一つがある。

7）ただし，三角板革綴・鋲留短甲の地板配置の違いの意味については，見解の統一には至っていない（野上1975，内山2000など）。

8）東京都野毛大塚古墳例では，地板第2段では後頭部中央から一枚右の地板を基点として，外側からみた際に左右の地板を上重ねして地板が連接される。ただし，後頭部中央の地板の配置は後述する鼓形配置となるため，そのように分類した。

9）溝口の塚古墳例は，下段の地板枚数は1枚である。また，内接2式には地板枚数が上下ともに3枚のものがみられないのに対し，内接3式にはみられる点は，型式の出現順序と，地板枚数の傾向の矛盾であり，問題を残す。

10）鋲頭径の大型化については，短甲で指摘されている（吉村1988，滝沢1991）。また鈴木一有は，冑の鋲頭径について，後期に入り大型化するが，後期末から飛鳥時代にかけて再び小型化するとしている（鈴木2010）。

11）同一の衝角底板連接型式内の資料においても，鋲の様相が異なる資料も多い。冑の製作と鋲の着装については，別の工人が関与した可能性がある。

12）珠金塚古墳の副葬品配置からは2人の被葬者を想定できる。その場合，2点の小札鋲留衝角付冑は別個の被葬者に帰属する形で副葬されたとみなしうる。製作段階の近接する2点が共伴した背景には，別個人による入手活動を想定する余地がある。

13）破片資料であるため表には掲載しなかったが，黒姫山古墳から

は内接式の例も出土している。型式差にみられる製作工房の差と器物の最終的な集積結果は排他的ではない。

14）雲部車塚古墳出土の異形衝角付冑は，その特異性から他例との比較は難しいが，私見としては，鞍塚古墳出土の三角板鋲留衝角付冑よりも古相の特徴を有し，珠金塚古墳例により近く位置づけうると考える。また，その製作技術は旧来的な衝角付冑の系譜に一致せず，別系統の―誤解を恐れずにいえば，眉庇付冑の―製作工人の関与が大きいと考える。詳細は機会をみて論じたい。

15）七観古墳には3つの主体部が存在しており，「厳密に」七観古墳出土として確定しうる衝角付冑は1943年に東槨から出土した三角板革綴衝角付冑1点と革製衝角付冑のみである。他例については，出土した主体部は確定できず，厳密に「埋納時の同時性」を保証しうるかには一考の余地がある。

16）ただし，一括資料をもとに異なる形式間の併行関係を想定する阪口英毅の方法論の方が，考古学的な資料操作として一般的に妥当である。論証不可能な型式学的資料分析に対して，少なくとも埋納時の同時性が保証される一括資料に基づく分析が妥当性を有する点は，最初に述べたとおりである。ただし，両者は相互補完的に存在するべきものであり，その共伴関係の出現頻度による数量的な妥当性の検証も重要である。

17）最終的な多量集積の背景の一つとして，活動期間の長短という時間的差異を想定することは，あくまで副葬に供された資料中に存在するとみる時間差に立脚するものであり，その因果関係の想定において循環論法に陥っている感がある。型式差に対して実際に実年代上どの程度の差異が存在してたのかを確定しない限り，この問題は解決できない。

参考文献

藤田和尊　1984「頸甲編年とその意義」『関西大学考古学研究紀要』4　関西大学考古学研究室　55-72頁

藤田和尊　1988「古墳時代における武器・武具保有形態の変遷」『橿原考古学研究所論集』第8　吉川弘文館　425-527頁

福尾正彦　2003「古墳時代後期の鉄製冑」『古墳時代東国における渡来文化の受容と展開』専修大学文学部　31-40頁

古谷　毅　1988「京都府久津川車塚古墳出土の甲冑―"いわゆる一枚鋲"の提起する問題―」『MUSEUM』第445号　東京国立博物館　4-17頁

古谷　毅　1996「古墳時代甲冑研究の方法と課題」『考古学雑誌』第81巻第4号　58-85頁

後藤守一　1940「上古時代の冑」『刀と剣道』二―七（『日本古代文化研究』　400-432頁　所収）

橋本達也　1999「野毛大塚古墳出土甲冑の意義」『野毛大塚古墳』本文篇　世田谷区教育委員会・野毛大塚古墳調査会　282-295頁

川畑　純　2009「前・中期古墳出土鉄鋲の変遷とその意義」『史林』第92巻第2号　史学研究会　1-39頁

川畑　純　2010「伝雲部車塚古墳出土小札鋲留衝角付冑の製作過程」『雲部車塚古墳の研究』兵庫県立考古博物館研究紀要第3号　兵庫県立考古博物館　173-178頁

小林謙一　1974a「甲冑製作技術の変遷と工人の系統（上）」『考古学研究』第20巻第4号　考古学研究会　48-68頁

小林謙一　1974b「甲冑製作技術の変遷と工人の系統（下）」『考古学研究』第21巻第2号　考古学研究会　37-49頁

村井嵓雄　1974「衝角付冑の系譜」『東京国立博物館紀要』第9号　1-216頁

村井嵓雄　1978「古墳時代の冑―衝角付冑の新形式を中心として

一」『法政考古学』第2集　法政考古学会　3-12頁

野上丈助　1975「甲冑製作技法と系譜をめぐる問題点・上」『考古学研究』第21巻第4号　考古学研究会　34-58頁

大塚初重　1959「大和政権の形成」『世界考古学大系』3　日本III

阪口英毅　1998「長方板革綴短甲と三角板革綴短甲―変遷とその特質―」『史林』第81巻第5号　史学研究会　1-39頁

清喜裕二　2010「三角板鋲留異形衝角付冑をめぐるいくつかの問題」『雲部車塚古墳の研究』兵庫県立考古博物館研究紀要第3号　兵庫県立考古博物館　129-138頁

下垣仁志　2005「連作鏡考」『泉屋博古館紀要』第21巻　泉屋博古館　15-35頁

鈴木一有　1995「千人塚古墳の研究（1）―衝角付冑について―」『浜松市博物館館報』VII　浜松市博物館　37-46頁

鈴木一有　1996「三角板系短甲について―千人塚古墳の研究（2）―」『浜松市博物館館報』VIII　浜松市博物館　23-45頁

鈴木一有　2004「下開発茶臼山9号墳出土甲冑の検討」『下開発茶臼山古墳群II―第3次発掘調査報告書―』辰口町教育委員会　119-126頁

鈴木一有　2009「中期型冑の系譜と変遷」『考古学ジャーナル』No.581　ニュー・サイエンス社　12-16頁

鈴木一有　2010「古墳時代後期の衝角付冑」『待兼山考古学論集II―大阪大学考古学研究室20周年記念論集―』大阪大学考古学研究室　503-523頁

末永雅雄　1934『日本上代の甲冑』岡書院

高橋　工　1987「大塚古墳出土甲冑の編年的位置」『摂津豊中大塚古墳』豊中市文化財調査報告第20集　豊中市教育委員会　141-148頁

滝沢　誠　1988「長野県松本市桜ヶ丘古墳の再調査」『信濃』第40巻第10号　信濃史学会　941-954頁

滝沢　誠　1991「鋲留短甲の編年」『考古学雑誌』第76巻第3号　日本考古学会　16-61頁

内山敏行　1992「古墳時代後期の朝鮮半島系冑」『研究紀要』第1号　栃木県文化振興事業団埋蔵文化財センター　143-165頁

内山敏行　2000「東国の甲冑」『大塚初重先生頌寿記念考古学論集』東京堂出版　295-316頁

内山敏行　2001「古墳時代後期の朝鮮半島系冑（2）」『研究紀要』第9号　とちぎ生涯学習文化財団埋蔵文化財センター　175-186頁

内山敏行　2006「古墳時代後期の甲冑」『古代武器研究』Vol. 7　古代武器研究会　19-28頁

山田琴子　2002「小札鋲留衝角付冑と横矧板鋲留衝角付冑」『溯航』第20号　早稲田大学大学院文学研究科考古談話会　16-36頁

横須賀倫達　2009a「後期型鉄冑の系統と系譜」『考古学ジャーナル』No.581　ニュー・サイエンス社　17-21頁

横須賀倫達　2009b「渕の上1・2号墳出土遺物の調査と研究」『福島県立博物館紀要』第23号　福島県立博物館　59-102頁

吉村和昭　1988「短甲系譜試論―鋲留短甲導入以後を中心として―」『橿原考古学研究所紀要考古学論攷』第13冊　奈良県立橿原考古学研究所　23-39頁

報告書

岩手県／上田蝦夷森1号：室野秀文ほか1997『上田蝦夷森古墳群・大田蝦夷森古墳群発掘調査報告書』盛岡市教育委員会，福島県／勿来金冠塚：横須賀倫達2005「勿来金冠塚古墳出土遺物の調査I―古墳の概要と竪矧広板革綴式衝角付冑―」『福島県立博物館紀要』第19号，横須賀倫達2007「勿来金冠塚古墳出土遺物の調査III―装身具

類・土器類・武具類（追加）と古墳の評価―」『福島県立博物館紀要』第21号，茨城県／三昧塚：斉藤忠・大塚初重ほか1960『三昧塚古墳―茨城県行方郡玉造町所在―』茨城県教育委員会，伝・茨城：鈴木一有2010「古墳時代後期の衝角付冑」『待兼山考古学論集II―大阪大学考古学研究室20周年記念論集―』大阪大学考古学研究室，武具八幡：武者塚古墳調査団1986『武者塚古墳―武者塚古墳・同二号墳・武具八幡古墳の調査―』新治村教育委員会，栃木県／佐野八幡山：村井嵩雄1974「衝角付冑の系譜」『東京国立博物館紀要』第9号，益子天王塚：山田琴子・持田大輔2010「益子天王塚古墳出土遺物の調査（3）―衝角付冑―」『會津八一記念博物館研究紀要』第11号　會津八一記念博物館，群馬県／諏訪神社：末永雅雄1934『日本上代の甲冑』岡書院，山王金冠塚：松本浩一1989「金冠山古墳」『日本古墳大辞典』東京堂出版，鶴山：右島和夫1987「鶴山古墳出土遺物の基礎調査II」『群馬県立歴史博物館調査報告書』第3号，埼玉県／小見真観寺：田中弘明・大谷徹1989「東国における後・終末期古墳の基礎的研究（1）」『研究紀要』第5号　（財）埼玉県埋蔵文化財調査事業団，永明寺：栗原文蔵・塩野博1969「埼玉県羽生市永明寺古墳について」『上代文化』第38輯　國學院大学考古会，大宮：村井1974（前掲），将軍山：斉藤忠・柳田敏司ほか1980『埼玉稲荷山古墳』埼玉県教育委員会，千葉県／布野台A区埋葬施設：横浜市歴史博物館特別展2004『ヤマトとアズマ』横浜市歴史博物館，城山1号：内山敏行2004「武具」『千葉県の歴史』資料編　考古4　千葉県史料研究財団，金鈴塚：滝口宏ほか1952『上総金鈴塚古墳』早稲田大学考古学研究室，法皇塚：小林三郎・熊野正也ほか1976『法皇塚古墳』市立市川博物館，東京都／野毛大塚：寺田良喜・三浦淑子編1999『野毛大塚古墳』世田谷区教育委員会・野毛大塚古墳調査会，山梨県／豊富大塚：仁科義男1931「大塚古墳」『山梨県史跡天然記念物調査報告』五，村井1974（前掲），長野県／溝口の塚：佐々木嘉和・澁谷恵美子ほか2001『溝口の塚古墳』飯田市教育委員会，桜ヶ丘：大場磐雄1966『信濃浅間古墳』本郷村，滝沢誠1988「長野県松本市桜ヶ丘古墳の再調査」『信濃』第40巻第4号，静岡県／千人塚：鈴木敏則1998『千人塚古墳・千人塚平・宇藤坂古墳群』浜松市教育委員会，安久路2号：1992『磐田市史』資料編1，五ヶ山B2号：鈴木一有ほか1999『五ヶ山B二号墳』浅羽町教育委員会，愛知県／大須二子山：伊藤秋男1978「名古屋市大須二子山古墳調査報告」『小林知生教授退職記念考古学論文集』，鈴木2010（前掲），三重県／わき塚1号：森浩一ほか1973「三重県わき塚古墳の調査」『古代学研究』第66号　古代学研究会，近代：豊田祥三ほか2006『天堂山古墳群発掘調査報告書　附編近代古墳発掘調査報告書』三重県埋蔵文化財調査報告275　三重県埋蔵文化財センター，琴平山：鈴木一有2010（前掲），石川県／吸坂丸山5号：萩中正和1991『吸坂丸山古墳群』加賀市教育委員会，下開発茶臼山9号：三浦俊明ほか2004『下開発茶臼山古墳群II』辰口町教育委員会，福井県／西塚：清喜裕二1997「福井県西塚古墳出土品資料調査報告」『書陵部紀要』第49号　宮内庁書陵部，向出山1号：中司照世ほか1978「向出山古墳群出土の副葬品」『北陸自動車道関係遺跡調査報告』13　福井県教育委員会，天神山7号：樟本立美1990「天神山古墳群」『福井市史』資料編1考古，滋賀県／新開1号：鈴木博司ほか1961「栗東町安養寺古墳群発掘調査報告」『滋賀県史跡調査報告』第12冊　滋賀県教育委員会，京都府／ニゴレ：西谷眞治・置田雅昭1988『ニゴレ古墳』京都府弥栄町文化財調査報告第5集　弥栄町教育委員会，私市円山：鍋田勇ほか1989「私市円山古墳」『京都府遺跡調査概報』第36冊1　京都府埋蔵文化財調査研究センター，岸ヶ前2号：門田誠一ほか2001『園部岸ヶ前古墳群発掘調査報告書』佛教大学，坊主塚：亀岡市史編纂委員会1960『亀岡市史』上巻，久津川車塚：梅原末治1920『久津川古墳研究』，青塚：京都府教育委員会1964『埋蔵文化財調査概報』，原山西手：末永雅雄1933『日本上代の甲冑』岡書院，宇治二子山北：

日本考古学　第32号

杉本宏ほか1991『宇治二子山古墳発掘調査報告』宇治市文化財調査報告書第2冊　宇治市教育委員会，宇治二子山南：杉本ほか1991（前掲），奈良県／新沢115号：伊達宗泰ほか1981『新沢千塚古墳群』奈良県史跡名勝天然記念物調査報告第39冊　奈良県立橿原考古学研究所，新沢281号：伊達ほか1981（前掲），市尾今田1号：今尾文昭1982『高取町市尾今田古墳群発掘調査概報』，塚山：北野耕平1957「塚山古墳」『奈良県文化財調査報告書』第1集　奈良県教育委員会，今井1号：藤井利章1984「今井1号墳」『大和を掘る―1983年度発掘調査速報展―』奈良県立橿原考古学研究所附属博物館，円照寺墓山1号：佐藤小吉・末永雅雄1930「円照寺墓山1号古墳」『奈良県史跡名勝天然記念物調査報告』第11冊　奈良県教育委員会，和歌山県／大谷：樋口隆康ほか1959『大谷古墳』和歌山市教育委員会，大阪府／南塚：川端眞治・金関恕1955「摂津豊川村南塚古墳調査概報」『史林』第38巻第5号，小林行雄編1959『世界考古学大系』第3巻日本III古墳時代　平凡社，豊中大塚：柳本照男1987『摂津豊中大塚古墳』豊中市文化財調査報告第20集　豊中市教育委員会，狐塚：柳本照男2005「狐塚古墳」『新修　豊中市史』第4巻考古　豊中市，野上??助1975「甲冑製作技法と系譜をめぐる問題点・上」『考古学研究』第21巻第4号　考古学研究会，御獅子塚：柳本照男2005「御獅子塚古墳」『新修　豊中市史』第4巻考古　豊中市，盾塚：末永雅雄編1992『盾塚　鞍塚　珠金塚古墳』由良大和古代文化研究協会，鞍塚：末永雅雄編1992（前掲），珠金塚：末永雅雄編1992（前掲），長持山：京都大学総合博物館1997『王者の武装―5世紀の金工技術―』京都大学総合博物館，黒姫山：末永雅雄・森浩一1953『河内黒姫山古墳の研究』大阪府文化財調査報告第1輯　大阪府教育委員会，堂山1号：三木弘編1994『堂山古墳群』大阪府文化財調査報告書第45輯　大阪府教育委員会，高井田山：安村俊史・桑野一幸1996『高井田山古墳』柏原市文化財概報1995-II　柏原市教育委員会，交野東車塚：奥野和夫ほか2000『交野東車塚古墳〔調査編〕』交野市埋蔵文化財調査報告1999-I　交野市教育委員会，心合寺山：吉田野乃・藤井淳弘2001『史跡　心合寺山古墳発掘調査概要報告書』八尾市文化財調査報告45，寛弘寺75号：上林史郎1991『寛弘寺古墳群発掘調査概要X』大阪府教育委員会，七観：末永雅雄1933「七観古墳とその遺物」『考古学雑誌』第23巻第5号　日本考古学会，樋口隆康ほか1961「和泉七観古墳調査報告」『古代学研究』第27号　古代学研究会，百舌鳥大塚山：森浩一2003「失われた時を求めて―百舌鳥大塚山古墳の調査を回顧して―」『堺市博物館報』第22号　堺市博物館，兵庫県／法花堂2号：松本正信ほか1986『法花堂2号墳』香寺町文化財報告1　香寺町教育委員会，宮山：松本正信・加藤史郎1973『宮山古墳発掘調査概報』姫路市文化財調査報告I　姫路市教育委員会，池尻2号：島田清ほか1965『印南野』加古川市文化財調査報告3　加古川市教育委員会，雲部車塚：阪口英毅編2010『雲部車塚古墳の研究』兵庫県立考古博物館研究紀要第3号　兵庫県立考古博物館，茶すり山：岸本一宏編2010『史跡　茶すり山古墳』兵庫県文化財調査報告第383冊　兵庫県教育委員会，岡山県／随庵：鎌木義昌ほか1965『総社市随庵古墳』総社市教育委員会，王墓山：村井1974（前掲），正崎2号：宇垣匡雅・高畑富子編2004『正崎2号墳』山陽町文化財調査報告第1集　山陽町教育委員会，広島県／中小田2号：広島市教育委員会・広島大学文学部考古学研究室1980『中小田古墳群』，鳥取県／倭文6号：山田真宏2004『鳥取市倭文所在城跡・倭文古墳群』鳥取市文化財団，愛媛県／東宮山：三木文雄1971「妻鳥陵墓参考地東宮山古墳の遺物と遺構について」『書陵部紀要』第23号　宮内庁書陵部，徳島県／恵解山1号：森浩一ほか1966『眉山周辺の古墳』徳島県文化財調査報告書第9集　徳島県教

育委員会，村井嵩雄1978「古墳時代の冑―衝角付冑の新形式を中心として―」『法政考古学』第2集　法政考古学会，恵解山2号：森ほか1966（前掲），香川県／川上：小林謙一・花谷浩編1991『川上・丸井古墳発掘調査報告書』長尾町教育委員会，福岡県／小田茶臼塚：柳田康雄・石山勲ほか1979『小田茶臼塚古墳』甘木市文化財調査報告第4集　甘木市教育委員会，堤当正寺：松尾宏編2000『堤当正寺墳』甘木市文化財調査報告書第49集　甘木市教育委員会，稲童8号：山中英彦編2005『稲童古墳群』行橋市文化財調査報告書第32集　行橋市教育委員会，塚堂：児玉真一1990『若宮古墳群II―塚堂古墳・日岡古墳―』吉井町文化財調査報告書第6集　吉井町教育委員会，佐賀県／西分丸山：佐賀県教育委員会1964『佐賀県の遺跡』佐賀県文化財調査報告第13集，鈴木一有1999「鳥装の武人」『国家形成期の考古学』大阪大学考古学研究室開設10周年記念論文集　大阪大学考古学研究室，熊本県／江田船山：西田道世編2007『菊水町史　江田船山古墳編』菊水町史編纂委員会，宮崎県／小木原1号：宮崎県総合博物館1979『日向の古墳展』宮崎県総合博物館，六野原6号：宮崎県総合博物館1979（前掲），島内21号：中野和浩2001『島内地下式横穴墓群』えびの市埋蔵文化財調査報告書第29集　えびの市教育委員会，中野和浩編2010『島内地下式横穴墓群II』えびの市埋蔵文化財調査報告書第49集　えびの市教育委員会，島内76号：中野編2010（前掲），島内115号：中野和浩編2009『島内地下式横穴墓群III　岡元遺跡』えびの市埋蔵文化財調査報告書第50集　えびの市教育委員会，樫山：村井1974（前掲），鹿児島県／祓川：寺師見国1957「鹿児島県下の地下式土壙」『鹿児島県文化財調査報告書』第4輯　鹿児島県教育委員会，出土地不明／旧帝室御物：末永1934，韓国／池山洞32号：金鍾徹1981『高霊池山洞古墳群　32～35墳・周邊石槨墓』啓明大学校博物館遺跡調査報告第1輯　啓明大学校博物館，竹谷里94号：辛勇旻2009『金海竹谷里遺跡I』東亜細亜文化財研究院発掘調査報告書第36輯　東亜細亜文化財研究院

図版出典

図1：末永1934をもとに筆者作成

図2：筆者作成，図3：筆者作成

図4：1・3筆者作成（1福井市郷土歴史博物館所蔵，3総社市教育委員会所蔵），2阪口編2010より再トレース，4村井1974より改変再トレース

図5：筆者作成

図6：筆者作成

図7：筆者作成

図8：1三浦編2004より再トレース，2・3鈴木2004より改変再トレース，4村井1978より改変再トレース，5鍋田ほか1989より再トレース，6吉田・藤井2001より再トレース，7豊田ほか2006より改変再トレース，8奥野ほか2000より再トレース，9柳本編1987より再トレース，10・11末永編1992より再トレース

図9：1阪口編2010より再トレース，2清喜1997より再トレース，3松尾編2000より再トレース，4右島1987より改変再トレース，5中野編2009より再トレース，6中野2010より再トレース，7筆者作成（宮崎県西都原考古博物館所蔵），8筆者作成（加賀市教育委員会所蔵），9山田・持田2010より再トレース，10杉本ほか1991より再トレース，11末永1934より転載，12村井1974より改変再トレース，13鈴木2010より改変再トレース，14村井1974より改変再トレース，15横須賀2007より改変再トレース

図10：筆者作成

【川畑　純，連絡先：奈良市学園大和町5-730-441】

Typological Arrangement of Beaked Helmets

KAWAHATA Jun

The purpose of this paper shall be describing the system of production and receipt of beaked helmets in the middle and later Kofun period, through the comparison between the order of the production and the assemblages of them.

First, I classified the methods of connecting the bottom plate with the main part into 13 types based on the forms of 3 parts of beaked helmets and combinations of them; *Shokaku-sokoita* (bottom plate), the tip of *Koshimaki-ita* (lower framework) and the tip of *Fuseita* (upper framework). Second, I make clear the sequence of the types according to the typological relationship among them. Third, I considered some elements such as the means of connecting plates to each other (leather thongs or rivets), width of frames, shape of *Fuseita*, number of plates and so on including the classification of the types and found that their elements changed gradually with consistency. Then I came to a conclusion that the arrangement of them shows the order of their production. The difference of types means that they were made in different workshops because several types show differences in the course of change from another type.

Considering the assemblages of helmets in one tomb, it became clear that in general an assemblage consisted of some helmets made from different phases. An assemblage is nothing but the result of gathering through many years; however there are some exceptions in that some helmets that had been made contemporaneously were gathered in one tomb. So we can describe two kinds of acquisition, one or several at one time, caused by a geographical and social distance between a chief and the central polity. Anyway it is impossible to draw a systematic regime of production and receipt, which was used for institutional position; the regime in fifth century was influenced by individual situation and not systematic one.

Keywords：

   Studied period：Middle and Late Kofun

   Studied region：Japan

   Study subjects：beaked helmet

『日本考古学』第31号　正誤表

頁	行・箇所	誤	正
7	右・下から21行目	面積約23㎡	面積約23万㎡
20	上から2行目	Huang Xiafen	Huang Xiaofen
20	上から4行目	Ganuquan Palace	Ganquan Palace
42	図2		
43	図4		
44	図12		
45	図13		
82	上から1行目	Seitetsu	Satetsu
82	上から2行目	Kokuichi	Kuniichi
82	上から3行目	Kakuta	Kakuda
82	上から7行目	Kokuichi	Kuniichi
82	上から18行目	Aidani	Ataidani
106	上から6行目	Fujiwarakyo	Heijyoukyou
裏表紙	上から14行目	Seitetsu	Satetsu
裏表紙	上から15行目	Kokuichi	Kuniichi
裏表紙	上から15行目	Kakuta	Kakuda

擦文時代前半期甕形土器の型式学的研究

―続縄文／擦文変動期研究のための基礎的検討2―

榊 田 朋 広

はじめに
Ⅰ. 甕研究における問題の所在
Ⅱ. 分析視点
Ⅲ. 道央部における前半期擦文土器甕の時
　期区分

Ⅳ. 2つの文様施文域系列のゆくえ
Ⅴ. 前半期擦文土器甕の変遷とその成り立
　ち
おわりに

― 論 文 要 旨 ―

　1980年代までに編年の完成をみた北海道の擦文土器は，その後の資料の蓄積や良好な層位事例の増加，そして東北地方北部の土師器研究の進展によって，近年ますます細分がおこなわれるようになっている。また，擦文土器内部にみられる地域性や隣接諸型式からの影響の存在が認識されるようになり，擦文土器研究は，編年の整備から各地出土土器群同士の関係を把握することに，重点が変わりつつある。しかし，近年の擦文土器編年研究では坏の細分が基軸とされる一方で，甕の細分や変遷の流れは坏の時間軸に従属させる形で把握されている。甕の詳細な分析にもとづく細分と変遷過程の把握がなされていないため，甕に対するさまざまな理解は，資料の爆発的な増加にもかかわらず1980年代の研究水準とくらべそれほど進展していないのが現状である。

　本稿では，まずこれまでの擦文土器編年の方法論的問題点を指摘し，時間軸を導くうえで有効と考えられる方法論を提示した。また，既存の甕の変遷観では説明できない出土状況や資料が多く存在している現実的な問題を指摘し，こうした問題点を克服するためのあらたな分析視点として，文様施文域に着目した甕の分類案を示した。この分類案にもとづく分析の結果，①遺構一括出土状況や層位的出土状況からみて，前半期の甕は最低3時期に区分できること，②甕には2系列の文様施文域があり，擦文土器成立当初から後半期まで通時的に共存していること，の2点が明らかになった。さらに，文様施文域という視点から，続縄文時代終末の北大式土器甕，および東北地方北部の土師器甕との比較をおこない，前半期擦文土器甕の成立と変遷を，北海道在地の北大Ⅲ式甕の系統と東北地方北部土師器甕の系統の接触・交渉・融合といった諸関係の軌跡として描出した。

　最後に，先行研究との編年や方法論に関する対比をおこない，坏や甕といったさまざまな器種の総体として理解されてきた擦文土器の編年や地域性を理解するためには，個別器種の時間軸の設定や地域性の把握から始めるべきであることを説いた。

―――――――――――――――
― キ ー ワ ー ド ―

受付：2011年6月14日
受理：2011年9月6日

対象時代　続縄文時代終末期～擦文時代
対象地域　北海道
研究対象　擦文土器，北大Ⅲ式土器，東北地方北部の土師器，甕

はじめに

　擦文土器は，本州の古代〜中世初頭併行期の北海道に展開した土器群であり，擦文土器が使用された考古学的文化は一般に擦文文化と呼ばれている（宇田川1977）。擦文土器は，北海道続縄文文化終末期の土器群が本州東北地方の古代土器群と接点をもつことで成立したと考えられている。続縄文文化終末から擦文文化成立までの時期は社会の大きな変動期にあたっており，考古学から見た北海道の歴史の中でも転換期として評価されている（藤本1982）。東アジアというマクロな視点に立って見れば，この時期には日本や大陸の国家による辺境政策が活発になされている。その間接的影響は，北海道の考古資料にも，本州東北地方の土師器を伴う文化やオホーツク文化の進出という形で表れている。同時期の擦文文化の成立・展開にもこうした歴史的動向が反映されている可能性があり，その基礎資料としての擦文土器の成立・展開を詳細に跡付けることは，考古学による列島辺境史復元の第一歩として位置づけられる。

　むろん，擦文土器の編年研究は，今日までに十分な蓄積がある。擦文土器成立当初の器種は，主に甕形・坏形・壺形土器等からなるが（以下，単に甕・坏・壺と呼称），その変遷のあり方については，1970年前後に相次いで出された編年研究のなかで示されている（駒井編1964，石附1968，菊池1970，佐藤1972，大井1972）。そこでは，擦文土器の初頭に位置づけられる資料に違いが見られたほか，編年の基軸とされる器種も様々であったため，結論には若干の相違点も含まれていた。ただし，個別の分析結果が研究者同士で相互補完的に用いられてきたということもあり，器形や文様といった各器種の型式学的変遷観は大枠で一致していた。各研究者の分析結果をまとめ，擦文時代を早・前・中・後・晩期の計5時期に区分した宇田川洋（1980）の研究によって，全道的な擦文土器編年は完成をみたと言っていいだろう。このようにして1980年代までに提示された編年の大綱は，今日でも大きな修正を必要としていない（中田他1999，塚本2002，中田2004，鈴木2006・2011，澤井2007）。

　それ以後，石狩低地帯や東北地方北部を中心に資料の増加が進んだことを受け，個別遺跡や狭い範囲の遺跡群で出土した土器の検討がすすみ（久保1984，根本1985，大島1988・1989），研究は編年の細分や地域性の把握といったあらたな方面に向かうことになる。特に，東北地方北部における坏を基軸とした土師器細分編年研究の進展はめざましく（宇部1989），これにより，かねてよりの懸案事項であった，擦文土器が東北地方の土師器といかなる関係をもちながら成立したのかという問題（石附1968・1984，高杉1975，渡辺1981，横山1982・1984）に対

し，豊富な資料や具体的な研究成果をもとに緻密に論じることが可能になった。近年では，東北地方の研究同様に坏を基軸とした擦文土器の時期区分案が提示されており（塚本2002），坏の細分とその変遷観が北海道と東北地方双方の研究者同士で共有されるなど，擦文土器を広域的な視野から検討する研究が盛んである（仲田1997，塚本2004・2009，八木2007a・2008・2010）。このように，近年飛躍的な進展を見た擦文土器編年研究の中であらたに時期区分をおこなうことに対しては，屋上に屋を架するようなものとの批判が上がるかも知れない。

　しかしながら，坏の詳細な分析とくらべると，甕の分析が十分だとは言いがたい。なぜなら，近年の編年研究で用いられる甕の分類基準の大半は1980年代以前と同じものが踏襲されており（塚本2002，澤井2007），その後になって膨大に増えた甕のさまざまな特徴が分析に組み込まれていないからである。実際には，編年研究のなかで長年にわたり着目され採用されてきた土器諸属性にも，時期区分の目安として妥当かどうか検討すべき点が目立ってきている。また，これまでの甕の変遷観や編年観では出現過程を説明できない資料や，時間的位置づけの困難な資料が確実に増加している。本稿の目的は，こうした例を丹念に拾い上げ，より包括的な説明を可能にするだけの甕のあらたな分類案を示し，時期区分をおこなうことにあるのである。

　また，甕の時間軸の整備が停滞してしまうと，擦文土器の地域性の捉え方にも影を落とすことになりかねない。先述のとおり，北海道在地の土器に本州の土器の影響が及んだことで擦文土器が成立・展開したという考えは早くから指摘されてきたが（名取1939，河野1949・1959），これは裏を返せば，在地土器の系統と外来土器の影響を弁別・整理しなければ，擦文土器の時間的変化を十分に理解できないことを示している。

　近年の研究では擦文土器内部の地域差の存在が以前より詳細に捉えられており（塚本2002），地域差が生まれる背景や地域間の関係についても注目が集まっている。土器研究が，編年一辺倒の姿勢から転向しつつあるこうした現状に対しては，擦文土器をより深く理解しようとする姿勢が明確に表れているものとして高く評価できるだろう。

　しかし，近年の地域性を論じた研究は，坏の細分から導かれた時間軸をもとに展開されており，甕の時間軸の整備が未着手である点に依然問題を残している。もちろん，坏自体は新旧関係が捉えられていることから，共伴する甕の編年的位置づけにも新旧の混同はない，と評価することは可能である。とはいえ，時間的変化のタイミングや地域性の現れ方が甕と坏で同じだという保証はどこにもない。したがって，甕の時間的変化は甕自体の分析によって捉えるのが妥当であり，甕の地域差形成過程

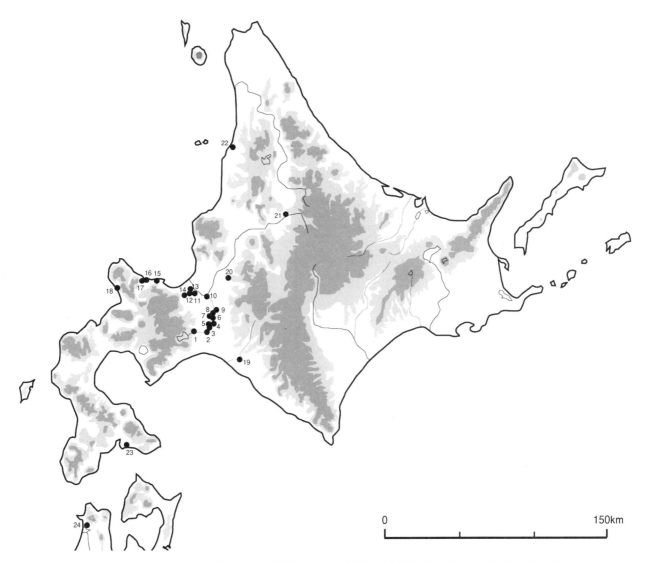

1. ウサクマイ A・B・N, 2. 美々 8, 3. 祝梅竪穴・末広, 4. 丸子山・キウス 9, 5. オサツ 2・ユカンボシ C9・C15,
6. ユカンボシ E4・カリンバ 3, 7. 茂漁 4・7・8・柏木川 1・4・13, 8. 西島松南 B 地点, 9. 南島松 2・4・中島松 5A・6・7,
10. 大麻 3, 11. H317・H519, 12. C504・K39・サクシュコトニ川・K435・K518・K440, 13. K446・K528・K499・K523,
14. C424・C507・C504・N162・N426・N30・N156, 15. 蘭島 B 地点・蘭島餅屋沢, 16. 大川・入舟, 17. 沢町,
18. ヘロカルウス E 地点・G 地点・東山, 19. ユオイチャシ, 20. 由良, 21. 旭町 1, 22. 香川 6, 23. 湯ノ川, 24. 中島

図1　分析対象とする土器を出土した遺跡

も甕の編年を基軸として捉えるのが順当だと考えられるのである。そもそも，擦文土器の地域性は，甕の特徴の違いから論じられる場合が大半なのであり（天野1987，塚本2002，天野・小野2007），甕の時間軸の整備を抜きにして地域性を論じる現状には問題があると言わざるを得ない。加えて，擦文土器と東北地方の土師器との相違が甕において顕著であることや，東北地方で出土する擦文土器種の大半が甕であること（齋藤2007・2009）を考えれば，北海道における擦文土器甕の時間軸の整備と型式学的変遷過程の把握，そして地域差形成過程の復元といった基礎的検討は，道内諸地域間の関係や，北海道と東北地方との関係（齋藤2002・2008・2009，塚本2004・2009）を，今後より細かいレベルで捉えていくうえでも避けて通れない問題だと思われる。本稿で甕にかぎった時期区分案を提示する理由には，このような問題意識があることを強調しておきたい。

なお，擦文土器の編年案はこれまでいくつも提示されているが，その多くが土器様式論を主とする本州古墳時代以降の土器分析法を援用することで組み立てられている。しかし，ある土器群から時間軸を導く過程にはいくつもの切り口を想定できる以上，遺跡での出方や層位的出土状況の実態など対象とする資料の性質を十分におさ

えたうえで，妥当と考えられる方法を選択していかなければならない。調査件数が増加し，土器の出土状況が以前とくらべ鮮明に捉えられるようになってきた今日的視野に立てば，本州の土器編年方法を無批判に横すべりさせるのではなく，擦文土器を出土した遺跡・遺構の様相や，そこでの土器出土状況をもとに，編年方法を一から組み立てていく必要があると筆者は判断している。本稿は，先行研究の方法論上の問題点を指摘しつつ，筆者なりに編年方法を対策として提示し，浮上してきた編年上の問題点を解決するための足掛かりを築くことも企図している。

　具体的な論に先立ち，章の構成を確認しておく。以下の擦文土器甕の時期区分に際しては，①方法論上の問題や実資料とその出土状況に関わる問題，②時期区分の問題，という質の異なる2つの検討事項が横たわる。本論では，まず①を根本的な問題として認識し，これまでの研究内容に検討を加えながら問題点を整理する。次に，①に対する筆者なりの回答という意味も込め②に取り組む。こうした論述の展開を煩雑にさせないために，最後に先行研究との対比をおこなうことにする。研究史を後にまわす構成に対し違和感を覚える向きもあるかもしれないが，それは，本州の土器編年方法を援用する姿勢との違いを強調した後に先行研究と対比することで，本論も含めた各研究の分析視点の有効性と限界性が明らかになり，以後の研究に生産的な議論の"場"を提供できると考えたためである。なお，本論に関わる研究史の一部についてはすでにまとめているので（榊田2009），併せて参照願いたい。

Ⅰ．甕研究における問題の所在

1．これまでの編年方法に見られる諸問題

　はじめに，前半期の甕の編年方法を検討したい。本稿で仮称する「前半期」とは，ほぼ白頭山苫小牧火山灰（B-Tm）の降灰前後までの時期に相当する[1]。この時期の擦文土器が層位を違えて出土する事例は，ほぼ札幌市の遺跡に限られる。そのため，広範な地域に分布する前半期の甕の時期差を知る第一の手掛かりは，竪穴住居址等の遺構一括資料同士の違いにもとめられることになる。

　その際には，以下に示す2つの作業が最低限おこなわれていなければならないと考えられる。

①出土状況の吟味

　これまでの研究で編年の指標にされた遺構一括資料の出土状況を丹念に検討すると，遺構覆土から出土したものが少なくないことがわかる（横山1984，仲田1997，塚本2002，八木2007a・b）。これまでに明らかにされている擦文土器細別時期の時間幅は，副葬鉄器や共伴するロク

ロ製土師器・須恵器，そして広域テフラの年代観を参照すれば（塚本2002），宇田川洋（1980）の5期区分で1時期あたり100年前後と考えることができる[2]。近年の編年では，それがさらに細分されているわけだから，1時期あたりの年代幅は100年前後未満という非常に短いものになっていることになる。しかしたとえば，覆土が我々の設定し得る1時期以上の時間幅をもって堆積していた場合に，覆土・床面双方の出土土器を一括資料と見なし時間軸上の1単位とする方法には問題が出てくる。そして理屈のうえでは，もとめる1時期あたりの時間幅が短くなればなるほど，床面と覆土との時間差のバイアスの影響は大きくなるはずである。したがって，当然のことではあるが，編年の細分を目指すのであれば，床面出土資料に限った一括資料を抽出することが，分析の出発点になると言っても過言ではないだろう。

②一括資料のもつ諸属性の定性的な把握

　とはいえ，床面から出土した一括資料といえども，それから知られるのは廃棄時の同時性であり，製作時の同時性の認定にまではいたらない。したがって，仮に土器製作後の使用期間に長短が生じていれば，古い時期と新しい時期の土器が同時に埋没することはあり得る。土器生産遺構が検出されないゆえに，かぎりなく製作時の実態に近い一括資料に恵まれない擦文土器の編年を組むうえで，この点は強く意識しておかなければならないことである。わずかな例の一括資料を眺めるだけで異時期の資料の混在を見抜くのはまず不可能であり，全一括資料を集成し，床面で共伴する土器同士の特徴を定性的に把握しておくことが不可欠となる。しかしこれまでの研究では，数例の一括資料が時間軸の基準と見なされるにもかかわらず，その一括資料がなぜ基準足りうるのか詳らかにされてこなかった（横山1984，塚本2002）。仮に一括資料が層位的に検出されていようとも，あるいは出土土器の個体数や組成が良好であっても，数例の一括資料は全一括資料群の一部にすぎないことを意識する必要がある。

　もちろん，我々の設定し得る1時期内におさまるすべての一括資料が同時に廃棄されたわけはないだろうから，たとえ以上のような作業を経たとしても，各一括資料から抽象された土器群のまとまりが，ある程度の時間幅をもつことは避けられない。ただし，資料が増えるたびに既存の時間軸を検討し，その時々の一括資料の様相との整合を図り続けた結果が，前とくらべてより「廃棄時の同時存在」の実態に近づいていると評価することは可能であり，作業をおこなう前と後とで得られる時間軸の精度は格段に異なることが予想される。

　幸い，本稿で検討する前半期の甕の遺構一括出土事例数は多く，その様相を定性的に把握するうえで理想的な条件下にある。また，札幌市の遺跡では良好な垂直堆積

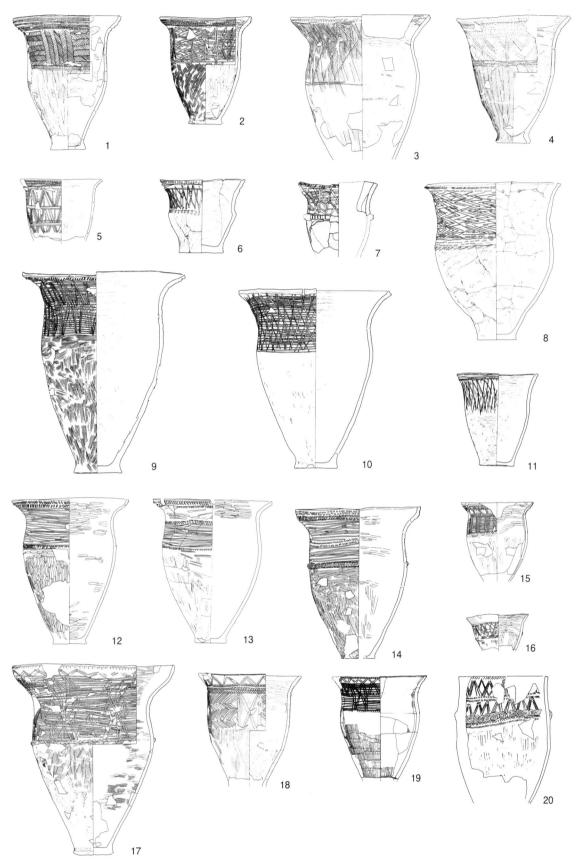

1〜3・15〜17. K39北18条地点, 4. K518, 5. K499, 6〜8. 末広, 9〜11. オサツ2
12. 大川, 13. 入舟, 14. 美々8, 18. K440, 19. K446, 20. 柏原5

図2 擦文土器甕の多様性　縮尺不同

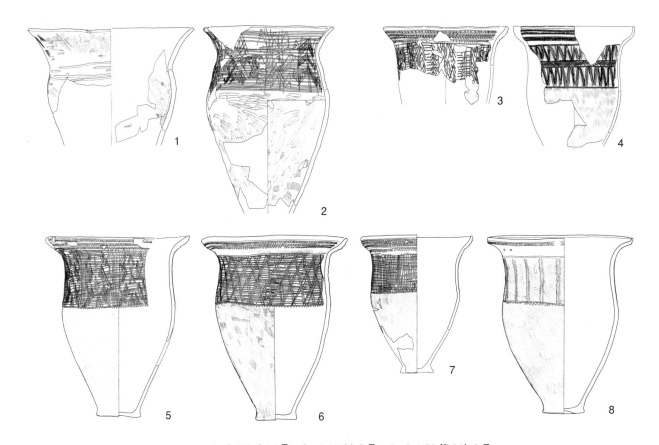

1・2. H519 14号，3・4. K499 2号，5〜8. N30 第2次8号
1は宇田川編年前期、2・3・5〜7は同中期、4・8は同後期

図3　時期差をもつと見なされてきた甕の遺構共伴例　縮尺不同

をなす遺物包含層が数多く検出されており，地域的に偏るとはいえ，層位学的検討によっても時間軸を検証できる。本稿では，まず一括資料を集成し，資料全体を共通の視点で分析したうえで時期区分をおこない，最後に札幌市の遺跡での層位学的検討によって時期区分の妥当性を補強する，という順序で時期設定を試みる[3]。

2．出土資料や出土状況が提起する諸問題

次に，これまでの甕の変遷観や編年観によって生じてしまう問題を，土器個体ごとの特徴や遺跡での出土状況を確認しながら指摘し，編年を組むうえで克服しなければならない点を浮き彫りにしたい。

a．個体資料に関する問題

図2は，個体資料そのものがこれまでの編年と齟齬をきたしている例を集成したものである。1〜14・20は，これまで古いと見なされてきた要素と新しいとされてきた要素が同一個体内に共存している資料である。たとえば，平坦面や凹みをもつ口唇部は，宇田川編年前期にみられる古い特徴だと考えられる傾向にある。しかし，地文横走沈線文上に重ね描きされる頸部文様と組み合わさる中期の例（7・9・10）や，地文横走沈線文が消失し格子目文（3・6・11），綾杉文（1・8），鋸歯状文（4・5），複段の文様列（20）といった単独の頸部文様と組み合わさる後期の例が存在しており，こうした口唇部形態の長期的な存続は，石附喜三男（1984）によっても指摘されている。2は，中期の特徴をもつ頸部文様と後期の特徴をもつ頸部文様が組み合わさる例である。12〜14は，口縁部に横位の矢羽状刻文がめぐる中期・後期の特徴と，頸部文様が横走沈線文のみで重ね描き文様のない前期の特徴を併せもっている。これらには，どの要素を採るかによって，前期〜後期までいかようにも位置づけることができてしまうという問題がある。

また，これまでの編年の俎上にのせられない特徴をもつ資料の存在にも注意が必要である。たとえば，13の頸部文様の上位にある無文帯や16の口縁部にある無文帯などに着目した研究は皆無である。こうした無文帯に相当すると思われる部分に縦位の刻線文（15）や鋸歯状文（17〜19）が施文される土器についてもほとんど言及され

ていない。
　このように今日では，従来の土器変遷観や編年観では説明できない資料がかなりの数にのぼっている。土器そのものを見直し問題を解決する基礎作業が急務の課題となっているのは明らかだろう。

b．出土状況に関する問題

　図3は，従来の編年にしたがえば異なる時期に帰属してしまう土器の共伴例を示したものである。たとえば，これまで地文横走沈線文の消失が時期区分のメルクマールにされてきたが（佐藤1972, 藤本1972），地文横走沈線文がある土器とない土器の遺構での共伴例や，同一文化層での共存例は，実は今日普通に見受けられるのである[4]。仮にこれらを混在だと見なすのであれば，先述のとおり全資料の定性的な分析を踏まえたうえでの判断でなくてはならない。

　以上，いくつかの事例を見てきたが，従来の甕の編年に十分検討の余地が残されていることがわかる。特に，こうした資料が，細分時期の指標にされることの多い（塚本2002, 八木2007b・2008）札幌市域の遺跡で数多く見つかっている点に注意が必要だろう。今日，甕の時期区分をおこなう前提として，こうした問題に耐え得るような土器群の分類と整理がもとめられているわけである。

II．分析視点

1．甕の文様施文域

　1つの遺構，あるいは1枚の遺物包含層から出土する甕は，形態・文様ともにヴァリエーションに富んでいる。形態や文様の細かな違いが時期差を示す可能性もないとは言えないが，それを保証するだけの層位的出土例や一括出土例は多いと言えず，設定しうる1時期内での変異を示す可能性をどうしても残してしまう。このことから，時空間的な変異が比較的少ない属性を分析の基軸にするのが望ましい。それが本稿で着目する文様施文域である。以下，具体例をみながら説明しよう。

　前半期の甕に見られるプライマリーな特徴は口頸部の段と横走沈線文であり，これまでの研究でもその消長が重視されてきた。これらの特徴をもつ土器のうち早い段階に位置づけられたのは，口縁部と頸部に数条の横走沈線文を施すものである（図4左）。この横走沈線文については，東北地方の土師器につけられていた段が装飾的な文様要素として置き換えられたという考えがある（菊池1970, 大島1988）。そして，この横走沈線文が次の段階に多条化する（図4右）というのがこれまでの共通認識である。この認識は，さらに次の段階に多条化した横走沈線文上に各種刻線文が重ね描きされることから見て（図3 - 2・3・5〜7），型式学的連続性という点で説

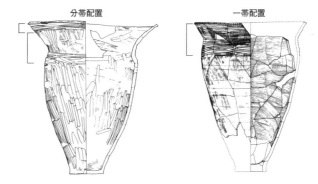

図4　甕の文様施文域

得力がある（石附1984）。このように，「数条の横走沈線文→多条の横走沈線文」という型式学的変化はすでに編年が確立した頃から注目されており，この視点は近年の編年研究でも踏襲されている（塚本2002・澤井2007）。

　ではここで，この段や横走沈線文の消長を文様施文域の消長として読み換えてみよう。仮に施文域を「段や横走沈線文の施文域（有文帯）」ないし「段や横走沈線文によって画される範囲（無文帯）」として捉えると（図4），「数条の横走沈線文が口縁部と頸部とで別々に施文される"分帯配置"→多条化した横走沈線文が口縁部から頸部まで施文される"一帯配置"」という施文域の変化を読み取れることになろう。

　図4でみた段や横走沈線文等個々の文様要素も文様施文域も，ともに2階梯の変遷として捉えられるため，いまおこなった読み替えは時期区分としては無意味に思えるかもしれない。しかし，個別文様要素の違いを時期区分の根拠にする視点には不都合な点が多い。たとえば佐藤達夫（1972）は，時間とともに口頸部のかなり広い部分に「一層多数」の沈線文が「極めて密接」に施されると指摘しているが，沈線文の条数は具体的な数値として示されておらず，どの程度の間隔ならば「極めて密接」なのかはっきりしない。横走沈線文の条数の増加は，時間的な変化としてきわめて曖昧にしか表現できず，どうしても追認が困難なものになってしまう着眼点だと言える。ちなみに，横走沈線文と頸部の段を同一個体内にもつ甕は今日かなりの数にのぼっており，「段→横走沈線文」という単純な時期区分はもはや通用しなくなっている[5]。

　一方，文様施文域は，文字通り段や横走沈線文によって示される施文域であるため，沈線の条数や密度の差は問題にならないし，そもそも段や横走沈線文を分類の基準に据えないのだから両者が併存していても不都合はない。このように，文様施文域に注目することで，形態や文様の変異の振幅をある程度カバーすることができるのであり，先に述べた読み替えの利点はここにある。

日本考古学　第32号

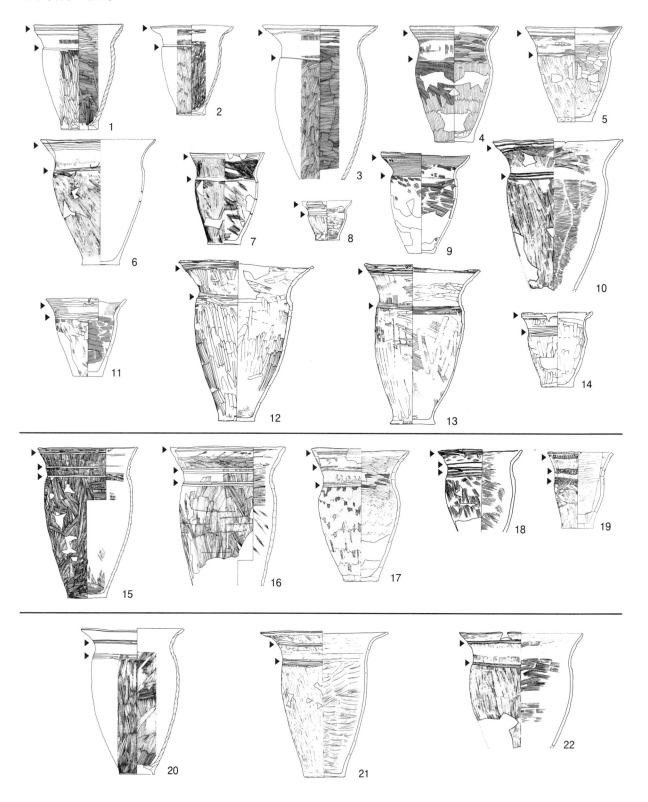

▶…横走沈線文ないし段の位置

1〜14：1類，15〜19：2類，20〜22：3類

1〜3・20. 丸子山，4・5・17. キウス9，6・7. ウサクマイN，8・9. K435C1地点，10・22. ユカンボシE4
11. C507，12. ヘロカルウスG地点，13・14. ヘロカルウスE地点，15・16. ユカンボシC9
18. オサツ2，19. 末広，21. ユカンボシC15

図5　分帯系列1類・2類・3類　縮尺不同

擦文時代前半期甕形土器の型式学的研究

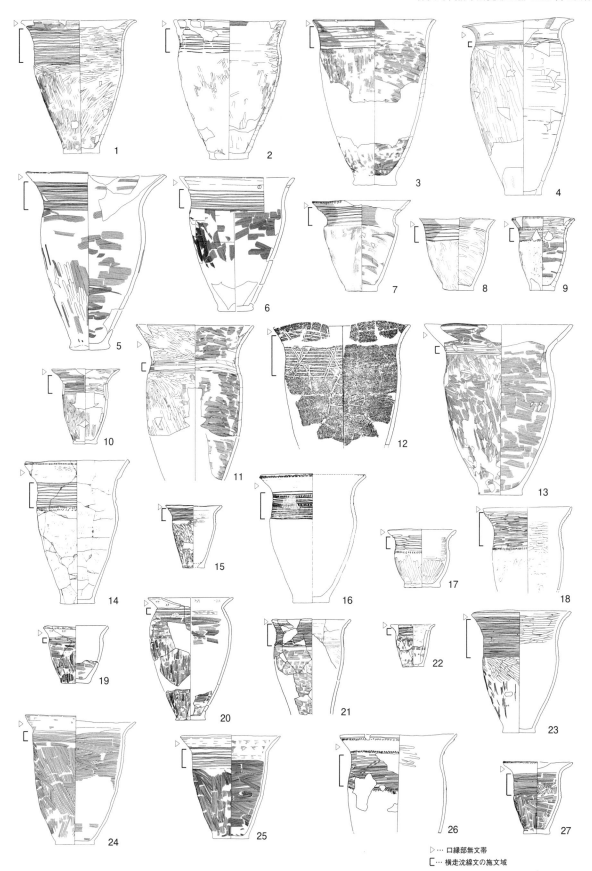

▷… 口縁部無文帯
⌐… 横走沈線文の施文域

1. H317, 2・3. K39 長谷工地点, 4. C504, 5・6. K523, 7・8. C424, 9〜11. K39 北18条地点, 12. K446, 13. H519
14. 末広, 15. ユカンボシ C15, 16. ウサクマイ B, 17・18. 中島松7, 19・20. 南島松4, 21・22. 茂漁4, 23・26・27. 大川, 24・25. 沢町

図6　分帯系列4類　縮尺不同

表1　石狩低地帯における分帯系列の遺構出土状況

	遺構名	1類	2類	3類	4類	中期擦文	
様相①	K435C地点　第13号竪穴住居跡	●					上野他編1993
	丸子山　IH-1竪穴	○					田村編1994
	丸子山　IH-5竪穴	●					田村編1994
	ウサクマイN　第14号擦文式墓	○					石附編1977
	キウス9　UH-4	○					三浦他編2008
	末広　IH-11竪穴	○					大谷他編1982
	カリンバ3　SH-1	○					上屋編2003
	中島松5A地点　4号住居址	○					松谷編1989
	中島松6　2号住居址	○					松谷編1988
	柏木川　PIT77	○					髙橋編1992
	大麻3住居跡	○					直井他編1983
様相②	末広　IH-59竪穴	+	+	+			大谷他編1982
	ユカンボシE4　竪穴	+	+	+			鬼柳他編1992
	ユカンボシC9 IP-8	○	○				熊谷他編1996
	ユカンボシC15　X-1	+		+			西田他編1998
	柏木川4　KH-3	+		+			村田他編2005
	末広　IH-90竪穴			+	+		田村編1985
	オサツ2　SH15			●			鈴木他編1995
	丸子山　IH-3竪穴				●		田村編1994
様相③	末広　IH-53竪穴		○	+	+		大谷他編1982
	末広　IH-54竪穴			+			大谷他編1982
	末広　IH-62竪穴			●			大谷他編1982
	中島松6　9号住居址			+			松谷他編1988
	末広　IH-75住居			+	○		千歳市教委編1981
	サクシュコトニ川　2号竪穴住居跡			+	●		北海道大学理文調査室編1986
	末広　IH-9竪穴			+	+		大谷他編1982
	末広　IP-20土坑			+	●		大谷他編1982

	遺構名	1類	2類	3類	4類	中期擦文	
様相④	K528　第4号掘立柱建物跡				○		野月他編2008
	K523　8a層土器集中範囲				●		小針他編2006
	K39長谷工地点　第5号竪穴住居跡				○		藤井編1997
	H317　第12号竪穴住居跡				○		仙庭他編1995
	H519　第2号竪穴住居跡				●		石井編2006
	C424A地点　2層第4号竪穴住居跡				○		柏木編2003
	ウサクマイB　第4号住居址				○		石附編1974
	末広　IH-28竪穴				●		大谷他編1982
	末広　IH-30住居				○		千歳市教委編1981
	末広　IH-76竪穴				●		大谷他編1982
	茂漁4　1号住居址				○		松谷編1997
	茂漁4　2号住居址				○		松谷編1997
	カリンバ3　SH-2				○		上屋編2003
	南島松2　1号住居址				○		松谷編1992
	南島松4A地点1号住居址				●		松谷編1992
	西島松南B　第2号竪穴				○		大場編1966
	中島松6　9号住居址				○		松谷他編1988
様相⑤	H519　第12号竪穴住居跡				+	+	石井編2006
	H519　第14号竪穴住居跡				+	+	石井編2006
	末広　IH-55竪穴				+	+	大谷他編1982
	末広　IH-101竪穴				+	+	田村編1985
	中島松7　第5号住居址				+	+	松谷他編1988

＋…1個体
○…2個体
●…3個体以上

2．分帯配置と一帯配置の時間的関係

それでは前半期の甕の時間軸を，先の「分帯配置から一帯配置へ」という認識で区分できるだろうか。後述するように，実際には各地の遺構一括資料において分帯配置と一帯配置の共伴例があるばかりでなく，両配置が通時的に共存する層位的証拠が札幌市の遺跡で確認される。したがって，「分帯配置から一帯配置へ」という1系列の変遷を想定するのはむずかしい。むしろ，これらの事例を素直に解釈し，「分帯配置と一帯配置の共存」というあり方を念頭に置くべきだろう。つまり，甕内部で2つの文様施文域が別個の系列として通時的に存在していると捉えるのである。

以下では，「分帯配置と一帯配置の共存」という現象を前提とした時期区分を提示したい[6]。

Ⅲ．道央部における前半期擦文土器甕の時期区分

1．石狩低地帯における分帯系列の時期区分

分帯系列の文様構成は，以下のように分類される（図5・6）。

分帯1類…口縁部に横走沈線文，頸部下端に段・横走沈線文
分帯2類…口縁部に横走沈線文，頸部下端と中ほどに段・横走沈線文
分帯3類…口縁部無文，頸部上端と下端に段・横走沈線文
分帯4類…口縁部無文，頸部下位か全面に横走沈線文

分帯系列の段や横走沈線文は，ほぼ以上の構成に則って割りつけられている。表1は，各分類群の遺構床面出土状況を示したものである。これを見ると，以下の5つの様相にまとめることができる。

様相①…分帯1類単独出土
様相②…分帯2類と3類共伴および単独出土。分帯2類・3類と1類が共伴
様相③…分帯2類・3類と4類が共伴
様相④…分帯4類単独出土
様相⑤…分帯4類と中期擦文土器甕が共伴

各分類群のうち，1類と4類が排他的な出土状況を示しており，時期差を示す蓋然性が高い。2類と3類は，1類・4類それぞれとの共伴例があることから，時期をはっきり区分できそうにない。ただ，このような漸移的な出土状況は，各分類群における変遷の連続性の強さを反映していると考えることもでき，1類は，2類・3類を介して4類に変化したとみることが可能である。2類・3類と中期擦文土器甕の共伴例はないが，4類と中期擦文土器甕の共伴例は数例ある。これらは，4類が各分類群の最後に位置付けられることの参考になるだろう。

以上の知見をもとに，分帯系列の時期区分をおこなう。1類と4類，および2類・3類と中期擦文土器甕の排他的な出土状況を重視し，以下の3時期に区分する。

第1段階前半…様相①
第1段階後半…様相②
第2段階………様相④

様相③は，第1段階後半から第2段階への，様相⑤は，第2段階から中期への移行的な様相を示していると考え

たい[7]。

変化の方向性として，口縁部にあった横走沈線文が消失し，無文になるのを確認できる（図7）。これは，後述する中期以降の甕を考えるうえで重要な点となるので，留意しておきたい。

2．石狩低地帯における一帯系列の時期区分

次に，一帯系列の検討をおこなう。一帯系列文様構成は，以下のように分類される（図8）。

一帯1類…口頸部無文，頸部下端に段・横走沈線文
一帯2類…口頸部全面に横走沈線文

表2は，各分類群の遺構床面出土状況を示したものである。従来どおりの考えにしたがえば，1類から2類へという順序で変遷したことになる。たしかに，両者の出土状況の排他性は，はっきりしているように見える。しかし，札幌市H519遺跡において，1類・2類ともに中期擦文土器甕と共伴している点に注意が必要である。仮にこれらの共伴例を混在と見なすにしても，1類・2類ともに中期に近い時期まで製作されていた可能性は否定できない。また，一帯系列に共伴する分帯系列を見ると（表2），一帯1類は分帯1類から4類まですべてに共伴する例が存在していることがわかる。これらのことから，一帯1類と2類を時間的に分離する根拠は弱いと言わざるを得ない。

以上の諸点を考慮するならば，一帯1類以後に2類が現れると見なすよりも，一帯1類が存在する時期のある時点に2類が現れ併存する，と見なした方が合理的だろう。一帯2類が分帯1類と排他的な出土状況を示すことも（表2），この想定を補強する。

一帯系列では，口頸部に無文帯をもつ1類と横走沈線文帯をもつ2類とで型式学的ギャップが大きく，スムーズな変遷をとげないように見える。ただし，一帯1類と2類の間に分帯4類を介在させることで，合理的な説明が可能になると思われる。一帯2類と分帯4類の共伴例は多く（表2），両者が併行することは間違いないだろう。となると，一帯2類の横走沈線文は分帯4類の横走沈線文に系譜をもとめられる可能性が出てくる。つまり，一帯2類の出現を，口頸部無文帯という一帯1類の施文域上に，分帯4類の横走沈線文が転写されることで成立する，と捉えるのである（図9）。

もちろん，一帯2類は分帯4類の横走沈線文の密度が増加することで生まれた，という型式学的見方もできなくはない。しかし筆者は，一帯2類と分帯4類の共伴例の多さからみて（表2），この見方は成り立たないと考える。また，筆者の一帯2類の成立観は，図10に示した土器の特徴によっても支持される。見ると，口頸部全面

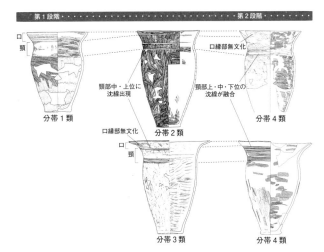

図7　分帯系列の変遷　縮尺不同

表2　石狩低地帯における一帯系列の遺構出土例

に横走沈線文が施文される一帯2類の特徴と，重ね描きされる刻線文様が頸部にかぎられるという分帯4類の特徴とを兼ね備えている。つまり，一帯系列の文様施文域に則りつつ分帯系列の文様構成が採られているのであり，一帯2類と分帯4類の併存と親和性を端的に物語る資料と言えるだろう。

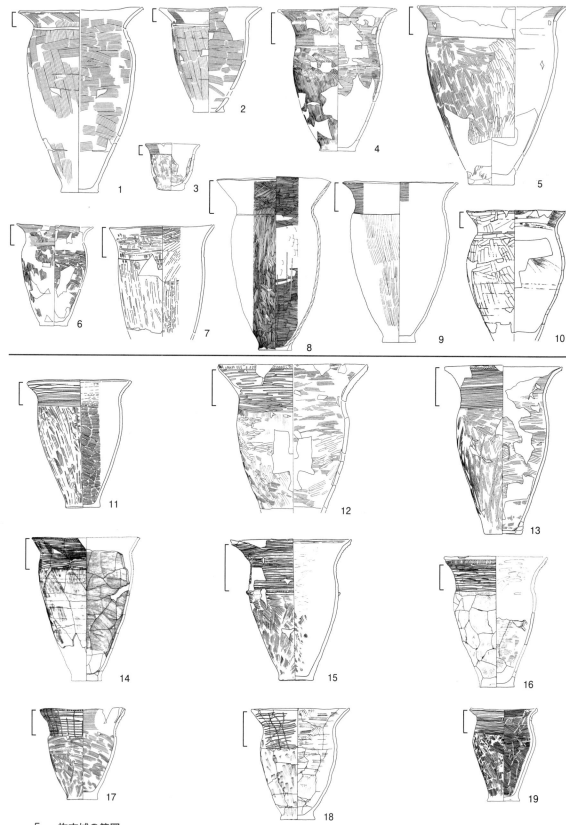

[… 施文域の範囲

1〜10：1類，11〜19：2類

1・2. K523, 3・4. H317, 5・12. H519, 6. K435D1地点, 7・11. カリンバ3, 8. 丸子山, 9. サクシュコトニ川
10. ヘロカルウスE地点, 13. K528, 14. K446, 15. オサツ2, 16・18. 末広, 17. C424, 19. 大川

図8　一帯系列1類・2類　縮尺不同

3. 後志地方における分帯系列と一帯系列の時期区分

この時期の資料は，後志地方の日本海沿岸部の遺跡でもみつかっている。

表3は，石狩低地帯同様の分帯系列分類群の遺構床面出土状況を示したものである。見ると，石狩低地帯とほぼ同様の様相を呈していることがわかる。この地域で見つかっている遺構数は石狩低地帯とくらべればはるかに少なく，また余市町大川遺跡に検出遺構が偏っているという点に検討の余地を残しているが，現状では石狩低地帯同様の時期名称を与えておく。

次に，一帯系列を見てみよう（表4）。石狩低地帯同様に，一帯1類が分帯4類や中期擦文土器甕と共伴する例がある。一帯1類は，第1段階前半から中期に近い時期まで存在しており，ある時期から一帯2類が出現するという変遷の特質が，後志地方でも確認できることがわかる[8]。

4. 層位学的検証

以上，道央部の前半期擦文土器甕を文様施文域という視点から分類し，時期区分をおこなった。最後に，札幌市の各遺跡の遺物包含層出土例を検討し，いま見てきた時間的序列の妥当性を確認する。

表5に，該当する遺跡の遺物包含層と，各分類群の帰属層位を示した。見ると，1単位の包含層中に含まれる分帯系列のまとまりは，先にみた遺構一括事例と整合的であることがわかる。もちろん，K39緑化地点，K435D3地点，K528など，時期差をもつと見なした各分類群を共に出土した遺物包含層がある点は明記しておかなければならない。ただ，遺物包含層のもつ時間幅が遺跡同士で同じとはかぎらない以上，こうした事例の存在によってただちに先述の時期区分が反証されるわけではない。むしろ，さまざまな時間幅をもつであろう各遺物包含層にあって，分帯1類と4類の排他性を明瞭に示す事例が少なからず存在することこそ，先に見た時期区分の証左になると筆者は認識している。

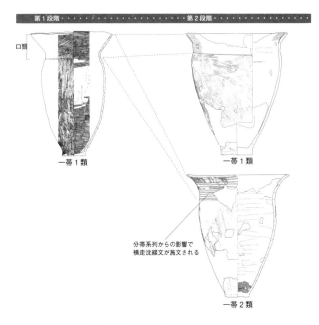

図9　一帯系列の変遷　縮尺不同

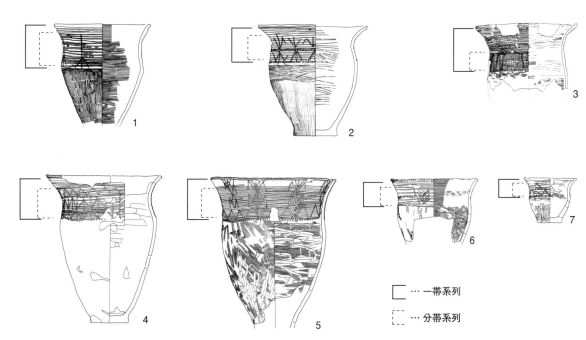

1・2. サクシュコトニ川，3. K435B1地点，4・5. H519，6・7. K39長谷工地点

図10　分帯系列と一帯系列の文様施文域を併せもつ土器　縮尺不同

一帯系列は，1類と中期擦文土器甕を共に出土した例がある。遺構一括事例同様，ある時期以降2類が出現し1類と共に中期近くまで併存する状況を示している。以上の層位学的検討からも，先の遺構一括事例分析から得られた時期区分の妥当性は確認できると考える。

5．その他の属性の消長

参考までに，先行研究で時間的変化を示すものとして注目されてきた属性の消長についても確認しておこう。

表3　後志地方における分帯系列の遺構出土状況

	遺構名	分類群				中期擦文	
		1類	2類	3類	4類		
様相①	ヘロカルウスE地点　第3号竪穴住居跡	●					田部編1997
様相③	大川　SH-49			+	●		岡田他編2000
	沢町　SH-4			○	●		宮編1989
様相④	大川　SH-19				●		岡田他編2000
	大川　SH-35				○		岡田他編2000
	大川　SH-40				○		岡田他編2000
様相⑤	大川　SH-54					+	+	岡田他編2000
	大川　SH-38						+	岡田他編2000

+…1個体　○…2個体　●…3個体以上

表4　後志地方における一帯系列の遺構出土状況

遺構名	分類群		中期擦文	共伴する分帯系列	
	1類	2類			
ヘロカルウスE地点　第3号竪穴住居跡	+			1類	田部編1997
大川　SH-20	+			4類	岡田他編2000
大川　SH-49	+	●		3・4類	岡田他編2000
沢町　SH-4		+		3・4類	宮編1989
大川　SH-19		○		4類	岡田他編2000
大川　SH-36		●		4類	岡田他編2000
大川　SH-37				4類	岡田他編2000
大川　SH-54	+		+	4類	岡田他編2000

+…1個体　○…2個体　●…3個体以上

表5　札幌市諸遺跡の遺物包含層における前半期擦文土器甕の出土状況

層序	層名	分帯系列				一帯系列		中期擦文	後期擦文	
		1類	2類	3類	4類	1類	2類			
古↓新	K39（第6次）7a層			+	●	●	+			藤井編2001
	K39（第6次）6g層			●	●	●	●			
	白頭山苫小牧火山灰（B-Tm）									
	K39（第6次）6a層				+	○	○	○		

層序	層名	分帯系列				一帯系列		中期擦文	後期擦文	
		1類	2類	3類	4類	1類	2類			
	K435C地点　5'層	●	○			●				上野他編1993
	C507　7層		+	●		○				柏木編2003
	C504　11層		+	○						柏木他編2005
古↓新	K39長谷工地点　5g層			○		+				藤井編1997
	K39長谷工地点　5e〜5g層			●	●	○				
古↓新	K39（第7次）10d層			+						秋山編2001
	K39（第7次）10b・c層			+		+	+			
古↓新	H519　4e層					●				石井編2006
	H519　4a層			○						
	K39緑化地点　6層	+		○		○				藤井編1998
古↓新	K435D1地点　5a層			●						上野他編1993
	K435D1地点　3a〜c層			+		+	+			
	K435D3地点　3a〜c層	○				○				
	K435D2地点　3a〜c層			+		○				
	K528　第6文化層	○	+	●		●	○			野月他編2008

+…1個体　○…2個体　●…3個体以上

資料数が多く，型式学的変遷の緩やかな石狩低地帯の分帯系列分類群をもとに検討をおこなう。

「口唇部文様」「横走沈線文上に重ね描きされる文様の有無」「頸部下端の文様の有無」の3属性（図11）を選定し，その消長を示したのが表6である。分帯1類から2類・3類，そして4類にかけて，3つの属性が緩やかに変わっていく様相を確認できる。ここには示していないが，中期擦文土器甕の多くは表6に示した3属性のうち右欄の項目の属性を備えており（図3-5〜7），いま見た属性の消長と整合的だと言える。このことから，文様施文域に着目した分類とその時間的序列は，先行研究の土器変遷観を大きく逸脱しないことが理解されるだろう。

Ⅳ．2つの文様施文域系列のゆくえ

ところで，文様施文域に着目した分類は，中期・後期の多様な特徴をもつ甕（図2・3）を整理するうえでも有効である。この点について，第1・第2段階をとおしてみられた分帯系列と一帯系列の共存が，その後どうなるのか確認しながら説明したい。

1．甕における口唇部文様帯の発達と疑似口縁化

擦文土器甕の口唇部にはいくつかの形態がある。これまで，早い段階では口唇部が面取りされるものや凹むものなどがあり（図11上段），それが次第に丸みを帯びていくものだと考えられてきた。しかし，古いとされた口唇部形態は，同一個体内で新出の特徴と組み合わさることがあり（図2-1・3〜11・20），必ずしも妥当な考えとは言えない。そこで，分帯系列と一帯系列の共存を念頭に置きつつ口唇部文様帯の変遷過程に着目することで，こうした問題を解消する視点を提示したい。

中期以降の甕の口縁部が刻文の施文などによって形態的にも装飾的にも発達するという認識は，おそらく衆目の一致するところであろう（図3-3〜8）。それでは，こうした装飾的な口縁部は，いかなる過程を経て生まれるのだろうか。

第2段階の甕で，中期以降の装飾的な口縁部にみられるような刻みがあるのは口唇部である。先にも見たように，口縁部は無文となるか横走沈線文が施文されるだけである。場合によっては頸部と同じ刻線文が口縁部にも及ぶが（図8-17・18，図10-5），それはもともと頸部文様帯に施される意匠であって，装飾的な口縁部文様との型式学的つながりはうかがえない。以上から，装飾的な口縁部は，口唇部が発達したものと考えられる。これを模式的に示したのが図12である。第2段階で口唇部

のみに限定されていた文様帯が次第に装飾的に発達し，あたかも口縁部のような形状と大きさをもつようになると考えるのである。これを，仮に"口唇部の疑似口縁化"と呼んでおこう。

2．中期・後期にみられる2系列の文様施文域

さて，中期の装飾的な口縁部と系統発生上対応するのが第2段階の口唇部文様帯だとするならば，第2段階の口縁部文様帯はどうなるのだろうか。

ここで注目したいのが，図13に示した資料である。装飾的な口縁部と頸部文様帯の間には無文帯がある（1・2・4・6・9）。この部分が分帯系列第2段階の口縁部無文帯と系統発生上対応すると考えれば，スムーズな型式学的変遷を想定できる。一方，装飾的な口縁部と頸部文様帯の間に無文帯がないものは（3・5・7・10・11），第2段階の一帯2類の口唇部が疑似口縁化したもの，と見なせるだろう。こちらも型式学的変遷はスムーズである。

これまでは，後者の甕が編年の俎上に載せられる傾向にあり，上記のような無文帯をもつ甕は，今日かなりの出土例があるにもかかわらず（図2-13・16），その出現の経緯や時間的位置づけに対する言及はなされていなかった。しかし，ここで考えたような口唇部文様帯の疑似口縁化，そして2系列の文様施文域の存在と併存現象に注目することで，その出現過程がクリアーになったと言えるだろう。

装飾的な口縁部と頸部文様帯の間に無文帯をもつ土器は，後期以降にも存在している（図13-4〜7）。これが分帯系列に組み込まれる以上，分帯系列と一帯系列は，擦文土器の早い段階から長期にわたって共存し続けたことになろう。

なお，1つ注意しておきたいのは，甕の口唇部すべてが疑似口縁化するわけではないという点である。図2-16は，頸部の格子目文からみて後期に位置づけられる土器である。しかし，口唇部文様帯は疑似口縁化せず省略されたため，口縁部無文帯と頸部文様帯という2帯の分帯配置をとっている。図2-18は，口唇部文様帯が疑似口縁化しなかったため，口唇部がこれまで古いとみなされてきたような形態を呈している。さらに興味深いことに，本来口縁部無文帯となるべき部分に鋸歯状文が施文されている。同様の特徴は，図2-19にもある。口縁部の鋸歯状文は，奥尻町青苗貝塚（佐藤編1981）や松前町札前遺跡（久保他1984）をはじめとする道南部の甕に認められる特徴であり，この地域からの影響をうかがわせる。なお，口唇部文様帯の疑似口縁化した分帯系列の口縁部無文帯にも，鋸歯状文が施文される例がある（図2-17）。これは，口唇部文様帯が疑似口縁化しつつも，口縁部に道南部の要素が取り入れられたものと解釈でき

そうである。はじめに問題にしたように，こうした資料は従来の考え方によれば，「口唇部形態が古く頸部文様が新しい」という，時間的位置づけに苦慮する例である。しかし，口唇部文様帯の省略を想定することで，第2段階以降の時期に矛盾なく位置づけることが可能になる。第2段階の甕の口唇部すべてが凹みや刻みをもつわけではないことも（図6・表6），それ以降の口唇部すべてが疑似口縁化するわけではないことの傍証となろう[9]。

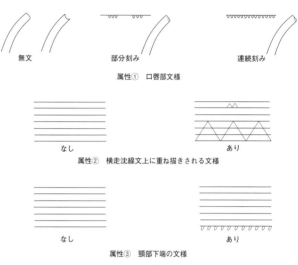

図11 時期差を示すと考えられてきた諸属性

表6 遺構・包含層出土分帯系列におけるその他の属性の消長

	属性① 口唇部文様		属性② 横走沈線文上に重ね描きされる文様		属性③ 頸部下端の文様		総数
	無文 部分刻み	連続刻み	なし	あり	なし	あり	
分帯1類	49 (100.0%)	0	49 (100.0%)	0	49 (100.0%)	0	49
分帯2類	19 (95.0%)	1 (5.0%)	20 (100.0%)	0	19 (95.0%)	1 (5.0%)	20
分帯3類	24 (96.0%)	1 (4.0%)	24 (96.0%)	1 (4.0%)	25 (100.0%)	0	25
分帯4類	120 (83.9%)	23 (16.1%)	126 (88.1%)	17 (11.9%)	126 (88.1%)	17 (11.9%)	143

※括弧内の数値は小数第二位を四捨五入

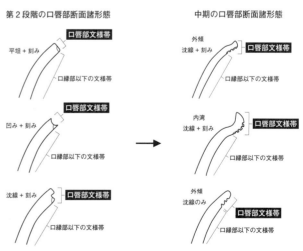

図12 口唇部文様帯の発達に伴う口唇部の疑似口縁化模式図

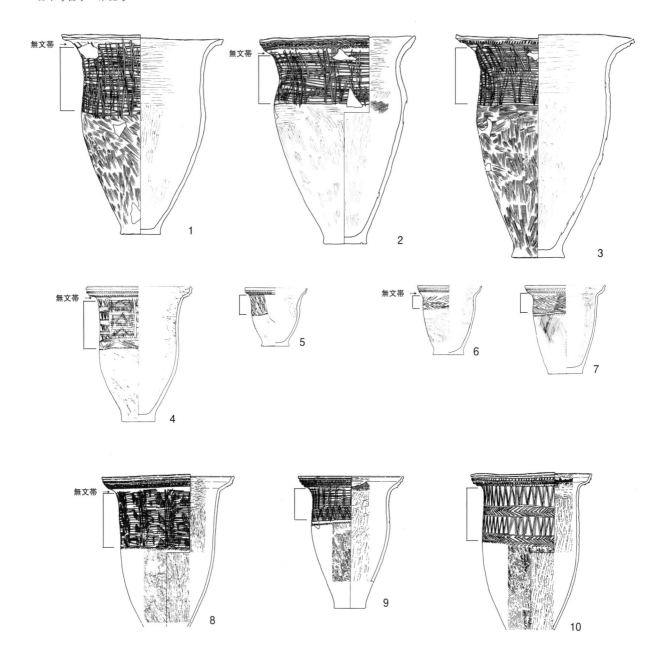

1～3. オサツ2 SH-7, 4・5. 香川6 H-22, 6・7. 香川6 H-5, 8～10. 旭町1DP02P1

図13　中期・後期における分帯系列と一帯系列の共伴例　縮尺不同

3．出土状況からみた仮説の検証

　ここでは，以上述べてきたことに対する出土状況からの検証をおこなう。石狩低地帯に位置する札幌市N30遺跡第8号竪穴住居跡（出穂他編2004），千歳市オサツ2遺跡SH6・SH7，後志地方に位置する余市町大川遺跡SH-41，道北地方の苫前町香川6遺跡H-13（苫前町教育委員会編1988）で，中期の分帯系列と一帯系列の共伴を確認できる（図3－5～8，図13－1～3）。両系列の共存は，この時期の擦文土器分布圏における普遍的な現象だとわかる。後期の分帯系列と一帯系列の共伴は，香川6遺跡H-5・H-22（図13－4～7），旭川市旭町1遺跡DP02竪穴P1（瀬川1995）で確認できる（図13－4～7・8～10）。

　以上は遺構一括出土事例であるが，札幌市K39遺跡北18条地点では，B-Tmより上位に堆積する中期から後期の遺物包含層で分帯系列と一帯系列が出土している。このことから，両系列の通時的な共存は層位的にみても明らかである。

　このように，擦文土器甕においては，2系列の文様施文域が通時的に共存しており，個々に施文される文様は，

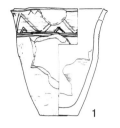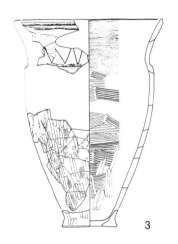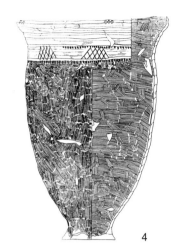

1. ユオイチャシ，2. N162，3. 南島松4，4. 蘭島B地点

図14　前半期擦文土器に併行する北大Ⅲ式　縮尺不同

それらの施文域上で通時的に変化したり共時的に変異していることに大きな特徴がある。そして，このような成り立ちは，擦文土器を通して確認できるのである。

V．前半期擦文土器甕の変遷とその成り立ち

ここまでで得られた知見にもとづき，前半期擦文土器甕がいかなる変遷を遂げたのかをまとめつつ，先行研究による甕の変遷観や位置づけを検討してみよう。

1．擦文土器甕の成立をめぐる論点①─北大Ⅲ式と擦文土器の型式的境界をめぐって─

北大Ⅲ式（榊田2009）は，口縁部に突瘤文を，頸部に各種刻線文や列点文を，胴部との境に段をもつ。このうち，擦文土器との関連を考えるうえで興味深い資料として，恵庭市南島松4遺跡（上屋編1991），小樽市蘭島遺跡B地点（小樽市教育委員会編1989），平取町ユオイチャシ（北海道埋蔵文化財センター編1986），札幌市N162遺跡（上野編1974）出土土器が挙げられる（図14）。いずれも口縁部から円形刺突文が消滅し，多条の沈線文が施文されるなど，その末期的な様相を呈する例である。南島松4例（3）は，頸部に北大Ⅲ式の系統をくむとみられる鋸歯状文があるが，口縁部には第1段階同様の横走沈線文がある。蘭島B例（4）は，やはり頸部に北大Ⅲ式の系統をくむとみられる鋸歯状文がある一方，口頸部全面に段状沈線文がある。この例は，図10に示した例とも文様構成が酷似しており，型式学的つながりをうかがわせる。以上から，北大Ⅲ式の特徴を残す土器の下限は，第1・第2段階まで食い込む可能性が高い。細別型式として設定できるか不明な部分も多いので，現状では以下

のように北大Ⅲ式を分類しておきたい。

北大Ⅲ式1類…口縁部に円形刺突文，頸部に鋸歯状文をもち，頸部と胴部の境以外に段をもたない。擦文土器第1段階より前に位置付けられる。

北大Ⅲ式2類…口縁部や頸部に横走沈線文がつけられ，頸部には鋸歯状文がつけられる。円形刺突文はつけられない。擦文土器第1・第2段階併行。

多くの遺構調査例があるなかで（表1～4），北大Ⅲ式1類と擦文土器第1段階との共伴例が一つもないことが，両者の時期差を物語る何よりの証拠であろう。一方，北大Ⅲ式2類と第2段階と思しき擦文土器の共伴例はN162遺跡にあり，両者の併行関係を示唆する。また，千歳市ユカンボシC9遺跡（熊谷他編1996）では，北大Ⅲ式1類と擦文土器第1段階が出土し第2段階がない。恵庭市ユカンボシE4遺跡（鬼柳他編1992）では，第1段階以降の土器が出土し北大Ⅲ式1類がない。やや消極的ではあるが，これらの状況証拠も型式組列の参考になろう。以上から，北大Ⅲ式1類と2類は時期差をもつと考えられる[10]。

北大Ⅲ式と擦文土器甕の違いは，端的に言えば，口頸部の文様の組み合わさり方にある。擦文土器と併行する時期の土器にまで北大Ⅲ式の名称を付与することに違和感を覚える向きもあるかもしれないが，異なる系統の土器には異なる名称を付与しておく方が，土器群総体のなかでの位置づけを吟味する際に不都合が生じにくいと筆者は判断している[11]。

2. 擦文土器甕の成立をめぐる論点②
―桜井第一型式土師器と擦文土器―

　第1段階の甕の器形は土師器甕に特有の長胴形を呈しており，実際これらを土師器の範疇に入れる向きもある（塚本2002，澤井2007）。しかし，長胴化自体は北大Ⅱ式やⅢ式から見られる特徴であるため（榊田2009），形態上の変化をもって土師器と擦文土器（正確には北大式も）を線引きするのは難しい。また，北大式や擦文土器の整形技法は個体ごとにきわめて多様なことが明らかにされており（大島1989），これも土師器との線引きをするうえで有効な指標になるとは考えにくい。となると，土師器と擦文土器とを区分する有効な指標として残る要素は，文様すなわち段・横走沈線文をおいてほかにないだろう。

　ここで，桜井清彦（1958）が設定した東北地方北部のいわゆる第一型式土師器（図15）の枠組みと，その有効性について検討する必要がある。なぜなら，氏が第一型式に位置づけた土器のなかには，青森県五所川原市中島出土の多条横走沈線文をもつ甕が含まれているからである。この見解を是認すれば，本稿で擦文土器として検討してきた横走沈線文をもつ甕は第一型式土師器に包摂されることになる。事実，この見方によって擦文土器の「母胎」を土師器にもとめる考えが，これまで数多く提示されてきたのである（石附1965・1968・1984，横山1984・1990，三浦1994，塚本2002）。

　しかし筆者は，横走沈線文をもつ甕が，東北地方で散発的にしか出土しないことに注意すべきだと判断している。それは，桜井の編年以後，東北地方北部における出土土器の増加によって一層はっきりしてきている。むしろ，同じく出土土器の増加をみた北海道の方で，この種の土器が主体的に分布する様相を確認できるのである。このことから，横走沈線文をもつ甕は東北地方ではなく北海道で成立した，と考える方が，理にかなっている。となると，北海道で出土する横走沈線文をもつ甕を「桜井第一型式に類する土器」（石附1965）と一括りにし，東北地方にその起源をもとめるような考え方は，今日的視野に立てば妥当だとは言いがたい。逆に，桜井の着目した中島例にはそもそも北海道系の資料が含まれていたと評価し，北海道側でこの種の甕の成立過程をたどることで，桜井第一型式の成り立ちを系統的に解明する視野が拓かれると考えたい[12]。

3. 2つの文様施文域の由来

　そこで，横走沈線文をもつ甕の成立地が北海道であるという立場から，その成立過程をたどってみよう。ここで注目するのは，やはり文様施文域である。擦文土器第1段階の分帯系列の甕は，口縁部と頸部とで別個に引かれている点が特徴である。これは，明らかに北大Ⅲ式以来の二帯配置の系統につらなる。特に頸部の横走沈線文は，北大Ⅲ式に多く認められる要素であり，系統をたどりやすい。口縁部の横走沈線文の出自には不明瞭な点が多いが，口縁部文様帯上で突瘤文から置き換わったものと考えておきたい。このように，横走沈線文をもつ甕は，「土師器の影響を受けた北大Ⅲ式が時間的に変化したもの」と考えるほうが系統的に見れば自然であり，東北地方の土師器が地方化したとする見方（石附1965，斎藤1967）では，その複雑な成立過程を説明するのに不十分であろう。分帯系列は，あくまで北大Ⅲ式の系統上に位置づけられる。

　一方で一帯系列は，文様施文域の違いから見て北大Ⅲ式に系統をもとめられそうにない。そこで注目したいのは，これまで道内最古の土師器として位置づけられてきた（石附1965・1968・1984，横山1982），函館市湯ノ川遺跡（前野1961）や栗沢町由良遺跡（斉藤1963・1967）出土の甕である（図16）。これらは，東北地方の土師器甕とは特徴を異にしており，「北海道的」に変化した土器と捉えられてきた（斎藤1967）。たしかに，口縁部の張り出し具合や頸部の長さ等において東北地方と様相を異にしていることは間違いない（斎藤1967）。しかし，口頸部が無文となり，頸部下端に段をもつという施文域上の特徴は，一帯系列1類と同じである点が注目される。この施文域上の特徴は，形態上の違いを不問にすれば，東北地方南部の栗囲式や北部の桜井第一型式の甕に通有のものである。このことから一帯系列は，東北地方の土師器甕の系統上に位置づけられる[13]。

4. 前半期擦文土器甕の成立と展開

　以上，北大Ⅲ式と東北地方の土師器甕の特徴を，擦文土器甕との比較によって整理した。その結果，擦文土器甕を構成する2系列の文様施文域は，北大Ⅲ式と東北地

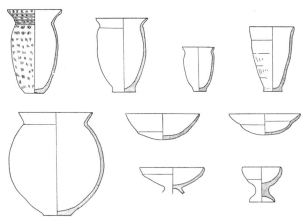

左上が青森県中島出土の横走沈線文をもつ甕
図15　桜井清彦による第一型式土師器

方の土師器甕にそれぞれ由来する別系統のものだということが想定された。そこで，前半期擦文土器甕の変遷を，北大Ⅲ式と東北地方土師器甕という異系統土器の接触・交渉の軌跡として捉えなおしてみよう（図17）。

北海道に北大Ⅲ式が分布していたころ，湯の川・由良例のような東北地方の土師器甕の流れをくむ土器群が出現する。これを土器の系統という観点から捉えると，分帯系統の土器群が主体となっていた中に一帯系統の土器群が入り込む，という構図が見えてくる。恵庭市西島松5遺跡（高橋他編2002）の土坑墓では両系統土器が副葬された例がみられる。分帯系統の北大Ⅲ式には突瘤文や刻線文といった一帯系統にない特徴が色濃く，この段階の異系統土器同士の差異は大きい。

擦文土器第1段階になると，両系統の共存例がはじめて竪穴住居址で確認されるようになる。北大Ⅲ式の一部では，分帯の文様施文域と頸部の鋸歯状文が保持され，口縁部文様が横走沈線文に置き換わる。一帯配置のものに大きな変化はないが，頸部の段が横走沈線文に置き換わる例があり，両系統で同じ文様が共有されるようになる。つまり，前段階とくらべ異系統土器同士の関係が強まることがわかる。両者の接触の結果，擦文土器甕において2系列の文様施文域が併存することになったと考えられる。

擦文土器第2段階になると，系列同士の関係はさらに強まる。この時期，横走沈線文が地文化し，刻線文の重ね描きされるものが出現するが，それは分帯・一帯それぞれの系列で共通して起こっている。前段階で果たされた文様の共有が，そのまま引き継がれているとみていいだろう。注目すべきは，一帯配置を基礎に分帯配置の文様構成をとるものなど，1つの個体に異系列の構成を折衷させたものが出現することである（図10）。こうした例の存在から，系列同士の関係が前段階より強まったと評価できるだろう。両系列の共存と文様の共有は，道央・道北部も含め擦文時代を通じて継続する。

5．先行研究との対比

最後に，本稿の時期区分とこれまでの擦文土器編年や近年の東北地方北部の土師器編年との対比表を示す（表7・8）。

本稿の時期区分は，先行研究の甕の変遷観を否定するようなものではない。たとえば，口唇部断面の角形から丸形への変化（駒井編1964），頸部文様の単純から複雑へという変化（駒井編前掲，菊池1970，石附1984）などは，本稿の時期区分でも追認できる。ただ，各種要素の存続時期が一様ではないことが，出土資料から明らかになったいま，どの要素に注目するかによっていかようにも時期を区分できてしまうという難点が存在していた。つまり，土器の大まかな変化の流れをおさえる分には問題の

ない時期区分であっても，1点の土器の時期比定となると途端に精度が落ちてしまうという問題が未解決だったのである。こうした問題を解消するために，集成した遺構一括資料をみるかぎり変異の少ない文様施文域に注目したのが，本稿の時期区分である。文様施文域については，その変化を単系統的にではなく複系統的に捉えることで，それまでの見方では時間的位置づけや出現を説明できない資料についても言及できるようにし得たことが，本稿のもう1つの成果である。

近年の時期区分との対比で言えば，時期の区分数や「擦文土器」に対する括り方に違いがある。もちろん，本稿で提示したのは甕の時期区分であり，たとえば坏を基軸とした時期区分とで区分数が違ってくるのは，ある意味当然なのかもしれない（表7）。それは，甕と坏の変化のタイミングが同じではないこと（塚本2002：146頁）の証左だという見方もできるだろう。ただ，近年の坏を基軸とした時期区分においても，本稿でおこなったような厳密な資料の選定や，一括資料の定性的な分析がなされていないなど，最初に詳述した問題点を指摘できる。土器編年に関する方法論的検討を一切おこなわず，土器の細かな違いをそのまま時間軸に還元したり，一括資料の取りあつかいにも粗さを残したまま細かい時間軸をもとめようとする一部の研究に，筆者は一定の危惧を覚えざるを得ない。できるかぎり多くの出土状況と整合的であり，かつ検証可能な時期区分数を把握することは，集落研究を推し進めていくうえでもおこなわなくてはならない基礎作業であり，今後筆者なりに突き詰めて

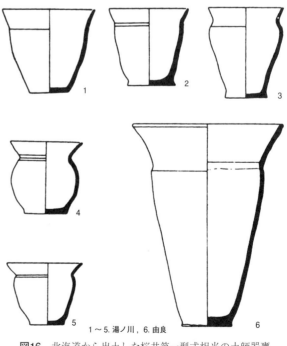

図16 北海道から出土した桜井第一型式相当の土師器甕
縮尺不同

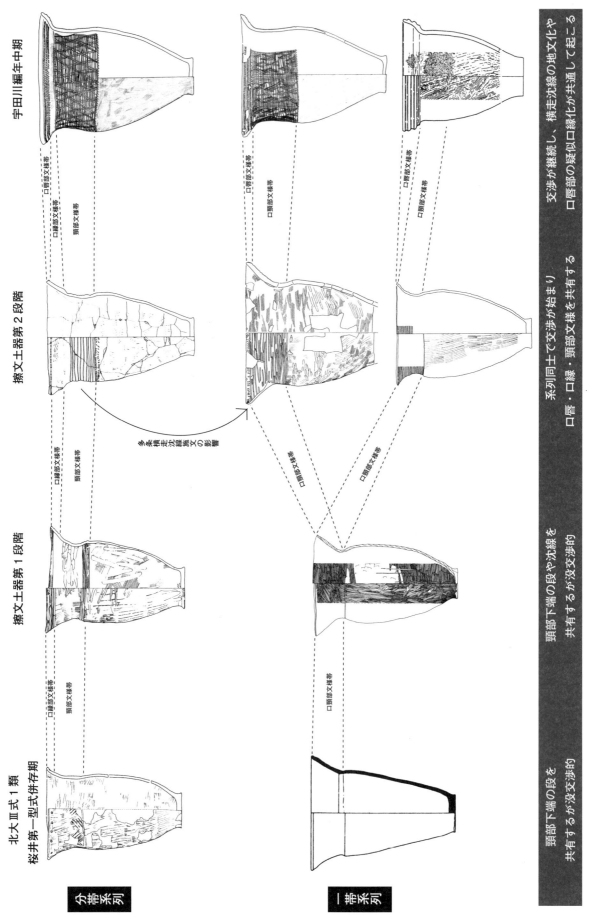

図17 前半期擦文土器甕の変遷と系統の成り立ち 縮尺不同

擦文時代前半期甕形土器の型式学的研究

表7　北海道における土器編年対比表

本稿で言及した時期	宇田川(1980)	石附(1984)	佐藤(1972)	菊池(1970)	横山(1984・1990)	中田他(1999)	塚本(2002・2007)	澤井(2007)	鈴木(2007)	八木(2010)
桜井第一型式／北大Ⅲ式1類	早期	0	I	プレ擦文式	前期Ⅰa・Ⅰb	前期	北大式F期・G期 土師器1期～3期	北大Ⅲ式土師器	円形刺突文土器Ⅸ～ⅩⅠ期	北大Ⅲ式
擦文土器第1段階／北大Ⅲ式2類	前期	0・I	Ⅱ1			前期	北大式H期 土師器3期	土師器	円形刺突文土器ⅩⅡ期	①段階 C1期
擦文土器第2段階／北大Ⅲ式2類		I・Ⅱ	Ⅱ1～Ⅱ4	A・B	前期Ⅱa・Ⅱb・Ⅲ 中期Ⅰ	前期 中期	擦文土器4期・5期	擦文土器前期	擦文期	②段階～④段階 C2期～F期
宇田川編年中期	中期	Ⅲ	Ⅲ1～Ⅲ7	C	中期Ⅰ・Ⅱ・Ⅲ	中期	擦文土器6期・7期	擦文土器中期(前半・後半)		

※佐藤(1972)の時期名は、宇田川(1980)にもとづく

表8　青森県・岩手県北部との土器編年対比表

本稿で言及した時期	津軽海峡周辺域(齋藤2001)	馬渕川流域・奥入瀬川下流域・三陸北部(宇部2007)	北上川中・上流域(八木2010)
桜井第一型式／北大Ⅲ式1類	大光寺新城	1段階・2段階	A段階・B段階
擦文土器第1段階／北大Ⅲ式2類	李平3号住居	3段階	C1段階
擦文土器第2段階／北大Ⅲ式2類	中島・李平下安原・五輪野・沢田 浅瀬石・小三内13号住居	3段階・4段階	C2段階・D段階
宇田川編年中期	杢沢・向野(2)・中里城		

いきたいと考えている。

　北大Ⅲ式の系統をくむ要素が擦文土器第1段階相当期まで残るという点においては、塚本浩司（2007）や鈴木信（鈴木他2007）の見解と共通している（表7）。一方、第1段階を土師器の範疇に入れる考え（大沼1980、三浦1994、塚本2002等）とは違いがある。大沼忠春（1980）は、坏が伴うという理由で北大Ⅲ式を続縄文土器の範疇から除外し、以後一貫して北大Ⅱ式までを続縄文土器と見なす立場に立つ（大沼他2004）。このように、北大Ⅲ式と前半期擦文土器を様式論的視点で一括りにする視点も、根強く存在している。

　しかしながら、先述のとおり、第1段階の土器を土師器と見なし様式論的に一括りにしたうえで、その起源を東北地方にもとめる視点は、今日有効ではない。もちろん、筆者が示した北大Ⅲ式と擦文土器の区分は甕という一器種の検討から導き出されたものであり、様式論的視点で設定された区分と単純に比較することはできないだろう。とはいえ、様式論的視点で北大式と擦文土器を捉えた論考において、個別器種がそれぞれ詳細に分析されてきたとは言えない（榊田2009）。そして、個別器種の徹底した分析なくして器種全体を論じることは不可能だと考えられる。なぜなら、器種「全体」の理解は、個別器種の消長や地域性、他地域の個別器種との関係や異同、といった「部分」の理解に依存するからである。甕と坏の2器種をとってみても、属性の変化速度や変化のタイミングはもちろんのこと、使用から廃棄にいたるまでに経る過程をア・プリオリに同じだと見なすことはできない。冒頭でも述べたとおり、甕は甕で、坏は坏で、個別に時間的消長や地域性といった問題を取りあつかうべきであり、それらを総合することで、はじめて器種「全体」に対する様々な理解が深まるのではなかろうか。筆者は、1980年代以前の甕の変遷観が多くの出土資料と齟齬をきたし始めたにもかかわらず、近年の編年で

それが解消されていないのは、始めから「擦文土器」「土師器」といった漠然とした「全体」を措定し「部分」としての個別器種を十分に分析しない研究の進め方に、根本的な問題があると判断している（榊田2009）。たとえば塚本浩司（2002・2007）は、「擦文文化の土器が擦文土器」だという認識のもと、北大Ⅲ式と土師器（本論の第1段階）が共存する時期の土器を「広義の擦文土器」、土師器が範疇から除外される以後の段階を「狭義の擦文土器」と呼称する考えを提示している。しかし、異なる系統の土器が同一地域で錯綜する当該期の土器「全体」を明らかにしていくためには、土師器は土師器で、北大式は北大式で、そして擦文土器は擦文土器で、個別に変遷過程や系統を論じる必要があるのであり（佐藤1972）、「部分」の定義と「全体」の定義を混用することは、たとえ「広義」「狭義」という名称を冠したとしても、土器「全体」の成り立ちの理解に寄与することは少ないのではなかろうか。筆者は、「部分」としての個別器種1つ1つの問題を解消しないまま時期の区分をどこに（何に）置くかを議論しても、研究は前進しないと判断している（榊田2009）。むしろ、個別器種の徹底した分析から器種総体への理解が深まる過程で、時期区分の根拠や土器からみた文化概念に対する定義づけが明確化していくことに期待したいと思う。

おわりに

　前半期擦文土器は、甕や坏、壺など複数の器種の総体として理解されている。本稿では、このうちの甕の時期区分や系統について、文様施文域という視点からアプローチし、近年浮上してきた多くの問題の解決を試みた。

　前半期擦文土器甕分類案の骨子をなす文様施文域は文様より上位の概念であり、本論ではあえて、文様や器形といった個別要素の型式学的変化について一部の指摘に

とどめている。これは，1980年代以降増加の一途をたどる前半期擦文土器甕の多様性を見るにつけ，個別要素の違いを時間差に還元してしまう前に，甕に備わる在地土器の系統をくむ要素と外来土器の系統をくむ要素を弁別し，型式学的変遷過程のアウトラインを示すことが先決だと判断したためである。

　分析の結果，①甕の時間軸は第1段階前半・後半，第2段階の最低3時期に区分できること，②甕には分帯配置と一帯配置という2系列の文様施文域が通時的に併存し，時間とともに相互で接触を強めながらそれぞれ独自に型式学的変化を遂げていること，③分帯配置は在地の北大Ⅲ式の，一帯配置は外来の東北地方土師器甕の系統をくんでおり，擦文土器甕の成立と展開は在地系統と外来系統の接触・交渉の軌跡として描出できること，の3点が明らかになった。2系列の文様施文域は擦文時代を通じて併存しており，口唇部文様帯の変化や省略といった型式学的視点を加味することで，中期以降の多様な甕の時間的位置づけもある程度可能になった。

　ただ，前半期擦文土器甕の検討にあらたな分析視点を導入したために，別の課題が浮かび上がってきたことも事実である。たとえば，北大Ⅲ式の系統をくむ甕（2類）が前半期擦文土器と併行している蓋然性が高まったいま，それが前半期擦文土器甕の展開に関与した可能性も，今後視野に入れる必要があるだろう。その際，文様施文域に着目するだけでは不十分であり，文様の特徴や備わり方といったより細かな分析視点の確立がもとめられることになる。また，やはり前半期擦文土器甕に併行する東北地方の土師器甕は基本的に無文であるため，両者の接点を捉えるには器形や整形技法などに着目する必要性を痛感する。

　このように，今後の検討課題は山積みされているわけであるが，1つ1つの問題に対する取り組みは器種ごとの時間軸の設定から始めるべきであり，器種総体としての擦文土器の編年は，こうした個別器種の検討を総合して組まれるべきだ，という問題意識に変わりはない。「土師器」「擦文土器」「続縄文土器」といった大別的な土器概念や「土師器文化」「擦文文化」「続縄文文化」といった文化概念などの，漠然とした「全体」の定義に引きずられながら「部分」としての個別器種を論じるのではなく，「部分」の徹底的な分析を通じて「全体」の説明内容に厚みをもたせていくべきだということが，前稿（榊田2009），そして本稿を通じての筆者の主張となっている。

　誤解のないよう述べておくと，筆者は器種総体の時期区分をもとめる様式論的視点を否定するわけではない。方法論に絶対のものなど存在しない以上，土器編年研究において肝要なのは，各種方法相互の有効性や限界性を認識し，いくつもの視点の階層的な使用・併用によって，

土器資料がもつ多様な側面をいかに切り取れば有意な時間軸を得られるのかを問うことにある，というのが筆者の考えである。本稿のような問題意識にもとづく方法論から得られた時間軸と，明らかになった土器変遷過程によって，擦文土器のもつ多様な側面のうちこれまで光が当てられていなかった部分をわずかにでも浮き彫りにできたのであれば，そこに本稿の価値があると考えたい。

　土器編年は，言うまでもなく縦の時間軸とともに，横の空間軸の整備も含めてはじめて成立する。そのためには，土器の地域性の把握はもちろんのこと，隣接する別系統の土器に対する理解が不可欠となる。本稿では，甕の時間軸を整備し，その地域性のあり方を検討する基礎固めをおこなった。東北地方では，土器研究の進展により，甕の時間的変化の様相を詳細に把握することが可能になっており，道東部のトビニタイ式土器については，すでに筆者自ら詳細な検討をおこなっている（榊田2006）。本論で示した時期区分や系統観を叩き台とし，前半期擦文土器のもつ個別要素の型式学的分析やさらなる細分の可能性について，隣接諸型式の分析結果を組み込みつつ検討を進めることを，当面の課題としたい。

　本稿を草するにあたり，ここ数年間の資料見学で得られた知見が分析と考察に生かされることになった。下記の諸氏・諸機関には，資料の観察や文献収集において多大なるご助力を仰いだ。末筆ながら，記してお礼申し上げたい。

　旭川市博物館（瀬川拓郎），上ノ国町教育委員会（塚田直哉），札幌市埋蔵文化財センター（秋山洋司），千歳市埋蔵文化財センター（高橋理・田村俊之・豊田宏良），天塩町教育委員会（赤塚章），東京大学文学部附属北方文化研究常呂実習施設（熊木俊朗・國木田大），苫前町教育委員会（佐藤隆裕），名寄市北国博物館（鈴木邦輝），平川市文化センター（滝本学・長尾智寿）北海道開拓記念館（右代啓視・鈴木琢也），北海道大学埋蔵文化財調査室（守屋豊人），北海道埋蔵文化財センター（倉橋直孝・藤井浩・皆川洋一），松前町教育委員会（前田正憲）

　　　　　　　　　　　　　　―五十音順・敬称略―

註

1）「前半期」という言葉は，土器で言えば北大Ⅲ式期以後～甕頸部の地文横走沈線文上に各種刻線文が重ね描きされる時期（宇田川洋の5期編年では前期～中期の一部）までを指す便宜的な呼称であることをお断りしておきたい。なお，北大Ⅲ式の時期を擦文時代初頭に含めるか否かは研究者によって違いがある。北大Ⅲ式と前半期擦文土器甕とを型式的に区分する視点，および筆者の立場については後述する。

2）塚本浩司（2002）によれば，宇田川編年早期は200年前後の年代幅をもっている。

3）塚本浩司（2002）は，千歳市祝梅三角山D遺跡，末広遺跡，札

幌市サークル会館遺跡の資料を時間軸の標識にしているが，いずれにも遺構覆土出土資料や出土層位の記載がない資料が含まれており，一括資料のあつかいに問題が多いと言わざるを得ない。報告書の記載等から一括性の高さを判断している部分も見受けられるが（151-152頁），先述のとおり筆者は，竪穴住居址出土資料の一括性に対する認識は，出土状況からの判断だけで当否が決まるのではなく，既存の編年的認識とあらたな出土事例との不断のクロスチェックによってのみ妥当性が高められる性質のものだと考えている。なお近年，千葉豊（2008：46-49頁）が一括資料を取りあつかう際の問題点と留意点をわかりやすくまとめており，参考になる。氏があつかった事例は縄文土器の編年研究に関わるものだが，土器生産遺構や埋納遺構以外の遺構一括資料に対する認識の問題である以上，擦文土器の編年研究に関する問題提起にも十分応用可能なものだと判断する。

4）石附喜三男（1984）は，甕の地文横走沈線文がある時期を境に消失するのではなく，徐々に消えていくことを早くから指摘している。

5）頸部の段は宇田川編年中期の甕にも確認できる。したがって，頸部の段はある時期を境に突然消失するのではなく，徐々に失われていくものだと考えられる。同様の頸部の段の状況は，東北地方北部の土師器甕にも確認できるようである（齋藤2001）。

6）実際に遺跡の調査報告書にあたると，遺構の土層堆積や土器の出土状況に関する記載が統一されていないことがわかる。たとえば，竪穴住居址から土器が出土していても，出土した場所が床面か覆土かの記載がなく，判断できないものも少なくない。先述した問題意識に則り，本稿では覆土出土資料や出土層位の記載がない資料については分析対象から除外している。また，細かい破片資料は完形・半完形資料にくらべ混入の可能性が高いため，まず完形・半完形資料で編年をくんだうえで混入か否かを判断するのが順当だと判断した。そのため，たとえ床面出土と記載されていても分析資料には含めていない。さらに，カマドの袖に芯材として埋め込まれている土器は，住居廃棄時点の一括資料との間に時期差をもつ可能性があるため，分析対象から除外している。分析に供する資料の抽出に際しては，以上の原則を課すことにした。

7）青森市江渡遺跡（木村他編2004）SI-02では，分帯1類・4類に比定し得る甕が共伴している。仮にこれを第1段階〜第2段階の移行期の例と評価するにしても，第1段階前半〜第2段階の共伴例ということになってしまい，第1段階後半を設定する妥当性が問われることになる。さらに，この遺構からはロクロ土師器坏も出土しており，宇部則保（2010）によって9世紀前葉〜中葉に比定されている。そのため，分帯1類の下限時期にも問題を投げかける例だと言える。今後の東北地方北部での類例の増加によって，第1段階前半と後半の区分を撤回する必要が生じる可能性もあるが，本稿では北海道の遺跡出土状況（表1）を重視し，第1段階前半と後半を分離する立場をとっておきたい。

8）後志地方で注意したいのは，小樽市蘭島遺跡D地点81-11A土坑（小樽市教育委員会編1992a）における，北大Ⅲ式と口頸部全面にいわゆる段状沈線文をもつ一帯系列の一括出土例である。段状沈線文自体は横走沈線文より古いとする見解があり，筆者もそれが妥当だと考えている。ただし，両者が必ずしも明瞭な時期差を示すわけではないという指摘もある（大島1988）。両者が時期差をもたないとすると，この段状沈線文の一帯系列は2類に分類されることになり，北大Ⅲ式と併行する可能性が出てきてしまう。筆者は，①後述するように分帯系列最古の1類と北大Ⅲ式古手の共伴例が1つもないこと，②分帯1類と一帯2

類の共伴例が1つもないこと，の2点を根拠に，段状沈線文の一帯系列を2類に含めない立場をとる。

9）なお，疑似口縁化した口唇部のなかには，横走沈線文のみで刻文が施されないようなものがあり，第1段階の分帯系列と区別するのが難しい。ただし，前者の沈線断面形は台形状を呈し，沈線の輪郭はシャープで深いのに対し，第1段階の分帯系列の沈線断面形は弧状を呈し，概して浅めである点を傾向として指摘できる。一方，刻文をもつ疑似口縁化した口唇部では，沈線の輪郭はシャープで深く，前者の特徴に近い。これらのことから，「浅い断面弧状の沈線→深い断面台形状の沈線」という変遷が考えられる。これは，第1段階の口縁部文様帯と第2段階以降の口唇部文様帯を見分ける視点ともなる。

10）ただし，註8で述べた，蘭島遺跡D地点81-11A土坑出土の，口頸部全面に段状沈線文をもつ一帯系列の時間的位置づけが，北大Ⅲ式1類の下限を考えるうえでやはり問題となってくる。ここでは，①段状沈線文のみの一帯系列を2類に含めないという先述の考えと，②一帯2類と北大Ⅲ式2類の共伴例が存在しないこと，の2点を根拠とし，北大Ⅲ式1類と擦文土器第1段階との時期差を想定したい。

11）北大Ⅲ式の系統をくむ土器群が残存するという考えは，すでに大井晴男（2004）や天野哲也・小野裕子（2007）によって示されており，筆者オリジナルの考えではないことを明記しておきたい。なお，大沼忠春（1989）は，北大Ⅲ式のうち市立函館博物館に所蔵されている現広尾町出土土器について，「北大式は本来この種の擦文土器を含まないものに対して名づけられたのであるから，（中略）北大式と呼ぶことは適当ではない」という理由で「従来北大Ⅲ式と呼ばれてきたものを含めて，初期擦文土器を包括的に十勝最寄式と称すること」を提案している。しかし，甕研究の問題点が解消されていないことに加え，分布範囲も特徴のまとまりも漠然とした状況のなか，これまでの定義と違うという理由だけであらたな型式名称を用いるのは得策ではないと判断し，筆者は「十勝最寄式」も北大Ⅲ式としてあつかっている。さらに後年，氏は「十勝最寄式」を細分したのち，それに後続すると考えられる道東部の資料を「十勝太式」と呼称している（大沼1996）。しかし，北大Ⅲ式は現状でも細分が困難なことに加え，道東部の状況は道央部以上に不明瞭な部分が多いことから，「十勝太式」というあらたな名称を付与することには賛同できない。北大式・前半期擦文土器の地域性，道東部における北大式の下限時期，北大式・擦文土器とオホーツク土器の型式交渉といった多岐にわたる問題をまず解決したうえで検討すべきだろう。

12）宇部則保（2007）は，「8世紀前半以降，東北北部日本海側では…（中略）…甕の口縁部に沈線を数本〜10本近く巡らした多条沈線文の土師器が太平洋側の地域と比べて優勢」になると述べている（132頁）。これは，東北北部日本海側の横走沈線文をもつ甕の出土数が太平洋側より相対的に多くなることを指摘したものであり，東北地方において横走沈線文をもつ甕が散発的・客体的にしか出土しない状況に変わりはない。宇部の示した東北地方北部における横走沈線文をもつ甕の推移は，北海道で成立・展開した擦文土器が，東北地方北部の土師器甕の一部に型式学的影響を及ぼしていたと考えても，十分説明がつくだろう。

13）齋藤淳（2001）の編年を参照すると，東北地方北部では，頸部下端に段をもつ一帯1類類似の甕が，第2段階に併行する時期まで存在することがわかる。この様相は，一帯1類が第2段階でも出土するという北海道の状況（表8・9）とも整合的である。

日本考古学　第32号

引用・参考文献

秋山洋司編　2001『K39遺跡　第7次調査』札幌市教育委員会
天野哲也　1987「本州北端部は擦文文化圏にふくまれるか」『考古学と地域文化』同志社大学考古学シリーズ刊行会　529-544頁
天野哲也・小野裕子　2007「擦文文化の時間軸の検討―道央，北部日本海沿岸域と東北北部の関係―」『北東アジア交流史研究』塙書房　241-268頁
石井　淳編　2006『H519遺跡』札幌市教育委員会
石川　徹　1979『続千歳遺跡』千歳市教育委員会
石附喜三男　1965「北海道における土師器の諸問題」『先史学研究』5　39-51頁
石附喜三男　1968「擦文式土器の初現的形態に関する研究」『札幌大学紀要教養部論集』1　1-45頁
石附喜三男　1984「擦文式土器の編年的研究」『北海道の研究』II　清文堂　127-158頁
石附喜三男編　1974『北海道千歳市ウサクマイ遺跡―B地点発掘報告書―』千歳市教育委員会
石附喜三男編　1977『北海道千歳市ウサクマイ遺跡―N地点発掘報告書―』ウサクマイ遺跡調査団
出穂雅実・上野秀一・仙庭伸久・羽賀憲二編　2004『N30遺跡（第2次調査）』札幌市教育委員会
伊藤玄三　1970「所謂『北海道式古墳』の実年代」『古代文化』22-2　25-30頁
上野秀一編　1974『札幌市文化財調査報告書V』札幌市教育委員会
上野秀一編　1979『札幌市文化財調査報告書XX』札幌市教育委員会
上野秀一・仙庭伸久編　1993『K435遺跡』札幌市教育委員会
ウサクマイ遺跡研究会編　1975『烏柵舞』雄山閣
宇田川洋　1977『北海道の考古学』北方新書
宇田川洋　1980「7　擦文文化」『北海道考古学講座』みやま書房　151-182頁
宇部則保　1989「青森県における7・8世紀の土師器―馬淵川下流域を中心として―」『北海道考古学』25　99-120頁
宇部則保　2002「東北北部型土師器にみる地域性」『海と考古学とロマン―市川金丸先生古稀記念献呈論文集―』市川金丸先生古稀を祝う会　247-265頁
宇部則保　2007「ix. 青森県南部～岩手県北部」『古代東北・北海道におけるモノ・ヒト・文化交流の研究』東北学院大学文学部　260-284頁
宇部則保　2010「九・一〇世紀における青森県周辺の地域性」『古代末期・日本の境界―城久遺跡群と石江遺跡群―』森話社　311-345頁
上屋真一編　1991『南島松1遺跡・南島松4遺跡』恵庭市教育委員会
上屋真一編　2003『カリンバ3遺跡（1）』恵庭市教育委員会
大井晴男　1972「第二節　北海道東部における古式の擦文式土器について」『常呂』東京大学文学部　433-446頁
大井晴男　2004『アイヌ前史の研究』吉川弘文館
大島秀俊　1988「北大一擦文式土器における整形手法について―小樽市蘭島遺跡群出土土器を中心として―」『北海道考古学』24　105-117頁
大島秀俊　1989「北海道小樽市蘭島遺跡群における土師器供膳形態の様相について」『北海道考古学』25　79-97頁
大谷敏三・田村俊之編　1982『末広遺跡における考古学的調査（下）』千歳市教育委員会
大沼忠春　1980「続縄文文化」『北海道考古学講座』みやま書房　127-150頁

大沼忠春　1989「北海道の文化」『古代史復元9　古代の都と村』講談社　174-184頁
大沼忠春　1996「北海道の古代社会と文化―七～九世紀―」『古代蝦夷の世界と交流　古代王権と交流1』名著出版　103-140頁
大沼忠春・工藤研治・中田裕香　2004「総説　続縄文・オホーツク・擦文文化」『考古資料大観第11巻　続縄文・オホーツク・擦文以降』小学館　37-46頁
大場利夫・石川　徹　1966『恵庭遺跡』恵庭町教育委員会
岡田淳子・宮　宏明編　2000『大川遺跡における考古学的調査 I』余市町教育委員会
小樽市教育委員会編　1989『蘭島遺跡』小樽市教育委員会
鬼柳　彰・田才雅彦・鎌田　望・倉橋直孝編　1992『恵庭市ユカンボシE4遺跡』北海道埋蔵文化財センター
柏木大延編　2003『C424遺跡・C507遺跡』札幌市教育委員会
柏木大延・小針大志編　2009『K518遺跡第2次調査』札幌市教育委員会
柏木大延・羽賀憲二編　2005『C504遺跡』札幌市教育委員会
菊池徹夫　1970「擦文式土器の形態分類と編年についての一試論」『物質文化』15　19-33頁
木村淳一・相馬俊也・松橋智佳子編　2004『江渡遺跡発掘調査報告書』青森市教育委員会
久保　泰　1984「II　擦文式土器について」『札前』松前町教育委員会　238-242頁
久保　泰・石本省三・松谷　太・斉藤　久　1984『札前』松前町教育委員会
熊谷仁志・藤井　浩・影浦　覚編　1996『千歳市ユカンボシC9遺跡』北海道埋蔵文化財センター
河野広道　1949「北海道の先史時代」『北海道先史学十二講』31-43頁
河野広道　1959「北海道の土器」『郷土の科学』23　別冊　1-42頁
後藤寿一・曽根原武保　1934「胆振国千歳郡恵庭村の遺蹟について」『考古学雑誌』24-2　15-39頁
小針大志・秋山洋司編　2003『K523遺跡』札幌市教育委員会
駒井和愛編　1964『オホーツク海沿岸・知床半島の遺跡（下）』東京大学文学部
齋藤　淳　2001「津軽海峡領域における古代土器の変遷について」『青森大学考古学研究所研究紀要』4　1-29頁
齋藤　淳　2002「本州における擦文土器の変遷と分布について」『海と考古学とロマン―市川金丸先生古稀記念献呈論文集―』市川金丸先生古稀を祝う会　267-283頁
齋藤　淳　2008「北奥出土の擦文土器について」『青森県考古学』16　79-88頁
齋藤　淳　2009「北奥出土の擦文（系）土器について」『2009年北海道考古学会研究大会「擦文文化における地域間交渉・交易」資料集』北海道考古学会　18-40頁
斉藤　傑　1963「空知郡栗沢町由良遺跡出土の土器」『北海道青年人類科学研究会会誌』1　10-2
斉藤　傑　1967「擦文文化初頭の問題」『古代文化』19-5　77-84頁
榊田朋広　2006「トビニタイ式土器における文様構成の系統と変遷」『物質文化』81　51-72頁
榊田朋広　2009「北大式土器の型式編年―続縄文／擦文変動期研究のための基礎的検討1―」『東京大学考古学研究室研究紀要』23　39-92頁
桜井清彦　1958「東北地方北部における土師器と竪穴に関する諸問題」『館址―東北地方における集落址の研究―』東京大学出版会　141-156頁

56

佐藤和雄・鈴木　信・土肥研晶・立田　理・吉田裕吏洋編　2006『恵庭市西島松５遺跡（４）』北海道埋蔵文化財センター

佐藤忠雄編　1981『奥尻島青苗遺跡』奥尻町教育委員会

佐藤達夫　1972「第四節　擦紋土器の変遷について」『常呂』東京大学文学部　462-488頁

澤井　玄　2007「北海道内の七〜一三世紀の土器編年について」『北東アジア交流史研究』塙書房　511-535頁

鈴木　信・豊田宏良・仙庭伸久　2007「xi. 北海道南部〜中央部」『古代東北・北海道におけるモノ・ヒト・文化交流の研究』東北学院大学文学部　304-339頁

鈴木　信・三浦正人・鎌田　望・千葉英一編　1995『千歳市オサツ２遺跡（１）・オサツ14遺跡』北海道埋蔵文化財センター

鈴木琢也　2006「擦文土器からみた北海道と東北地方北部の文化交流」『北方島文化研究』４　19-41頁

鈴木琢也　2011「北海道における７〜９世紀の土器の特性と器種組成様式」『北海道開拓記念館研究紀要』39　13-36頁

瀬川拓郎　1995「旭川市旭町１遺跡発掘調査報告Ｉ」『旭川市博物館研究報告』１　35-66頁

仙庭伸久・上野秀一編　1995『H317遺跡』札幌市教育委員会

高杉博章　1975「擦文文化の成立とその展開」『史学』47-１・２　99-131頁

高橋　理　1996『末広遺跡における考古学的調査Ⅳ』千歳市教育委員会

高橋和樹・和泉田毅・石井淳平・中山昭大・末光正卓編　2002『恵庭市西島松５遺跡（１）』北海道埋蔵文化財センター

高橋正勝編　1971『柏木川』北海道文化財保護協会

田部　淳編　1997『ヘロカルウス遺跡Ｅ〜Ｇ地点』泊村教育委員会

種市幸生・田中哲郎・菊池慈人・山中文雄・遠藤昭浩・松田淳子編　2001『千歳市ウサクマイＮ遺跡』北海道埋蔵文化財センター

田村俊之編　1985『末広遺跡における考古学的調査（続）』千歳市教育委員会

田村俊之編　1994『丸子山遺跡における考古学的調査』千歳市教育委員会

千歳市教育委員会編　1981『末広遺跡における考古学的調査（上）』千歳市教育委員会

千葉　豊　2008「型式学的方法①」『縄文時代の考古学２　歴史のものさし—縄文時代研究の編年体系』同成社　43-54頁

塚本浩司　2002「擦文土器の編年と地域差について」『東京大学考古学研究室研究紀要』17　145-184頁

塚本浩司　2004「10世紀中葉以降，東北北部出土の擦文土器の分類とその背景について」『北方探究』６　１-12頁

塚本浩司　2007「石狩低地帯における擦文文化の成立過程について」『古代蝦夷からアイヌへ』吉川弘文館　167-189頁

塚本浩司　2009「擦文土器からみた地域間関係」『2009年北海道考古学会研究大会「擦文文化における地域間交渉・交易」資料集』北海道考古学会　７-17頁

苫前町教育委員会編　1988『香川６遺跡・香川三線遺跡』苫前町教育委員会

直井孝一・園部真幸編　1983『江別市文化財調査報告書ⅩⅦ』江別市教育委員会

仲田茂司　1997「東北・北海道における古墳時代中期・後期土器様式の編年」『日本考古学』第４号　109-121頁

中田裕香　2004「擦文文化の土器」『新北海道の古代３　擦文・アイヌ文化』北海道新聞社　46-69頁

中田裕香・上野秀一・平川善祥・越田賢一郎・石川直章・藤井誠二・石井　淳　1999「擦文土器集成」『海峡と北の考古学シンポジウム・テーマ２・３資料集Ⅱ』日本考古学協会1999年度釧路大会実行委員会　287-322頁

名取武光　1939「北海道の土器」『人類学・先史学講座』10　１-41頁

西田　茂・三浦正人・鈴木　信・中田裕香・倉橋直孝・吉田裕吏洋・大泰司統編　1998『千歳市ユカンボシＣ15遺跡（１）』北海道埋蔵文化財センター

根本直樹　1985「火山灰を視点とする擦文式土器編年の一試案」『北海道考古学』21　27-59頁

野月寿彦・石井　淳編　2008『K528遺跡』札幌市教育委員会

羽賀憲二編　1999a『N156遺跡』札幌市教育委員会

羽賀憲二編　1999b『K499遺跡・K500遺跡・K501遺跡・K502遺跡・K503遺跡（第１分冊）』札幌市教育委員会

藤井誠二編　1997『K39遺跡　長谷工地点』札幌市教育委員会

藤井誠二編　1998『K39遺跡　緑化地点』札幌市教育委員会

藤井誠二編　2001『K39遺跡 第６次調査』札幌市教育委員会

藤本　強　1982『擦文文化』教育社

北海道大学埋蔵文化財調査室編　1986『サクシュコトニ川遺跡』北海道機関紙印刷所出版企画室

北海道埋蔵文化財センター編　1986『ユオイチャシ跡・ポロモイチャシ跡・二風谷遺跡』北海道埋蔵文化財センター

松谷純一編　1989『中島松５遺跡Ａ地点』恵庭市教育委員会

松谷純一編　1997『茂漁４遺跡』恵庭市教育委員会

松谷純一・上屋真一編　1988『中島松６・７遺跡』恵庭市教育委員会

三浦圭介　1994「古代東北地方北部の生業にみる地域差」『北日本の考古学—南と北の地域性—』吉川弘文館　149-174頁

三浦正人・菊池慈人・皆川洋一・新家水奈・阿部明義・愛場和人・袖岡淳子・広田良成編　2008『千歳市キウス９遺跡』北海道埋蔵文化財センター

宮　宏明編　1989『沢町遺跡』余市町教育委員会

村田　大・吉田裕吏洋編　2005『恵庭市柏木川４遺跡（２）—Ａ・Ｃ地区—』北海道埋蔵文化財センター

森　秀之編　2004『茂漁７遺跡・茂漁８遺跡』恵庭市教育委員会

八木光則　2007a「渡島半島における土師器の導入」『北方島文化研究』５　17-30頁

八木光則　2007b「渡島蝦夷と亀蝦夷」『古代蝦夷からアイヌへ』吉川弘文館　139-166頁

八木光則　2007c「viii. 岩手県中部」『古代東北・北海道におけるモノ・ヒト・文化交流の研究』東北学院大学文学部　245-259頁

八木光則　2008「渡嶋蝦夷と津軽蝦夷」『アイヌ文化の成立と変容—交易と交流を中心として[上]エミシ・エゾ・アイヌ』岩田書院　69-81頁

八木光則　2010『古代蝦夷社会の成立』同成社

横山英介　1982「擦文時代の開始にからむ諸問題」『考古学研究』28-４　26-35頁

横山英介　1984「北海道におけるロクロ使用以前の土師器—擦文時代前期の設定—」『考古学雑誌』70-１　52-75頁

横山英介　1990『擦文文化』ニュー・サイエンス社

渡辺俊一　1981「石狩低地帯の土師器」『北海道考古学』17　37-53頁

図版の出典

図１・４・７・９・11・12・17：筆者作成。

図２・３・５・６・８・10・13・14：各文献掲載土器を改変して作成。

図15：桜井清彦1956を改変して作成。

図16：横山英介1982を改変して作成。

【榊田朋広，連絡先：札幌市埋蔵文化財センター・札幌市中央区南22条西13丁目】

Study of Jar-shaped Pottery in Early Satsumon Period:
Basic Examination No. 2 for Study of Transition from Epi-Jomon to Satsumon Culture

SAKAKITA Tomohiro

In recent years, chronological subdivision of Satsumon pottery in Hokkaido has progressed since the chronology was completed in 1980s, due to accumulation of data, increase of stratigraphic examples in good condition, as well as progress in Haji ware study in northern Tohoku region. Also, there is increased recognition of regional characteristics and influences from neighboring areas within Satsumon potteries, and the importance of Satsumon pottery study has been shifting from maintenance of the chronology to grasping relationships between pottery groups excavated from each region. However, while chronological subdivision of bowls has been the main stream of recent Satsumon pottery chronology study, subdivision or transition of jars is grasped only in subordination to the time axis of bowls. As not enough study is conducted in the past on subdivision and transitional process of jars based on detailed analysis, it is a reality that understandings on jars has not progressed since the 1980s although the data have been expanding massively.

In this article, methodological problems of Satsumon pottery chronology were pointed out, and possibly effective methods were suggested to guide the time axis. Also, it was pointed out that there exist many excavation situations and much data that could not be explained by the existing transition view of jars, and classification based on the design area of a jar was suggested as a new analytical viewpoint to overcome such problems. As a result of analysis based on this classification, the following two points were revealed: 1) based on features and stratigraphic situations, jars in the former period could be divided in three phases; 2) there are two lineages in design areas for jars, and they continued to coexist from emergence of Satsumon pottery to the latter phase. Furthermore, from the viewpoint of designed areas, comparison was made with Hokudai-type pottery jars in the final phase of the Epi-Jomon period, and also with Haji-ware jars in northern Tohoku. Emergence and transition of early Satsumon pottery jars were described as traces of various relationships such as contact, exchange, and fusion with lineages of Hokudai III type jar in Hokkaido and Haji-ware jar in northern Tohoku.

In the end, comparison was made with preceding studies on chronology and methodology, and it was discussed that in order to understand the chronology and regional quality of Satsumon pottery, which have been understood collectively regardless of various vessel types such as bowl or jar, it is necessary to start grasping regional characteristics and establishment of time axes for each individual vessel type.

Keywords：
Studied period：final phase of Epi-Jomon period to Satsumon period
Studied region：Hokkaido
Study subjects：Satsumon pottery, Hokudai III type pottery, Haji ware in northern Tohoku, jar

墓構造の比較からみた古代火葬墓の造営背景

―畿内と北部九州を対象として―

小 田 裕 樹

---

1. はじめに
2. 研究史と問題の所在
3. 資料と方法
4. 分析
5. 考察
6. まとめ

― 論 文 要 旨 ―

　本稿では，古代火葬墓の造営背景を明らかにすることを目的とし，火葬墓の墓構造に着目して，畿内と北部九州の様相を比較し，古代火葬墓の階層差と地域性および在地社会における受容過程についての検討を行った。

　分析の結果，畿内と北部九州の火葬墓にⅠ～Ⅲ型の３類型の墓構造を見出した。Ⅰ型とⅡ・Ⅲ型との間には被葬者の階層差が存在し，特にⅠ型火葬墓は，五位以上の上級官人の墓と比定でき，「喪葬令」規定が意図する公葬制の実施と密接に関わる可能性を指摘した。

　また，古代火葬墓にみられる地域性を抽出し，骨蔵器の器種構成・埋納施設・意図的加工や埋置形態など，地域色を示す属性が各遺跡・小地域単位で異なることを明らかにした。この地域性は，８世紀後半以降，Ⅱ・Ⅲ型火葬墓が多く造られるとともに現れ，畿内・北部九州に共通する傾向である。

　そして，北部九州における火葬墓の受容過程を整理し，「導入時の共通性」と「展開過程の多様性」という特徴を見いだした。「導入時の共通性」の背景には中央と地方を繋ぐ僧侶の介在が，「展開過程の多様性」には在地社会の変動を示す複雑な要因が関わっていた可能性を考えた。

　以上から，古代火葬墓の造営には，律令制度との関わりや僧侶との結びつき，地域ごとの独自性の発現など，「階層差」や「地域性」など複合的な要素が絡んでいることを明らかにし，古代火葬墓の歴史的意義を評価する上では，これらの要因を整理する必要性を提起した。

受付：2011年4月22日
受理：2011年8月11日

キーワード

対象時代　奈良～平安時代
対象地域　畿内，北部九州
研究対象　古代火葬墓，墓構造，地域間比較

1. はじめに

古代における火葬は『続日本紀』文武4（700）年の僧道昭の火葬記事を初見とし，持統天皇に続く天皇や貴族層を中心に火葬が盛行したことが知られている。この古代火葬墓について，天皇喪葬を範とする貴族・官人層を中心に受け入れられた墓制（黒崎1980）であると理解されている。

近年，火葬導入における支配者層の政治的意図（小林1998a，森本1998）の評価をめぐって，さらに厳格な造墓規制の存在（渡邊2004）の提起や，終末期群集墳の造営集団など在地氏族の墓制からの影響（北山2009）を考える見解が出され，律令期の墓制に関する関心が高まりつつある。また，発掘調査の進展による資料の蓄積が進み，火葬墓の地域性や多様な存在形態が明らかになるとともに，火葬墓の造営背景に在地における政治的な事情を考える視点も提起され（狭川1998），地方における火葬墓の導入・展開から在地社会の様相を探ることが可能になりつつある。

しかし，これまでの研究では，古代火葬墓における階層と墓との関係や，地方における地域性発現の背景について検討の余地があり，古代火葬墓の造営に関わる多様な要因の整理が必要といえる。

古代火葬墓の政治的性格を明らかにすることは，墓制の面から律令的支配秩序の一端や，律令期の在地社会の特質を探る手がかりになると考えられる。

本稿では，古代火葬墓の墓構造に着目して，畿内と北部九州の様相を比較することにより，古代火葬墓の「階層差」と在地社会における「地域性」について検討し，古代火葬墓の造営背景について論じる。

なお，本稿で扱う火葬とは，仏教思想を背景とし，納棺→荼毘→拾骨→蔵骨の一連の儀礼（小林1999a）を経て造墓された墓のことを言い，拾骨が認められない縄文時代の火葬や古墳時代後期のカマド塚とは区別する。

2. 研究史と問題の所在

（1）研究史

古代墳墓研究は火葬墓を主な対象として進められており，古く森本六爾（森本・高橋1926）の研究を嚆矢とし，藤森栄一（藤森1941）・安井良三（安井1960）らの編年・分類研究や，藤沢一夫（藤沢1956）・石村喜英（石村1974）らの概説により基礎的な整理が行われた。

これらの研究を総括し，現在の古代墳墓研究の枠組みを作ったのが黒崎直の研究である。黒崎は畿内を対象として火葬墓・木棺墓出土の各種遺物の検討を行い，古代

墳墓の展開を段階的に区分した。そして，各段階がそれぞれ天皇喪葬の転換を契機としていたことを見出し，8世紀代の火葬の普及について，「天皇を頂点とする官僚機構に与する貴族層が天皇喪葬を範として火葬墓を造営」したものと評価した（黒崎1980）。

黒崎の研究は，それまで薄葬思想や仏教思想の普及との関連で説明されていた火葬導入の背景について，天皇・貴族など支配者層の葬制の転換と律令国家の成立・展開とを関係づけて積極的に評価した点で画期的な業績である。

その後の古代墳墓研究では，火葬を律令国家の成立と展開に関わる政治的な墓制とした上で，その内容を深める研究が進められている。次に，本稿と関わる1）古代火葬墓の政治的性格に関する研究，と2）地域性に関する研究について概観する。

1）政治的性格に関する研究

古代墳墓の政治的性格の内容を明らかにする研究は，畿内の研究者を中心に進められている。

小林義孝は，古代火葬墓出土遺物の分析から葬送儀礼の復元など古代墳墓の儀礼的特質を明らかにし（小林1997a・1997b・1998a・1998b・1999a），墓地の分析から，古代墳墓の空間構造の復元や，墓域の設定に古代墳墓の序列が見いだせることを指摘した（小林1999b）。その上で，小林は，支配者層が伝統的な葬送観念の脱却と律令制に基づく官僚機構の円滑な運営を目指すために，中国から体系的に火葬を受容したと評価する（小林1998a・2009）。

また，森本徹は古墳との連続性・断絶性の視点から日本と韓半島における火葬の導入について比較を行い，日本における火葬導入の背景には墓制の管理機能など強い政治性が働いていたと評価した（森本徹1998・2007）。

両者は黒崎の古代火葬墓の評価を継承し，葬送儀礼や思想的背景，韓半島との比較という視点から火葬の導入を古墳時代から律令国家成立期における墓制上の画期と位置づけ，その背景に支配者層の政治的意図を考える。これに対し，近年，新たな議論が進められている。

渡邊邦雄は，古代墳墓や古墳の再利用例について時期的変遷や存在形態，副葬品などの分析を精力的に行い，「律令墓制」の用語を用いて，火葬が特権的葬法として特定の社会的立場と結びつく，火葬をスタンダードとする厳密な造墓規制の存在を考える（渡邊2000・2003・2004・2009）。また，北山峰生は奈良県内の火葬墓を再検討し，火葬の初現が7世紀代にさかのぼり，終末期群集墳の造営集団の中で採用されたもので，支配者層における火葬導入とは在地氏族の墓制を国家が摂取したもの，とする見解を提示した（北山2009）。

これらの研究は，火葬の評価については全く異なるものの，支配者層を対象として政治的性格についての議論

が進められていた中で，より下位の階層まで射程に入れて，支配者層の政治的意図の浸透度についての評価を行う点で，従来の議論を進める研究といえる。

しかし，渡邊のいう「厳密な造墓規制」について，具体的な規制の実態や範囲が明らかでない点に問題が残り，北山の見解についても支配者層の墓と在地氏族層の墓との関係について十分な整理が行われていない点に問題が残る。

これらの問題は，議論の前提として，火葬墓に社会的立場や階層の違いがどのように反映されるのか，支配者層の墓とより下位の階層の墓との関係について整理した上で解決すべきである。

2）地域性に関する研究

次に，地方における古代火葬墓研究では，個別地域を対象とした優れた事例研究があり（村田・増子1989・1990，仲山1992，吉澤1995），各地域で悉皆的な集成も行われている（東日本埋蔵文化財研究会1995，埋蔵文化財研究会1997など）。

本稿で対象とする北部九州の火葬墓については，小田富士雄（小田1986）をはじめ，上野精志（上野1978），中間研志（中間1983），原田昭一（原田1995），狭川真一（狭川1998・1999）らの研究がある。この中で狭川は，在地氏族による火葬の受容という視点のもと，古墳と火葬墓の連続性に着目し，墓制の変遷を在地氏族の消長として捉えた。そして，火葬を8世紀後半以降の在地における複数氏族による郡司職をめぐる争いなど「在地の事情」ともいえる政治的背景のもとで，各氏族が中央との関係を主張するために行った象徴的行為と評価した（狭川1998）。これは在地社会における受容者側の立場から地方への火葬導入の意義を評価する見解であり，在地社会における火葬墓の造営背景を考える上で，重要な視点といえる。

しかし，以上の地域性に関する研究により，在地における火葬墓の多様性・地域性が明らかにされてきたものの，これらは対象地域を限定するため，抽出した地域性について，畿内や他地域との比較から相対化を行った研究は少ない。

これらの問題に取り組んだ研究として小林義孝と下原幸裕の研究がある。小林は，石櫃を用いた火葬墓を畿内における火葬墓の「典型的形態」と位置付け（小林・海邊2000），関東地方における石櫃をもつ火葬墓の造営と変容過程を明らかにした（小林2002）。これは，火葬墓の畿内から関東地域への伝播と変容過程をモデル化した点で高く評価できる。本稿で対象とする北部九州においても小林のモデルが適用できるか否かについての検討が必要である。

また，下原は西日本における終末期古墳の研究の中で，火葬墓・土葬墓の構造に注目し，地域間比較を行っ

た（下原2006）。下原の研究は，西日本各地の火葬墓の比較を行って各地域での火葬墓の特徴を抽出した点や，畿内における墓の構造の序列化と貴族墓への言及など重要な指摘が多いが，終末期古墳との連続性が主論点であるため，火葬導入の意義や地域性発現の背景についての評価は行っていない。

（2）問題の所在

以上の研究史をまとめると，古代火葬墓は，伝統的な古墳築造に変わり，律令国家の成立・展開と連動して，支配者層に受容された政治的墓制であると理解されており，より下位の階層や地域的な広がりをふまえた上での，政治的性格の評価が議論の焦点といえる。

しかし，その議論の前提としての古代火葬墓における階層と墓との関係の整理や，抽出した地域性についての地域間比較による相対化に検討の余地が残り，それらをふまえた上で政治的性格の評価や地域性発現の背景を明らかにする必要がある。

これらの問題を明らかにするために，本稿では畿内と北部九州の古代火葬墓の墓構造を比較することに分析の主眼を置く。これは，中央と地方の火葬墓の比較により，中央のみでしか見られない要素や各地域独自に変容する要素を抽出すること，また両者に共通する要素を明らかにするためである。この分析を通して，支配者層に採用された墓構造の存在や在地社会における火葬の受容のあり方について明らかにしたい。

また，地方の事例として北部九州地域を対象とする。当該地域は古代火葬墓が集中する地域であり，都城と同様相の墓の分布を示すと評価される大宰府（狭川1998・1999）を含み，先行研究により旧国・旧郡など小地域単位での様相の比較（狭川1998，下原2006）が試みられるなど，階層差・地域性両者の検討が可能な地域である。また，この地域は発掘調査により火葬墓の遺構のあり方が明らかにされた事例が多く，墓構造を分析の対象とする本稿の分析目的に適する。

3．資料と方法

（1）分析資料

分析対象地域は，畿内では旧大和国・河内国の2地域，北部九州では旧筑前国・筑後国・豊前国の3地域とした。

分析資料は発掘調査を経た火葬墓が主だが，発掘調査以外の不時発見資料でも報告文などから墓構造を復元した事例も含んでいる（別表2）。

対象時期は8世紀から9世紀までを扱う[1]。時期については，畿内では奈文研編年（奈良国立文化財研究所1991），北部九州では大宰府編年（山本1992）を参考に

したが，火葬墓からの出土遺物が少ないことから，大まかな位置づけにとどめた。なお，器種分類は奈文研分類（奈良文化財研究所2004）に従う[2]。

（2）分析の方法

考古資料としての火葬墓は「納棺・荼毘・拾骨・納骨などに関わる様々な葬送儀礼の最終的な痕跡」（小林1999a）であり，骨蔵器の選択や埋納方法，祭祀行為の痕跡などの諸属性の集合として把握できる。本稿では火葬墓に関わる諸属性のうち，墓構造に関わる属性，骨蔵器の埋置方法・意図的加工など葬送行為に関わる属性を主に扱う。

墓構造とは，骨蔵器と骨蔵器を納める外容器や埋納施設の属性のあり方とその組み合わせを呼び，各属性の同一遺構内での供伴関係として把握される。

火葬墓を様々な属性に分類し，各属性の相関関係を類型化する分析方法は，安井良三の火葬墓分類を先駆けとし（安井1960），近年，下原幸裕や北山峰生も同様の分析を行っている（下原2006，北山2009）。本稿でもこの分析方法をとり，特に火葬墓の階層差，地域性を表す属性の抽出を試みる。

分析では，まず①火葬墓の諸属性の分類を行い，対象地域における②墓構造と③時期的変遷の地域間比較，④各遺跡・小地域単位における各属性の出現頻度の比較を行う。また，⑤北部九州のうち旧郡の範囲内で複数の火葬墓が検出された事例を対象に，各郡の造営契機と考えられる最も古い時期の火葬墓を抽出し，その墓構造の検討から北部九州における火葬墓の導入初期における様相を整理する。これらの分析をもとに，火葬墓における階層差や地域性を抽出し，古代火葬墓の造営に関わる多様な要因の整理を行う。

4．分　析

（1）火葬墓の諸属性の分類

まず，墓構造に関わる属性には骨蔵器と骨蔵器を納める埋納施設の２つがある。

【埋納施設】（図１）

骨蔵器の埋納施設をａ～ｃの３類に分類する。石槨や粘土槨・木槨・木炭槨など槨施設を構築するａ類，土器や瓦・自然石を用いて骨蔵器を納めるｂ類，特別な施設を設けないｃ類である。

埋納施設ａ類は，宮殿・寺院の基礎地業に用いられる版築工法を用いた粘土槨（金子2004），骨蔵器・副葬品全体を内部に納める木槨，骨蔵器を包み込む木炭槨など，いずれも内部の骨蔵器を二重・三重に保護するための槨施設を構築する。身・蓋・骨蔵器納入抗に精巧な加工を施す石櫃も含め，これらは，埋納施設構築における丁寧さと労力において埋納施設ｂ・ｃ類とは区分される。また，粘土槨・木槨・木炭槨をもつ火葬墓から出土した墓誌にみられる被葬者の官位をみても，これらは社会的上位層に採用された施設の可能性が考えられる。

これに対し，埋納施設ｂ類は，埋納施設ａ類と同様に骨蔵器を保護する施設を構築するが，土器や瓦を転用したり，川原石や板石を組み合わせて骨蔵器が納まる規模の小石室・石囲いを構築したりするなど，埋納施設ａ類とは施設構築の丁寧さや規模に違いがあり，用材の入手も容易であると想定される。

・埋納施設ａ類

①石槨　横口式石槨である。明確に火葬墓と分かる事例は無いが，文武天皇陵の可能性が高い中尾山古墳（明日香村教育委員会1975）の例がある。

②粘土槨　粘土と炭とを互層にして突き固めて作った槨施設である。木槨や木炭槨と併用される事例がある。小治田安萬侶墓（角田1979）や杣之内火葬墓（置田（編）1983）を典型例とする。

③木槨　文祢麻呂墓において骨蔵器や墓誌を納める木製の槨施設が想定されている（泉森1983）。

④木炭槨　木炭で骨蔵器全体を囲繞するものである。太安萬侶墓を典型例とする（前園（編）1981）。

⑤石櫃　内部に骨蔵器を納める石製外容器である。

・埋納施設ｂ類

⑥土器被覆　須恵器の大甕・鉢，土師器甕などを転用し，内部に骨蔵器を納めるものである。骨蔵器の上から覆いかぶせるだけのもの，上下に組み合わせるものがある。

⑦瓦組　骨蔵器を瓦で囲繞するものである。

⑧石組　骨蔵器が納まる規模の小石室や石囲いを川原石や板石を用いて構築するものである。

・埋納施設ｃ類

⑨素掘土坑　特別な埋納施設を構築せず，地中に直接骨蔵器を埋置するものである。墓坑床面に木炭を敷く事例もあるが，これは骨蔵器全体を覆う④木炭槨とは異なるものである。

・その他

古墳への埋納　埋納施設ａ～ｃ類と異なり，骨蔵器を埋納するために構築されたものではないが，横穴式石室や横穴墓の中に骨蔵器を納める事例がある。古墳の再利用例と評価される（間壁1982，渡邊2000）。古墳副葬品や追善供養などの祭祀との区別等，墓としての使用実態が十分に明らかにされているとは言い難いが，埋納施設の一つとしてあげる。

【骨蔵器】（図２）

遺体を火化した後，拾骨した骨を納めるための容器である。専用容器・転用容器が存在するが，厳密には両者

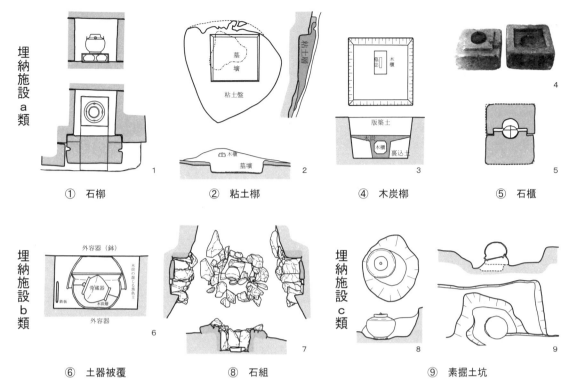

1．中尾山古墳　2．小治田安萬侶墓　3．太安萬侶墓　4．拾生古墳　5．北米谷古墳
6．出屋敷1号墓　7．雁多尾畑49支群1号墓　8．高井田古墳群20号墓　9．島ノ山火葬墓

図1　埋納施設の分類

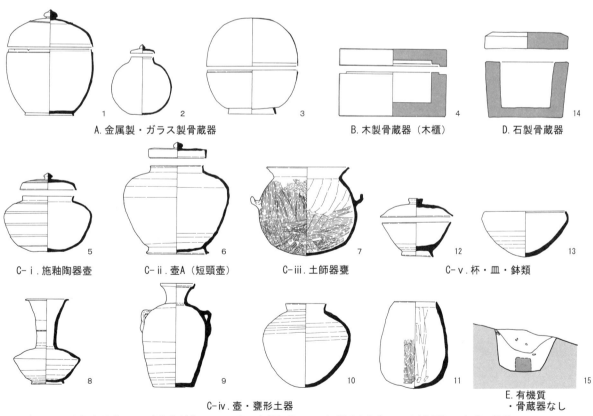

1・2．文祢麻呂墓　3．威奈大村墓　4．小治田安萬侶墓　5．大職冠山古墳　6．雁多尾畑49支群1号墓
7．雁多尾畑49支群2号墓　8．宮ノ本古墳群8号墓　9．池の上墳墓群14号墓　10．米噛火葬墓　11．池の上墳墓群3号墓
12．池の上墳墓群17号墓　13．古寺墳墓群　14．御旅山古墳　15．大迫遺跡36号墓

図2　骨蔵器の分類

の区別が困難なものも多い。材質により（A）金属製・ガラス製，（B）木製，（C）陶製，（D）石製に分ける。また，これ以外に（E）骨蔵器を持たないものや布などの有機質に包んで納骨する事例も存在する。

（A）金属製・ガラス製

金銅製・銅製・ガラス製の骨蔵器である。専用容器で，金銅製・銅製容器には短頸壺形や球胴形など，ガラス製には瓶形の形態がある。内容器・外容器として入れ子構造をとる事例が多い。

（B）木製

いわゆる木櫃である。専用容器であり，刳抜式・組合式・鉄釘組合式などの製作方法がある。

（C）陶製

施釉陶器・須恵器・土師器・黒色土器などがある。i〜vの5つに細分する。希少性の高い施釉陶器を特に抽出し，それ以外の陶製骨蔵器については，材質よりも選択される器種の違いを重視した[3]。骨蔵器としての使用頻度が高い壺A・土師器甕の2器種を特に抽出し，その他は壺・甕形土器の貯蔵具・煮炊具類と杯・皿・鉢の供膳具類としてまとめる。

－i．施釉陶器　奈良三彩や緑釉陶器・灰釉陶器がある。器種は壺が大半を占める。希少性などから見て，須恵器・土師器よりも入手が困難である。日常容器の転用とは異なり，専用容器に準ずると考えられる。骨蔵器として採用する被葬者層の経済力を示唆する。

－ii．壺A　火葬骨蔵器としての使用比率が圧倒的に高い。正倉院の薬壺や，地鎮・鎮壇具としても使用される器種だが，使用頻度の高さから専用容器に準ずると考えられる。須恵器・土師器・黒色土器などの材質がある。

－iii．土師器甕　転用容器として最も多く使用される。外面にススが付着するなど使用の痕跡が認められるものもあれば，全く使用痕跡が見られないものもある。

－iv．壺・甕形土器　貯蔵具・煮炊具を転用する。須恵器壺B・壺K・壺L・壺N・壺Q・甕，土師器無頸壺[4]などがある。

－v．杯・皿・鉢類　供膳具の転用である。須恵器・土師器・黒色土器ともにある。

（D）石製

石製骨蔵器であり，直接容器として使用される。小林義孝・海邊博史がⅢ類の石櫃としたものにあたる（小林・海邊2000）。

（E）有機質・骨蔵器無し

火化した骨を布にくるむ，または直接墓坑内へ埋置するものである。考古学的痕跡として残りにくいが，土層の状況や火葬骨の残存状況から布など有機質の骨蔵器が存在したと判断できる例もある。

次に葬送行為に関わる属性として，意図的加工と埋置形態に関わる属性がある。

【意図的加工】

骨蔵器に対する穿孔や打ち欠き行為である。排水などの実用的機能や葬送習俗などに起因する機能をもつ（吉澤2001）。

【埋置形態】

骨蔵器を埋置するにあたり，正置する事例と倒立させて埋置する事例がある。これらは地域差を反映し，造営集団の葬送習俗と関わることが示されている（吉澤1995）。

以上の分類をもとに，各地域における火葬墓の様相について整理する。

（2）墓構造の地域間比較

表1に全時期を通した大和・河内・筑前・筑後・豊前の5地域と大宰府周辺地域における墓構造の相関表を示した。

まず畿内の2地域で比較すると，大和国では金属製容器や木櫃などの専用容器と埋納施設a類をもつ墓が他地域に比べ多い点が特徴である。壺Aは埋納施設b・c類と相関する。土師器甕や壺・甕形土器などの転用容器は埋納施設c類に納める事例が多い。

河内国では，金属製容器や木櫃など専用容器は少なく，壺Aや転用容器を骨蔵器とする事例が主体である。壺Aは埋納施設a〜c類いずれとも組み合う。河内国では埋納施設c類に多様な骨蔵器を納める事例が最も多く，特に土師器甕や壺・甕形土器を納める事例が多い。また，石製骨蔵器が多い点も特徴的であり，これらは河内地域の中でも二上山麓を中心に分布がまとまる。

次に，北部九州の3地域における墓構造をみると，骨蔵器では，金属製容器は宮地嶽火葬墓の1例のみで，壺Aおよび転用容器が主体である。埋納施設ではb類の石組とc類が多数を占める。

筑前国では埋納施設b・c類が主体であり，これが壺A・転用容器と組み合う。筑前国に有機質骨蔵器が多い点は，大迫遺跡における検出例の多さを反映している。

筑後国は埋納施設b・c類と転用容器とが組み合う例が多い。骨蔵器では他地域に比べ壺Aがやや少なく，転用容器類と同程度の割合である。豊前国では器種のバリエーションが少なく，壺Aが多数を占め，壺形土器がそれに次ぐ。埋納施設b・c類が主体である点は北部九州の他地域と同様である。

また，大宰府周辺の墓構造をみると，壺A・土師器甕・壺形土器を骨蔵器とし，埋納施設c類に納める事例が主で，大和国の特徴とした専用容器と埋納施設a類との組み合わせは見られない。大宰府周辺地域は，平城京周辺の立地に似通った火葬墓の立地の特殊性が指摘されている（狭川1990，中島2005）が，墓構造の点から見ると，大宰府周辺地域は北部九州の他の地域と大差がない。ただし，大宰府周辺では埋納施設b類の石組をもつ墓構造

表1　墓構造相関表

大和国

			骨蔵器									
			専用容器				転用容器			(D)	(E)	不明
			(A)	(B)	(Ci)	(Cii)	(Ciii)	(Civ)	(Cv)			
埋納施設	a類	①										1
		②		2								
		③	1	2	1	2		1			1	
		④		4	2	1	1					
		⑤	3									
	b類	⑥	1			3						1
		⑦				1						
		⑧				3	3				2	
	c類	⑨	2	2	1	4	16	10	3	1	4	2
	その他		1									
	不明			1	1	3	3	2				

河内国

			骨蔵器									
			専用容器				転用容器			(D)	(E)	不明
			(A)	(B)	(Ci)	(Cii)	(Ciii)	(Civ)	(Cv)			
埋納施設	a類	①										
		②										
		③				2						
		④		1		1						
		⑤				1						
	b類	⑥				1			2		1	
		⑦				1		1				
		⑧				3						
	c類	⑨		2	1	9	30	21	4	3	3	1
	その他											
	不明		1			9	1	2		6		

筑前国

			骨蔵器									
			専用容器				転用容器			(D)	(E)	不明
			(A)	(B)	(Ci)	(Cii)	(Ciii)	(Civ)	(Cv)			
埋納施設	a類	①										
		②										
		③										
		④			1							
		⑤										
	b類	⑥				1		1	1		1	
		⑦										
		⑧				6		7	3		1	1
	c類	⑨		2		13	8	7	6		27	
	その他					1						
	不明		1				1	2				

筑後国

			骨蔵器									
			専用容器				転用容器			(D)	(E)	不明
			(A)	(B)	(Ci)	(Cii)	(Ciii)	(Civ)	(Cv)			
埋納施設	a類	①										
		②										
		③										
		④										
		⑤										
	b類	⑥							1			
		⑦										
		⑧		2	1		2	2	1			
	c類	⑨				4	4	4	2		2	
	その他											
	不明					2						

豊前国

			骨蔵器									
			専用容器				転用容器			(D)	(E)	不明
			(A)	(B)	(Ci)	(Cii)	(Ciii)	(Civ)	(Cv)			
埋納施設	a類	①										
		②										
		③										
		④										
		⑤										
	b類	⑥						1			1	
		⑦										
		⑧				3		1				
	c類	⑨		2		10	4	4				
	その他											
	不明					11		3				

大宰府周辺域

			骨蔵器									
			専用容器				転用容器			(D)	(E)	不明
			(A)	(B)	(Ci)	(Cii)	(Ciii)	(Civ)	(Cv)			
埋納施設	a類	①										
		②										
		③										
		④										
		⑤										
	b類	⑥					1					
		⑦										
		⑧										
	c類	⑨				4	1	8				1
	その他					1	1					
	不明							1				

がみられず，これは大宰府周辺の特徴の可能性がある。

畿内と北部九州を比較すると，大和国における専用容器と埋納施設a類の墓構造が特徴的といえ，それ以外の地域では壺A・土師器甕・転用容器類を骨蔵器とし，埋納施設b・c類に納める点で似た様相である。この特徴的な専用容器×埋納施設a類の組み合わせをⅠ型火葬墓とする。また，各地域を通じて壺Aは埋納施設b・c類と相関が高く，土師器甕および壺・甕形土器，杯・鉢形土器など転用容器は埋納施設c類と組み合う事例が多い点も指摘できる。前者をⅡ型火葬墓とし，後者をⅢ型火葬墓とする。

（3）墓構造の時期的変遷

墓構造の時期的変遷について，整理した（表2）。

骨蔵器の消長を地域ごとにみると，大和国では8世紀前半から金属製容器・木櫃・壺A・土師器甕が存在し，8世紀代を通じ存続する。9世紀前半以降は金属製容器など専用容器を用いる例はわずかになり，転用容器，有機質骨蔵器が主体を占める。

河内国でも8世紀前半代から壺A・土師器甕が存在し，9世紀前半以降，土師器甕や壺・甕形土器など転用容器が主流を占める。8世紀中頃〜後半にかけて，石製骨蔵器が現れる。また，9世紀代に高井田古墓群と玉手山古墓群など群集火葬墓の造墓のピークがあり，9世紀後半まで造墓が続く。

北部九州では，筑前・豊前国において8世紀前半から火葬墓が造られている。筑後国では現在までのところ火葬墓の出現は8世紀後半に遅れるようである。北部九州では8世紀後半に火葬墓造営のピークがあり，壺A・土師器甕や転用容器など器種のバリエーションが増える。9世紀前半には転用容器が中心となり，9世紀中頃に火葬墓の築造が終わる。大宰府周辺の火葬墓も北部九州全体と同様の傾向である。

埋納施設の消長をみると，大和国では8世紀前半から埋納施設a〜c類全てが存在し，9世紀前半以降埋納施設c類が中心になる。河内国では，8世紀前半から埋納施設a〜c類が存在し，8世紀後半まで存在するものの，a・b類は少なく，埋納施設c類が各時期を通じて主体である。

筑前国では，埋納施設b類の石組とc類が火葬墓の出現当初から存在し，各時期を通じて両者が主体である。筑後国では埋納施設b類の石組とc類が主体である点で，筑前国と同様である。豊前国では山本火葬墓群において8世紀前半に石組を構築するが，それ以降は埋納施設c類が主体となる。大宰府周辺では埋納施設c類が火葬墓の出現当初から主体である。

以上をまとめると，8世紀前半から畿内・北部九州ともに火葬墓の造営は始まっており，出現時期に大きな差

はみられない。ただし筑後国では8世紀後半に遅れるようである。畿内では造墓数に変化は見えないが，北部九州で8世紀後半にピークがある。また，大和国・河内国では9世紀後半まで造墓が続くが，北部九州では9世紀中頃以降に火葬墓はほとんど造られていない。

畿内・北部九州ともに8世紀前半から多様な墓構造がみられるが，大和国で8世紀前半〜中頃を中心に専用容器を埋納施設a類に納める事例が多い点が特徴的である。また，全ての地域で，8世紀後半〜9世紀前半に転用容器を骨蔵器とする墓の増加や埋納施設b・c類の構築を主体とする傾向への変化がみられる。

（4）遺跡・小地域単位にみる骨蔵器の選択と葬送行為（図3）

各遺跡単位・小地域単位のまとまりで，骨蔵器の器種構成や意図的加工・埋置形態などの葬送行為に関わる各属性の出現比率について比較を行う。

まず，骨蔵器の器種構成についてみると，一遺跡あたりの資料数の差はあるが，①特定の器種に偏る遺跡・地域と②器種が多様な遺跡・地域の2つに分かれる傾向が見られる（図3−1）。

畿内では，大和国の三ツ塚古墳群で土師器甕が主体を占める一方，白川火葬墓群と西山火葬墓群では，多様な器種がみられる。しかし，白川火葬墓群が施釉陶器を骨蔵器とするのに対し，西山火葬墓群が須恵器壺Nや土師器無頸壺を骨蔵器とするなど，器種構成の内容が異なる。河内国では，玉手山古墓群で土師器甕が主体を占める一方，高井田古墓群では特定の器種に偏ることなく，器種が多様である。北部九州では，豊前国において，壺Aに偏る傾向があるが，森山・寺迫遺跡では壺Aを用いず，須恵器壺N，木櫃，土師器甕を骨蔵器とする。筑前国鞍手地域でも壺Aに偏る。筑前国大迫遺跡は，有機質・骨蔵器を持たない墓が多く，陶製骨蔵器を用いる事例が少ない。一方，同じく筑前国池の上墳墓群，筑後国西谷火葬墓群では器種が多様である。大宰府周辺でも器種が多様な傾向がみられ，大宰府の官人墓地と評価される宮ノ本遺跡でも器種に偏りは見られない。

骨蔵器埋納施設では，大部分が素掘土坑（埋納施設c類）であるが，特徴的な埋納施設を構築する遺跡・地域がみられる（図3−2）。畿内では，白川火葬墓群の木櫃・木炭槨，北部九州では池の上墳墓群と西谷火葬墓群で石組を構築する点などが特徴といえる。

次に意図的加工の有無をみると，大部分の地域・遺跡では両者が混在している（図3−3）。その中で，筑前国の池の上墳墓群では意図的加工を行う割合が高い点や，意図的加工を全く行わない遺跡（大和国西山火葬墓群，豊前国穴ヶ葉山遺跡）もみられる点が注目される。埋置形態は北部九州では正置することが多いが，河内国

表2　骨蔵器と埋納施設の変遷

大和国

			8c前半	中頃	後半	9c前半	中頃	後半
骨蔵器	専用容器	(A)	6	1	1			
		(B)	4	1		3		1
		(C i)				3		
		(C ii)	7	6	2	1		
	転用容器	(C iii)	4	7		6	3	2
		(C iv)	1	1	3	2	4	
		(C v)		2	1			
	(D)				1			
	(E)				1	1	1	3
埋納施設	a類	①	1					
		②	1					
		③	1		1	2		
		④	2	3		5		
		⑤	2	1				
	b類	⑥	3	1				
		⑦		1				
		⑧	2	3		1		2
	c類	⑨	5	7	6	11	8	4
	その他		1					

筑後国

			8c前半	中頃	後半	9c前半	中頃	後半
骨蔵器	専用容器	(A)						
		(B)			2			
		(C i)				1		
		(C ii)			5	1		
	転用容器	(C iii)			4	1		
		(C iv)			2	4		
		(C v)			4			
	(D)							
	(E)							
埋納施設	a類	①						
		②						
		③						
		④						
		⑤						
	b類	⑥						
		⑦						
		⑧			3	6		
	c類	⑨			8	4		
	その他							

河内国

			8c前半	中頃	後半	9c前半	中頃	後半
骨蔵器	専用容器	(A)	1					
		(B)				1		
		(C i)						
		(C ii)	4	9	8	2	1	
	転用容器	(C iii)	3		1	3	1	18
		(C iv)	1		3	4	7	5
		(C v)		1	3		1	1
	(D)			3	3			
	(E)				1			1
埋納施設	a類	①						
		②						
		③	1	1				
		④	1					
		⑤		1				
	b類	⑥			2			
		⑦			2			
		⑧	2		1			
	c類	⑨	3	8	5	8	8	22
	その他							

豊前国

			8c前半	中頃	後半	9c前半	中頃	後半
骨蔵器	専用容器	(A)						
		(B)			2			
		(C i)						
		(C ii)	6	4	12			
	転用容器	(C iii)			1	1		
		(C iv)	1		2	6		
		(C v)						
	(D)							
	(E)					1		
埋納施設	a類	①						
		②						
		③						
		④						
		⑤						
	b類	⑥				2		
		⑦						
		⑧	3		1			
	c類	⑨		2	10	4		
	その他							

筑前国

			8c前半	中頃	後半	9c前半	中頃	後半
骨蔵器	専用容器	(A)	1					
		(B)			2			
		(C i)				1		
		(C ii)	3	8	9		1	
	転用容器	(C iii)			7			
		(C iv)	4	2	7	3		
		(C v)	1	2	4	1		
	(D)							
	(E)			1	5	7		
埋納施設	a類	①						
		②						
		③						
		④				1		
		⑤						
	b類	⑥		2				
		⑦						
		⑧	3	2	6	3		
	c類	⑨	3	8	27	7	1	
	その他		1					

大宰府周辺域

			8c前半	中頃	後半	9c前半	中頃	後半
骨蔵器	専用容器	(A)						
		(B)						
		(C i)						
		(C ii)	3	1	1			
	転用容器	(C iii)			3			
		(C iv)	1	1	2	3		
		(C v)						
	(D)							
	(E)							
埋納施設	a類	①						
		②						
		③						
		④						
		⑤						
	b類	⑥			1			
		⑦						
		⑧						
	c類	⑨	3	2	4	3		
	その他		1		1			

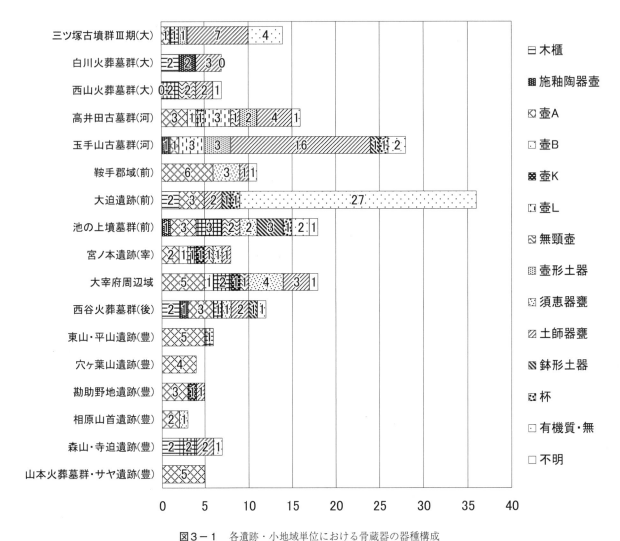

図3－1　各遺跡・小地域単位における骨蔵器の器種構成
（大；大和，河；河内，前；筑前，宰；大宰府，後；筑後，豊；豊前）

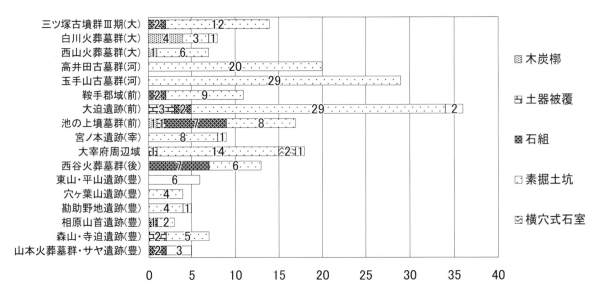

図3－2　各遺跡・小地域単位における骨蔵器埋納施設

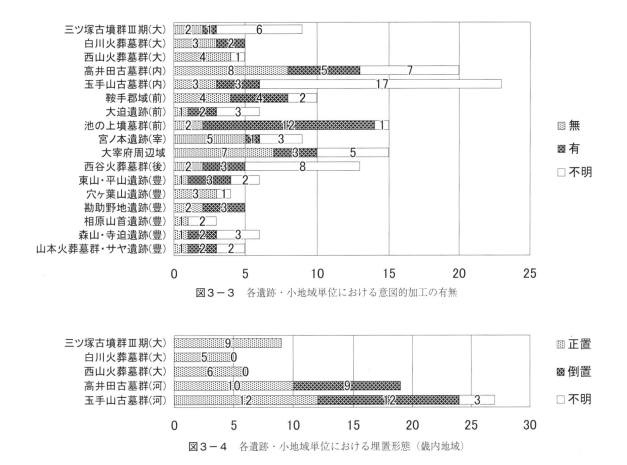

図3-3 各遺跡・小地域単位における意図的加工の有無

図3-4 各遺跡・小地域単位における埋置形態（畿内地域）

の高井田古墓群・玉手山古墓群では倒置する事例が半数近くの割合を占める点が特徴である（図3-4）。

以上をふまえ，畿内・北部九州にみられる火葬墓の地域性について整理する。大和国では，白川火葬墓群の施釉陶器と木炭槨の構築，三ツ塚古墳群の土師器甕が主体を占める点，河内国の高井田・玉手山古墓群では埋納施設・埋置形態の傾向が共通するのに対し，器種構成に地域色が現れる。北部九州では大迫遺跡・西谷火葬墓群・池の上墳墓群における骨蔵器の器種構成，埋納施設，意図的加工の割合にそれぞれ特徴が見いだせる。また，豊前国の東山・平山遺跡，勘助野地遺跡，穴ヶ葉山遺跡は山国川下流域の両岸で近接する遺跡であり，骨蔵器は壺Aを中心とする点で共通するが，意図的加工の点では，穿孔がない穴ヶ葉山遺跡，穿孔の有無が混在する勘助野地遺跡，東山・平山遺跡という差異が現れる。

これらをみると，骨蔵器の器種構成・埋納施設・意図的加工や埋置形態など，地域色を示す属性は遺跡・小地域単位によって異なることが分かる。

（5）北部九州における火葬墓の導入と展開過程

北部九州における各郡の火葬墓の変遷を別表1に示し，各郡の最初に出現すると考えられる火葬墓を図4に示した。これをみると，各郡の最初の火葬墓には，骨蔵器として壺Aを用いる事例が多く，埋納施設b類の石組とc類に納める事例が大多数であることが分かる。また，8世紀中頃～後半に出現する火葬墓群の中でも，導入初期に造られる墓は壺Aを骨蔵器とする傾向がわかる。

このように，北部九州では，火葬導入初期において，壺Aを骨蔵器として，埋納施設b・c類に納める共通した墓構造が見られる点が特徴であり，これは先に設定したⅡ型の墓構造にあたる。

そして前節で見出した各遺跡・小地域単位でまとまる地域色とは，いずれも共通した墓構造による火葬の導入後，時期が降ると共に増加する特徴であることが分かる。

（6）小結

以上の分析から次のことが明らかになった。

畿内と北部九州の墓構造を比較し，次の3類型の墓構造を抽出した（図5）。

Ⅰ型：専用容器×埋納施設a類
Ⅱ型：壺A×埋納施設b・c類
Ⅲ型：転用容器×埋納施設c類

である。

Ⅰ型火葬墓は大和国において特徴的であり，それ以外の地域ではほとんどみられない。一方，Ⅱ・Ⅲ型火葬墓

図4　北部九州各郡の造営契機となる火葬墓

国名のない郡名は全て筑前国

は畿内・北部九州ともに認められる。

　各類型は，8世紀前半から出現するが，Ⅰ型は8世紀代を中心とし，Ⅱ・Ⅲ型は8～9世紀を通じて存在する。Ⅱ・Ⅲ型は8世紀後半～9世紀前半以降，墓の数が増えるにつれ増加する。

　また，古代火葬墓には各遺跡・小地域単位で地域色が抽出でき，骨蔵器の器種構成・埋納施設・意図的加工や埋置形態など，地域色を示す属性も異なる。これらの地域色は特に，8世紀後半～9世紀に増加するⅡ・Ⅲ型火葬墓を中心として見いだせる。

　北部九州では，各郡における造営端緒となる火葬墓にⅡ型の墓構造が造られており，その後時期が降ると共に地域色が現れる。

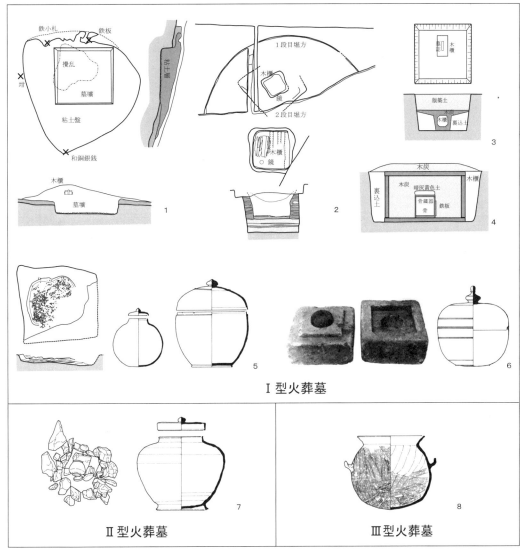

1．小治田安萬侶墓　2．枛之内火葬墓　3．太安萬侶墓　4．出屋敷2号墓　5．文祢麻呂墓
6．拾生古墓　7．雁多尾畑49支群1号墓　8．雁多尾畑49支群2号墓

図5　古代火葬墓の3類型

5．考　察

（1）古代火葬墓の造営と階層性

1）Ⅰ型火葬墓の被葬者

まず，Ⅰ型火葬墓と被葬者との関係について検討する。
Ⅰ型火葬墓は，専用容器や埋納施設ａ類を構築する点，大和盆地を取り巻く丘陵部に分布し（図6），単独立地で周辺に前代の古墳などが存在しない点が特徴である。また，埋納施設ａ類における墓坑規模を比較すると長軸1.4m×短軸1.2m前後を境に大小2つのグループに分かれ（図8），規模の大きなグループには，小治田安萬侶や文祢麻呂，太安萬侶ら大和に葬られた官人の墓が該当することがわかる。

そこで，墓誌出土墓など被葬者層の推定が可能な事例について，表3に官位・墓構造・立地を整理した。これをみると，金属製容器など骨蔵器と官位との間ではあまり相関が見られないが，骨蔵器埋納施設と官位との間に高い相関が見いだせることが分かる。特に，五位以上と六位以下との間に埋納施設の顕著な違いがあり，粘土槨・木槨・木炭槨などの埋納施設ａ類が五位以上の上級官人の墓のみに採用されている。これらは，いずれもⅠ型火葬墓に該当する[5]。

筆者は，このⅠ型火葬墓について，「喪葬令」との関連を想定する。

「喪葬令」とは，律令における天皇・皇族・官人層の喪葬に関する規定を定める法令である。「喪葬令」の性格について稲田奈津子は，官給の拡大による公葬制の実施に基づいた新しい儀礼の受容を促していることに特色

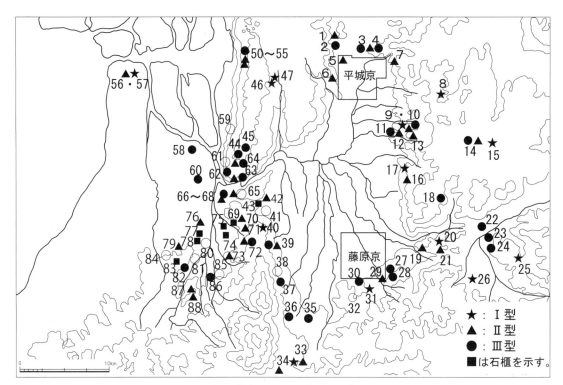

図6 畿内における3類型の分布

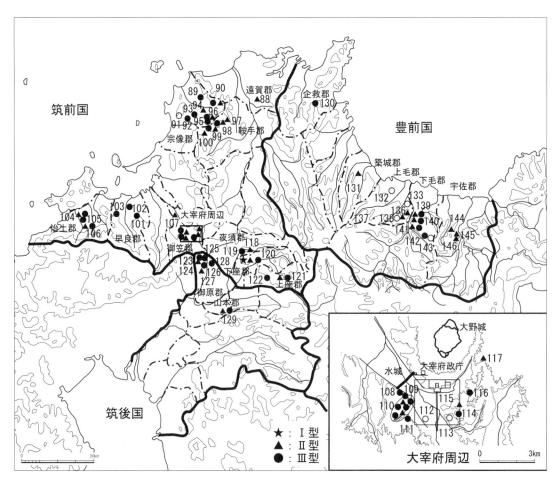

図7 北部九州における3類型の分布

表3　被葬者と墓構造からみた階層性

被葬者・遺構名	官位					骨蔵器				埋納施設							立地		時期
	三位以上	五位以上	六位以下	在地氏族	僧侶	A	B	Cii	Ciii	②	③	④	⑤	⑥	⑧	⑨	単独	群集	
石川年足	●						●					●							天平宝字6(762)
文祢麻呂		●				●					●						●		慶雲4(707)
威名大村		●				●								●					慶雲4(707)
太安萬侶		●					●					●					●		養老7(723)
小治田安萬侶		●					●			●									神亀6(729)
美努岡萬		●										●					●		天平2(730)
紀吉継		●																	延暦3(784)
宇治宿祢			○			●							●						慶雲2(705)
伊福吉部徳足比売			●			●							●					●	和銅3(710)
山代真作			●														●		戊辰(728)
高屋枚人			●														●		宝亀7(776)
下道國勝國依母				●		●								●				●	和銅元(708)
道薬					●			●						●	●			●	和銅7(714)
行基					●	●							?				●		天平21(749)
雁多尾畑1号墓			○	○				●							●			●	平城Ⅱ
三ツ塚20号墓			○	○					●						●			●	平城Ⅲ・Ⅳ
三ツ塚22号墓			○	○					●						●			●	平城Ⅲ
三ツ塚15A号墓			○	○					●							●		●	平城Ⅲ・Ⅳ
三ツ塚34号墓			○	○					●							●		●	平城Ⅱ
雁多尾畑2号墓			○	○					●							●		●	平城Ⅱ
雁多尾畑3号墓			○	○					●							●		●	平城Ⅱ
雁多尾畑4号墓			○	○					●							●		●	平城Ⅱ

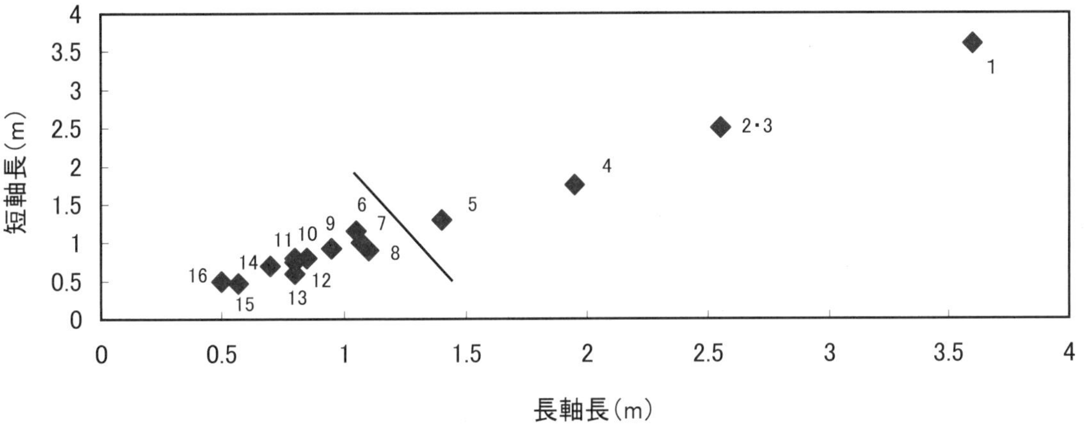

1．小治田安萬侶墓　2．文祢麻呂墓　3．出屋敷2号墓　4．太安萬侶墓　5．杣之内火葬墓　6．高山火葬墓
7．平城京SX1075　8.五条山火葬墓　9．白川火葬墓群3号墓　10．田須谷古墳群　11．白川火葬墓群7号墓
12．白川火葬墓群8号墓　13．大坂城跡4　14．石曳古墓　15．難波宮跡SX401　16．池の上墳墓群13号墓

図8　埋納施設a類の墓坑規模

があるとする（稲田2000）。また，橋本義則は，貴族を対象として「喪葬之具」が準備される点を，貴族・官人間における喪葬具の共通性・画一性を保障するものであり，喪葬の場においても貴族・官人達の序列を視覚的に示すことができると理解する（橋本2010）。

従来，古代火葬墓と「喪葬令」との関係について，皇都条や三位以上条[6]など個々の条文との関わりが注目されてきたが（岡野1978・1999，金子1984），筆者は，「喪葬令」が意図する「公葬制」の実施がⅠ型火葬墓の造営に反映している可能性が高いと考える。

京内に居住した太安萬侶や小治田安萬侶は，京内埋葬を禁じた「喪葬令」皇都条に即して，京外の葬地へ造墓された事例と理解されている（岸1988，和田1976，金子1984）。本稿で見出した埋納施設a類の構築や規模の大きな墓坑の掘削など埋納施設と官位が相関する点や，金子裕之が指摘した火葬墓の構築に版築工法を採用（金子2004）する点などは，特に葬送のための労働力として雑徭を支給する「喪葬令」皇親及五位以上条[7]の「葬送夫」支給規定との関わりが想起でき，五位以上の上級官人に公的に支給された「葬送夫」による一定の造営方式に則った造墓が行われた可能性がある。

より詳細な官位と墓構造との対応関係については，さ

らなる検討が必要だが，Ⅰ型火葬墓は，「喪葬令」を法的根拠とし，都城の葬地[8]に葬られた「五位以上の上級官人の墓」に比定でき，国家による葬儀への関与が反映されている可能性が高い。Ⅰ型火葬墓は喪葬令を根拠とする律令的な墓と評価する[9]。

2）Ⅱ・Ⅲ型火葬墓の被葬者

Ⅱ・Ⅲ型火葬墓はⅠ型とは異なり，畿内・北部九州でもみられる墓構造であり（図6・7），同一墓域内で両者が併存する事例もある。

Ⅱ型火葬墓は，墓誌からは被葬者中に僧侶を含むことが，大阪府平尾山古墳群雁多尾畑49支群の事例（図9）（桑野（編）1989）からは，終末期古墳群の被葬者と系譜関係をもつことが推測され，被葬者は下位官人を含めた在地氏族層が想定できる。一方，官人の「葬地」と評価される平城京北方の奈良県佐保山火葬墓群（伊藤1984）でもⅡ型火葬墓が造営されていることから，京在住の官人も含まれることが推測できる。

Ⅲ型火葬墓は8世紀前半では奈良県三ツ塚古墳群，雁多尾畑49支群など古墳群内に分布する事例が多く，時期が下ると事例数が増加し，器種構成や葬送行為，立地が多様化する傾向がある。先述の通り，雁多尾畑49支群において，Ⅱ・Ⅲ型火葬墓は同一の墓域に造墓されており，両者は近い関係にあるといえる。三ツ塚古墳群ではⅢ型の34号墓と同時期に8号墳の石室内埋葬が行われ，そこからは副葬品として下級官人が装着した銙帯が出土している（宮原（編）2002）。これらの事例から，Ⅲ型火葬墓はⅡ型火葬墓と同様の造墓階層と考えられ，転用容器を骨蔵器として使用する点からは，Ⅱ型火葬墓よりやや低い階層にあたると推測される。ここではⅢ型の被葬者を，下級官人を輩出する在地氏族層と考える。

（2）北部九州における火葬の受容過程とその背景

1）北部九州における火葬の受容モデル

本稿の分析で，北部九州の火葬墓の特徴として，Ⅱ・Ⅲ型の墓構造が特徴とした。そして，火葬墓の変遷と導入初期の墓を整理する中で，①導入初期の墓に壺Aを骨蔵器とし，埋納施設b類の石組やc類に納める墓構造（Ⅱ型）が共通してみられること，②時期が降るにつれて，器種構成・埋納施設・意図的加工の各属性で遺跡ごとの独自性が現れること，を明らかにした。これを整理すると，北部九州における火葬の受容過程は，①「導入時の共通性」と②「展開過程の多様性」の2点にまとめることができる。

地方における火葬の受容過程について，小林義孝により伝播モデル（小林2002・2009）が示されている。小林は，地方における火葬の伝播について，畿内における儀礼のあり方が直接地方に至りそのままの形態で継承されるものと，畿内から伝播した火葬と火葬墓が変容して地方に定着するもの，という2つの過程を示した。そして，後者のうち，モデルとなる墓を基礎として土着化する過程で変容する上野地域と伝統的墓制の中に新来の要素として挿入される上総・伊豆地域の2つの地域をあげた。

北部九州で畿内的儀礼が直接行われたとみられる事例は，わずかに銭貨と須恵器壺Aの供伴事例（福岡県結ヶ浦火葬墓・同汐井掛5号墓）を見るのみであり，伝統的墓制の中に挿入される事例は横穴式石室内への骨蔵器埋納の事例（福岡県浦谷古墳群F−4号墳・同唐人塚6号墳）があるがやはりごく少数である。

本稿で見いだした北部九州の「導入時の共通性」と「展開過程の多様性」という火葬の受容・定着過程は，当初のモデルを基礎として変容する上野地域の様相と同様のプロセスとして評価できる。

次に，北部九州における火葬の受容過程の背景について考察する。

2）「導入時の共通性」の背景

火葬は一連の儀礼をともなう葬送行為であり，導入契機となる共通した墓構造が北部九州の複数の国・郡にまたがって現れる点は，火葬がそれぞれの地域の中で自生したものではなく，共通の外的要因により導入された可能性が高いと考えられる。

この火葬導入の要因として，畿内とその周辺地域への厳密な造墓規制の存在を考える説がある（渡邊2003）。この造墓規制には，「喪葬令」三位以上条や，地方氏族に対する造墓規制が想定されるが，先に見たように「喪葬令」は，天皇・官人に対する喪葬における官給の序列や服喪規定などが中心で，畿外の在地氏族の造墓に関する規定は見られない。岡野慶隆は三位以上条で認められ

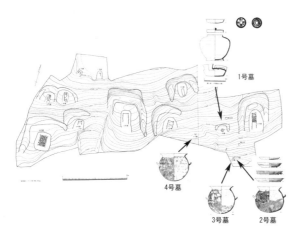

図9 平尾山古墳群雁多尾畑49支群遺構図
（桑野（編）1989より一部改変）

た「営墓」以外の墓は国家の管理外に置かれていたと考えている（岡野1978・1999）。筆者も三位以上条の「営墓」とは国家的管理の対象となる墓のことを指し，大多数の墓は管理の範囲外にあたっていたと理解する[10]。この他に先皇陵条や皇都条において「葬埋」の禁止規定があるが，これらは陵域内や都城・大路側近での埋葬を禁止するもので，全ての埋葬を禁止するものではない。また，火葬導入後の骨蔵器・埋納施設の選択，意図的加工の有無などの展開過程の多様性からは，地方まで一律の造墓規制が存在していたとは考えがたい[11]。

そこで，共通の外的要因として，葬送儀礼についての専門知識を持っていた人々が広域にまたがって関与していた可能性を考えたい。すなわち，僧侶が介在した可能性である。

地方には官大寺僧の積極的な都鄙間往来があり，これらの僧侶が在地氏族の求めに応じ，法会を行っていたことが明らかにされている（鈴木1994）。また川尻秋生により，地方の有力氏族の中から大寺院や国分寺へ僧侶を輩出する事例があり，出家後も出身地との密接な関係を保ち，知識結や法会の執行を通じて在地氏族の農業経営への援助を行っていたことが明らかにされた（川尻2005）。これらは在地氏族の側からも，中央寺院・国分寺の僧侶と接触する動機と機会があったことを示す。

また，『日本霊異記』では，葬儀の場面に僧侶が立ち会っていることが確認でき（下巻第二六話），著者でもある僧景戒が火葬に関する知識を持っていること（下巻第三八話）から，火葬の執行に熟知した僧侶が在地の葬儀に関わった可能性は高い。火葬された道昭や行基らの諸伝を見ても，土木工事や法会の開催を諸国で行っていることから，これらの場面を通じ，地方の人々が火葬についての知識をもつ僧侶と接触する機会は多かったものと考える。

これらの根拠となる史料が平安時代のものであり，奈良時代の僧侶が葬送の場面に立ち会っていたことを示す考古学的根拠が少ない点に問題を残す。しかし，北部九州の集落内でも仏教関係遺物の出土事例が蓄積されつつあり（宮田2006），在地社会における仏教の普及の実態に関しては，今後さらに明らかになってくるものと考えられる。導入期の火葬墓に共通の墓構造がみられる背景として，火葬に関する共通の知識をもつ僧侶が介在した可能性を提示したい。

3）「展開過程の多様性」の背景

北部九州における「展開過程の多様性」は，骨蔵器や埋納施設，祭祀行為の各属性におけるバリエーションの豊富さとして，各遺跡・小地域単位で独自性を把握できる。古代火葬墓の特徴の一つでもある多様な存在形態は，主にこのバリエーションの豊富さに起因している。これは北部九州・畿内でも同様であり，特に8世紀後半

〜9世紀前半の間に画期があるとした。

筆者は，「展開過程の多様性」には，狭川真一が指摘するように「在地の事情」がそれぞれ関わっていたと考える。火葬墓の多様な展開パターンについては，従来多くの類型化の試みがなされ，その背景が論じられてきたが，それぞれの地域で火葬受容に対し複雑な要因が絡むものと思われる。狭川が提示した「中央との関係を主張」するという側面（狭川1998）もその複雑な要因の一つであり，小林義孝が指摘する後に伝わらなかった習俗（小林1998a）の存在も関わっていた可能性がある。さらに，被葬者や葬儀執行者の仏教への帰依や僧侶との結びつきの強さ，新来の文化受容に対する敏感さなど，個人・氏族の個性などの要因も考えられる。

本稿では，在地において具体的にどのようなファクターが存在し，火葬受容という選択に関わっていたのかなど，個々の事例における造営背景についてはあきらかにできていないが，これらの多様性が8世紀後半〜9世紀前半にかけて造墓数の増加と共に現れる点からは，この時期における在地社会の変動を反映している可能性を示唆する。今後地域を限定し，古墳時代以来の墓の変遷や，古代寺院・仏教関係遺物からみた仏教的要素の差異，在地氏族の性格など複合的な検討をふまえた上で，「在地の事情」を明らかにしたい。

6．まとめ

本稿では畿内と北部九州の古代火葬墓について，墓構造を中心に諸特徴の整理と地域間の比較検討を行い，次のような結果を得た。

①古代火葬墓の墓構造にⅠ〜Ⅲ型の3つの類型を見出した。Ⅰ型とⅡ・Ⅲ型との間には被葬者の階層差が存在し，特にⅠ型火葬墓は，「喪葬令」が意図する公葬制の実施と密接に関わる可能性がある。古代火葬墓には階層による造営背景の違いを考慮する必要がある。

②火葬墓には地域性が見いだせ，遺跡単位・小地域単位で地域色を示す属性は異なる。これは，畿内・北部九州に共通し，8世紀後半以降，Ⅱ・Ⅲ型火葬墓の展開とともに現れる。地域色の出現背景については，個々の事例分析により明らかにする必要がある。

③北部九州の火葬の受容過程には「導入時の共通性」と「展開過程の多様性」という特徴がある。「導入時の共通性」の背景には僧侶の介在が，「展開過程の多様性」には8世紀後半から9世紀前半における在地社会の変動が関係することがそれぞれ予測される。

④古代火葬墓の造墓には，階層差や地域性など複合的な要因が絡んでいることが予想され，古代火葬墓の造営背景を評価する上では，まずこれらの要因を整理する必要がある[12]。

謝辞 本稿は2005年1月に九州大学大学院比較社会文化学府に提出した修士論文の一部を元に，2005年12月の九州史学会考古部会，2008年6月の大阪歴史学会考古部会での口頭発表を基礎としている。修士論文の作成にあたって，世話人教官である田中良之先生をはじめ，宮本一夫，溝口孝司，岩永省三，中橋孝博，佐藤廉也，辻田淳一郎，石川健，岡田裕之の諸先生方には種々の御指導を賜った。また，九州大学大学院比較社会文化学府基層構造講座，人文科学府考古学研究室の諸先輩・後輩の方々からも日常的な御指導を頂いた。

また，以下の方々，諸機関には資料調査・論文作成にあたって，数々の助言・援助を頂いた。末筆ながら，記して感謝申し上げます。

浦井直幸　岡　崇　甲斐寿義　亀田修一　神庭　滋　北山峰生　小林義孝　坂本雄紀　狭川真一　杉本岳史　関川尚功　高崎章子　高橋克壽　高橋照彦　次山　淳　中島恒次郎　馬場　基　宮内克己　村上久和　森本　徹　安村俊史　山本　崇　吉澤　悟　渡邊　誠

宇佐風土記の丘歴史資料館　大分県教育委員会　大阪府文化財センター　小郡市教育委員会　葛城市立歴史資料館　柏原市立歴史資料館　大平村教育委員会　太宰府市教育委員会　中津市教育委員会　奈良県立橿原考古学研究所　奈良文化財研究所　福岡県教育委員会　宗像市教育委員会

なお，本研究の成果の一部は平成18～20年度科学研究費若手研究（B）「古代東アジアにおける火葬習俗の伝播に関する基礎的研究（課題番号18720222）」および平成21～22年度「古代東アジアにおける都城と葬送地に関する考古学的研究（課題番号21720296）」に拠っている。

註

1）北山峰生は7世紀代に遡る可能性をもつ火葬墓を提示したが（北山2009），現時点ではそれらの事例を火葬墓と認定する積極的根拠は乏しい。北山が確実な7世紀代の火葬墓とした奈良県小谷墳墓（松田（編）1984）は同遺構の周辺に平安時代の墳墓2が存在することから，同時期に造墓された墓とみて，須恵器杯Hが混入もしくはあえて使用された可能性を残す。筆者は，火葬骨が見つかったとされる奈良県五条野内垣内遺跡例（横関2001）が現時点では最も古い確実な古代火葬墓と考える。藤原京期の建物に壊されていることから7世紀後半～末の造墓であろう。この事例のみは，今回の分析では8世紀前半の項に含めている。7世紀代の古代火葬墓については今後の調査事例の蓄積が必要である。

2）骨蔵器の器種については，同じ器種でも報告書により異なる名称が与えられている例がある。奈文研分類と一般的な器種名称との対応関係は次の通りである。壺A：短頸壺・薬壺，壺B：短頸壺・直口短頸壺，壺K：長頸壺，壺L：長頸壺・長頸瓶，壺N：双耳壺・双耳瓶，壺Q：広口壺。

3）当該期の土器は，供膳具類において同一器種の須恵器・土師器

間の互換性（西1982）が指摘されており，壺Aなども材質の差異を越えて形態の共通する器種が製作されている。

4）土師器無頸壺は専用型骨蔵器（山口1995・吉澤2006）とも呼ばれ，骨蔵器専用として製作されたものであるが，本稿の分析対象地域では事例数が少ないため，壺形土器の中に含めている。

5）なお，I型とした中で，石製骨蔵器（石櫃）のみは六位以下と相関する。古代火葬墓の中で石櫃を持つ火葬墓は畿内における典型的形態（小林・海邊2000）と評価されるが，全国的な分布には偏りがみられる。石櫃をもつ火葬墓の性格については，検討の余地があると考える。

6）皇都条：凡皇都及道路側近。並不得葬埋。
三位以上条：凡三位以上。及別祖氏宗。並得営墓。以外不合。雖得営墓。若欲大蔵者聴。

7）皇親及五位以上条：凡皇親及五位以上喪者。並臨時量給送葬夫。

8）「都城の葬地」とは，宅地班給などにより本貫地を離れて，都城へ集住した貴族・官人を初めとする都城居住者のために設定された墓地と定義する。稲田奈津子は都城周辺への埋葬を上級官人層の京内への集住の結果（稲田2004）と理解している。岡野慶隆は皇都条の分析から公葬地の位置を比定（岡野1978）し，金子裕之も葬地のランク付けがあったことを指摘する（金子1984）。「都城の葬地」の抽出には，前代までの墳墓との連続性の有無や周辺の墳墓との関係を考慮する必要がある。「葬地」を遺構，遺跡立地などから認識することは困難であるが，本稿で取り扱う墓構造や在地氏族墓地の分析を進めることで抽出可能になるものと考える。また，居住地からの距離，作法の有無，埋納品区分にみる階層数，造墓数から都市集住民と在地勢力による墓地を導き出した中島恒次郎の分析（中島2005・2007a・2007b）などを参考にして，今後考える必要がある。

9）これは渡邊邦雄のいう「律令墓制」とは異なる理解である。筆者は渡邊の「律令墓制」とは，特定の葬法が特権的葬法として律令国家の中で位置付けられたもので，具体的には天武・持統朝期に成立する火葬墓をスタンダードとする厳格な造墓規制（渡邊2003・2004）のことと理解する。しかし，渡邊の再定義（渡邊2009）によると，律令墓制とは時間的変遷により「墳墓に具現された政治性が脱却していく過程そのもの」を意味するとし，単に「律令期の墓制」を示す用語ともとれる。筆者は渡邊の「律令墓制」の呼称は問題があり，本稿で述べるように「喪葬令」を法的根拠とする非常に限られた墓に対してのみ，適応しうる概念であると考える。

10）令集解では「古記云。以外不合。謂諸王諸臣四位以下。皆不得営墓。今行事濫作耳」と注釈する。古記のいう濫作が，諸王諸臣四位以下の一般的な造墓を示すのか，一般的な造墓とは異なる「営墓」を示すのか，については検討の余地がある。「喪葬令」の規定にある「営墓」の実態についてはまだ不明な点が多いが，I型火葬墓の中にはこれに該当する墓が含まれている可能性が高いと考える。今後の課題としたい。

11）ただし，大宰府周辺においては従来から指摘されているように，立地の特殊性からみて，「皇都条」などの規制を反映する可能性がある。本稿の分析で，大宰府周辺地域において墓構造の点からは，他の北部九州地域と差異は見られないとしたが，宮ノ本丘陵周辺の火葬墓では，1基あたりの墓域面積や，前代墳墓との関係，埋納施設が素掘土坑中心である点は，他地域と異なる。大宰府の葬地には埋納施設や立地の面において規制がかかっていた可能性がある。

12）I型火葬墓造営の意義については，韓半島における火葬墓の様相と比較の上，別稿で述べた。小田裕樹（2011）「日韓古代火葬墓の比較研究」『日韓文化財論集II』奈良文化財研究所

参考文献

明日香村教育委員会　1975『中尾山古墳環境整備報告書』明日香村教育委員会

藤沢一夫　1956「墳墓と墓誌」『日本考古学講座』6　河出書房　234－272頁

藤森栄一　1941「奈良時代の火葬骨壺」『古代文化』12－3　古代学協会　35－60頁

原田昭一　1995「二豊地域における古代火葬墓」『森山遺跡』大分県教育委員会　106－115頁

橋本義則　2010「律令国家と喪葬－喪葬官司と喪葬氏族の行方－」『律令国家史論集』塙書房　179－206頁

東日本埋蔵文化財研究会　1995『東日本における奈良・平安時代の墓制』東日本埋蔵文化財研究会

石村喜英　1974「火葬墓」『考古学ジャーナル』100　104－107頁

伊藤勇輔　1984「佐保山遺跡群」『大和を掘る　1983年度発掘調査速報展』奈良県立橿原考古学研究所附属博物館　62－63頁

稲田奈津子　2000「日本古代喪葬儀礼の特質」『史学雑誌』109－9　1－34頁

稲田奈津子　2004「古代の都城と葬地」『歴史と地理（日本史の研究205）』575　45－53頁

泉森　皎　1983「文祢麻呂墓」『奈良県遺跡調査概報1981年度』第2分冊　奈良県立橿原考古学研究所　195－217頁

桑野一幸（編）　1989『平尾山古墳群－雁多尾畑49支群発掘調査概要報告書－』柏原市教育委員会

金子裕之　1984「平城京と葬地」『文化財学報』第3集　奈良大学文学部文化財学科　67－103頁

金子裕之　2004「都城における山陵－藤原・平城京と喪葬制－」『文化の多様性と比較考古学』考古学研究会　141－150頁

川尻秋生　2005「日本古代における在地仏教の特質－僧侶の出自と寺院機能－」『古代東国の考古学』大金宣亮氏追悼論文集刊行会　366－379頁

黒崎　直　1980「近畿における8・9世紀の墳墓」『研究紀要』Ⅵ　奈良国立文化財研究所　85－126頁

岸　俊男　1988「太朝臣安万侶墓と葬地－万葉集からみた新しい遺物・遺跡（二）」『日本古代文物の研究』塙書房　259－274頁（初出は1980）

北山峰生　2009「古代火葬墓の導入事情」『ヒストリア』第213号　大阪歴史学会　1－38頁。

小林義孝　1997a「葬送儀礼における銭貨（1）」『歴史民俗学』第7号　批評社　210－241頁

小林義孝　1997b「古代火葬墓の第一類型（上）－河内田辺古墓の再検討から－」『大阪文化財研究』第13号　大阪府文化財センター　25－32頁

小林義孝　1998a「丙の年の人の故に焼き失わず」『歴史民俗学』第12号　批評社　42－61頁

小林義孝　1998b「古代火葬墓の第一類型（下）－河内田辺古墓の再検討から－」『大阪文化財研究』第13号　大阪府文化財センター　45－56頁

小林義孝　1999a「古代墳墓研究の分析視角」『古代文化』51－12　古代学協会　2－12頁

小林義孝　1999b「古代の個人墓と集団墓地－河内土師の里古墓の検討から－」『瓦衣千年』森郁夫先生還暦記念論文集刊行会　498－512頁

小林義孝　2002「火葬墓はどのように受容され，在地化したか－関東地方の石櫃をもつ火葬墓を例に－」『地域考古学の展開』村田文夫先生還暦記念論文集刊行会　285－306頁

小林義孝　2009「火葬導入事情をめぐる覚書」『ヒストリア』第213

号　大阪歴史学会　39－51頁

小林義孝・海邊博史　2000「古代火葬墓の典型的形態」『太子町立竹内街道歴史資料館報』第6号　太子町立竹内街道歴史資料館　31－54頁

埋蔵文化財研究会　1997『古墳時代から古代における地域社会』埋蔵文化財研究会

前園実知雄（編）　1981『太安萬呂墓』奈良県立橿原考古学研究所

間壁葭子　1982「8・9世紀における古墳再利用について」『日本宗教社会史論叢』水野恭一郎先生頌寿記念会　51－90頁

松田真一（編）　1984「高取町佐田遺跡群発掘調査概報」『奈良県遺跡調査概報1983年度』第2分冊　奈良県立橿原考古学研究所　520－598頁

宮原晋一（編）　2002『三ツ塚古墳群』奈良県立橿原考古学研究所

宮田浩之　2006「西国における在地社会と仏教の受容－北部九州を中心に－」『在地社会と仏教』奈良文化財研究所　43－68頁

森本六爾・高橋健自　1926「墳墓」『考古学講座』（1987『日本の古墳墓』木耳社　所収）

森本　徹　1998「韓国における初期火葬墓の研究」『青丘学術論集』13　韓国文化研究振興財団　5－48頁

森本　徹　2007「日本における火葬墓の始まりをめぐって」『郵政考古紀要』第40号　郵政考古学会　19－35頁

村田文夫・増子章二　1989「南武蔵における古代火葬骨蔵器の基礎的研究（上）－川崎市域における事例研究をふまえて－」『川崎市市民ミュージアム紀要』第2集　川崎市市民ミュージアム　1－52頁

村田文夫・増子章二　1990「南武蔵における古代火葬骨蔵器の基礎的研究（下）－川崎市域における事例研究をふまえて－」『川崎市市民ミュージアム紀要』第3集　川崎市市民ミュージアム　10－72頁

中間研志　1983「大宰府の奥津城」『大宰府古文化論叢』下巻　吉川弘文館　459－494頁

中島恒次郎　2005「大宰府における墓造営－宮ノ本遺跡評価のために－」『太宰府・佐野地区遺跡群19』太宰府市教育委員会　45－62頁

中島恒次郎　2007a「『都市』的な墓，『村落』的な墓（上）－筑前・筑後・肥前・豊前を素材として－」『古文化談叢』56　九州古文化研究会　197－246頁

中島恒次郎　2007b「『都市』的な墓，『村落』的な墓（下）－筑前・筑後・肥前・豊前を素材として－」『古文化談叢』57　九州古文化研究会　171－216頁

仲山英樹　1992「古代東国における墳墓の展開とその背景」『研究紀要』第1号　栃木県文化振興事業団埋蔵文化財センター　167－273頁

奈良国立文化財研究所　1991『平城宮跡発掘調査報告ⅩⅢ』奈良国立文化財研究所

奈良文化財研究所　2004『平城宮跡発掘調査報告ⅩⅥ』奈良文化財研究所

西　弘海　1982「土器様式の成立とその背景」『小林行雄博士古稀記念論文集　考古学論考』（後に，1986『土器様式の成立とその背景』真陽社　所収）

小田富士雄　1986「日韓火葬墓の出現－扶余と九州－」『古文化談叢』16　九州古文化研究会　241－260頁

岡野慶隆　1978「奈良時代における氏墓の成立と実態」『古代研究』16　元興寺文化財研究所　1－25頁

岡野慶隆　1999「『喪葬令』三位以上・別祖氏上墓の再検討」『古代文化』51－12　古代学協会　34－42頁

置田雅昭（編）　1983『奈良県天理市杣之内火葬墓』埋蔵文化財天

理教調査団

狭川真一　1990「古代都市・大宰府の検討－墳墓からのアプローチ－」『古文化談叢』23　九州古文化研究会　67－88頁

狭川真一　1998「古代火葬墓の造営とその背景」『古文化談叢』41　九州古文化研究会　113－155頁

狭川真一　1999「北部九州における火葬墓の出現」『古代文化』51－12　古代学協会　13－21頁

下原幸裕　2006『西日本の終末期古墳』中国書店

鈴木景二　1994「都鄙間交通と在地秩序－奈良・平安初期の仏教を素材として－」『日本史研究』379　34－56頁

角田文衛　1979「小治田安萬侶の墓」『古代文化』31－7　古代学協会　1－24頁

上野精志　1978「火葬墳墓について」『九州縦貫自動車道関係埋蔵文化財調査報告－ＸＸ－』福岡県教育委員会　88－150頁

和田　萃　1976「東アジアの古代都城と葬地－喪葬令皇都条に関連して－」『古代国家の形成と展開』大阪歴史学会　361－391頁

渡邊邦雄　2000「律令墓制における古墳の再利用」『考古学雑誌』85－4　日本考古学会　1－75頁

渡邊邦雄　2003「天武・持統朝の墓制」『古代学研究』第161号　古代学研究会　9－28頁

渡邊邦雄　2004「畿内における律令墓制の展開と終焉過程」『日本考古学』第17号　日本考古学協会　43－65頁

渡邊邦雄　2009「『律令墓制』の変遷」『日本考古学』第27号　日本考古学協会　97－114頁

安井良三　1960「日本における古代火葬墓の分類」『日本古代史論叢』古代学協会　751－775頁

山口耕一　1995「専用型骨蔵器と転用型骨蔵器について」『東日本における奈良・平安時代の墓制』東日本埋蔵文化財研究会

山本信夫　1992「北部九州の7～9世紀中頃の土器」『古代の土器研究－律令的土器様式の西・東－』古代の土器研究会　46－54頁

横関用世　2001「五条野内垣内遺跡出土の鉄板」『かしはらの歴史をさぐる8』橿原市千塚資料館　31－32頁

吉澤　悟　1995「茨城県における古代火葬墓の地域性－土浦市立博物館保管の骨蔵器の資料紹介および県内事例の集成から－」『土浦市立博物館紀要』6　土浦市立博物館　1－42頁

吉澤　悟　2001「穿孔骨蔵器に見る古代火葬墓の造営理念」『日本考古学』第12号　日本考古学協会　69－92頁

吉澤　悟　2006「無頸壺骨蔵器にみる諸問題」『古代の信仰と社会』国士舘大学考古学会　157－183頁

挿図出典

図1　各遺跡報告書および5は近つ飛鳥博物館2004『古墳から奈良時代墳墓へ』掲載図より再トレース。4は帝室博物館1937『天平地寶』より転載。

図2　各遺跡報告書および5は近つ飛鳥博物館2004『古墳から奈良時代墳墓へ』掲載図より再トレース。

図3・6・7・8　筆者作成

図4　各遺跡報告書より一部改変し転載。

図5　各遺跡報告書より再トレース。4は帝室博物館1937『天平地寶』より転載。

図9　桑野（編）1989より一部改変し転載。

分析対象遺跡出典一覧

【大和国】　1：森本六爾1924大和生駒郡押熊出土の骨壺『考古学雑誌』14－8考古学会。2：小島俊次1956大和出土の二例の骨壺『古代学研究』15・16古代学研究会，3：伊藤勇輔1984佐保山遺跡群『大和を掘る1983年度発掘調査速報展』橿考研，4：河上邦彦1994奈良市歌姫町出土の蔵骨器『青陵』86橿考研，5：杉山洋1984「平城京右京一条北辺四坊六坪発掘調査報告」奈文研，6：橋本裕行1995奈良市五条山火葬墓『青陵』88橿考研，7：松永博明1990飛火野『奈良県遺跡調査概報1987年度第2分冊』橿考研，8：前園実知雄（編）1981『太安萬侶墓』橿考研，9：宮原晋一（編）1993『福ヶ谷遺跡・白川火葬墓群発掘調査報告書』橿考研，10：高野政昭2007『奈良県天理市岩屋町西山地区発掘調査報告書』埋蔵文化財天理教調査団，11：小島俊次1964『奈良県史蹟名勝天然記念物調査抄報第13輯』奈良県教委，12：前園実知雄・中井一夫1995天理市岩屋出土の骨蔵器について『青陵』88橿考研，13：小島俊次1964天理市福住町鈴原出土骨壺『奈良県文化財調査報告』第7集奈良県教委，14：角田文衛1979小治田安萬侶の墓『古代文化』31－7，15：戸田秀典2001天理市竹之内町具鷹出土蔵骨器調査概要『青陵』107橿考研，16：置田雅昭（編）1983『奈良県天理市柚之内火葬墓』埋蔵文化財天理教調査団，17：島本一1935火葬墳墓の新例『大和志』2－4大和国史会，18：森本六爾1930我国に於ける鉄板出土遺跡『考古学』1－2東京考古学会，19：伊達宗泰1978忍坂ヲムロ（忍坂第10号墓）出土火葬蔵骨器外容器『桜井市外鎌山北麓古墳群』橿考研，20：小島俊次1957桜井市粟原鳥ガ谷古墓『奈良県文化財調査報告』第1集奈良県教委，21：森本六爾1930我国に於ける鉄板出土遺跡『考古学』1－2東京考古学会，22：松田真一（編）1986『神木坂古墳群』榛原町教育委員会・橿考研，23：伊藤雅文1987『下井足遺跡群』橿考研，24：森本六爾1926文忌寸祢麻呂の墳墓『中央史壇』12－4・5，25：帝室博物館1937『天平地宝』，26：竹田正則（編）1995『図録橿原市の文化財』橿原市教委，27：奈良国立文化財研究所1973『飛鳥・藤原宮発掘調査概報3』，28：網干善教1966奈良朝火葬墓の一考察『日本歴史考古学論叢』日本歴史考古学会，29：横関明世2001五条野内垣内遺跡の調査『かしはらの歴史をさぐる』8橿原市千塚資料館，30：明日香村教委1975『中尾山古墳環境整備報告書』明日香村教委，31：北山峰生2007松山城跡試掘調査・東中谷遺跡『奈良県遺跡調査概報2006年第二分冊』橿考研，32：前坂尚志（編）1996『五條の歴史と文化』市立五條文化博物館，33：金谷克巳1959大和呉谷発見の蔵骨器『古代』33早稲田大学考古学会，34：奥田昇1998『第14回特別展二上山・他界との接点』香芝市二上山博物館，35：小島俊次1965第五章有史文化『奈良県の考古学』，36：吉村幾温ほか1994島ノ山・車ヶ谷古墳群『奈良県遺跡調査概報1993年度第2分冊』橿考研，37：関川尚功・玉井均1979火野谷山出土骨蔵器『新庄火野谷山古墳群』橿考研，38：宮原晋一2002『三ツ塚古墳群』橿考研，39：嶋田暁1956北葛城郡當麻村大字加守金銅骨壺出土地『奈良県史蹟名勝天然記念物調査抄報』第9輯奈良県教委，40：水木要太郎1913威奈大村墓『奈良県史跡勝地調査会報告書第1回』奈良県，41：香芝市二上山博物館1994『高山火葬墓・高山石切場遺跡発掘調査報告書』香芝市二上山博物館，42：網干善教1956大和二上出土の家形骨器について『古代学研究』15・16古代学研究会，43：河上邦彦1983高安城跡調査概報2『奈良県遺跡調査概報1982年度第2分冊』橿考研，44：佐々木好直1995『久安寺モッテン墓地跡』橿考研，45：田村吉永・森本六爾1926墓誌銅板を出した美努岡万の墳墓『考古学雑誌』7－5考古学会，46：水木要太郎1914行基菩薩の墓『奈良県史跡勝地調査会報告書第2回』奈良県

【河内国】　47：宇治田和生1981藤阪宮山火葬墓『枚方市文化財年報Ⅱ』1981（財）枚方市文化財研究調査会，48：桜井敏夫・西尾宏1971『交野町史』改訂増補2交野市，49：上野利明

1980東大阪市域における火葬墓について『東大阪市遺跡保護調査会年報1979年度』東大阪市遺跡保護調査会，50：鋤柄俊夫1999聖武朝難波京の構造と平安時代前期の上町台地『文化学年報』48同志社大学文化学会，51：黒田慶一1992後期難波宮の遺構と遺物『難波宮址の研究』9（財）大阪市文化財協会，52：（財）大阪文化財センター1978『長原』（財）大阪文化財センター，53：藤沢一夫1956墳墓と墓誌『日本考古学講座6』河出書房，54：藤沢一夫1955野中寺境内出土の奈良時代骨柑『古代学研究』11古代学研究会，55：安村俊史1984『太平寺・安堂遺跡1983年度』柏原市教委，56：安村俊史（編）1987『高井田横穴群II』柏原市教委，57：桑野一幸・田中久雄・安村俊史1989『平尾山古墳群-雁多尾畑49支群発掘調査概要報告書』柏原市教委，58：花田勝広1987『田辺古墳群・墳墓群発掘調査概要』柏原市教委，59：山本昭1969『柏原市史1』柏原市役所，60：北野重1990『柏原市埋蔵文化財発掘調査概報1989年度』柏原市教委，61：桑野一幸1987『玉手山遺跡1983，1984年度』柏原市教委，62：小林義孝・海邊博史2000古代火葬墓の典型的形態『太子町立竹内街道歴史資料館館報』6太子町立竹内街道歴史資料館，63：江浦洋（編）1999『田須谷古墳群』（財）大阪府文化財調査研究センター，64：池田貴則1996松山山城遺跡の調査『太子カントリー倶楽部建設に伴う植田遺跡ほか発掘調査報告書』一須賀古墳群発掘調査委員会，65：菅原正明1980東山遺跡の古墳時代・奈良時代の遺構『東山遺跡』（財）大阪文化財センター，66：北野耕平1994『羽曳野市史3』羽曳野市，67：北野耕平1994西浦古墓群『羽曳野市史』3羽曳野市，68：橋本高明1993『石仏遺跡発掘調査概要・II』大阪府教委，69：松井忠春1985平第1号墳出土の蔵骨器『富田林市史1』富田林市役所，70：小林義孝1994『甲田南遺跡発掘調査概要』大阪府教委，71：松井忠春1985礫坂古墓出土の蔵骨器『富田林市史1』富田林市役所，72：三宅正浩1990『池尻城跡発掘調査概要IV』大阪府教委，73：上林史郎（編）1989『寛弘寺遺跡発掘調査概要・VII』大阪府教委，74：中村浩1985板持出土の蔵骨器『富田林市史1』富田林市役所，75：岡本武司・中辻亘1985『嶽山山頂遺跡発掘調査報告書』富田林市教委，76：中村浩1970大阪府富田林市竜泉出土の蔵骨器について『考古学雑誌』55－3日本考古学会

【筑前国】77：山手誠治1976『白岩遺跡』北九州市教委，78：宗像市教委2002『宗像の文化財－平成10・11年度文化財調査概要』，79：花田勝広1999筑紫・宮地嶽古墳の再検討『考古学雑誌』85-1日本考古学会，80：福間町教育委員会1981『手光古墳群』，81：宗像市教育委員会『宗像の文化財－1997－』，82：岡崇1999『田久瓜ヶ坂遺跡』宗像市教委，83：原俊一ほか1997『宗像市史』，84：原俊一1982『浦谷古墳群I』宗像市教委，85：池辺元明ほか1977『九州縦貫自動車道関係埋蔵文化財調査報告VIII』福岡県教委，86：上野精志ほか1978『九州縦貫自動車道関係埋蔵文化財調査報告XX』福岡県教委，87：松村一良1977『九州縦貫自動車道関係埋蔵文化財調査報告XVI』福岡県教委，88：横山邦継・長家伸・吉留秀敏1993『干隈遺跡』福岡市教委，89：井澤洋一1985『有田・小田部第6集』福岡市教委，90：下村智・加藤良彦・山崎龍雄1990『生松台』福岡市

教委，91：岡部裕俊1992『荻浦の文化財』前原市教委，92：楢崎直子2008『多久遺跡群』前原市教委，93：丸尾博恵1999『石勺遺跡IV』大野城市教委，94：狭川真一（編）1987『篠振遺跡』太宰府市教委，95：下山覚ほか2005『太宰府・佐野地区遺跡群20』太宰府市教委，96：山本信夫ほか1980『宮ノ本遺跡』太宰府町教委，97：狭川真一ほか1987『宮ノ本遺跡II』太宰府市教委，98：塩地潤一ほか1993『太宰府・佐野地区遺跡群IV』太宰府市教委，99：城戸康利1998『太宰府・佐野地区遺跡群VIII』太宰府市教委，100：山村信榮2004『太宰府・佐野地区遺跡群17』太宰府市教委，101：佐藤道文2002『太宰府・佐野地区遺跡群13』太宰府市教委，102：川述昭人1977『九州縦貫自動車道関係埋蔵文化財調査報告XVIII』福岡県教委，103：奥村俊久1984『通り浦遺跡・剣塚遺跡』筑紫野市教委，104：渡辺正気1957和銅銭副葬の一蔵骨器『九州考古学1』九州考古学会，105：中島恒次郎 1994『高雄地区遺跡群』太宰府市教委，106：小田富士雄1975『宝満山の地宝』太宰府顕彰会，107：児玉真一1992『菩提寺古寺古墳群』福岡県教委，108：橋口達也1982『古寺墳墓群』甘木市教委，109：橋口達也1979『池の上墳墓群』甘木市教委，110：小田和利1992『九州横断自動車道関係埋蔵文化財調査報告24』福岡県教委，111：仲間研志1994『九州横断自動車道関係埋蔵文化財調査報告32』福岡県教委

【筑後国】112：中島達也・佐藤雄史1995『苅又地区遺跡群I』小郡市教委，113：中島達也・佐藤雄史1995『苅又地区遺跡群II』小郡市教委，114：中島達也1996『苅又地区遺跡群III』小郡市教委，115：片岡宏二1990『津古土取遺跡』小郡市教委，116：毛利哲久（編）1986『津古中剪遺跡』小郡市教委，117：宮原浩之1986『横隈狐塚遺跡』小郡市教委，118：柏原孝俊1998『干潟向畦ヶ浦遺跡』小郡市教委，119：宮小路賀宏1971『西谷火葬墓群』久留米市教委，

【豊前国】120：宇野愼敏1999『御座遺跡群』北九州市教委，121：伊崎俊秋1992『椎田バイパス関係埋蔵文化財調査報告9』福岡県教委，122：小田富士雄1993荒堀火葬墓『豊前市史考古資料編』豊前市史編纂委員会，123：馬田弘稔（編）1978『中桑野遺跡』新吉富村教委，124：上野精志1978火葬墳墓について『九州縦貫自動車道関係埋蔵文化財調査報告XX』福岡県教委，125：飛野博文1993『穴ヶ葉山遺跡』大平村教委，126：浦井直幸2011『坂手隈城跡』中津市教委，127：栗焼憲児1993永添遺跡『1993年度中津地区遺跡群発掘調査概報（VI）』中津市教委，128：村上久和・田中裕介・清原史代1988勘助野地遺跡『一般国道10号線中津バイパス埋蔵文化財発掘調査報告書（I）』大分県教委，129：原田昭一（編）1995『森山遺跡』大分県教委・村上久和1992森山遺跡『一般国道10号線中津バイパス埋蔵文化財発掘調査報告書（3）』大分県教委，130：植田由美1994『森山遺跡』三光村教委，131：小林昭彦1992寺迫遺跡『一般国道10号線中津バイパス埋蔵文化財発掘調査報告書（3）』大分県教委，132：小田富士雄1958大分県の火葬墓『白渇遺跡』佐伯市教委，133：原田昭一1994サヤ遺跡『宇佐別府道路建設に伴う埋蔵文化財発掘調査報告書（II）』大分県教委

【小田裕樹，連絡先：奈良文化財研究所・橿原市木之本町94-1】

日本考古学　第32号

別表1　北部九州各郡の火葬墓変遷表

国	郡	遺跡名	遺構名	8c前半	8c中頃	8c後半	9c前半	9c中頃	9c後半
筑前国	宗像郡	宮地嶽火葬墓		▲					
		竹丸的場	SK8	◎					
		竹丸的場	SK9	▲					
		浦谷古墳群	F-4号墳	◎					
		浦谷古墳群	火葬墓			◎			
		朝町百田古墳群				▲			
		手光古墳群				▲			
		手光古墳群					▲		
		王丸梅ノ木谷遺跡					▲		
		田久瓜ヶ坂	SK81			◎			
	鞍手郡	汐井掛遺跡	3号墓		◎				
			1号墓			◎			
			5号墓			◎			
			2号墓			▲			
			4号墓			▲			
		柳ヶ谷墳墓			◎				
		都地原遺跡	第2号墳墓	◎－	◎				
			第4号墳墓	▲－	▲				
			第3号墳墓			◎			
		茶臼山城跡				◎			
	大宰府周辺	宮ノ本遺跡	7号墓	◎					
			8号墓	▲					
			4号墓		▲－	▲			
			9ST020			◎			
			7ST025			▲			
			9ST030			▲			
			10-2ST005				▲		
		結ヶ浦火葬墓		◎					
		唐人塚6号墳		◎					
		花見が丘火葬墓			◎				
		米噛火葬墓				▲			
		峯火葬墓				▲			
		唐人塚遺跡				▲			
		殿城戸6ST001					▲		
	下座郡	池の上墳墓群	31号墓		◎				
			32号墓		▲－	▲			
			3号墓		▲－	▲			
			36号墓			◎			
			17号墓			▲			
			18号墓			▲			
			21号墓			▲			
			24号墓			▲			
			27号墓			▲－	▲		
			35号墓			▲－	▲		
			13号墓				▲		
			14号墓				▲		
			15号墓				▲		
			23号墓				▲		
			20号墓					▲	
	上座郡	大迫遺跡	24号火葬墓	◎－	◎				
			45号火葬墓	◎－	◎				
			51号火葬墓		◎－	◎			
			5号火葬墓			▲			
			6号火葬墓			▲			
			7号火葬墓			▲			
			21号火葬墓			▲	▲		
			37号火葬墓			▲	▲		
			58号火葬墓			▲	▲		
			61号火葬墓			▲			
			10号火葬墓				▲		
			26号火葬墓				▲		
			34号火葬墓				▲		
			36号火葬墓				▲		
			52号火葬墓				▲		
			71号火葬墓				▲		
			2-1号火葬墓				▲		
筑後国	山本郡	西谷火葬墓群	2号墓				◎		
			B号墓				◎		
			F号墓				◎		
			6号墓				▲		
			A号墓				▲		
			E号墓				▲		
			G号墓				▲		
			4号墓				▲	▲	
			5号墓				▲	▲	
			1号墓					▲	
			3号墓					▲	
			D号墓					▲	
	御原郡	津古中剚遺跡	1号墓				◎		
			2号墓				▲		
			4号墓				▲		
		津古土取遺跡					▲		
		横隈狐塚遺跡						◎	
		干潟向畦ヶ浦遺	1号墓					▲	
			2号墓					▲	
		永浦遺跡	D-1号墓				▲		
			D-2号墓				▲		
			B-1号墓				▲		
			C-1号墓					▲	
豊前国	下毛郡	勘助野地遺跡	3号火葬墓			◎－	◎		
			1号火葬墓				◎		
			5号火葬墓				◎		
			2号火葬墓				▲		
			4号火葬墓				▲－	▲	
		穴ヶ葉山遺跡	1号火葬墓				◎		
			3号火葬墓				◎		
			4号火葬墓				◎		
		相原山首遺跡	1号墓				◎		
			6号墓				◎		
			4号墓				▲		
		森山遺跡	94ST-1				▲－	▲	
			94ST-2				▲－	▲	
			94ST-3					▲	
			93ST1					▲	
			93ST2					▲	
		寺迫遺跡						▲	
	宇佐郡	山本火葬墓群	1号	◎					
			2号	◎					
			3号	◎					
			4号	◎	◎				
		一鬼手火葬墓		◎					
		サヤ遺跡				◎			

◎は壺Aを示す。

別表２　分析対象資料一覧表

番号	遺跡・遺構名	埋納施設	骨蔵器	器種名	文献
	【大和国】				
1	押熊古墓	⑥	C ii	土師器壺A	1
2	西山古墓	不明	C iii	土師器甕	2
3	佐保山遺跡群	⑨	C ii	須恵器壺A	3
4	歌姫町火葬墓	⑨	C iv	須恵器壺B	4
5	平城京右京一条北辺四坊六坪SX1074	⑥	不明	不明	5
	平城京右京一条北辺四坊六坪SX1075	③・④	C i	灰釉陶器壺A	
6	五条山火葬墓	③	C ii	須恵器壺A	6
7	飛火野蔵骨器1	⑨	C ii	土師器壺A	7
	飛火野蔵骨器2	⑨	C v	土師器杯	
8	太安萬侶墓	④	B	木櫃	8
9	楢福ヶ谷遺跡	⑧	E	無し・有機質	9
10	白川火葬墓群1号墓	④	B	木櫃	9
	白川火葬墓群2号墓	⑨	C i	灰釉陶器壺A	
	白川火葬墓群3号墓	④	C i	灰釉陶器壺A	
	白川火葬墓群5号墓	⑨	C iii	土師器甕	
	白川火葬墓群6号墓	⑨	C iii	土師器甕	
	白川火葬墓群7号墓	④	C iii	土師器甕	
	白川火葬墓群8号墓	④	B	木櫃	
11	西山火葬墓1号墓	⑨	C iv	須恵器壺N	10
	西山火葬墓2号墓	⑨	C iv	須恵器壺N	
	西山火葬墓3号墓	⑨	C iii	土師器甕	
	西山火葬墓4号墓	⑨	C iv	土師器無頸壺	
	西山火葬墓5号墓	⑨	不明	不明	
	西山火葬墓6号墓	⑨	C iii	土師器甕	
12	僧道薬墓	⑥・⑧	C ii	須恵器壺A	11
13	岩屋火葬墓	不明	C ii	須恵器壺A	12
14	鈴原古墓1	不明	C ii	須恵器壺A	13
	鈴原古墓2	不明	C iii	土師器甕	
15	小治田安萬侶墓	②	B	木櫃	14
16	クレタカ古墓	⑧	C ii	土師器壺A	15
17	杣之内火葬墓	②・③	B	木櫃	16
18	横枕古墓群	⑨	C iv	須恵器甕	17
19	能登古墓	⑧	C ii	須恵器壺A	18
20	忍坂第10号墓	⑤	A	金銅製容器	19
21	鳥ヶ谷古墓	⑨	C ii	須恵器壺A	20
22	岩尾古墓	④	C ii	須恵器壺A	21
23	神木坂古墳群SK02	⑨	C iii	土師器甕	22
	神木坂古墳群SK10	⑨	C iii	土師器甕	
	神木坂古墳群SK12	⑨	C v	土師器皿	
24	下井足A2号墳西古墓	⑨	C iii	土師器甕	23
25	文祢麻呂墓	③	A	金銅製・ガラス製容器	24
26	拾生古墓	⑤	A	銅製容器	25
27	興善寺遺跡火葬墓群	⑨	C iv	須恵器壺B	26
	興善寺遺跡火葬墓群	⑨	E	無し・有機質	
28	上の井手古墓	不明	C iii	土師器甕	27
29	甘樫丘古墓	⑦	C ii	須恵器壺A	28
30	五条野内垣内遺跡	不明	B	木櫃	29
31	中尾山古墳	①	不明	不明	30
32	東中谷遺跡火葬墓1	⑨	B	木櫃	31
33	出屋敷遺跡1号墓	⑥	C ii	須恵器壺A	32
	出屋敷遺跡2号墓	③	B	木櫃	
34	呉谷古墓	不明	C i	灰釉陶器壺A	33
35	巨勢山古墳群13	⑨	C iv	須恵器横瓶	34
	巨勢山古墳群14	⑨	不明	不明	
36	大正池南遺跡	不明	C iii	須恵器壺B	35
37	島ノ山火葬墓	⑨	C iii	土師器甕	36
38	火野谷山火葬墓	⑨	A	銅製容器	37
39	三ツ塚古墳群火葬墓1	⑨	C iv	黒色土器壺	38
	三ツ塚古墳群火葬墓3	⑨	C iv	須恵器壺N	
	三ツ塚古墳群火葬墓4	⑨	E	無し・有機質	
	三ツ塚古墳群火葬墓10	⑨	C iii	土師器甕	
	三ツ塚古墳群火葬墓11	⑨	C ii	須恵器壺A	38
	三ツ塚古墳群火葬墓13A	⑧	C iii	土師器甕	
	三ツ塚古墳群火葬墓13B	⑨	C iii	土師器甕	
	三ツ塚古墳群火葬墓15A	⑨	C iii	土師器甕	
	三ツ塚古墳群火葬墓16	⑨	C iii	土師器甕	
	三ツ塚古墳群火葬墓19	⑨	E	無し・有機質	
	三ツ塚古墳群火葬墓20	⑧	C iii	土師器甕	
	三ツ塚古墳群火葬墓22	⑧	C iii	土師器甕	
	三ツ塚古墳群火葬墓32	⑨	E	無し・有機質	
	三ツ塚古墳群火葬墓33	⑧	E	無し・有機質	
	三ツ塚古墳群火葬墓34	⑨	C iii	土師器甕	
	三ツ塚古墳群火葬墓35	⑨	C iii	土師器甕	
	三ツ塚古墳群火葬墓47	⑨	C iii	土師器甕	
40	加守古墓	⑨	A	金銅製容器	39
41	威奈大村墓	⑥	A	金銅製容器	40
42	高山火葬墓	③	C ii・C iv・E	土師器壺A・須恵器壺H・無し・有機質	41
43	穴虫古墓	⑨	D	石製骨蔵器	42
44	高安山墳墓群	不明	不明	不明	43
45	久安寺モッテン墓地SX01	⑨	B	木櫃	44
	久安寺モッテン墓地SX12	⑨	C v	土師器鉢	
	久安寺モッテン墓地SX104	⑨	C iii	土師器甕	
46	美努岡萬墓	④	B	木櫃	45
47	僧行基墓	⑤？	A	金銅製容器	46
	【河内国】				
48	藤阪宮山古墓	⑦	C iv	須恵器壺B	47
49	獅子窟寺山古墓	不明	C iii	土師器甕	48
50	正興寺山火葬墓	不明	C ii	土師器壺A	49
51	千手寺山古墓	不明	C ii	須恵器壺A	49
	千手寺山古墓	不明	C iv	須恵器壺N	
	千手寺山古墓	⑨	C v	土師器杯	
52	辻子谷東古墓	⑧	C ii	土師器壺A	49
53	神感寺跡周辺火葬墓	⑨	C ii	須恵器壺A	49
	神感寺跡周辺火葬墓	⑨	C iii	土師器甕	
54	善根寺町火葬墓	⑨	C ii	須恵器壺A	49
55	正法寺山古墓	不明	C ii	須恵器壺A	49
56	大坂城跡墓2	⑨	C ii	須恵器壺A	50
	大坂城跡墓4	④	B	木櫃	
57	難波宮SX401	③	C ii	須恵器壺A	51
58	長原遺跡1	⑥	C v	土師器皿A	52
	長原遺跡2	⑥	C v	土師器皿A	
59	花岡山古墓	不明	C ii	土師器壺A	53
60	野中寺古墓	⑨	C iv	須恵器壺Q	54
61	平野古墓	不明	C ii	須恵器壺A	53
62	太平寺・安堂古墓	⑨	C iv	須恵器壺L	55
63	高井田古墓群1	⑨	C iv	須恵器壺N	56
	高井田古墓群2	⑨	C iv	須恵器壺	
	高井田古墓群3	⑨	C iv	須恵器壺	
	高井田古墓群4	⑨	C iv	須恵器壺	
	高井田古墓群5	⑨	C ii	須恵器壺A	
	高井田古墓群6	⑨	C iii	土師器甕	
	高井田古墓群7	⑨	C iv	須恵器壺L	
	高井田古墓群11	⑨	C iv	須恵器壺	
	高井田古墓群12	⑨	C iv	須恵器壺L	
	高井田古墓群13	⑨	C iv	須恵器壺B	
	高井田古墓群14	⑨	C iv	土師器壺	
	高井田古墓群15	⑨	C iv	土師器無頸壺	
	高井田古墓群18	⑨	C iii	土師器甕	
	高井田古墓群19	⑨	C ii	須恵器壺A	
	高井田古墓群20	⑨	C ii	須恵器壺A	
	高井田古墓群22	⑨	C iii	土師器甕	
	高井田古墓群23	⑨	C iii	土師器甕	

	高井田古墓群24	⑨	Cⅳ	須恵器壺L	56
	高井田古墓群25	⑨	E	無し・有機質	
	高井田古墓群27	⑨	Cⅳ	須恵器壺Q	
64	雁多尾畑49支群1号墓	⑧	Cⅱ	須恵器壺A	57
	雁多尾畑49支群2号墓	⑨	Cⅲ	土師器甕	
	雁多尾畑49支群3号墓	⑨	Cⅲ	土師器甕	
	雁多尾畑49支群4号墓	⑨	Cⅲ	土師器甕	
	雁多尾畑49支群4号墓周辺	不明	Cⅳ	須恵器壺B	
65	田辺墳墓群8号墓	⑥	E	無し・有機質	58
	田辺墳墓群9号墓	⑦	Cⅱ	須恵器壺A	
66	玉手山黄金塚古墓	不明	A	金銅製容器	59
67	玉手山古墓群9号墓	⑨	Cⅳ	須恵器壺L	60
	玉手山古墓群11号墓	⑨	Cⅲ	土師器甕	
	玉手山古墓群13号墓	⑨	Cⅳ	須恵器壺L	
	玉手山古墓群14号墓	⑨	Cⅴ	土師器鉢	
	玉手山古墓群15号墓	⑨	Cⅱ	須恵器壺A	
	玉手山古墓群17号墓	⑨	Cⅴ	土師器杯	
	玉手山古墓群18号墓	⑨	Cⅳ	須恵器平瓶	
	玉手山古墓群19号墓	⑨	Cⅲ	土師器甕	
	玉手山古墓群20号墓	⑨	Cⅲ	土師器甕	
	玉手山古墓群22号墓	⑨	Cⅳ	須恵器壺	
	玉手山古墓群23号墓	⑨	Cⅲ	土師器甕	
	玉手山古墓群24号墓	⑨	Cⅲ	土師器甕	
	玉手山古墓群26号墓	⑨	Cⅲ	土師器甕	
	玉手山古墓群27号墓	⑨	Cⅲ	土師器甕	
	玉手山古墓群28号墓	⑨	Cⅲ	土師器甕	
	玉手山古墓群30号墓	⑨	Cⅲ	土師器甕	
	玉手山古墓群31号墓	⑨	E	無し・有機質	
	玉手山古墓群32号墓	⑨	Cⅲ	土師器甕	
	玉手山古墓群33号墓	⑨	不明	不明	
	玉手山古墓群34号墓	⑨	Cⅰ	緑釉陶器壺	
	玉手山古墓群41号墓	⑨	Cⅲ	土師器甕	
	玉手山古墓群42号墓	⑨	Cⅲ	土師器甕	
	玉手山古墓群45号墓	⑨	Cⅲ	土師器甕	
	玉手山古墓群46号墓	⑨	Cⅲ	土師器甕	
	玉手山古墓群47号墓	⑨	Cⅳ	須恵器壺L	
	玉手山古墓群48号墓	⑨	Cⅳ	須恵器壺	
	玉手山古墓群51号墓	⑨	E	無し・有機質	
	玉手山古墓群54号墓	⑨	Cⅲ	土師器甕	
	玉手山古墓群55号墓	⑨	Cⅲ	土師器甕	
68	玉手山遺跡古墓	⑨	Cⅲ	土師器甕	61
69	飛鳥古墓	不明	D	石製骨蔵器	62
70	千軒堂火葬墓A	⑤	Cⅱ	須恵器壺A	62
	千軒堂火葬墓B	不明	D	石製骨蔵器	
71	多須谷古墳群	③・④	Cⅱ	須恵器壺A	63
72	松山山城遺跡火葬墓SK1	⑨	Cⅲ	土師器甕	64
	松山山城遺跡火葬墓SK2	⑨	Cⅱ	土師器壺A	
73	東山遺跡火葬墓	⑨	Cⅱ	須恵器壺A	65
74	吉田山火葬墓	不明	D	石製骨蔵器	62
75	御旅山古墓	不明	D	石製骨蔵器	62
76	非田院古墓	不明	Cⅱ	須恵器壺A	53
77	蔵の内古墓（大正14年発見）	不明	D	石製骨蔵器	53
	蔵の内古墓(昭和26年発見)	不明	D	石製骨蔵器	66
78	西浦古墓1	⑨	D	石製骨蔵器	67
	西浦古墓2	⑨	D	石製骨蔵器	
	西浦古墓3	⑨	D	石製骨蔵器	
79	埴生野古墓	⑧	Cⅱ	土師器壺A	53
80	石曳遺跡	⑨	B	木櫃	68
81	平1号墳古墓	不明	Cⅱ	須恵器壺A	69
82	甲田南遺跡1号墓	⑨	Cⅲ	土師器甕	70
	甲田南遺跡2号墓	⑨	Cⅲ	土師器甕	
	甲田南遺跡3号墓	⑨	Cⅲ	土師器甕	
	甲田南遺跡4号墓	⑨	Cⅲ	土師器甕	
83	楝坂古墓	不明	D	石製骨蔵器	71
84	東野古墓	不明	Cⅱ	須恵器壺A	72
85	寛弘寺遺跡7002	⑨	B	木櫃	73
86	板持古墓	不明	Cⅱ	須恵器壺A	74
	板持3号墳	⑨	Cⅳ	須恵器甕	
87	嶽山山頂遺跡	⑨	Cⅴ	須恵器鉢A	75
88	龍泉古墓	⑥	Cⅱ	須恵器壺A	76
	【筑前国】				
	（遠賀郡）				
88	白岩遺跡	⑨	Cⅱ	須恵器壺A	77
	（宗像郡）				
89	稲元古墳群	⑨	Cⅲ	土師器甕	
90	武丸的場遺跡SK8	⑧	Cⅱ	須恵器壺A	78
	武丸的場遺跡SK9	⑧	Cⅳ	須恵器壺K	
91	宮地嶽火葬墓	不明	A	金銅製容器・ガラス製容器	79
92	手光古墳群	⑨	Cⅲ	土師器甕	80
	手光古墳群	不明	Cⅳ	須恵器甕	
93	王丸梅ノ木谷遺跡	⑧	Cⅴ	須恵器杯	81
94	田久瓜ヶ坂遺跡SK81	⑨	Cⅱ	須恵器壺A	82
95	朝町百田古墳群	⑧	Cⅳ	須恵器甕	83
96	浦谷古墳群	⑧	Cⅱ	土師器壺A	84
	浦谷古墳群F－4号墳	その他	Cⅱ	須恵器壺A	
	（鞍手郡）				
97	柳ヶ谷墳墓	⑨	Cⅱ	須恵器壺A	85
98	都地原遺跡1号	⑨	Cⅳ	須恵器甕	85
	都地原遺跡2号	⑨	Cⅱ	須恵器壺A	
	都地原遺跡3号	⑨	Cⅲ	土師器甕	
	都地原遺跡4号	⑨	E	無し・有機質	
99	汐井掛遺跡1号	⑨	Cⅱ	須恵器壺A	86
	汐井掛遺跡2号	⑨	Cⅳ	須恵器甕	
	汐井掛遺跡3号	⑧	Cⅱ	須恵器壺A	
	汐井掛遺跡4号	⑧	Cⅳ	須恵器甕	
	汐井掛遺跡5号	⑨	Cⅱ	須恵器壺A	
100	茶臼山城跡	⑨	Cⅱ	須恵器壺A	87
	（早良郡）				
101	飯倉G遺跡	⑨	Cⅲ	土師器甕	88
102	有田遺跡66次1号土坑	⑨	Cⅲ	土師器甕	89
103	広石遺跡C地点	⑨	Cⅲ	土師器甕	90
	（怡土郡）				
104	荻浦立石遺跡1	⑨	Cⅴ	須恵器杯	91
	荻浦立石遺跡2	⑨	Cⅱ	須恵器壺A	
105	荻浦市園遺跡	⑨	Cⅳ	須恵器壺K	91
106	多久遺跡群D地点1号墓	⑧	Cⅳ	須恵器壺K	92
	多久遺跡群D地点1号墓	⑧	Cⅴ	土師器鉢	
	多久遺跡群D地点1号墓	⑧	Cⅴ	須恵器杯	
	多久遺跡群D地点1号墓	⑧	Cⅴ	須恵器杯	
	多久遺跡群D地点2号墓	⑨	Cⅳ	須恵器壺L	
	多久遺跡群D地点3号墓	⑨	Cⅱ	須恵器壺A	
	（御笠郡）				
107	石勺遺跡J地点	⑧	Cⅱ	須恵器壺A	93
	（大宰府周辺）				
108	篠振遺跡	⑨	不明	不明	94
109	日焼遺跡7ST030	⑨	Cⅳ	須恵器甕	95
110	宮ノ本遺跡4号墓	⑨	Cⅳ	土師器無頸壺	96
	宮ノ本遺跡7号墓	⑨	Cⅱ	須恵器壺A	97
	宮ノ本遺跡8号墓	⑨	Cⅳ	須恵器壺K	
	宮ノ本遺跡7ST025	⑨	Cⅳ	須恵器壺B	98
	宮ノ本遺跡9ST020	⑨	Cⅱ	須恵器壺A	99
	宮ノ本遺跡9ST030	⑨	Cⅲ	土師器甕	
	宮ノ本遺跡10ST001	⑨	Cⅳ	須恵器甕	100
	宮ノ本遺跡10－2ST005	⑨	Cⅳ	須恵器壺N	
111	殿城戸遺跡6ST001	⑨	Cⅳ	須恵器壺N	101
112	唐人塚古墳6号墳	その他	Cⅱ	須恵器壺A	102
	唐人塚古墳6号墳	その他	Cⅲ	土師器甕	
113	峯火葬墓	⑥	Cⅲ	土師器甕	103
114	米噛火葬墓	不明	Cⅳ	須恵器甕	103

115	結ヶ浦火葬墓	⑨	C ii	須恵器壺A	104
116	石穴遺跡1ST005	⑨	C iv	須恵器甕	105
117	花見が丘火葬墓	⑨	C ii	須恵器壺A	106
	(夜須郡)				
118	菩提寺古寺古墳群	⑨	C ii	須恵器壺A	107
119	古寺墳墓群7号墓	⑨	C v	須恵器鉢A	108
	古寺墳墓群	⑨	C iii	土師器甕	
	(下座郡)				
120	池の上墳墓群3号墓	⑧	C iv	土師器無頸壺	109
	池の上墳墓群13号墓	④	C i	施釉陶器壺	
	池の上墳墓群14号墓	⑧	C iv	須恵器壺N	
	池の上墳墓群15号墓	⑧	C iv	須恵器壺N	
	池の上墳墓群17号墓	⑨	C v	土師器杯	
	池の上墳墓群18号墓	⑨	E	無し・有機質	
	池の上墳墓群20号墓	⑧	C ii	須恵器壺A	
	池の上墳墓群21号墓	⑨	C iv	須恵器甕	
	池の上墳墓群23号墓	⑨	C iv	須恵器壺N	
	池の上墳墓群24号墓	⑨	C iv	須恵器甕	
	池の上墳墓群27号墓	⑨	C v	土師器鉢	
	池の上墳墓群31号墓	⑧	C ii	須恵器壺A	
	池の上墳墓群32号墓	⑥	C iv	土師器無頸壺	
	池の上墳墓群33号墓	⑨	C v	土師器鉢	
	池の上墳墓群35号墓	⑨	E	無し・有機質	
	池の上墳墓群36号墓	⑧	C ii	須恵器壺A	
	池の上墳墓群37号墓	⑧	不明	不明	
	(上座郡)				
121	大迫遺跡1号墓	不明	C iii	土師器甕	110
	大迫遺跡5号墓	⑨	E	無し・有機質	
	大迫遺跡6号墓	⑨	E	無し・有機質	
	大迫遺跡7号墓	⑨	E	無し・有機質	
	大迫遺跡10号墓	⑨	E	無し・有機質	
	大迫遺跡19号墓	⑨	E	無し・有機質	
	大迫遺跡20号墓	⑨	E	無し・有機質	
	大迫遺跡21号墓	⑥	C v	土師器杯	
	大迫遺跡24号墓	⑥	C ii	須恵器壺A	
	大迫遺跡26号墓	⑨	E	無し・有機質	
	大迫遺跡27号墓	⑨	E	無し・有機質	
	大迫遺跡29号墓	⑨	E	無し・有機質	
	大迫遺跡33号墓	⑨	E	無し・有機質	
	大迫遺跡34号墓	⑨	E	無し・有機質	
	大迫遺跡35号墓	⑨	E	無し・有機質	
	大迫遺跡36号墓	⑨	E	無し・有機質	
	大迫遺跡37号墓	⑨	B	木櫃	
	大迫遺跡38号墓	⑨	C v	土師器鉢	
	大迫遺跡40号墓	⑨	E	無し・有機質	
	大迫遺跡41号墓	⑨	E	無し・有機質	
	大迫遺跡42号墓	⑨	E	無し・有機質	
	大迫遺跡43号墓	⑨	E	無し・有機質	
	大迫遺跡44号墓	⑨	E	無し・有機質	
	大迫遺跡45号墓	⑨	C ii	須恵器壺A	
	大迫遺跡51号墓	⑧	C ii	須恵器壺A	
	大迫遺跡52号墓	⑨	E	無し・有機質	
	大迫遺跡54号墓	⑨	E	無し・有機質	
	大迫遺跡56号墓	⑨	E	無し・有機質	
	大迫遺跡57号墓	⑧	E	無し・有機質	
	大迫遺跡58号墓	⑨	C iii	土師器甕	
	大迫遺跡59号墓	⑨	E	無し・有機質	
	大迫遺跡61号墓	⑨	B	木櫃	
	大迫遺跡71号墓	⑨	E	無し・有機質	
	大迫遺跡91号墓	⑨	E	無し・有機質	
	大迫遺跡2－1号墓	⑥	E	無し・有機質	
122	治部の上遺跡	不明	C iv	須恵器甕	111
	【筑後国】				
	(御原郡)				
123	永浦遺跡B－1	⑨	C iii	土師器甕	112
	永浦遺跡C－1	⑧	C iv	須恵器壺N	
	永浦遺跡D－1	⑨	C v	土師器鉢A	113
	永浦遺跡D－2	⑨	C v	土師器鉢	
124	勝負坂遺跡	不明	C ii	須恵器壺A	114
125	津古土取遺跡	⑨	C iii	土師器甕	115
126	津古中ノ丁遺跡1号	不明	C ii	須恵器壺A	116
	津古中ノ丁遺跡2号	⑥	C v	須恵器皿	
	津古中ノ丁遺跡3号	⑨	C iii	土師器甕	
	津古中ノ丁遺跡4号	⑨	C iii	土師器甕	
127	横隈狐塚遺跡	⑨	C ii	黒色土器壺A	117
128	干潟向畦ヶ浦遺跡1号	⑨	C iv	須恵器壺K	118
	干潟向畦ヶ浦遺跡2号	⑨	C iv	須恵器甕	
	(山本郡)				
129	西谷火葬墓群1号	⑧	C i	施釉陶器壺	119
	西谷火葬墓群2号	⑨	C ii	須恵器壺A	
	西谷火葬墓群3号	⑧	C iii	土師器甕	
	西谷火葬墓群4号	⑧	B	木櫃	
	西谷火葬墓群5号	⑧	B	木櫃	
	西谷火葬墓群6号	⑧	C v	土師器鉢	
	西谷火葬墓群A号	⑨	C iv	須恵器壺	
	西谷火葬墓群B号	⑨	C ii	須恵器壺A	
	西谷火葬墓群C号	⑨	E	無し・有機質	
	西谷火葬墓群D号	⑧	C iv	須恵器壺N	
	西谷火葬墓群E号	⑨	C iv	須恵器甕	
	西谷火葬墓群F号	⑨	C ii	須恵器壺A	
	西谷火葬墓群G号	⑧	C iii	土師器甕	
	【豊前国】				
	(企救郡)				
130	御座遺跡第7地点	⑨	C iv	須恵器壺L	120
	(築城郡)				
131	広幡城跡	⑨	C ii	須恵器壺A	121
	(上毛郡)				
132	荒堀火葬墓	不明	C iv	須恵器壺K	122
	荒堀火葬墓	不明	C iv	須恵器壺N	
133	中桑野遺跡	⑨	C iv	須恵器壺N	123
134	下唐原遺跡	不明	C ii	須恵器壺A	124
135	金生原	不明	C ii	須恵器壺A	124
136	穴ヶ葉山遺跡1号	⑨	C ii	須恵器壺A	125
	穴ヶ葉山遺跡2号	⑨	C ii	須恵器壺A	
	穴ヶ葉山遺跡3号	⑨	C ii	須恵器壺A	
	穴ヶ葉山遺跡4号	⑨	C ii	須恵器壺A	
137	東山遺跡1号	不明	C ii	須恵器壺A	124
	東山遺跡2号	不明	C ii	須恵器壺A	
	東山遺跡3号	不明	C ii	須恵器壺A	
	東山遺跡4号	不明	C iv	須恵器壺N	
138	平山遺跡1号	不明	C ii	須恵器壺A	124
	平山遺跡2号	不明	C ii	須恵器壺A	
	(下毛郡)				
139	坂手隈城跡ST-1	⑨	C ii	須恵器壺A	126
	坂手隈城跡ST-2	⑨	C iii	土師器甕	
140	相原山首遺跡1号	⑨	C ii	須恵器壺A	127
	相原山首遺跡4号	⑧	C iv	須恵器甕	
	相原山首遺跡6号	⑨	C ii	須恵器壺A	
141	勘助野地遺跡1号	⑨	C ii	須恵器壺A	128
	勘助野地遺跡2号	⑨	C iii	土師器甕	
	勘助野地遺跡3号	⑨	C ii	須恵器壺A	
	勘助野地遺跡4号	⑨	C iv	須恵器壺K	
	勘助野地遺跡5号	不明	C ii	須恵器壺A	
142	森山遺跡87ST1	⑨	C iii	土師器甕	129
	森山遺跡93ST1	⑥	C iv	須恵器壺N	130
	森山遺跡93ST2	⑨	C iii	土師器甕	130
	森山遺跡94ST1	⑨	B	木櫃	129
	森山遺跡94ST2	⑨	B	木櫃	
	森山遺跡94ST3	⑥	E	無し・有機質	
143	寺迫遺跡	⑨	C iv	須恵器壺N	131
	(宇佐郡)				
144	四日市町一鬼手火葬墓	⑧	C ii	須恵器壺A	132
145	山本火葬墓群1号	⑧	C ii	須恵器壺A	132
	山本火葬墓群2号	⑧	C ii	須恵器壺A	
	山本火葬墓群3号	不明	C ii	須恵器壺A	
	山本火葬墓群4号	不明	C ii	須恵器壺A	
146	サヤ遺跡	不明	C ii	須恵器壺A	133

Construction Backgrounds Observed in Comparison of Tomb Structures in Kinai and Northern Kyushu

ODA Yuki

In this article, comparison was made on aspects of Kinai and northern Kyushu in order to examine class differences and regional qualities, as well as acceptance process in local societies, focusing on the structures of ancient cremation tombs.

As a result of the analysis, three types of tomb structures, Type I to III, were detected in cremation tombs in Kinai and northern Kyushu. Class difference existed in the burials between Type I and Type II/III. Particularly Type I cremation tombs were assumed to belong to upper officials, pointing out a possibility that they were closely related to enforcement of an official burial system intended under the rules of "Sosoryo."

It was also revealed by extracting regional qualities observed in ancient cremation tombs that there were differences among sites and small areas in attributes. This indicates regional differences such as composition of urns, burial facilities, intentional processing, burial styles, and so on. Acceptance processes of cremation tombs in northern Kyushu were organized and characteristics were found such as "common quality of introduction" and "diversity of developmental processes." Possibilities were discussed that the intervention of monks with ties to the central government and regions was in the background of "common quality of introduction," and complicated elements which indicate fluctuation of local communities were related to "diversity of developmental process."

Keywords :

Studied period : Nara to Heian periods

Studied region : Kinai, northern Kyushu

Study subjects : ancient cremation tomb, grave structure, regional comparison

キリシタン遺物の考古学的研究

―布教期におけるキリシタン遺物（メダイ）の流入プロセス―

後　藤　晃　一

Ⅰ．メダイについて　　　　　　　　Ⅴ．1587年以前のメダイの様相
Ⅱ．メダイの年代設定　　　　　　　Ⅵ．メダイの流入形態の変化
Ⅲ．府内型メダイ　　　　　　　　　Ⅶ．結語
Ⅳ．ヴェロニカのメダイ

― 論 文 要 旨 ―

　本稿は、時期の認定が可能で、さらには布教期でも前半段階に位置づけられる大分県府内の中世大友府内町跡で出土したメダイを中心に、キリシタン遺物を通して中世におけるキリシタン遺物の流入形態について考察を試みるものである。中世大友府内町跡出土のメダイは大きく2種類あり、一つはヴェロニカのメダイともう一つは当時舶来していたメダイを模倣して府内で独自に製作したと考えられる「府内型メダイ」である。両者共に、府内が1587年に島津侵攻によって焼亡したという背景から、層位的検証によりそれ以前という位置づけがなされる。したがって両者の遺物の有する情報は、1587年以前のキリシタン遺物の様相である。この府内出土メダイと全国の布教期のメダイの形態的分析により、布教期は円形・楕円形・突起楕円形・多角形といった多様な形態が存在することが判明した。さらにはフロイス『日本史』の記述と出土資料の比較検証により、ヴェロニカのメダイが16世紀の中心的メダイであった可能性が示唆された。

　さらに、理化学分析の導入によって、メダイの素材からの考証が可能となった。具体的には、蛍光X線分析により、詳細な金属組成が把握できるようになり、さらには鉛同位体比分析により素材の産地まで掌握できるようになった。その結果、16世紀末以前は鉛製や純銅製のメダイが主流を占め、16世紀末頃以降は真鍮製が主体となっていく傾向が看取された。これはつまり、盛んに国内でメダイを製作していた段階から、西洋から多く舶来する形態へとの変化を表しており、16世紀末を境に、キリシタン遺物の流入形態に変化があったことを示している。

　キリシタン遺物の研究は、これまで伝世資料を中心に、宗教学、文献史学（西洋史料を中心とする）、図像学、民俗学等からのアプローチがその主流となっていたが、こうした考古学的検証や理化学分析による検証を統合することにより、キリシタン遺物の布教期における流入形態にまで言及できる段階へと至ってきたといえる。

キーワード

受付：2011年5月16日
受理：2011年7月23日

対象時代　中世（布教期）
対象地域　日本，東南アジア，西洋
研究対象　キリシタン遺物，メダイ，流入プロセス

Ⅰ．メダイについて

メダイとは金属製の円盤状製品，つまりメダル状のもので，表裏にキリストやマリア，聖人等が描かれる。そして上部には鈕が付いており，紐等を通すようになっているところが特徴である。ポルトガル語でmedalha，フランス語でmedailleと綴り，これらの発音からメダイとなったものと考えられる。現在でもメダイは使用されているので，その使用例を挙げてみると，まずはロザリオ（キリスト教徒が祈りを数えるのに使用する数珠）につけられる場合がある。またメダイは教会等で一般に売られ，お土産品のようになっている場合もあり，宗教的意味合いの有無にかかわらず，アクセサリー的に使用される場合もある。例えばチェーンに通してネックレス状にして用いる場合などである。現在世界的に最も多く人々の手に渡っていると思われるメダイの形態は，通称「不思議のメダイ」と呼ばれる形態で，パリに所在する不思議のメダイの聖母の聖堂（Chapelle Notre Dame de la Medaille Miraculeuse）では，現在でも数多くの人が訪れてメダイを買い求めている（図1・2）。この「不思議のメダイ」は愛徳姉妹会修道女カタリナ・ラブレが夢の中に出てきたマリアの預言に基づきメダイを作成したところ，爆発的に売れたと言われており，現在でもそのメダイの奇跡にあやかろうと多くの人が買い求めている。こうした傾向はメダイのマリアに願いをかける，いわば現世利益的要素を持っており，それはキリスト教の信仰自体の変化を表すものであるという指摘もある[1]。

この修道女カタリナ・ラブレの話は1830年にまで遡る。よってメダイには通常その1830年の年号が刻まれる。年号の刻まれる面には，頭に12の星の冠を戴いた聖母マリアが地球の上に立ち，手からは光線が出ている。さらに足下には悪のシンボルである蛇を踏み砕いている。マリアの周囲には"O MARIE CONCUE SANS PECHE, PRIEZ POUR NOUS QUI AVONS RECOURE A VOUS"（「原罪なくして宿り給いし聖マリア，御身に依り頼み奉る我等の為に祈り給え」）という文字が巡る。

一方の面には十字架と"M"の文字とさらにその下にイエスとマリアの心臓が描かれる。心臓は，茨の冠のイエスの心臓と槍で貫かれたマリアの心臓である。そして周囲には12の星が巡り，12使徒の上に立てられた教会を表す。

現在にいたるまで，こうした形態のメダイは，一種お守り的な要素をもって所持された傾向があり，その側面からメダイは，現代において様々な形で所持されることがあり得るのである。

では，布教期（16世紀後半～17世紀前葉）[2]のメダイはどのように使われていたのであろうか。具体的にどの

ように所持されていたかについては，文献資料や発掘事例からある程度推測が可能である。まず，ロザリオに付けて使用されていたかどうかであるが，これについてはフロイス『日本史』に参考となる記述が認められる（松田・川崎2000）。ドミンガスというあるキリシタンの老女が異教徒の若者（キリシタンから見た異教徒）から信心具を取られた場面の一節で，「彼女がコンタツの端につけていました鉛のメダイを取り上げました」（表6史料②）とある。これからも分かるように，メダイはコンタツ[3]つまりロザリオの端につけて用いられていた。

次に，ロザリオ以外の用いられ方としては，同じくフロイス『日本史』の記述に次のような一節がある。「彼はその若者が頸に掛けていた錫のメダイを見つけ，手ずからそれをひったくり，デウスにまつわることへの侮蔑と嫌悪の念からそれを足で踏みつけた」（表6史料⑩）とある。ここでいう彼とは松浦鎮信のことであるが，彼が奪ったメダイは若者の頸にかかっていたとあることから，これはコンタツに付されていたものとは考えにくい。現在アクセサリー的に身につけているような形（あくまで見た目の形であって，当時は宗教的意味合いの上で付けていることは言うまでもない）で頸からさげていた可能性がある。これについては，発掘出土品にも類例が見られる。

福岡県福岡市博多区所在の博多遺跡群第111次調査ではメダイと十字架の土製鋳型が出土した（図11 佐藤2002）。この鋳型の特徴的な部分は，メダイと十字架と共に，それを通していたチェーンか紐のような痕跡までが残っていた点である。つまりこの鋳型は，当時使用されていたメダイと十字架の製品をそのまま粘土に押し当てて型をとった，いわゆる踏み返しのものであることがわかる。それと同時に，この鋳型によってメダイと十字架がどのように使われていたかも分かる。この鋳型のスタンプを見る限り，このメダイと十字架はロザリオに装着されているのではなく，チェーンか紐に両者を通して吊して使用したものである。これは十字架の形態からも分かる。十字架については，十字架縦軸の短い方と長い方のいずれかに穿孔もしくは鈕が付けられる場合が存在し，いずれにつくかでその使用法が異なると考えられている。井藤暁子氏はロザリオの集成を通して，ロザリオの十字架と吊し用の十字架単独品の2種が存在することを指摘している。ロザリオの十字架は上下逆さ方向（十字架縦軸の短い方が下にくる）に吊され，十字架単独品は正常方向（十字架縦軸の短い方が上にくる）に吊されるとしている（井藤2006）。この鋳型の場合，十字架の鈕は縦軸の短い方へつけられており，ロザリオ用ではなく吊し用であることが分かる。よってメダイも同様に吊されていた訳であり，前述のフロイスの記述に見られる「メダイは若者の頸にかかっていた」というのは，まさ

しくこうしたものであった可能性が高い。

この他にフロイスの記述からは，志賀太郎（志賀親次，後のドン・パウロ）の少年期の記述で，「コンタツを求めてそれで祈り，身につけるためにメダイを求め，キリシタンたちが信心のために用いているその他の品を蒐集した。」（表6史料⑦）とあり，やはりコンタツ（ロザリオ）とメダイは別々に所持したことが窺われる。また，大友宗麟の臨終に際して行われた一節で，「奥方のジュリア様が私に，数あるコンタツのロザリオの中でも国主が特に愛用しておられました象牙の曝首がついたコンタツとローマの聖布（ヴェロニカ）を国主の頸に付けることを許されたいと切に願いましたので，こうした悲しみの折でもありますので，その望みに応じてそれらを頸に付けました。」（表6史料⑧）とある。ここではメダイという記述がないが，「ローマの聖布（ヴェロニカ）」はポルトガル語原文では「veronica de Roma」であり，フロイスの記述の中ではメダイは「veronica」と記されることが多い（この点については本稿「Ⅳ．ヴェロニカのメダイ」において詳述する）。ヴェロニカは西洋では羊皮紙に描かれたり，バッジに描かれたりすることもあり[4]，ここでメダイに限定することはできないが，宗麟の頸にコンタツと共に付けたという描写から見る限り，このヴェロニカはメダイである可能性が高いと考えられる。ただ，この場合，コンタツには曝首が付いていたと表現されているのに対して，ヴェロニカは付いていたと表現はされておらず，したがって両者は別々にあった可能性が高いといえよう。

以上より，中世におけるメダイについては，ロザリオ（コンタツ）の先に付けて使用したり，チェーンや紐に通して頸から提げて使用していたことが推測される。

Ⅱ．メダイの年代設定

これまでメダイの時期認定は，基本的にはメダイに描かれた図像の解釈が中心であった。国内で数多くの伝世資料が確認されているが，それらが伝わった当時の記述が残っている文書はほぼ皆無といってよい。したがって，現在残っているメダイそのものを観察することによってしか時期の認定はできなかったのである。そしてこれまで，美術史を中心に研究が進められ，伝世資料の大半が図像解釈に基づいて時期区分されている。恐らくそれらの研究成果は大勢において異論のないものとなっているといってよいであろう。さらにその中には，少数ではあるがほぼ製作年代を限定できるものもある。ここではまずそれを見てみる。代表的なものとして次の4種類が挙げられる。

ⅰ）「グレゴリウス14世」メダイ（図3）

大阪府茨木市千提寺の東氏所蔵のメダイで「グレゴリウス14世」が描かれる（図3－左側）。グレゴリウス14世が在位した期間は1590～91年である。反対の面に描かれたキリストとマリア像の下には1591の年号が見え，その頃の製造であることがわかる。

ⅱ）「クレメンス8世」メダイ（図4）

大阪府茨木市千提寺の中谷氏所蔵のメダイで，「クレメンス8世」が描かれ，下に1600年銘が記されている。

ⅲ）福者ザビエルメダイ（図5・30）

一方の面にフランシスコ・ザビエル，一方の面にはイグナティウス・デ・ロヨラが描かれるメダイで，大分市丹生発見資料（図5），長崎県原城跡出土資料（図30），長崎県生月町伝世資料，大阪府茨木市千提寺の東氏所蔵資料等がある。

このうちザビエルの面については，ザビエルの像の上部に「B.FranciscusXaverius」という文字が記されており，ザビエルが福者であったことが示されている。よってこのメダイの製造は，ザビエルが福者であった期間1619～21年の間である可能性が高い。

なお，もう一方の面のロヨラについては，ザビエルのように「B」の刻銘が認められる例が少ない（残存状況がよくないものが多い）。列聖がザビエルと同じ1622年であることから，福者ザビエルに対応する面のロヨラは同じく福者であると思われる。

ⅳ）「聖カルロ・ボッロメーオ」メダイ（図6）

福井藩医・奥田家伝来資料（図6）・東京国立博物館所蔵資料がある。

聖カルロ・ボッロメーオとは，イタリア生まれのカトリックの聖人で，1565年にはミラノ大司教になった。

1584年11月4日，ミラノで死去した後，1610年11月1日に列聖された。図6のメダイ（右側が該当，左側は無原罪のマリア）には聖カルロの横顔とその上に"S CARO"の文字が見られ，"S"の文字から聖人であることが分かる。彼の列聖年である1610年以降に製作されたものであることを示す資料である。

以上の4種類のメダイは，製作年代が明確に推察できる例である。しかし，メダイの製作時期と流入時期は異なる。上記の4種類のメダイについては，あくまでメダイそのものの製作時期が推測されたのであって，日本に流入された時期を確認しえたわけではない。

このようにメダイの流入時期，つまり日本に布教期どのようなメダイが存在していたかについては，明確な判断基準を持ち得なかったのがこれまでの現状であったと言えよう。しかしながら，1900年以降増え始めた発掘調査による出土資料は，その布教期のメダイの存在を位置づけることを可能としたのである。つまり，メダイの流入状況を把握することができ，その流入時期をも推し量れるようになってきた。

そこでここからは，発掘調査による出土資料を中心

に，布教期のメダイの時期の設定を行っていきたいと思う（表1）。この時期設定で示す「時期」とは，「日本にメダイが流入していた時期」である。

(a) 1587年以前：
中世大友府内町跡出土遺物（図7・図14〜20）
(b) 16世紀末〜17世紀初頭：
博多遺跡群第111次調査（図11〜13）
万才町遺跡（図24）
万才町遺跡（県庁新別館）（図25・26）
(c) 1620年代以前：
黒崎城跡5区出土遺物（図27）
(d) 16世紀第4四半期〜17世紀ごく初頭：
東京駅八重洲北口遺跡出土遺物（図28）
(e) 17世紀初頭：
勝山町遺跡（図29）
(f) 1619年〜1638年：
原城跡出土遺物（福者ザビエル・福者ロヨラ）（図30）
(g) 1638年（寛永十五年）以前：
原城跡出土遺物（図31〜38）

次に，上記の時期設定の根拠を，整理しておきたいと思う。
（a）の出土遺物には，大きくヴェロニカのメダイ（図7）と府内型メダイ（図14〜20）との2種がある（坂本他2005・2006・2007）。それぞれのメダイの詳細については，次項（Ⅲ・Ⅳ）で触れる。まず府内型メダイについては，その大半が府内の各調査区で検出される，1587年の島津侵攻に伴う焼土の下から出土している。つまり府内型メダイは1587年以前の位置付けが可能である。

次に，ヴェロニカのメダイの時期については，府内型メダイのように焼土との直接の上下関係は認められていないが，以下の点から1587年以前の可能性が高い。

ヴェロニカのメダイは廃棄土坑から出土しているが，共伴する遺物は非常に希薄で，それによって時期の認定には至らない。しかし発掘調査時の所見によれば，互いに切り合っている遺構との関係から，16世紀後半代に位置づけられるとされている。

次に，指輪との関係から年代の推測が可能である。この中世大友府内町跡では第43次調査区において，鉛と錫の合金からなる指輪が1点出土している（図49）。出土した遺構は1570年代に埋まったと考えられる土坑である。神戸市立博物館に所蔵されている島原旧教徒からの没収品の中には，府内出土のものとほぼ同形態の指輪（図50）がヴェロニカのメダイ（図10）とセットで納められている。府内で出土したヴェロニカのメダイと指輪の関係を考える上で興味深いセットである。

さらに府内で出土したヴェロニカのメダイと指輪は，素材的にも近い関係にある。まず，金属の組成は両者共に鉛と錫の合金である（表4）。さらに両者は，鉛同位体比の数値も近似している（グラフ10〜13・図7・図49）。つまり両者は，金属の種類的にも，あるいは製作過程的にも近い関係がある可能性がある。そうすると，指輪は前述のように1570年代以前に位置づけられるので，指輪とヴェロニカのメダイが近い関係にあるのならば，メダイも同じ頃に府内に存在した可能性がある。

また，中世大友府内町跡の遺跡全体の解釈から見た場合，島津氏の府内侵攻後（1587年以降），府内の町中でキリスト教文化が興隆していた可能性は低い。島津氏侵攻後，府内の町が復興した形跡は発掘調査所見から確認できるが，明らかにその復興期に帰属すると考えられる（1587年以降にもたらされた，あるいは製作された）キリシタン関係の遺物や遺構は検出されていない。また文

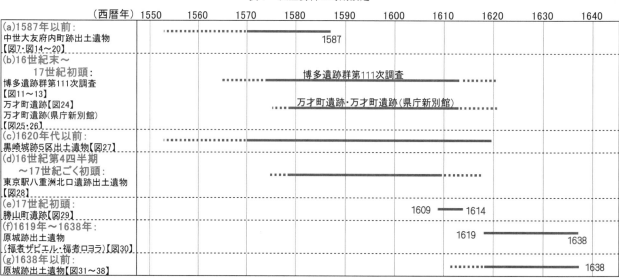

表1　出土資料の時期設定

献上でも，島津氏侵攻後に教会が再興して，宣教師が再び府内で積極的に宣教したという記録は確認されておらず，そうした環境下においては，新たにキリシタン遺物が府内にもたらされた可能性は低いと考えられる。

以上より，府内型メダイとヴェロニカのメダイは，1587年以前に位置づけることが可能である。

（b）は３ケ所の遺跡から出土した遺物である。

まず博多遺跡群第111次調査で出土した遺物を見ていく（佐藤2002）。

図11はヴェロニカのメダイと十字架の鋳型であるが，Ⅱ区土壙（SK20）から出土している。この土壙からは，唐津系の皿（慶長年間）が２点，朝鮮王朝陶器等が共伴していることから16世紀末～17世紀初頭に位置づけられている。

次に図12の資料は，Ⅳ区包含層Ｇ－３区Ⅰ層からの出土で，その層位的所見から16世紀末～17世紀初頭に位置づけられている。

最後に図13については，包含層からの出土であるが，遺構から時期認定はできていない。府内型メダイという形態的特徴から勘案すると，1587年以前の位置づけも可能かもしれない。

大友宗麟は博多の中央で海岸に近い広大な土地を教会用地として与えたとされている。そしてその後その場所とは異なる所に黒田長政が慶長７年に教会建設を行ったとされる。府内型メダイやヴェロニカのメダイの存在を勘案すると，博多遺跡群で出土したキリシタン遺物は，黒田長政期よりもむしろ大友宗麟期に帰属する可能性が高いことが示唆される。よってこれらの遺物は，16世紀末～17世紀初頭の中でも古い段階に位置づけられ，恐らく17世紀までは下らないものと思われる。府内の例を参考とすれば，1587年以前に遡る可能性もある。

次に万才町遺跡出土遺物（図24）は，包含層B区３層から出土しており，層位的な検証から16世紀末～17世紀初頭に位置づけられている（大橋他1996）。

最後に万才町遺跡［県庁新別館］から出土した２点のメダイは，図25は包含層B-５区７層から出土，図26は火災整理土坑SK35からの出土で，いずれも遺構の層位的検証に基づき，16世紀末～17世紀初頭に位置づけられている（宮崎・寺田1996）。

（c）は黒崎城跡５区出土遺物（図27）で，柱穴からメダイが１点出土している。当該遺構は初期伊万里を共伴しないため，調査所見として1620年代以前としている（佐藤2007・角川他2008）[5]。

（d）はキリシタン墓群が検出された東京駅八重洲北口遺跡出土遺物である（図28）。このメダイが出土した墓壙（1404号）の層位的所見に基づき，16世紀第４四半期～17世紀ごく初頭［１期］に位置づけられる（金子・今野・鈴木2003）。

（e）は勝山町遺跡で出土した図29の資料が該当する。近世初期の教会跡サント・ドミンゴ教会跡で検出された排水溝（２区排水溝６）から出土している。出土遺物は1580年～1610年にかけての中国磁器，肥前陶器が主体で，1610年以降の肥前陶磁を含まないことより，17世紀初期に位置づけられ，さらにこの時期はサント・ドミンゴ教会建立前後から廃絶期（1609～1614）に該当することより，その間への帰属が可能である（扇浦2003）。

（f）・（g）は原城跡からの出土遺物である（図30～38）（松本1996・2004）。原城跡は，寛永14（1637）年に起こった島原の乱の舞台となった遺跡で，よってこの遺跡から出土している遺物は，下限が1638年である。

さらにこの中の遺物で，フランシスコ・ザビエルとイグナティウス・デ・ロヨラを表裏に描いた（図30）の資料は，ザビエルとロヨラがいずれも福者であることから，時期が限定できる。ロヨラは教皇パウルス５世によって1609年７月27日に列福され，グレゴリウス15世により1622年５月22日に列聖された。ザビエルは1619年10月25日に教皇パウルス５世によって列福され，1622年３月12日に教皇グレゴリウス15世によって列聖された。よって，ロヨラが福者であったのは1609年～1621年，ザビエルが福者であったのは1619年～1621年である。つまり両者が表裏に描かれるこのメダイの製作時期は1619年～1621年の間であり，日本への流入時期は1619年以降である。そして，このメダイは原城跡の発掘調査によって出土していることから，前述のように1638年以前へ位置づけられる。以上よりこのメダイは，日本への流入時期を1619年～1638年という極めて短い期間に限定することができる稀少な資料といえる。

以上が時期設定の根拠であるが，上記の出土遺物の中に，朝日新聞社長崎支局敷地（ミゼリコルディア跡）出土資料（図39）が含まれていないが，これは，表採資料のために，調査所見による時期認定が行われていないことによる。ただこの資料については，ヴァチカン図書館内の古銭の専門家ジアン・カルロ・アルテリ（GianCarloAlteri）博士によって，図像解釈に基づく鑑定がなされており，「16世紀末から17世紀初めのもの」と報告されている（結城1992）。

以上の資料の中で，注目されるのが1587年以前に位置付けられる，中世大友府内町跡出土遺物である。前述の図像から年代のわかる資料でも，最も古いものは「グレゴリウス14世メダイ」で，1591年以降である。したがって，日本における最も古い段階のメダイの様相を中世大友府内町跡出土遺物によって知ることができる。

そこで，この中世大友府内町跡で出土した２種類のメダイ，「府内型メダイ」と「ヴェロニカのメダイ」について見ていきたいと思う。

Ⅲ．府内型メダイ

府内型メダイとは，中世大友府内町跡から出土した茄子のような形をした鉛製や銅製の金属製品である（図14〜20）。これらの金属製品については，類例が知られておらず，出土当初はその位置付けについて明確になされていなかった。しかし，この遺物を出土している遺跡の性格や，金属製品の形状，素材等を細かく検証していく中で，この金属製品は宣教師がもたらしたメダイを模倣して，府内で独自に製作されたメダイではないかと考えるに至った。ここではその検証過程を整理していきたいと思う。

1．中世大友府内町跡について

まず具体的検証に入る前に，府内型メダイを出土した中世大友府内町跡について触れておきたい。中世大友府内町跡は，現在の大分市内中心部に位置する。発掘調査は平成8年度の大分市教育委員会による区画整理事業に伴う大友氏館確認調査に始まり，1999年度からは，大分県教育委員会の行うJR高架化及び国道10号の拡幅に伴う調査が加わる形で現在まで行われ，その調査次数はすでに90次を超えている。このJR線路と国道10号は，城下町の中央部を交差して走っており，この結果，中世大友氏の城下町に巨大なトレンチを入れるような形となり，市内中心部であるにも関わらず，城下町の全容をかなり把握できる全国的にも稀少な遺跡となっている。

この遺跡のメインとなる遺構群は，キリシタン大名大友宗麟の城下町の時期に帰属する。16世紀段階は大友宗麟の保護のもとで，教会やコレジオ，そして病院や育児院などが建てられ，キリスト教文化が栄えた町であった。病院ではアルメイダにより日本で最初の外科手術が行われ，教会ではヴィオラなどの楽器を使って合唱や演劇などが催されるなど，町中には異国情緒豊かな雰囲気が漂っていたと考えられる。そして，それを裏付けるように当時のキリスト教文化を示す品々が発見されている。発見されたキリシタン関係の遺物は，メダイ・コンタツ・指輪・真鍮製チェーン等で，さらに府内町跡の西のはずれの方ではキリシタンの人のものと思われる墓も発見されている（坂本他2007）。

2．府内型メダイの認定

当初府内型メダイは分銅の一種とみなされていた。それは，後に府内型メダイと位置付けられる金属製品が最初に数多く見つかった第12次調査区において，多数の分銅を検出していたからであった。しかし，別の調査区（第21次調査区）から出土した1点の金属製品（図20）により，これらは分銅ではなく，メダイの一種である可能性が高くなったのである。

その金属製品を出土した第21次調査区は，府内古図（大分市歴史資料館蔵）に照らし合わせると，御内町もしくは堀ノ口町と呼ばれる町屋跡に比定される。井戸，廃棄土坑等が検出されており，調査区西側を南北に走る大路に面した，町屋の裏手の状況を示すものと考えられる。また，東隅には南北に走る16世紀後半から17世紀初頭の溝があり，この町屋の東側（裏手）を画している。メダイと考えられる金属製品はこの溝から出土した。

この金属製品の大きさは，長径2.4cm，短径1.8cm，厚さ0.4cmで，上部には紐等を通したと思われる穿孔が横方向に施されている。そのことからこれが，装飾品の一種であることが考えられる。穿孔部の下は円形を呈し，一方の面には線刻が見られ，一方の面には何かを嵌め込んだと思われる窪みがある。

このうちまず線刻については，鉛が主成分のためにX線撮影では透過率が悪く，クリーニングを行った結果，ギリシャ十字に類似した画像が見えた。

次にもう一方の面にある窪みについては，その窪みに絵をガラスで埋め込んでいた可能性がある。そうした例は長崎県日本二十六聖人記念館所蔵17世紀のスペインの装飾品や，天草ロザリオ館に所蔵されている江戸時代のバッジ（図51）等に類例がある。また，メダイとしては，現代のものであるが，前述の「不思議のメダイ」の形態のものにガラスを埋め込んだメダイがある（図2）。

ところでこの金属製品の成分についてであるが，蛍光X線分析によって鉛と錫を主成分とする合金であることが判明した（表4）。鉛と錫は，銅とは違い重さが不変ではなく，柔らかく加工に適している。こうした性質は，計量に使用する分銅などには適さず，これが分銅でないことを示している。そして，国内で発見されている一般のメダイの中には，このような鉛・錫製のものが多く存在することなどを勘案すると，この中世大友府内町跡第21次調査区出土の金属製品は，分銅ではなく，メダイとするのが妥当である。

以上，整理すると，

ⅰ）紐やチェーンなどを通す穴があり，装飾品の可能性が高い。

ⅱ）主成分は鉛と錫で，分銅とは考えられない。

ⅲ）鉛・錫が主成分のため，加工に適している。

ⅳ）彫り込まれた図柄は，十字架（ギリシャ十字）の可能性がある。

ⅴ）窪みを有する同様の形態のものが，キリシタン遺物の中にもある。

ⅵ）出土した溝は，他の出土遺物からみても，16世紀後半から17世紀初頭に位置付けられ，キリシタン遺物が出土しうる時期の所産である。

ⅶ）こうした形態の遺物は中世において他に類例がない。

以上の理由に，本遺跡がキリシタン大名大友宗麟の城下町であることを勘案すると，第21次調査区出土の資料は，メダイと認定しうると考えられる。

そこで第21次調査区出土資料がメダイとの前提に立ち，他の調査区で出土している同様の金属製品（図14〜20）を見てみると，形態的にほぼ共通していることが分かる。具体的には，いずれも円形を呈し，その上部に紐を通したと思われる鈕の部分がとりつく。そして，上部に付くその鈕は，段を形成して円形部分に付く。鈕の穿孔方向については正面穿孔と横穿孔の2種が存在するが，いずれもメダル状の製品に，紐やチェーンを通すために施されたと考えられ，第21次調査区出土金属製品の穿孔と同一の範疇に入れうる。

この形態的類似性から見て，第21次調査区出土金属製品がメダイであれば，他の調査区で出土している一連の金属製品もメダイである可能性は高いといえ，これらの金属製品をその特殊な形態から，「府内型メダイ」と呼称することとした（後藤2009）。

現在，この第21次調査区出土金属製品と同形態をなす金属製品が同遺跡から28点見つかり，さらには，府内以外でも確認されるようになってきている。発掘調査出土例としては，前述のように博多遺跡群第111次調査で1点（図13）出土している。

また伝世資料としては，長崎県平戸市飯良町在住の作尾藤四郎氏宅において，祖先が代々伝世してきたキリシタン遺物の中に，ほぼ府内型メダイと同形態のものが2点含まれている。図23の鉛製聖母子像・キリストのメダイと共に，聖遺物箱の中に納められて伝世されてきた。まず1点（図21）は円形の金属製品で，上部に逆台形の鈕の台部分を作り，その上に横方向に穿孔が施される。また円形のメダル部分には，両面共に中央部分に窪みが見られる。この窪み部分の左右には横方向に擦痕が認められ，中央部分に何らかのキリスト教に関係する画像が貼付されていた可能性がある。

もう1点の資料（図22）は，形態が崩れていて判別しがたいが，中世大友府内町跡第41次調査区で出土している図19と同形態のものと思われる。このように府内型メダイの資料数は総数で30点にも及び，その結果府内型メダイの細かい形態分類も可能となり，型式学的側面からの詳細な考察も行えるようになってきた。

3．府内型メダイの形態

府内型メダイは，図像が描かれるメダル部分と，紐等を通すためのいわゆる鈕の部分との二つの部分に大きく分けられる。この両者の部位において各資料には特徴が認められ，形態分類が可能である。以下が，形態分類の結果である。形態の説明で一部表現が分かりにくいと思われるものがあるのについては註で補足をする。

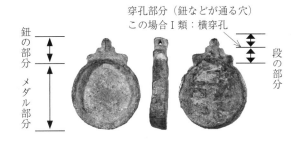

穿孔部分（鈕などが通る穴）
この場合Ⅰ類：横穿孔

鈕の部分
メダル部分
段の部分

【鈕の形態】

A類：段をつけて[6] その上部に鈕が付く

　A－1類：段が逆台形

　A－2類：段が方形

　A－3類：段が装飾的

B類：段をつけずに直接鈕が付く

C類：鈕部分が独立せずにメダル部分に直接穿孔が施される

D類：ペディメント風の鈕[7] で頂部に穿孔が施される

【穿孔の方向】

Ⅰ類：面に対して平行して横方向の穿孔

Ⅱ類：面に向かって正面方向からの穿孔

【面の形態】

・円形

・楕円形

・六角形

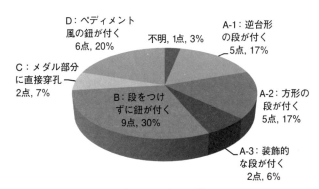

グラフ1　鈕の形態

まず鈕の形態については，グラフ1上ではBの「段をつけずに鈕が付く」が9点で30％を占め，最も多く見えるが，A−1～3類はいずれも段を付ける形態で，その段の形状の違いにより分類されている。したがってA−1～3類を合計すると，12点で40％を占めることになり，段をつける形態が最も多いこととなる。また，Dの「ペディメント風の鈕が付く」の資料は府内型メダイにしか見られない形態で，その数も比較的多く注目される。

次に穿孔の方向ついては，確認できるものの中では，横方向の穿孔が多数を占める（グラフ2）。

最後に面の形態については，円形が圧倒的多数を占める（グラフ3）。

以上が形態分類の結果であるが，府内型メダイが現段階，西洋では確認できていないことなどを勘案すると，当時搬入されていた舶来のメダイを模倣して，国内で製作している可能性が高いと考える。そこで次に国内で確認されている布教期のメダイの形態について触れておきたいと思う。

4．布教期の国内メダイの形態

以下は，布教期における国内で確認されているメダイの形態分類である。

上記の分類は，平面形状を中心に分類を行っているが，この分類については基本的には今野春樹氏の研究成果に基づいている（今野2006)[8]。ただ，今野氏は府内型メダイを「府内形」として独立させているが，この一群のメダイは，平面形状でいえば円形，楕円形，六角形などが存在するので本稿では新たに分類項目を設定した。

この平面形状の割合を国内資料（府内型メダイを除く）117点についてみたものがグラフ4である。

このグラフ4に示すように，国内資料の平面形状は突起楕円形が最も多く，次に楕円形，そして円形が多い。六角形や八角形のいわゆる多角形の形状も少数ながら存在することが分かる。

このうち楕円形については，東京国立博物館所蔵メダイを例に見てみると（小林2001)，当館では274点にも上る19世紀のメダイが所蔵されているが，その中で楕円形は243点と9割近くを占める。その他は円形が僅かに20点，波状楕円形が11点ある。波状楕円形とは縁辺部が波状を呈しているもので，基本的にはこれも楕円形である。したがって，19世紀にはメダイの平面形状は楕円形が主体となると考えられる。

このことより，布教期段階では円形や突起楕円形，多角形，楕円形といった多様な平面形状の形態があったものが，時代を経るにつれ，楕円形に淘汰される変遷が仮定される。

さらに言えば，後に詳述するが，府内型メダイを除いて1587年以前に位置付けられる唯一の出土資料は，府内で出土したヴェロニカのメダイのみであり，そのヴェロニカのメダイの形態は円形である。現在伝世資料や鋳型等で他に4点のヴェロニカのメダイが確認されているが，それらはすべて円形である。したがって一つの可能性として，布教期当初は円形が主体であった可能性が考えられる。メダイがもともとメダルを意味する語句であることを考えれば，それが自然な流れともいえる。

なお，突起楕円形については，19世紀には全く見られない。布教期においては，グラフ4に示すように最も多い形状であり，この時期の特徴的形態と見なすことができる。ただ布教期の中で初期段階からあるかどうかについては，府内ではこの突起楕円形を示す資料が確認できていないため，1587年以前に遡らせる要因が今のところない[9]。

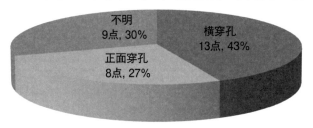

グラフ2　穿孔方向

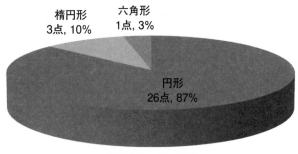

グラフ3　面の形態

円形　　楕円形　　突起楕円形　　八角形　　六角形

国内メダイの形態分類

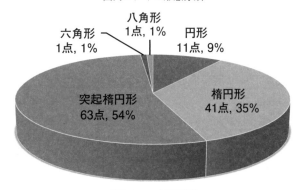

グラフ4　平面形状

以上の点を勘案すれば，円形を主体として多角形や楕円形の形態を有する府内型メダイの平面形状は，まさしく当時のメダイの形態を反映していると考えられる。

次に鈕の形態から見てみると，先の府内型メダイで行った鈕の形態分類項目を，国内全資料で見てみると，次のようになる。

鈕の形態について全資料で割合を見てみると，グラフ5から分かるように［B類：段をつけずに鈕が付く］の形態が最も多く半数以上を占める。続いて多いのは［A−2類：方形の段が付く］という形態で23％を占める。このA−2類は，いわゆるメダル部分と穿孔部分の間に段を設ける形態で，約4分の1をこの形態が占めることが分かる。

さらに，鈕の形態と平面形状との関係を示したグラフ6を見てみると，B類の大半は突起楕円形であることが分かる。この突起楕円形は先の平面形状の項でも触れたように，布教期を特徴づける特殊な形態である。つまり，直接鈕を付けるB類は，布教期においては突起楕円形という限られた形状に見られる形態であり，A類の段を付ける形態がむしろ一般的であった可能性が高い。この点からみても，段を付けるA類は布教期を特徴づける形態であるといえよう。

府内型メダイに多くみられる，鈕の下の形骸化された段は，当時搬入されたメダイの様相を反映した結果と理解できる。

5．府内型メダイの素材面からのアプローチ

まず蛍光X線分析データから窺える府内型メダイの素材に注目してみたい。分析を行った26点の資料のうち，主成分が鉛や錫であるものが20点で77％，主成分が銅からなるものが23％で，鉛・錫製品が圧倒的多数を占めることが分かる（グラフ7）。

さらに金属組成の詳細について見てみると（グラフ8），鉛・錫製としたものの中には，純粋に鉛のみからなるものや鉛と錫の合金からなるものに分けられる。グラフ中にある「純鉛製」としたものは，鉛がほぼ80％以上と，ほとんどが鉛からなっており，錫が混ざっていてもわずかである。「鉛＋錫製」としているものは，鉛と錫がほぼ同じくらい含まれる。「純銅製」としたものは，銅が90％以上を占める。

以上の金属組成を細分類項目で見てみると，グラフ8にあるように「純鉛製」が圧倒的に多いことが分かる。さらに，銅製の府内型メダイは1点を除きすべて「純銅製」である。この「純鉛製」や「純銅製」が多いことが，この府内型メダイの流通ルートや製作背景を考察する上で重要な鍵を握っている。

6．府内型メダイの素材の産地

ここでは，鉛同位体比分析による産地同定から検証を行う。

グラフ10〜13は，各資料の鉛同位体比分析による産

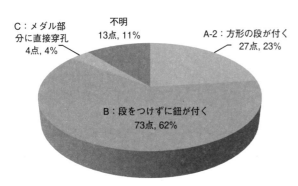

グラフ5　鈕の形態

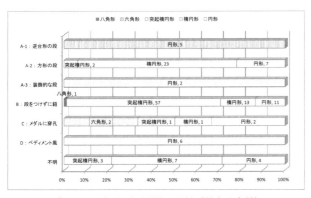

グラフ6　鈕と平面形状の関係（数字は点数）

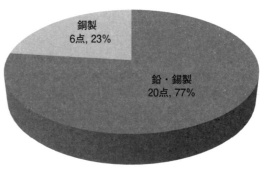

グラフ7　素材の割合

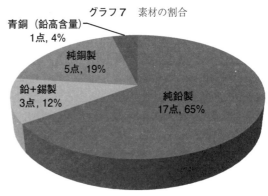

グラフ8　素材の詳細構成

地同定結果を表している。この鉛同位体比分析とは金属に含まれる鉛の産地を同定する分析である。ほとんどの元素の同位体比は時間が経っても変化しないが、鉛は例外的な元素で、その性格を利用して鉛の産地を導き出す。具体的には同位体の量が地球の誕生から変わっていない^{204}Pb量と、変化した^{206}Pb, ^{207}Pb, ^{208}Pb量との比を調査し、これを世界の鉛鉱山の同位体比と比較することによって、鉛の産地の違いを判別することができる。鉛同位体比のグラフについては、通常x y軸に^{207}Pb/^{206}Pb-^{208}Pb/^{206}Pbをとるグラフ10・11と、^{206}Pb/^{204}Pb-^{207}Pb/^{204}Pbのグラフ12・13の2つが使用される。このグラフにはこれまで蓄積されたデータをもとに、華南産・日本産・朝鮮産の各領域が示されている。さらに、近年の成果により新たに楕円の領域（N領域）が確認され（魯他2009）、この領域は平尾良光教授の研究成果により、タイのソントー鉱山の可能性が高いとされている（平尾2010）。

中世大友府内町跡で出土する27点の府内型メダイの内、半数近くの12点（図15、16、18）が、鉛同位体比でほぼ同じ数値を示している。そしてそれらは、若干の錫を含むものが2点（図15）あるものの、すべて純鉛製である（表4参照）。

この分析データから考えられることは、まず鉛同位体比におけるこの数値の集中度合いは、これらの府内型メダイの素材が非常に近い産地のものであること、さらにいえば同じ鉛の固まりから作り出されたものである可能性を示すものである。つまりインゴットの存在を示唆するものである。そして作り出された府内型メダイは、そのほとんどが純鉛製であることに着眼すると、府内に持ち込まれたインゴットをそのまま使用していることが推測される。つまり、府内型メダイの内で半数近くを占める鉛製のものは、府内にもたらされた鉛インゴットを使用して製作された、府内製のメダイであると考えられるのである。

そしてもたらされたインゴットは鉛同位体比分析により、N領域、つまりはタイのソントー鉱山一帯からもたらされたものである。2010年にタイのソントー鉱山を訪れた際、その鉱山で発見された鉛のインゴットの鋳型を実見することができた[10]。本鉱山を案内してくれたWaiyapot Worakanok博士は、16〜17世紀頃の鋳型だとする。発掘調査によって出土したものではないが、鋳型の形態からその頃に比定できるとする。またタイのSilpakorn大学のSurapol Natapintu教授によれば、16〜17世紀のアユタヤにおいて、こうした形態の鉛のインゴットは主要な貿易品として、広汎に流通していたという。

図53がその鋳型である。一部破損しているが、約長径28.5cm、短径18cmの直方体をなす。土製の鋳型で、十数個のインゴットが一度に作られる。一つ一つの窪みは直径約3〜5cm、深さ約3cmの逆円錐形を呈しており、ここに不純物の混ざった鉛を流し込むと、比重の重い鉛は下に沈んでいく。さらに鉛は金属の中でも融点が低いために、先に凝固した他の金属を取り除くことによって、高純度の鉛が抽出される。よってこの鋳型からは、円錐形の高純度の鉛のインゴットが取り出されるのである。

ところで、中世大友府内町跡の第22次調査区において、16世紀後半の井戸の中から円錐形をした純鉛製品が1点確認されている（図54 坂本他2006）。底面の直径約5cm、高さは約3cmである。蛍光X線分析により鉛の純度は85%であることが確認されている（表4参照）。さらに、鉛同位体比分析では、グラフ10〜13に示すようにタイのソントー鉱山一帯の領域の数値と一致したのである。

以上のことより、中世大友府内町跡第22次調査区で出土した円錐形の鉛製品は、まさにタイのソントー鉱山で実見した形態の鋳型から作り出された、鉛のインゴットであり、さらにはそのソントー鉱山一帯からもたらされたものであることが判明したのである。前述のように、タイのソントー鉱山の鋳型が、その鉱山で発見されていることを考えると、当時は鉱山現地でインゴットが製作され、それが日本を含めた、アジアの広汎な範囲にわたって流通していたことが分かる。

そして、府内型メダイの大半が純鉛製で、その鉛の産地がタイのソントー鉱山であることを勘案すると、府内型メダイは、まさにタイからもたらされたこの鉛のインゴットから作り出されたことが分かるのである。

ところで、この円錐形をした鉛のインゴットは中世大友府内町跡以外では、筆者の知りうる限りでは、長崎の万才町遺跡で2点出土している（大橋他1996）。図55がそれであるが、大きさも中世大友府内町跡出土のものとほぼ同じである。報告では、インゴットとはされていないが、形態から見てまず同様のものと考えてよいであろう。ところで、この長崎の万才町遺跡では、中世大友府内町跡同様に鉛製のメダイも発見されているが（図24）、鉛同位体比分析では、素材となる鉛はタイのソントー鉱山のものではない（グラフ10・12）。また、さらに長崎市内の遺跡からは、現段階では府内型メダイは発見されていない。したがって、この円錐形のインゴットを輸入した主要目的は、キリシタン遺物の製作とは別の所にあると考えなければならない。

そこで考えられるのが、当時の主要武器である鉄砲の玉である。事実、前述の長崎の万才町遺跡において、鉛玉が出土している。さらに中世大友府内町跡においても、鉛玉が多数出土しており、鉛同位体比分析でタイのソントー鉱山の産地を示しているものが多数認められる。

一方こうした鉛の軍事的目的による輸入については、文献からも確認することができる。フロイスの『日本史』

では，巡察師ヴァリニャーノが有馬晴信へ援助を行った一節に「またこの目的のために定航船から十分に仕入れておいた鉛と硝石を提供した」と記されている（表6史料⑮）。

タイのソントー鉱山から鉛がもたらされたというルートは，まさしく，南蛮貿易ルートである。この南蛮貿易ルートを主体的に担っていたのは，ポルトガルである。府内型メダイが出土する1587年以前は，まだスペインの関与がなされていない，まさしくポルトガルが主権を握っていた時代であった。府内型メダイは，こうした南蛮貿易ラインにのって，主には軍事的な目的でもたらされた鉛のインゴットを使用して，府内で独自に製作されたのである。

Ⅳ．ヴェロニカのメダイ

1．中世大友府内町跡出土ヴェロニカのメダイ

中世大友府内町跡から2001年度に「ヴェロニカのメダイ」が1点出土した（図7）。中世大友府内町跡の第13次調査区において，16世紀後半に掘削された廃棄土坑より出土した。

メダイは直径2cmの円形を呈し，厚さは0.2cmと薄い。重量は2gである。本来なら上部に紐等を通すための鈕が付くが，これにはない。メダイの上部には明らかに剥離痕が認められるため，鈕は欠損したものであって，本来は付いていたものと考えられる。穿孔方向については不明である。

メダイの図像については，まず一方の面（図7－左側）に描かれているモチーフがヴェロニカである。キリストの顔とその背景には「しわ」のようなものが表現されている。これは恐らく布を表現しているもので，つまり布に映ったキリストの像が表現されている。ヴェロニカとは，キリストがゴルゴダの丘へ向かう途中に現れるシリアの架空の聖女で，veraicona（真実の画像）の人格化と考えられている。彼女がキリストの顔の血と汗をヴェールでぬぐったところ，そのヴェールにはキリストの顔が写し出されたといわれる。メダイに描かれているのは，この布に映ったキリストの顔なのである。

次にもう一方の面（図7－右側）には，幼いキリストを抱くマリアの像が描かれる。いわゆる聖母子像である。向かって左に若干前屈みになったマリアが立ち，右側には幼子のキリストが抱かれる。マリアの後ろには光背が描かれている。

このメダイの金属組成については，蛍光X線分析の結果，鉛85%，錫14%のいわゆる錫と鉛の合金であることが判った（表4参照）。また，この資料については鉛同位体比分析も行われている（グラフ10～13）。鉛同位体比分析値を見ると，このヴェロニカのメダイは，現段階で把握できている日本，華南，華北，朝鮮半島，N領域（タイ），西洋（スペインカタルーニャ美術館所蔵メダイ）のいずれにも属さない，未知の領域の素材が使用されている。

2．日本国内のヴェロニカのメダイ

ヴェロニカのメダイについては，国内では類例が極めて少ない。発掘によって出土した資料は，中世大友府内町跡出土のものと，博多遺跡群第111次調査により出土した鋳型（図11）のみである。したがって，製品の出土は中世大友府内町跡出土のものが日本国内初見で唯一である。この他に出土資料ではないが，潜伏キリシタンによって伝世されてきた資料が天草で2点（図8・9），神戸で1点（図10）確認できている。

博多遺跡群第111次調査で出土した鋳型（図11）は，長さ4.0cm，幅5.5cm，厚さ1.4cmの赤褐色粘土板で，左にメダイ，右に十字架が見える。よく見ると上部には，鎖か紐のあとまでが認められ，そのことからこれはメダイと十字架の製品を粘土に押し当てて作られた踏み返し用のものと思われる。メダイの方は，よくみると中央に目鼻，上に茨の冠，下にはヒゲが見える。さらに，顔の両側には布らしき線が見られ，これがヴェロニカのモチーフのものであることが分かる。鈕は横方向穿孔のものがついている。

次に現在天草ロザリオ館に所蔵されているものについて見てみる。ここに所蔵されている2点のヴェロニカのメダイは，天草ロザリオ館（熊本県天草市）に所蔵されているもので，当時水方だった系統の子孫が代々継承してきたものである。図8は一方の面に茨の冠をかぶったキリストの半身像がはっきり見え，もう一方の面にはキリストを抱きかかえているマリアの像が見える。紐を通す鈕の部分は割れてなくなっている。図9は，画像の残りは良くないが，一方の面にやはりキリストの像，もう一方の面には同じく聖母子像が見える。ただ図9の方は紐を通す部分が初めからなかったようであり，トークンであった可能性もある。両者とも，直径1.9cm前後の円形を呈す。

最後の1点は，神戸市立博物館所蔵のメダイで島原旧教徒より没収と伝えられている1点（図10）である。一方の面には茨の冠をかぶったキリスト，もう一方の面には聖母子像が描かれている。島原旧教徒より没収ということから，もともとは九州にあった可能性が高い。したがって現在のところ発見されているヴェロニカのメダイはその主体の中心が九州にあることが分かる。

これら4点のメダイと府内の第13次調査区出土メダイ（図7）を比較してみると，まずキリストの像については，4点とも茨の冠をかぶっているのに対して，図7

のものは茨の冠をかぶっていない。また後ろに描かれる
ヴェールについては，鋳型の資料についてはわかりにく
いが，他の３点はいずれも単線で区画するだけの比較的
簡素な描写であるのに対して，府内のものはヴェールの
しわまで描写されている。

次に聖母子像の面については，鋳型の資料はこの面が
ないので除外し，また天草の資料も図９については摩滅
してしまってよく見えないことから除外するとして，残
る２点については，聖母マリアが向かって右側にたち，
キリストを左に抱きかかえる点で共通している。それに
対して図７のメダイは聖母マリアが向かって左側にた
ち，右側にキリストを抱きかかえている。

以上図像の比較から，まず伝島原旧教徒没収資料（図
10）と天草の資料（図８・９）に関しては，両面におい
て非常に酷似しており，ほぼ同形態のものであることは
間違いない。またキリストの像については，天草の資料
（図８・９）と博多の鋳型（図11）もほぼ同じモチーフ
であり，これら４点はほぼ同形態のものであった可能性
が高い。それに対して，府内の資料（図７）はキリスト
の像においても，また聖母子像においてもモチーフが異
なっており，現在確認されているヴェロニカモチーフの
メダイの中では，特殊な形態であるといえる。

これについては理化学分析の上からも，興味深いデー
タが得られている。ヴェロニカのメダイの製品４点の
内，図７～９の３点については蛍光Ｘ線分析を行った
（表４）。その結果，いずれも鉛と錫の合金であることが
判明した。残りの１点，神戸市立博物館所蔵メダイ図10
については，蛍光Ｘ線分析を実施できていないが，実見
したところではやはり鉛と錫の合金と思われる。つまり
ヴェロニカのメダイはいずれも同じ種類の金属である
ことがわかる。

しかしながら，蛍光Ｘ線分析を行った３点の金属組成
をよくみると，府内の資料（図７）と天草の資料（図８・
９）では大きく異なっていることが分かる。図７は鉛
85％・錫14％と，ほぼ中心は鉛で，鉛（錫）製といって
いい組成である。一方図８・９については，図８は鉛が
51％，錫が48％，図９は鉛が65％，錫が33％と錫の含有
量が高く，まさに錫と鉛の合金である。したがって，府
内の資料図７と天草の資料図８・９では，一見同じよう
な種類の金属のように見えるが，両者の製作上の背景に
は隔たりがあるとみなすことができる。これは先に見た
ように，府内の資料図７と天草の資料図８・９では，ヴェ
ロニカと聖母子像の図像の描写が異なっているという点
に符合している。

次にヴェロニカのメダイの素材となっている鉛の産地
について見てみる。グラフ10～13を参照されたい。ヴェ
ロニカのメダイについては，鉛同位体比値が府内の資料
図７と天草の資料図８・９の３点しか得られていない

が，このデータとさらにそれぞれに近似する他の資料と
の関係を考察することによって，ヴェロニカのメダイの
製作背景を窺うことができる。

まず天草の資料図８・９は，鉛同位体比値から，朝鮮
半島産の鉛を使用していると考えられる。一方府内の資
料図７は，前述のように，現段階では不明といわざるを
得ない。両者のグラフ上の位置はかなり離れており，府
内のヴェロニカのメダイ図７と天草のヴェロニカのメダ
イ図８・９については，鉛同位体比で見る限り異なる産
地の鉛が使用されている可能性が高い。

次にこの２点の資料と鉛同位体比が，それぞれ近似し
ている資料との関係について見ていきたいと思う。

まず天草の資料図８・９に近い資料について見てみる
と，鉛同位体比のグラフ（図10～13）に見られるよう
に図12・19が近似値を示しており，いずれも朝鮮半島産
の近い素材を使用して製作されていると考えられる。こ
の内図19は府内型メダイであり，よって素材の鉛は朝鮮
半島産であるが，製作は国内である。もう１点の図12は
博多遺跡群第111次調査で出土したマリア半身像とキリ
スト半身像のメダイである。蛍光Ｘ線分析のデータはな
いが，実見したところでは鉛と錫の合金であると思われ
る。ここで注目されるのは，当遺跡ではこのメダイとと
もにヴェロニカのメダイの鋳型（図11）が出土している
ことである。さらには図13のような銅製の府内型メダイ
も出土していることなどから，当遺跡においてメダイの
製作が盛んに行われていたことが想像される。そうした
背景に基づき図12のメダイを見てみると，縁辺部の加工
が稚拙で，鈕も穿孔がされていないなど完成度の低さを
感じ，西洋からの舶来品とは考えにくい。さらに金属組
成における主体は鉛と考えられることなどの要素を統合
すると，このメダイもこの博多遺跡群の中で製作された
可能性が高いと考えられる。

この観点に基づき，前述のヴェロニカのメダイの鋳
型（図11）と天草のメダイ図８・９との関係について検
証してみたい。まずこの博多遺跡群の地においては，鉛
や銅を使ってメダイが作成されていた。そしてその中に
は，ヴェロニカのメダイやキリスト・マリアのメダイな
どが含まれていた。その博多遺跡群で製作されたと考え
られるキリスト・マリアのメダイ（図12）の素材は，朝
鮮半島からもたらされており，天草のメダイ図８・９の
素材と近い。さらには博多で出土した鋳型に彫られた
ヴェロニカと，天草のメダイに描かれるヴェロニカの
図像は，両者共にキリストが茨の冠をかぶり，背後の
ヴェールの表現方法も似ている。メダイのサイズも両者
ともに２cm弱で非常に近い。

これらの諸要素を勘案すると，博多出土のヴェロニカ
のメダイの鋳型（図11）と，天草のメダイ図８・９との
関係は非常に近いと考えられる。天草のメダイが，博多

出土の鋳型から作られたとまでは断定できないが，博多出土の鋳型は当時舶来していたメダイの踏返しであることは明らかであり，したがって同様の手法で比較的安易に，他にも製作された可能性は高い。天草のメダイはそうした生産工程の一画において生み出されたものと考えることが可能である。さらには，同形態である神戸市立博物館所蔵メダイ（図10）についても，もとは同じ九州の島原旧教徒から没収した資料であることを勘案すると，天草のメダイと同様の製作背景を想定することも可能である。ただしこの資料については，蛍光X線分析や鉛同位体比分析が行われておらず，今後分析が行われていけば，はっきりしたことが分かってくるであろう。

先に述べたように天草の資料や神戸市立博物館所蔵のヴェロニカのメダイが，その製作背景，過程において，府内出土のヴェロニカのメダイと異なるということに基づけば，府内出土のヴェロニカのメダイが，図像的にも，素材的にも異なることについて説明がつくのである。

3．フロイスの『日本史』に見るヴェロニカのメダイ

1）『日本史』に見るヴェロニカの記述

布教期の記録として著名な，フロイスの『日本史』から，当時のメダイの様相を探っていきたいと思う。フロイスの『日本史』の中で，松田毅一・川崎桃太が「メダイ」もしくは「ヴェロニカ」と訳した部分は全部で14箇所，その内12箇所はポルトガル語原文では「veronica」と綴られている（表6の史料一覧表参照　松田・川崎2000，Wicki 1976-1984）。他の2ケ所は，一つは「cousas bentas」，そしてもう一つは「medalhas」である。つまりメダイの語源となったといわれるポルトガル語の「medalhas」と綴られているのは，フロイスの『日本史』の中では，たったの一箇所（史料①）しかないのである。そしてこの部分のメダイの表現は「聖母マリア像がついた金のメダイ」とされている。現在日本国内にあるメダイからみると，「聖母マリア像がついた」ものとしては，「無原罪の聖母」「マリア半身像」「聖母子像」等が考えられる。しかしながら，メダイのモチーフとしてヴェロニカ以外が表現されているのはこの部分だけである。フロイスは「ヴェロニカveronica」の語句を圧倒的に多く使用しているのである。これはどういうことを意味しているのであろうか。

まず一つ考えられるのは，メダイと訳されている部分以外に，実はメダイを指している言葉があるのではないかということである。例えば「アグヌス・デイAgnus Dei」という語が頻繁に出てくるが，言葉そのものの意味は「神の子羊」という意味であるが，メダルを指す場合がある。浅野ひとみ氏の定義によれば，「円形あるいは楕円形の手札大の蜜蝋製のメダルのことである。表に

子羊の姿を刻み，裏面に聖人像，あるいは教皇の横顔を現したもので，教皇の着任年と在位7年ごと，または，ローマの聖年に製作された」（浅野2009）とされる。素材が金属と蜜蝋という点で異なるものの，メダルの形状をなし，表裏に図像を刻む点ではメダイと同様である。フロイスの『日本史』の中では，このアグヌス・デイを乞い求めてきた1,500人を超える人々に行きわたるようにするために，幾多の小片にせねばならなかったとしている（史料⑱）。アグヌス・デイは，メダイ同様に当時の日本人に非常に人気が高かったことが窺われる。金属のメダイを小片に分けることは困難なことであるが，蜜蝋でできたアグヌス・デイであれば可能であったろう。

しかしながらフロイスの『日本史』の別の箇所では，フロイスらが度島に移った際に，インドから携えて来た祝別されたコンタツやメダイやアグヌス・デイを人々が乞い求めたという一節もある（史料⑨）。この一節でメダイとアグヌス・デイが併記されているところをみると，両者は素材の違う同様のメダルと考えるよりは，別の種の信心具として捉える方が妥当であろう。

このアグヌス・デイ以外にも，「聖遺物」として記述されている部分や，「イマジェン（影像）」と記述されている部分も，メダイに関係するものが含まれている可能性はある。これらについては，資料の更なる検証を加えていく必要があろう。

ヴェロニカの記述が多い点について，もう一つは，フロイス『日本史』における一つの特徴である可能性もある。本稿ではフロイス『日本史』しか対象にしていないため，他の当時の宣教師の記録等には，また異なった表現でメダイが記録されている可能性を考慮に入れておかなければならない。一つの例として，フロイスの『日本史』の中の，堺の市の近くであった合戦におけるキリシタンの描写の一節で，フロイスの『日本史』に書かれている記述（史料⑯）と，同じフロイスが1566年6月30日付で堺から発信した書翰（五野井2005）では若干描写が異なっている。前者では「十字架とイエスの御名がついた大きい旗」の描写しかないが，後者の書翰では「多数のキリスト教徒の冑にはその額の部分にイエズスの名やキリストの十字架を記した金または銀の大きなメダイをつけていました。」という部分が付け加わっている。つまりフロイスの『日本史』以外の文献においては，メダイに関してまた異なった描写がある可能性があり，したがって，今後さらに他の書翰等も検証していかなければならないであろう。

最後にヴェロニカの記述が多い点について，フロイスの記述が示しているように，当時はヴェロニカのメダイが主流だった，ということに起因している場合が考えられる。筆者はこの場合を想定しているのであるが，それについて整理しておきたい。

フロイスの『日本史』の記録は1549年から1593年までのものであり，したがってそこに出てくるメダイは16世紀後半代のものである。さらにいえば，ヴェロニカのメダイを初めとするメダイの記述が出てくる章で一番新しいものは1588年であり（史料⑭），よって1588年以前のメダイの状況を物語っていると考えてよい。

そこで，現在日本国内で発見されているメダイの中で，1588年以前の位置付けが可能な資料は，府内型メダイ（図14～20）と府内のヴェロニカのメダイ（図7）である。両者は「Ⅱ．メダイの年代設定」の項で詳しく触れたが，出土遺構の時期や周囲の層位との関係等から，1587（天正14）年以前に位置付けられる。現段階では考古学的所見のみならず，文献や美術史的見解を統合しても，1587年以前に位置付可能な資料は，府内の中世大友府内町跡出土メダイのみである。したがって，フロイスの記録した「ヴェロニカveronica」とは，府内で出土したようなヴェロニカのメダイであった可能性が高いと考えられる。そして，メダイに関する記述14箇所の内，12箇所に「veronica」と記されているという事実は，1587年以前，メダイの形態の主流はヴェロニカのメダイであったことを想定させるのである。

2）『日本史』に見るヴェロニカのメダイの素材

フロイス『日本史』のメダイに関する記述の中には，メダイの素材について触れられている箇所がある。以下に記す3つの種類の素材が認められる。

a）「金のメダイ medalhasd'ouro」…史料①
b）「鉛のメダイ veronica de chumbo」…史料②
c）「錫のメダイ veronica d'estanho」…史料⑩

また，上記にはないが史料③にも関連した記述が認められる。この史料③は，フロイス『日本史』では，素材について言及されていないが，同じ状況を記したフロイス師書簡（1576（77）年8月20日付）では，次のように記している（松田1998）。

「洗礼後は祈祷を覚えるに従って彼らに十字架や錫製の影像を分け与え，また，キリシタンのためにコンタツを作らせるため都から挽物師を呼び寄せた。」

この一節の中にある「錫製の影像」の部分は，原語では「Veronicas de eftanho」と綴られている。つまり，当時はヴェロニカをモチーフとした錫製のメダイが，積極的に分け与えられたことが窺われる。この書簡に記す内容は，高山右近の父高山ダリオに関するものであり，近畿地方でもこのヴェロニカモチーフのメダイがかなり存在した可能性がある。

以上より，フロイス『日本史』から見るかぎり1587年以前は鉛と錫のメダイがかなり普及していたのではないかということが窺える。

そこで，実際に発掘によって出土した資料や，伝世している資料の中で鉛・錫製メダイについて見てみると，表2のようになる（蛍光X線分析を行ったものと実見により判断したものを合わせて集計している）。表を見ると，「マリア半身像とイエス半身像」と「ヴェロニカと聖母子像」メダイが多いことが分かる。前述のように，フロイス『日本史』のメダイに関する記述の中で，図像について触れられているのが，「聖母マリア像」と「ヴェロニカ」のみである点も，この表4の結果に付合しており興味深い。

3）メダイの素材と所有者の関係

メダイの素材について触れられている記述の中では，それを所持していた人物の状況まで窺うことができる。

a）「鉛のメダイ」を持っていたのは，キリシタンのある老女…史料②
b）「錫のメダイ」を頸からかけていたのは，教会の従僕…史料⑩
c）「金のメダイ」を貰ったのは織田信長…史料①
d）「立派なメダイveronicas ricas」を製作させたのは大友宗麟…史料⑥

キリスト教美術学上の鉛と錫について若干触れておくと，まず鉛は「錬金術では土星に該当する金属。土星が死の星であるところから死を連想。鉛の中に包まれた白鳩とは物質中に幽閉された精神のたとえ。」とされる。一方，錫とは「無価値なものの象徴。イザヤ書（1：22）にいう「金滓（かなかす）」とは錫と銅の合金。低級な金属。」とされる。つまり，鉛も錫も金属の中では低級に位置付けられている（柳・中森1994）。

フロイスの記述から見ても，日本では鉛や錫のメダイは庶民用のもので，金製や立派なメダイは当時の権力者クラスが所有していたことがわかる。

4）ヴェロニカのメダイの国内製作

先に，実在資料からヴェロニカメダイの国内製作について言及したが，ここではフロイスの『日本史』に見られる，ヴェロニカメダイの国内製作の可能性について見ていきたい。

国内製作を窺わせる記述箇所としては1箇所で，以下の部分になる。

「国主は著しい霊的利益をもたらす一工夫を愛好する習わしがあった。それは聖遺物入れ（レリカリオス）とか立派なメダイや，多数の美しいコンタツを絶えず製作させることであった。」…史料⑥

国主とは大友宗麟のことで，ここではそれが府内か臼杵かは分からないが，宗麟は国内でメダイを製作させていたことが分かる。そして，その製作させたメダイとは，原語ではやはり"veronicas"と綴られており，製作させていたメダイはヴェロニカのメダイであったと考えられる。

V. 1587年以前のメダイの様相

以上，中世大友府内町跡出土メダイから窺える，1587年以前のメダイの様相をまとめると以下のようになる。

1. 形態的側面

平面形状については，府内型メダイの形態から窺えるように，円形や楕円形，六角形といったヴァリエーションに富む形態が存在した可能性が高い。さらに，府内型メダイが当時のメダイを模倣して作成された可能性が高く，その平面形態で最も多いのが円形である点に着目すると，1587年以前のメダイの形態は円形が主流であった可能性が示唆される。この点については，ヴェロニカのメダイからも指摘できる。府内で発見されたヴェロニカのメダイは円形であり，府内以外で国内で確認されているヴェロニカのメダイ（鋳型を含めて4点）もすべて，円形である。また，フロイスの『日本史』中の記述から，1588年以前のメダイはヴェロニカのメダイが主流だったことが窺え，そうした点を勘案すると，1587年以前は円形が主流だった可能性は高いと考えられる。

2. 素材的側面

府内型メダイの素材は，鉛製が主体をなし，その鉛は鉛同位体比分析の結果，タイのソントー鉱山一帯のものと考えられる。つまり，府内型メダイは西洋からもたらされたものではない。

さらに，鉛製の府内型メダイの大半は，鉛濃度が85％を超える純鉛製であり，それらは鉛同位体比でも極めて近い数値を示している。つまり，府内型メダイは，鉛のインゴットをタイから輸入して，府内で製作している可能性が高い。そしてそのインゴットは，底径約5cm，高さ3cm程度の円錐形を呈したものと考えられ，同じ府内からも出土している。

また府内型メダイの中には，純銅製のものも含まれるが，この銅の産地は鉛同位体比の結果，華南である。つまり純銅製の府内型メダイも素材をアジアから輸入して，府内で製作していると考えられる。

こうした，府内型メダイの製作の背景には南蛮貿易が考えらえる。特に府内では，タイの四耳壺をはじめ，宋胡録，クロッなどが出土しており，南蛮貿易ルートにのってタイ産の陶磁器ももたらされている。1587年以前においては，西洋からキリシタン遺物を宣教師がもたらすだけではなく，南蛮貿易ルートに乗ってもたらされた素材をもとに，国内でキリシタン遺物が製作されていた様相が看取される。むしろ，後者の国内製作が活発であったと考えられる。それは次のフロイスの『日本史』に描写された，当時のキリシタン遺物流布の形態からも

うかがい知ることができる。

3. フロイスの『日本史』に見るキリシタン遺物流布の形態

フロイスの記録に出てくるヴェロニカのメダイの素材は，「金のメダイ medalhasd'ouro」，「鉛のメダイ veronica de chumbo」，「錫のメダイ veronica d'estanho」とあり，「鉛のメダイ」を持っていたのは，キリシタンのある老女，「錫のメダイ」を頸からかけていたのは，教会の従僕であった。一方「金のメダイ medalhasd'ouro」を貰ったのは織田信長，「立派なメダイ veronicas ricas」を製作させたのは大友宗麟である。

つまり，一般民衆は主に鉛製・錫製のものを所持しており，領主層は金など質の高いメダイを所持していたことが分かる。国内で鉛や錫のメダイを盛んに製作した背景には，こうした一般民衆に配布する目的があったことが窺える。

VI. メダイの流入形態の変化

以上，府内型メダイとヴェロニカのメダイを通じて，1587年以前のキリシタン遺物の様相の一端を見ることができた。

ところで，この府内で見られた様相は，1587年以後も含めて，布教期を通して普遍的に見られたことなのであろうか。次はその点について見ていきたいと思う。

先に検証してきた様相の内，「1. 形態的側面」については，前項の府内型メダイの部分で触れたように，円形を主体として，楕円形や多角形などの多種の形態が存在する段階から，楕円形に淘汰されていく流れが確認された。しかしそれが布教期の間に起こった変化なのかまでは言及できない。むしろ，布教期には多様な形態が存在しており，布教期以降，つまりは18世紀，19世紀へと下っていくにしたがい楕円形に淘汰されていったと考えるのが妥当であろう。

そこで次に，「2. 素材的側面」に着目してみたい。中世大友府内町跡以外で，日本国内で確認されている鉛製，銅製の他の資料を見てみると，まず出土資料としては，博多遺跡群第111次調査区（図12・13），万才町遺跡出土資料（図24），黒崎城跡出土資料（図27）等が挙げられる。次に伝世資料については，天草のヴェロニカのメダイ（図8・9），キリスト・マリア半身像メダイ，平戸根獅子町伝世の府内型メダイ（図21・22），キリスト・聖母子像メダイ（図23）等が挙げられる。

これらの資料についていえることは，出土資料については，明確な時期設定は困難なまでも，遺構の所見から16世紀後半〜末まで遡らせることが可能である。

一方伝世資料については，まず天草の資料はヴェロニ

カのメダイである点と博多遺跡群出土の鋳型との関連から，16世紀の所産である可能性が高い。また，平戸根獅子町伝世資料については，その形態が府内型メダイである点から，16世紀後半代まで遡らせうる。以上より，国内で確認されている鉛製・銅製のメダイは，16世紀代に比定できる資料が多いことが分かる。

しかしながら，次のグラフ9に見られるように，日本国内で発見されている（出土資料・伝世資料の両方を含む）メダイの素材からみた割合では，真鍮製が最も多いのである。この現象を説明するためには，鉛製・銅製のメダイと真鍮製のメダイの国内における存在状況に時期差が反映している可能性を考える必要がある。

そこで次に，真鍮製メダイについてみていきたいと思う。真鍮製メダイの大半は伝世資料のため，日本に伝えられた時期を確定できない資料が多い。その中で，発掘調査で出土した原城跡と長崎のミゼリコルディア跡出土の資料，さらには発掘調査ではないが，土中に埋められた壺から一括して出土した，大分県丹生の出土資料は，日本に舶来した時期がある程度確定できる資料である。

そこでこれらの資料について見ていくこととするが，これらの資料と比較検証をするうえで，日本の布教期当時の，西洋の資料についてまず見ておきたいと思う。

1．西洋のメダイ

本稿で取り上げるのは，スペインのバルセロナに所在するカタルーニャ国立美術館（Museu Nacional d'Art de Catalunya）所蔵メダイである。

本美術館では1,000点以上のメダイが所蔵されているが，大半は19世紀以降のものである。メダイについては未整理段階であったため，長崎純心大学浅野ひとみ准教授とともに全資料を観察し，大きく16〜17世紀，18世紀，19世紀以降とに分類した。さらに16〜17世紀と18世紀資料の中から43点を抽出して，蛍光X線分析と鉛同位体比分析を別府大学平尾良光教授と同大学魯禔玹氏が行っ

た。図像は浅野准教授のご教示をいただき，理化学分析データは平尾教授より提供していただいた[11]。

分類については，年号が入ったものや，「不思議のメダイ」の形態など比較的分かりやすい19世紀以降の資料をまず除いた。次に残りを大きく16〜17世紀のものと18世紀のものとに分けた。本美術館資料はすべて伝世資料のため，年号や時期を推察させる銘文や図像のない資料は，時期認定が困難であり，したがってまず年号の入った資料を探し，その資料と同形態のものを抽出して，時期設定を行った。さらに残りの資料については，日本の布教期（16世紀後半〜17世紀初頭）資料の形態との比較検証を行い時期の認定を行った（後藤2010）。

本稿では分類の結果16〜17世紀に位置付けられた代表的資料（図40〜47）及び理化学分析データ（表4・5）を示す。

本美術館所蔵資料の中で17世紀以前の年号が認められるメダイは1点のみで，聖年1625年銘の入った図40の資料がそれである。このメダイは，平面形状が円形で，鈕は認められない。図像は，一方の面に5聖人（中央に聖農夫イシドロ。上部に精霊が描かれ，もう一方の面には聖年1625年銘が描かれ，中央に二本の円柱に支えられた破風のある聖堂，上に十字架，両脇に向かって左に鍵を持つペトロ，右に剣を持つパウロが描かれる。特に下部に横線で区切って"ROMA"の刻銘がなされるのが特徴的である。

この聖年銘メダイと同じ円形の平面形状をなし，同様の図像を有する資料（いずれかの面の図像が共通する資料）として，図41・42がある。この両者には日本の布教期で特徴的な天使聖体礼拝図（図41），ヴェロニカの図像（図42）がみられる。この内図41に見られる天使聖体礼拝図の共通性から図43もほぼ同時期に位置付けられる。この資料は鈕部分とメダル部分の間の接続部分に段を有しており，これまで見てきたように日本の布教期のメダイに見られる特徴である。この段を付け，円形を呈するという形態と図像の構成がほぼ同じ点から図44も同様の位置付けが可能である。

なお図41・43に見られる天使聖体礼拝図の聖体の図像については，この美術館資料で明らかに16〜18世紀にかけて図像変化を起こしている（図48-b・c）。聖年1625年のメダイと同形態のメダイ（図41・43）に見られる図像は，日本国内の布教期に一般的に見られる聖体図のモチーフに近く（図48-a（大分市丹生出土資料［日本二十六聖人記念館所蔵］）），逆に日本の布教期では，18世紀（図48-c）のタイプの図像は見られないことなどから，このタイプの聖体図は16〜17世紀を特徴付ける図像と考えられる。

その点において，同じ聖体の図像様式である図45も同時期に位置付けが可能であろう。特にこのメダイのもう

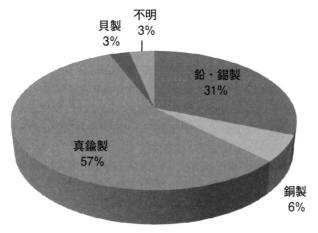

グラフ9　全資料における素材の割合

一方の面は無原罪の聖母であり，この図像は布教期の日本で最も多い図像である点は注視すべきである。

この他に日本の布教期に位置付けられうる資料としては，図46が，周囲に突起が付く形態で，これは日本の布教期におけるメダイで最も多い形態である。また図47については，ほぼ同じモチーフである環状ロザリオの聖母像が，神戸市立博物館所蔵（福井藩医・奥田家伝来資料）資料に1点見られ，鈕の形態も段を付ける形態で，日本の布教期に主体となる形態である。

さて，これらの日本の布教期に位置付けられる西洋の資料については，ここに挙げた7点の資料も含め，分析を行った43点の資料すべてが蛍光X線分析で真鍮製という結果が出ている。分析の行えなかった資料についても，実見した限り真鍮製の可能性が高いと考える。恐らくスペインのカタルーニャ国立美術館に所蔵されている16〜18世紀の資料は，ほぼすべて真鍮製と考えてよいと思われる。

次にグラフ10〜13の鉛同位体比分析結果を見ると，図40〜47のメダイも含め，16〜17世紀に位置付けられると考えられるカタルーニャ国立美術館資料の素材の産地は，これまでに確認されている領域である［朝鮮半島領域］［日本領域］［華南領域］［N領域（タイ）］のいずれにも属していないことが分かる。つまりこれまで把握できていなかった西洋の新たな領域を示していると考えられる。

2．日本国内の真鍮製メダイ

1）原城跡出土資料

14点のメダイの出土が報告されている。14点は蛍光X線分析の結果いずれも真鍮製であることが判明している。この内1点は，福者フランシスコ・ザビエルとイグナティウス・デ・ロヨラを描いているメダイが出土しており，先に触れたように，1619年〜1638年にもたらされたことが判明している。よって，他の13点についても，近い時期の舶来が想定される（伊藤2010）[12]。

この原城のメダイについては，鉛同位体比分析が行われている。その結果がグラフ10〜13である。グラフで西洋のメダイとしているのは，前述のスペインのカタルーニャ国立美術館所蔵メダイである。

グラフを見る限り，原城跡の資料はスペインの資料と近い産地の素材が使われている可能性が高い（図32・35〜38）。つまり，原城跡の資料の半数以上は，ヨーロッパからもたらされていることが示唆される。

また4点（図30・31・33・34）ほどが離れた数値を示しており，華南産の素材が使用されていると考えられる。この4点については，日本国内を含めてアジアでの製作を考える必要があろう。特にこの内図30については，副者ザビエルのメダイで，1619年〜1638年の間日

本に存在したことが分かっている資料である。つまり日本でこの時期に真鍮製品が製作されていた可能性を示す資料として注目される。

この時期の真鍮製品の製作については，北九州市の黒崎城跡で真鍮地金生産に関わる工房が確認されている。この遺跡では，カップ型坩堝が出土しており，その中から，銅と亜鉛を検出している。分析を担当した伊藤幸司氏は「真鍮地金調合のための試し吹きに使用した」のではないかとしている（伊藤2007）。この真鍮生産工房は，発掘調査の所見では，「城下町が機能した慶長9年（1604年）から廃城後黒崎宿場町が築かれ，街道の真向かいに本陣が設置される寛永年間と考え，その画期を初代代官大塚権左衛門が赴任した寛永15（1638）年ごろと考えたい」としている（佐藤2007）。つまり，17世紀前葉に真鍮製品の国内製作は可能であったことが窺われる。

また，黒崎城跡のカップ型坩堝については，鉛同位体比分析もなされており，グラフ10〜13中で「A」としているデータがそれである。これらのグラフが示すデータから，この坩堝に付着している金属の素材は，華南産であることが分かる。先に原城跡から出土しているメダイで，華南産の素材を使用したメダイが3点あるとしたが，その中でも特に図31については，非常に近いデータが確認できる。

以上のことから，1619年〜1638年に比定される原城のメダイの内の一部は，華南産の素材を使用して，日本国内で製作されている可能性が十分に考えられる。ただ16世紀後半〜17世紀前葉における日本国内の真鍮については，鉛同位体比分析もまだデータがさほど多いわけではなく，またその生産工房の遺構も数多く検出されているわけではない。特に亜鉛の精錬までを行い，真鍮自体を当時日本で生産していたかどうかまでは，黒崎城跡でも確認はできていない。したがって真鍮製品の国内製作については今後資料の増加を待って，さらに慎重に検証していかなければならない。原城跡の華南産素材を使用した真鍮製メダイは，真鍮自体を華南から輸入し，それを溶解してメダイを製作している可能性等も考慮に入れておく必要があろう。

2）朝日新聞社長崎支局敷地（ミゼリコルディア跡）

表採資料のため，調査所見から時期認定はできない（図39）。素材については蛍光X線分析により，真鍮製であることが判明しており，さらに鉛同位体比分析では，グラフ10・11では，N領域近くに位置し，グラフ12・13では華南領域に位置している。したがって，現段階では産地は不明と認定せざるを得ない。しかしこの資料については，前述のようにヴァチカン図書館内の古銭の専門家ジアン・カルロ・アルテリ（GianCarloAlteri）博士の図像解釈により，「メダイは16世紀末から17世紀初めのもので，イタリア製で，個人の鋳造所によって造られた

もの」と報告されており（結城1992），その解釈を積極的に支持すれば，この不明の産地は西洋のいずれかの場所，あるいは複数の産地の素材が混合されていると考えられる。そして，西洋で製作されたものが，16世紀末〜17世紀初め以降に日本にもたらされたと考えられる。

3）大分県丹生出土資料

1965（昭和40）年，大分県大分市の南の丹生台地小原地区の畑で，高さ27cm，口径11cmの備前焼の壺の中にキリシタン遺物が入っているのが発見された。当時調査にあたった賀川光夫氏によれば，礫のキリスト像が4体（木彫が3体，銅製品が1体），先端に十字架を配するロザリオと共に，メダイが8点含まれていたとされる（賀川1983）。しかしメダイについては，現在日本二十六聖人記念館にはガラス等を埋め込んだと思われるメダイ状の金属製品を含めて，全部で10点が確認される。いずれも蛍光X線分析の結果，真鍮製であった（表4）。この内1点は，福者フランシスコ・ザビエルと福者イグナティウス・デ・ロヨラを表裏に描いたメダイ（図5）で，1619年以後の所産である。壺の中から一括して出土している状況を勘案すると，丹生の資料はすべて，1619年以降に日本にもたらされたものである可能性が高いと考える。

4）勝山町遺跡出土十字架

サント・ドミンゴ教会跡で出土した真鍮製の十字架である（図52）。この資料はメダイではないが，鉛同位体比分析によって，前述の原城跡出土資料やスペインのカタルーニャ国立美術館所蔵メダイに近い産地の数値を示しており（グラフ10〜13），注目すべき資料である。

サント・ドミンゴ教会はスペイン系カトリック組織であるドミニコ会の教会で，この十字架はその教徒の所持品である可能性が高い。サント・ドミンゴ教会存続期間は1609年〜1614年であり，この資料はその間への帰属が可能である。

以上，時期のある程度確定できる資料をもとに，メダイの素材に見られる傾向を整理すると，次のようになる。

A）日本国内で確認されているメダイの素材は圧倒的に真鍮製が多いのにもかかわらず，16世紀後半以前の資料には，真鍮製品がほとんど確認できていない。

B）1587年以前に比定される府内の資料については，現段階では鉛製（純鉛製・鉛錫製）・純銅製のみしか確認できていない。

C）府内以外の資料についても，主に16世紀後半は鉛製・銅製のメダイが主体となり，その現象が確認されるのは下っても，17世紀初頭である。

D）原城跡出土資料と丹生一括資料はすべてのメダイが真鍮製であり，それらは1619年以降に日本にもたらされた可能性が高い。

E）原城跡出土資料の大半と，勝山町遺跡で出土したスペイン系ドミニコ会教徒の所持していた十字架は，い

ずれも真鍮製で，西洋のメダイ（スペインのカタルーニャ国立美術館所蔵）と近い産地の素材が使用されている。

以上を整理すると，16世紀末頃〜17世紀初頭を境に，日本国内におけるメダイの素材に変化があったことが想定される。具体的には，鉛・錫製，銅製が主体の段階から真鍮製が主体となる段階へと移行した可能性が示唆される。ただし，この変化は，メダイの型式変化によるものではなく，メダイの流入状況の変化を示すものである。前述のように，鉛・錫製，銅製（純銅製）のメダイは，国内で製作された可能性が高い。一方真鍮製のメダイは，原城跡のデータが示すように一部国内製の可能性があるものの，大半は西洋製の可能性が高い。

つまり16世紀末以前は，日本では盛んに国内でメダイを製作しており，16世紀末〜17世紀以降は西洋から多く舶来していた現象が看取される。そしてその変化が，結果として出土資料と伝世資料の素材の差に影響を与えているものと思われる。換言すれば出土資料は16世紀後半〜17世紀初頭のものが多く，伝世資料は16世紀末〜17世紀代のものが主体となっていると考えられるのである。

3．メダイの流入形態の変化

メダイの流入形態の変化を考える上では，メダイをもたらした宣教師達の動向，それとともに日本国内のメダイの需要状況等を考慮にいれなければならない。16世紀末頃にそうした点において，大きな変化をもたらす要因があったのかを見ていく。

メダイの様相を大きく変化させたことを示す一つの基準となる府内の資料は，その下限が1587年である。この1587年はあくまで府内の基準層の年代であるが，実はこの年代前後が，メダイの様相の変革期とちょうど合致することを示す，外的要因がいくつか認められるのである。

その外的要因とは次の要因である。

(a) 天正15（1587）年の伴天連追放令により，メダイの国内製作に規制がかかった可能性がある。

(b) 1590年に天正遣欧使節が帰国し，彼らの持ち帰ったキリスト教関係の品々あるいは技術が，後の国内のキリシタン遺物に影響を与えた。

(c) 1590年以降にはスペイン系托鉢修道会（フランシスコ会・ドミニコ会・アウグスチノ会等）が来日するようになる。

この3つの要因はいずれも当時におけるメダイの様相の変化に大きな影響を与えたものと考えられるが，ここでは流入形態の変化の検証を行う上で，(c) のスペイン系托鉢修道会の来日に着目していきたい。

スペインよりもいち早く南蛮貿易ルートを確保したポルトガルは，キリシタン遺物の素材の供給から製品の製作までをアジア地域で完結し得たと思われる。鉛同位体

比の示すデータはそれを物語っている。イエズス会が中心となって日本で宣教を行っていた時期はまさにこの頃であり，イエズス会宣教師達もこの貿易ルートにのって日本へ訪れてきたのである。

当時のイエズス会布教長カブラルによる対日宣教方針は，「封建君主に優る宣教師はない」（松田・佐久間1965）というスタンスであり，領主を取り込んで布教を広げるという方法がとられた。こうした宣教スタイルを背景に，キリシタン遺物の提供においては，領主層と一般庶民の関係を重視し，両者の間に明確な差違を生じさせたものと思われる。その結果，フロイスの記録に見られるように，一般民衆に鉛・錫のメダイ，君主に金のメダイといった区別が生じたのであろう。そして当時非常に渇望されたヴェロニカのメダイをはじめとする，キリシタン遺物に対する高い需要に対しては，西洋からの輸入に頼らず，アジアの中で完結させる，つまり，アジアの中で製作して提供するというシステムが構築されていたのではないかと考えられる。これはポルトガルがいち早くアジアの植民地化に成功し，物資の流通形態を確立していたことに起因すると考えられる。

ところが，1587年の伴天連追放令によって，領主層による領内布教，特にメダイ等の信心具の製作は大きく規制がかかったものと思われる。

そうした段階において，フランシスコ会やドミニコ会といったスペイン系托鉢修道会が，全く異なる過程を経て日本に入ってきた。イエズス会と托鉢修道会は，16世紀後半において，日本での布教についてたびたび権利闘争を行ってきており，フランシスコ会が日本での布教権利を得たのは，1586年のシクストゥス5世の小勅書以降であった（高橋2006）。実際にフランシスコ会が日本に正式に来日したのは1593年のことである。

こうしたイエズス会とスペイン系托鉢修道会の来日におけるタイムラグは，自ずとキリシタン遺物の導入形態にも変化を生じさせた。つまりイエズス会ほどアジアに基盤を持ち得ていなかったスペイン系托鉢修道会は，アジアを起点とせずに，西洋からダイレクトにメダイ等の信心具を持ち込み，配った可能性がある。つまり，イエズス会が行ってきたように，階層を重視してメダイを配布するのではなく，ダイレクトに民衆へ配布し，布教を広めていったのではないかと考えられる。

当時の民衆にとって，金色に輝く真鍮製のメダイは，それまでの鉛や錫のメダイより渇望されたことは想像に難くない。布教活動においても勢いを増したものと思われる。しかし当時は，豊臣秀吉によって，1587年に伴天連追放令が出され，国内での布教活動に制限がかかり始めた時であった。当初は貿易を容認していたために，伴天連追放令そのものにさほど強い拘束力がなかったものの，秀吉がキリシタンの布教活動に脅威を感じ始めていたのは事実である。やがて，1596年のサン・フェリペ号の漂着を契機に，翌年二十六聖人の大殉教が起こってしまい，そしてさらには，スペイン系托鉢修道会とイエズス会との対立も激化していき，日本での宣教は衰退していくこととなる。

Ⅶ. 結　語

ルソンからやってきたドミニコ会の宣教師達に対して，フロイスは次のようにぼやいていた。

「修道士たちはこれらのキリシタンたちに対してすこぶる寛大に振舞い，コンタツや聖フランシスコの帯や制服を分けあたえていた。彼らはそういう品物を寛大に与えれば与えるほど，日本人たちが速やかに信心を失ってしまうことや，またそれが日本の習わしでもあることに気づかないでいた。都にいたオルガンティーノ師がそのことで警告し，その他必要な注意を与えたが，彼らは修道会ごとに定められた生き方に従うべきだと言って聞き入れようとしなかった」（表6史料⑰）

このことからも当時のイエズス会と托鉢修道会の間には，布教スタイルにおいて差が生じていることが窺える。

豊臣秀吉が1587年に伴天連追放令を出した後も，日本国内では，潜伏しながらキリシタンの数が増えていったことは，すでに文献史料から確認されていることである。本稿で導き出されたメダイの流入形態の変化は，文献史料が伝えるように伴天連追放令以降も，宣教活動が活発であったことを考古学的に証明したものである。しかし宣教の実態は伴天連追放令頃を境に，その姿を変容させた。その背景には，イエズス会とスペイン系托鉢修道会の，アジアにおける宣教スタイルの違いが反映していたことをメダイは物語っている。

謝辞　本稿を成すにあたり，以下の諸先生・諸氏には資料の収集にご協力をいただき，さらには様々なご教示・ご助言を賜りました。心よりお礼申し上げます。

青柳洋治　　浅野ひとみ　　井藤暁子　　今野春樹
大石一久　　岡　泰正　　　小川伊作　　川上茂次
川嵜富人　　小野正敏　　　神田高士　　神庭伸幸
木村幾多郎　小島道裕　　　後藤宏樹　　五野井隆史
坂本　満　　佐々田学　　　坂本嘉弘　　佐藤一郎
佐藤浩司　　下川達彌　　　鯛　茂　　　高橋公一
田中祐介　　坪根伸也　　　中園成生　　平尾良光
平田豊弘　　松本慎二　　　宮下雅史　　山下大恵
結城了悟　　吉田　寛　　　魯禔珢
デ・ルカ・レンゾ（De Luca, Renzo,sj）
Maria de Gracia Salva Pico
Surapol Natapintu
Waiyapot Worakanok　　　　　　（五十音順　敬称略）

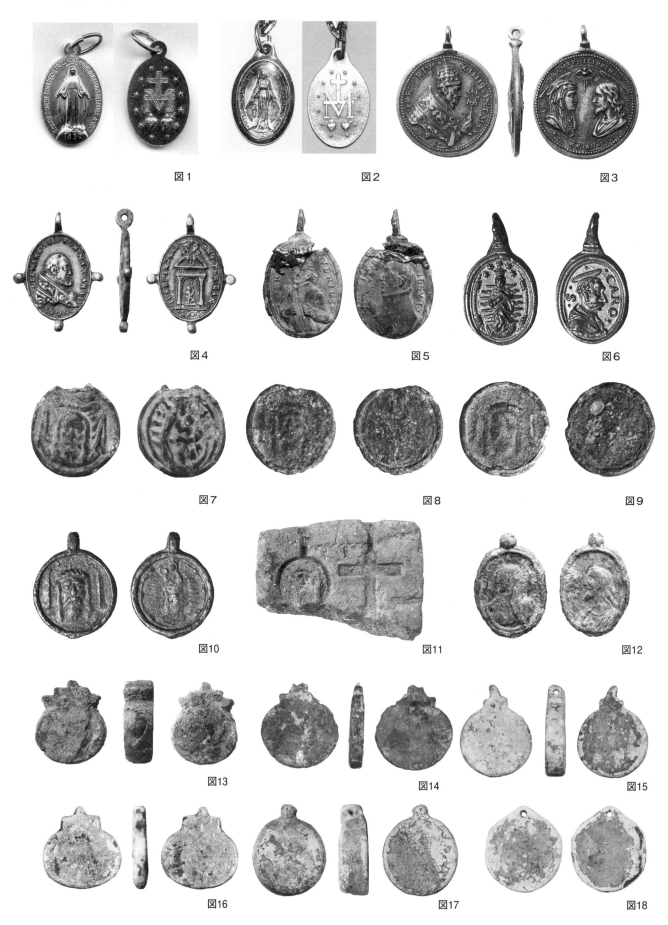

キリシタン遺物の考古学的研究

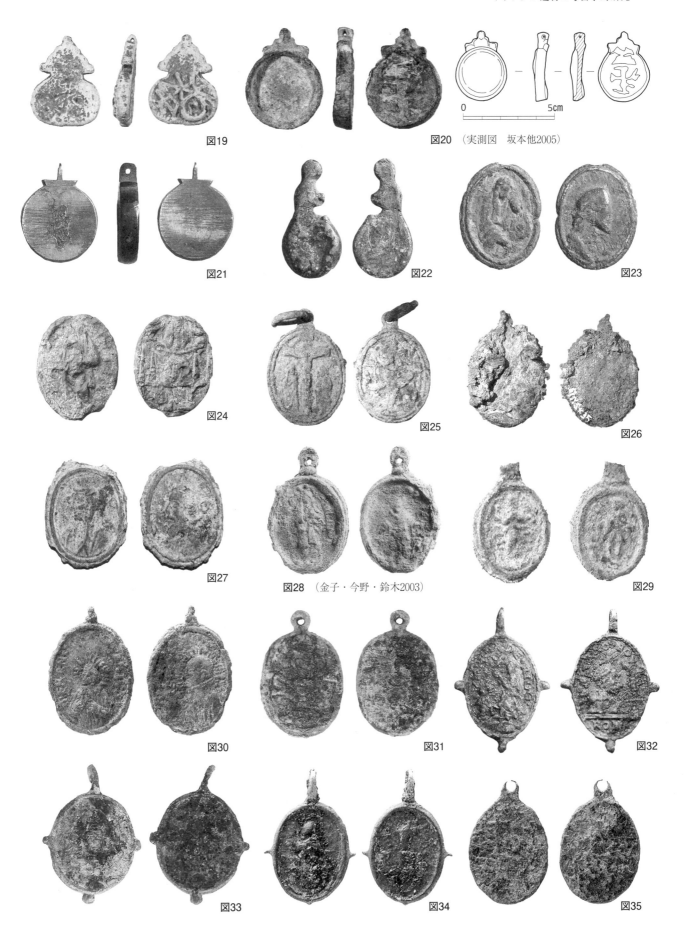

キリシタン遺物の考古学的研究

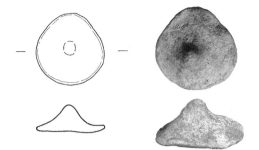

図54 （実測図 坂本他2006）

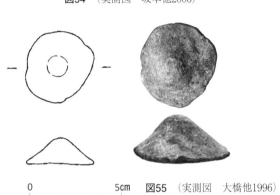

0　　　　5cm　図55 （実測図 大橋他1996）

表2　鉛・錫製メダイの図像構成

A面主題	B面主題	点数
マリア半身像	キリスト半身像	7
ヴェロニカ	聖母子像	4
キリストの磔刑	聖母子像	2
天使聖体礼拝図	文字	2
キリスト半身像	聖母子像	1
ミカエル	聖母子像	1
無原罪の聖母	キリストの磔刑	1
無原罪の聖母	救世主像・IHS・3本の釘	1
無原罪の聖母	聖ライムンドゥス	1
無原罪の聖母	聖人像	1
陰刻 図像不明	嵌め込み	1
幾何学文様	無し	1
十字のような線刻	無し	1
十字架	聖母子立像（三角構図）？	1
不明	聖母子像	1
無し	無し	1
無し	嵌め込み	1
無し	無し	18
合計		46

表3　メダイ一覧表

107

表4 キリシタン遺物の化学組成（蛍光X線分析法）（質量％）

資料名	資料番号		出土遺跡・発見地・出所	素材	Cu銅	Zn亜鉛	Sn錫	Pb鉛	As匕素	Fe鉄	Ag銀
メダイ	01 01		中世大友府内町跡第12次調査区	純鉛製	0.10%		0.70%	97%	0.10%	0.10%	
メダイ	01 02	図14	中世大友府内町跡第12次調査区	純銅製	97%		0.10%	1.7%	0.10%	1.7%	
メダイ	01 03	図15	中世大友府内町跡第12次調査区	鉛(錫)製	0.20%		6.6%	91%	0.10%	0.20%	
メダイ	01 04		中世大友府内町跡第12次調査区	純鉛製	0.00%		0.50%	96%	0.10%	0.70%	
メダイ	01 05		中世大友府内町跡第12次調査区	鉛(錫)製	1.2%		9.4%	86%	0.00%	3.4%	
メダイ	01 06	図18	中世大友府内町跡第12次調査区	純鉛製	0.00%		0.50%	94%	0.10%	1.5%	
メダイ	01 07		中世大友府内町跡第12次調査区	錫+鉛製	1.3%		49%	47%	0.61%	1.9%	
メダイ	01 08	図7	中世大友府内町跡第13次調査区	鉛(錫)製	1.1%		14%	85%	0.09%	0.45%	
メダイ	01 09		中世大友府内町跡第13次調査区	純鉛製	1.1%		0.18%	99%	0.00%	0.03%	
メダイ	01 10	図16	中世大友府内町跡第13次調査区	純鉛製	1.3%		0.38%	98%	0.00%	0.75%	
メダイ	01 11		中世大友府内町跡第18次調査区IV区	青銅(鉛高含量)	19%	7.4%	66%	5.1%		2.5%	
メダイ	01 12	図20	中世大友府内町跡第21次調査区	錫+鉛製(ヒ素)	1.1%		43%	46%	8.6%	0.66%	
メダイ	01 13		中世大友府内町跡第28次調査区	鉛(ヒ素)製	0.78%		0.27%	84%	13.5%	1.0%	
メダイ	01 14	図19	中世大友府内町跡第41次調査区	鉛(ヒ素)製	0.91%		0.13%	84%	13.8%	0.79%	
メダイ	01 15		中世大友府内町跡第41次調査区	純鉛製	1.1%		0.33%	98%	0.00%	0.96%	
メダイ	01 16		中世大友府内町跡第43次調査区	純鉛製	1.2%		0.27%	98%	0.00%	0.79%	
メダイ	01 17		中世大友府内町跡第43次調査区	純銅製	94%		0.19%	0.07%	0.41%	5.2%	
メダイ	01 18	図17	中世大友府内町跡第43次調査区	純鉛製	1.2%		0.25%	98%	0.00%	0.86%	
メダイ	01 19		中世大友府内町跡第51次調査区	純鉛製	1.1%		0.27%	94%	0.00%	4.9%	
メダイ	01 20		中世大友府内町跡第51次調査区	純鉛製	0.00%		0.52%	96%	0.09%	0.50%	
メダイ	01 21		中世大友府内町跡第51次調査区	錫+鉛製	0.05%		54%	40%	0.04%	2.8%	
メダイ	01 22		中世大友府内町跡第20次調査C区	純鉛製	0.10%		1.9%	98%	0.10%	0.10%	
メダイ	01 23		中世大友府内町跡第69次調査A区	純銅製	93%		<0.1	0.60%	0.80%	4.3%	1.0%
メダイ	01 24		大友氏館跡第1次調査区	錫+鉛製	1.1%	0.20%	51%	46%	0.10%	1.4%	
メダイ	01 27		中世大友府内町跡第7次C調査区	純銅製	94%		<0.1	1.2%	4.0%	0.80%	0.40%
メダイ	01 28		中世大友府内町跡第77次調査区	純鉛製	<0.1		7.8%	92%	<0.1	0.60%	
メダイ	03 01	図30	原城跡19トレンチ	真鍮製	73%	6.2%	0.13%	16%	1.5%	2.8%	0.05%
メダイ	03 09	図36	原城跡17トレンチ	真鍮製	84%	9.0%	0.14%	5.5%	0.06%	1.3%	0.04%
メダイ	03 10	図37	原城跡20トレンチ	真鍮製	75%	9.2%	6.5%	7.0%	0.03%	2.4%	0.04%
メダイ	04 01		築町遺跡	純銅	99%			<1			
メダイ	05 01	図39	朝日新聞社長崎支局敷地(ミゼリコルディア跡)	真鍮	51%	28%		<1		<1	21%
メダイ	06 01	図24	万才町遺跡	錫+鉛製(鉄は錆混入？)	<1	3.0%	39%	48%		9.0%	
メダイ	08 01	図8	山下大恵氏伝世品		0.33%		48%	51%	0.60%	0.14%	
メダイ	08 02	図9	山下大恵氏伝世品		0.41%		33%	65%	0.69%	0.11%	
メダイ	08 03		山下大恵氏伝世品	錫+鉛製	0.28%		54%	45%	0.43%	0.23%	
メダイ	08 06		河浦町崎津のキリシタン信者が所有	錫+鉛製	0.25%		65%	34%	0.41%	0.21%	
メダイ	15 01	図27	黒崎城跡5区	錫+鉛製			60%	28%		1.5%	
メダイ	18 01	図21	平戸根獅子	純銅製	98%		1.1%		1.2%		0.17%
メダイ	18 02	図22	平戸根獅子	鉛製	0.17%		0.01%	99.7%		0.06%	0.02%
メダイ	18 03	図23	平戸根獅子	鉛製	0.24%		48%	51%		0.46%	0.01%
メダイ	20 01		丹生出土資料	鉛入り真鍮	59%	26%		11%	0.02%	3.0%	1.9%
メダイ	20 02		丹生出土資料	鉛入り真鍮	72%	20%	0.73%	4.1%	0.01%	3.1%	0.03%
メダイ	20 03		丹生出土資料	鉛入り真鍮	70%	22%	0.03%	6.0%	0.03%	1.5%	0.01%
メダイ	20 04		丹生出土資料	鉛入り真鍮	70%	17%		11%		0.87%	2.0%
メダイ	20 05		丹生出土資料	鉛入り真鍮(鉛多め)	38%	20%	3.1%	31%	0.16%	5.3%	1.4%
メダイ	20 06		丹生出土資料	鉛入り真鍮(鉛多め)	38%	13%	3.7%	44%	0.23%	1.7%	0.01%
メダイ	20 07		丹生出土資料	鉛入り真鍮(鉛多め)	46%	12%	6.4%	32%	0.05%	3.1%	0.35%
メダイ	20 08		丹生出土資料	真鍮	87%	8.4%		4.1%	0.02%	0.45%	0.49%
メダイ	20 09	図5	丹生出土資料	鉛入り真鍮	62%	13%	3.1%	22%	0.06%	1.3%	0.01%
メダイ	20 10		丹生出土資料	鉛入り真鍮	58%	7.9%	3.9%	27%	1.1%	1.9%	0.02%
メダイ	70 00		Museu Nacional d'Art de Catalunya	真鍮製	77%	19%	0.10%	3.6%	0.20%	0.10%	<0.1
メダイ	70 01	図40	Museu Nacional d'Art de Catalunya	真鍮製	76%	18%	1.3%	4.0%	<0.1	0.30%	<0.1
メダイ	70 02	図41	Museu Nacional d'Art de Catalunya	真鍮製	83%	10%	1.9%	4.4%	0.10%	0.70%	0.10%
メダイ	70 03		Museu Nacional d'Art de Catalunya	真鍮製	80%	12%	2.8%	5.2%	0.10%	0.50%	<0.1
メダイ	70 04	図47	Museu Nacional d'Art de Catalunya	真鍮製	81%	13%	0.60%	3.7%	0.10%	1.5%	<0.1
メダイ	70 06		Museu Nacional d'Art de Catalunya	真鍮製	70%	14%	0.60%	14%	<0.1	1.7%	<0.1
メダイ	70 07		Museu Nacional d'Art de Catalunya	真鍮製	77%	15%	0.90%	5.1%	0.30%	1.3%	0.10%
メダイ	70 08	図42	Museu Nacional d'Art de Catalunya	真鍮製	85%	8.5%	1.2%	4.6%	0.10%	0.40%	<0.1
メダイ	70 10		Museu Nacional d'Art de Catalunya	真鍮製	89%	3.7%	2.7%	4.7%	<0.1	0.50%	<0.1
メダイ	70 11	図46	Museu Nacional d'Art de Catalunya	真鍮製	76%	13%	4.3%	6.1%	0.10%	0.40%	<0.1
メダイ	70 12		Museu Nacional d'Art de Catalunya	真鍮製	79%	14%	2.2%	4.2%	0.10%	0.20%	<0.1
メダイ	70 14		Museu Nacional d'Art de Catalunya	真鍮製	77%	15%	2.0%	4.6%	0.10%	1.4%	<0.1
メダイ	70 15	図45	Museu Nacional d'Art de Catalunya	真鍮製	73%	16%	2.9%	7.8%	<0.1	0.40%	<0.1
メダイ	70 17		Museu Nacional d'Art de Catalunya	真鍮製	70%	12%	3.3%	14%	0.10%	0.60%	<0.1
メダイ	70 24		Museu Nacional d'Art de Catalunya	真鍮製	69%	15%	2.5%	8.3%	0.10%	5.3%	<0.1
メダイ	70 25		Museu Nacional d'Art de Catalunya	真鍮製	78%	20%	0.10%	1.1%	0.20%	0.30%	<0.1
メダイ	70 26		Museu Nacional d'Art de Catalunya	真鍮製	73%	20%	2.4%	4.0%	0.10%	0.20%	<0.1
メダイ	70 28		Museu Nacional d'Art de Catalunya	真鍮製	65%	9.1%	11%	12%	0.10%	3.0%	<0.1
メダイ	70 33	図44	Museu Nacional d'Art de Catalunya	真鍮製	75%	17%	0.90%	6.9%	0.10%	0.30%	<0.1
メダイ	70 43		Museu Nacional d'Art de Catalunya	真鍮製	79%	11%	1.0%	7.8%	0.10%	0.60%	<0.1
メダイ	70 46		Museu Nacional d'Art de Catalunya	真鍮製	72%	15%	0.10%	12%	<0.1	0.90%	<0.1
メダイ	70 47		Museu Nacional d'Art de Catalunya	真鍮製	74%	6.5%	5.5%	13%	0.30%	1.0%	<0.1
メダイ	70 48		Museu Nacional d'Art de Catalunya	真鍮製	76%	21%	0.40%	1.8%	<0.1	0.10%	<0.1
インゴット		図54	中世大友府内町跡第22次調査区		1.0%		0.20%	85%	13%	0.70%	
指輪		図49	中世大友府内町跡第43次調査区		0.11%		58%	40%	0.05%	1.8%	
十字架		図52	勝山町遺跡	真鍮	82%	12%	1.0%	3.0%		1.0%	

キリシタン遺物の考古学的研究

表5　キリシタン遺物の鉛同位体比値

資料名	資料番号		出土遺跡・発見地・出所	206Pb/204Pb	207Pb/204Pb	208Pb/204Pb	207Pb/206Pb	208Pb/206Pb	測定番号
メダイ	01 01		中世大友府内町跡第12次調査区	19.208	15.814	39.700	0.8233	2.0669	BP1240
メダイ	01 02	図14	中世大友府内町跡第12次調査区	18.331	15.687	38.834	0.8558	2.1185	BP1241
メダイ	01 03	図15	中世大友府内町跡第12次調査区	18.252	15.751	38.497	0.8630	2.1092	BP1242
メダイ	01 04		中世大友府内町跡第12次調査区	18.288	15.748	38.545	0.8611	2.1076	BP1243
メダイ	01 05		中世大友府内町跡第12次調査区	18.260	15.752	38.518	0.8626	2.1094	BP1019
メダイ	01 06	図18	中世大友府内町跡第12次調査区	18.252	15.749	38.487	0.8628	2.1086	BP1244
メダイ	01 07		中世大友府内町跡第12次調査区	18.584	15.752	39.042	0.8476	2.1009	BP1020
メダイ	01 08	図7	中世大友府内町跡第13次調査区	18.515	15.822	39.077	0.8546	2.1106	BP1021
メダイ	01 09		中世大友府内町跡第13次調査区	18.327	15.756	38.619	0.8597	2.1072	BP1022
メダイ	01 10	図16	中世大友府内町跡第13次調査区	18.254	15.753	38.516	0.8630	2.1100	BP1023
メダイ	01 11		中世大友府内町跡第18次調査区IV区	18.462	15.739	38.870	0.8525	2.1053	BP1024
メダイ	01 12	図20	中世大友府内町跡第21次調査区	18.342	15.750	38.668	0.8587	2.1082	BP1025
メダイ	01 13		中世大友府内町跡第28次調査区	18.690	15.761	39.087	0.8433	2.0913	BP1026
メダイ	01 14	図19	中世大友府内町跡第41次調査区	18.755	15.768	39.280	0.8408	2.0944	BP1027
メダイ	01 15		中世大友府内町跡第41次調査区	18.267	15.760	38.539	0.8628	2.1097	BP1028
メダイ	01 16		中世大友府内町跡第43次調査区	18.274	15.751	38.528	0.8619	2.1083	BP1029
メダイ	01 17		中世大友府内町跡第43次調査区	18.369	15.680	38.757	0.8536	2.1099	BP1030
メダイ	01 18	図17	中世大友府内町跡第43次調査区	18.094	15.597	38.500	0.8620	2.1278	BP1031
メダイ	01 19		中世大友府内町跡第51次調査区	18.260	15.758	—	0.8630	2.1099	BP1035
メダイ	01 20		中世大友府内町跡第51次調査区	18.480	15.786	38.969	0.8542	2.1087	BP1237
メダイ	01 21		中世大友府内町跡第51次調査区	18.260	15.763	38.539	0.8632	2.1106	BP1236
メダイ	01 22		中世大友府内町跡第20次調査C区	18.238	15.750	38.477	0.8636	2.1097	BP1246
メダイ	01 23		中世大友府内町跡第69次調査A区	18.367	15.678	38.811	0.8536	2.1131	BP1232
メダイ	01 24		大友氏館跡第1次調査区	18.386	15.723	38.709	0.8552	2.1054	BPA1023
メダイ	01 25		中世大友府内町跡第53次調査区	18.251	15.740	38.484	0.8625	2.1087	BP1017
メダイ	01 26		中世大友府内町跡第53次調査区	18.245	15.748	38.489	0.8631	2.1096	BP1018
メダイ	01 27		中世大友府内町跡第7次C調査区	18.384	15.663	38.747	0.8520	2.1077	BP1447
メダイ	01 28		中世大友府内町跡第77次調査区	18.711	15.770	39.268	0.8428	2.0987	BP1458
メダイ	03 01	図30	原城跡19トレンチ	18.487	15.700	38.814	0.8493	2.0995	BP1762
メダイ	03 02	図31	原城跡20トレンチ	18.418	15.711	38.804	0.8530	2.1068	BP1498
メダイ	03 03	図32	原城跡22トレンチ	18.373	15.666	38.524	0.8527	2.0968	BP1761
メダイ	03 04	図33	原城跡20トレンチ	18.387	15.712	38.762	0.8545	2.1082	BP1497
メダイ	03 07	図34	原城跡20トレンチ	18.409	15.674	38.781	0.8514	2.1067	BP1499
メダイ	03 08	図35	原城跡25トレンチ	18.402	15.652	38.603	0.8505	2.0977	BP1759
メダイ	03 09	図36	原城跡17トレンチ	18.385	15.671	38.543	0.8524	2.0964	BP1293
メダイ	03 10	図37	原城跡20トレンチ	18.385	15.675	38.562	0.8526	2.0975	BP1299
メダイ	03 11	図38	原城跡20トレンチ	18.385	15.667	38.518	0.8522	2.0950	BP1297
メダイ	03 12		原城跡	18.383	15.680	38.622	0.8530	2.1020	BP1291
メダイ	03 14		原城跡	18.403	15.666	38.544	0.8513	2.0944	BP1292
メダイ	04 01		築町遺跡	18.355	15.680	38.759	0.8543	2.1117	BP1255
メダイ	05 01	図39	朝日新聞社長崎支局敷地（ミゼリコルディア跡）	18.188	15.651	38.185	0.8605	2.0995	BP1258
メダイ	06 01	図24	万才町遺跡	18.608	15.719	38.913	0.8448	2.0912	BP1257
メダイ	08 01	図8	山下大恵氏伝世品	18.755	15.769	39.481	0.8408	2.0977	BP1882
メダイ	08 02	図9	山下大恵氏伝世品	18.723	15.780	39.322	0.8428	2.1002	BP1489
メダイ	08 03	図23	山下大恵氏伝世品	18.552	15.727	39.121	0.8477	2.1087	BP1490
メダイ	08 06		河浦町崎津のキリシタン信者が所有	18.489	15.742	38.857	0.8514	2.1016	BP1491
メダイ	11 01	図12	博多遺跡群第111次調査	18.716	15.753	39.264	0.8417	2.0979	HS1141
メダイ	12 01		東京駅八重洲北口遺跡	18.488	15.686	38.809	0.8485	2.0992	B5401
メダイ	15 01	図27	黒崎城跡5区	18.279	15.715	38.512	0.8597	2.1069	BP1063
メダイ	70 00		Museu Nacional d'Art de Catalunya	18.378	15.660	38.516	0.8521	2.0958	BP1831
メダイ	70 01	図40	Museu Nacional d'Art de Catalunya	18.371	15.662	38.514	0.8525	2.0965	BP1832
メダイ	70 02	図41	Museu Nacional d'Art de Catalunya	18.390	15.638	38.460	0.8503	2.0913	BP1833
メダイ	70 03		Museu Nacional d'Art de Catalunya	18.418	15.648	38.494	0.8496	2.0901	BP1834
メダイ	70 04	図47	Museu Nacional d'Art de Catalunya	18.378	15.627	38.396	0.8503	2.0893	BP1835
メダイ	70 06		Museu Nacional d'Art de Catalunya	18.425	15.647	38.501	0.8492	2.0897	BP1836
メダイ	70 07		Museu Nacional d'Art de Catalunya	18.371	15.649	38.474	0.8518	2.0943	BP1837
メダイ	70 08	図42	Museu Nacional d'Art de Catalunya	18.388	15.638	38.437	0.8504	2.0903	BP1838
メダイ	70 10		Museu Nacional d'Art de Catalunya	18.441	15.654	38.556	0.8489	2.0908	BP1839
メダイ	70 11	図46	Museu Nacional d'Art de Catalunya	18.394	15.647	38.479	0.8507	2.0919	BP1840
メダイ	70 12		Museu Nacional d'Art de Catalunya	18.409	15.649	38.495	0.8501	2.0911	BP1841
メダイ	70 14		Museu Nacional d'Art de Catalunya	18.405	15.652	38.508	0.8504	2.0922	BP1842
メダイ	70 15	図45	Museu Nacional d'Art de Catalunya	18.386	15.642	38.444	0.8508	2.0909	BP1843
メダイ	70 17		Museu Nacional d'Art de Catalunya	18.426	15.642	38.485	0.8489	2.0887	BP1844
メダイ	70 24		Museu Nacional d'Art de Catalunya	18.429	15.669	38.569	0.8503	2.0929	BP1845
メダイ	70 25		Museu Nacional d'Art de Catalunya	18.139	15.601	38.138	0.8601	2.1025	BP1846
メダイ	70 26		Museu Nacional d'Art de Catalunya	18.380	15.655	38.500	0.8517	2.0947	BP1847
メダイ	70 28		Museu Nacional d'Art de Catalunya	18.432	15.641	38.485	0.8486	2.0879	BP1848
メダイ	70 33	図44	Museu Nacional d'Art de Catalunya	18.409	15.651	38.502	0.8502	2.0915	BP1849
メダイ	70 43		Museu Nacional d'Art de Catalunya	18.405	15.629	38.417	0.8491	2.0873	BP1850
メダイ	70 46		Museu Nacional d'Art de Catalunya	18.410	15.638	38.475	0.8495	2.0900	BP1851
メダイ	70 47		Museu Nacional d'Art de Catalunya	18.429	15.646	38.503	0.8490	2.0893	BP1852
メダイ	70 48		Museu Nacional d'Art de Catalunya	18.334	15.647	38.422	0.8535	2.0957	BP1853
インゴット		図54	中世大友府内町跡第22次調査区	18.218	15.731	38.429	0.8635	2.1095	BP1506
指輪		図49	中世大友府内町跡第43次調査区	18.463	15.802	38.967	0.8559	2.1105	BP1233
十字架		図52	勝山町遺跡	18.277	15.628	38.370	0.8551	2.0994	BP1251

表6　史料一覧表（完訳フロイスHistoria de Japam.）

史料	巻	頁	章	年(西暦)	文章	Vol.	p		Text
①	2	149	第35章 第1部86章	1569年 永禄12	彼らが彼に提供した品々は、ヨーロッパ製の衣服、緑色の合羽、縁なし帽子、羽がついたビロードの（縁付き）帽子であり、聖母マリア像がついた**金のメダイ**、コルドヴァ産の革製品、時計、豪華な毛皮外套、非常に立派な切子ガラス、緞子絹、インド製の他の種々の品等で、それらで多くの大きい箱が充満している有様であった。	II	274	C86°	Era tanto o numero das que lie aprezentavão que huns se admiravão dos outros, sem saberem donde a estas partes tão remotas podia vir tanta multidão de peças, nem donde os japoes as podião ter adquiridas, porque lie davão vestidos de Europa, capas de grã, gorras e sombreiros de veludo com suas plumas, e **medalhas d'ouro** com a imagem de N. Senhora, peças de cordovão, relogios, pelicas requissimas,vidros de Veneza cristalinos mui ricos 10, damascos, setins e outras diver-sas pessas da India, de que enchião muitos e grandes caxões.
②	2	242	第41章 第1部94章	1571年 元亀2	奉行が家の中で、彼女がそこに来ているのを聞くに先立って、その老女は、前廊に腰をかけ、コンタツで祈りながら、しばらく待っていました。そこへ異教徒の貴人たちの数人の小姓や家臣たちが集まって来て、彼女の手からコンタツを没収し、老女を笑い罵倒しました。その中の一人は、ふざけて、彼女がコンタツの端につけていた**船のメダイ**を取り上げました。	II	345	C94°	Hindo esta velha hum dia a sua caza pela menhãa antes o Vice-Rey saber dentro o ella alli estava, esperou a velha hum pedaço assentada em huma varanda rezando por suas contas. Ajuntarão-se alguns pagens e criados de fidalgos gentios,e tomarão-lhas das mãos rindo-se da velha e zombando della; hum [341r] delles mais travesso lhe tomou huma **veronica de chumbo** que tinha no cabo da[s] contas.
③	2	306	第45章 第1部103章	1574年 天正2	そして彼らが受洗後に祈りを学ぶいいなや、彼は十字架や**小メダイ**を彼らに分ち与えたが、それらは司祭たちが、これがために彼に交付していたのであった。また彼はキリシタンたちのためにコンタツを作製させようとして、わざわざ都から一人のすぐれた異教徒の轆轤師を呼ばせ、高槻に住まわせて生活の面倒を見ていたが、その人はダリオから多くの教えを説かれ、ついにその後、妻子ともどもキリシタンとなるに至った。	II	417	C103°	E depois de baptizados segundo que hião aprendendo as orações, assim repartia com elles cruzes e **veronicas**, e de propozito mandou chamar hum bom torneiro-gentio do Miaco e alli o sostentou à sua custa para que fizesse contas aos christãos e tanto lhe pregou athé que o fez depois christão, die e sua mulher e filhos.
④	7	14	第27章 第1部47章	1563年 永禄6	平戸の島々のキリシタンたちは、新来の伴天連方が聖別したコンタツや**ヴェロニカのメダイ**を携えて来たことを聞くと、ある者は家を離れ、またある者は妻子を伴い、貧しかったにもかかわらずそれらを得ようとして船を雇って横瀬浦に赴いた。そして彼らは何をしに来たのかと問われると、ただ聖別された一個の玉（コンタ）と一個のヴェロニカを貰うだけの目的でやって来た、と述べた。	I	327	C47°	Sabendo os christãos das ilhas de Firando que os noves Padres trazião contas bentas e **veronicas**, huns deixavão suas cazas, outros vinhão com mu-lheres e filhos, fretando para isso embarcações, sendo pobres, e assim separtirão para Yocoxiura; e perguntando-lhes ao que vinhão, dizião que somente a pedir huma conta benta e huma veronica.
⑤	7	192	第43章 第2部8章	1578年 天正6	これらの人々は、全員がコンタツや**ヴェロニカのメダイ**を求めて少なからぬ熱心さを示したが、これら家人に教理を教えることで示したリアンとマリアの熱意はそれよりもはるかに大きかった。	III	62	C8°	Era grande o fervor em todos em pedir contas e **veronicas**, e muito mayor o cuidado de Leão e Maria em doutrinar sua familia porque, em mui pouco tempo, seos criados lavradores sabião a doutrina, e athé as crianças de 4 e sinco annos andavão dizendo o Pater noster.
⑥	7	278	第50章 第2部16章	1579年 天正7	国主は著しい霊的利益をもたらす一工夫を愛好する習わしがあった。それは聖遺物入れ（レリカリオス）とか**立派なメダイ**とか、多数の美しいコンタツを絶えず製作させることであった。	III	122	C16°	Tinha por costume uzar de huma industria de que se seguia notavel proveito, e era continuamente mandar fazer relicarios, **veronicas** ricas e cootas muito boas, e algumas dellas com os extremos e cruzes d'ouro.
⑦	8	12	第55章 第2部38章	1582年 天正10	彼の心の中にはキリシタンになりたいという希望がますます募り、先の婦人からキリシタンの祈りを学び、暗記するためにそれを書き取り、我らの主なるキリストや聖母マリアの像を集めて拝礼し、コンタツを求めてそれで祈り、身につけるために**メダイ**を求め、キリシタンたちが信心のために用いているその他の品を蒐集した。	III	315	C38°	E acrescentou nelle cada vez mais este dezejo, aprendeo logo desta mulher as orações, e escrevia para as decorar; e andava ajuntando imagens de Christo Nosso Senhor e da Vi[r]gem Nossa Senhora para as adorar, e contas para rezar e cousas bentas para trazer comsigo, e as mais couzas de que os christãos uzão para sua devoção.
⑧	8	246	第72章 第2部95章	1587年 天正15	奥方のジュリア様が私に、数あるコンタツのロザリオの中でも国主が特に愛用しておられた、象牙の曝首（しゃれこうべ）がついたコンタツと**ローマの聖布（ヴェロニカ）**を国主の頸に付けることを許されたいと切に願いましたが、こうした悲しみの折でもありますので、その望みに応じてそれを頸に付けました。	IV	385	C51°	E grande entre outros rozarios de contas tinha huma preta[s] que muito estimava, com sua caveira de marfim e huma **veronica** de Roma, pedio-me Julia muito lhas deixasse levar ao pescoço; e por ser em tempo de tristeza, condecendi com seo dezejo e lhas puzemos ao pescoço.
⑨	9	119	第8章 第1部50章	1563年 永禄6	そしていても真剣に、そして多くの涙を流しながら、司祭がインドから携えて来た祝別したコンタツや**メダイやアグヌス・デイ**を彼に乞い求めた。	I	354	C50°	Ao tempo que o Padre alii chegou, estava D. Antonio na guerra, e sua mulher Dona Izabel em Firando, e de lá os mandou logo vizitar; e o mesmo fizerão os christãos de todas as demais ilhas, seos vassallos, e vinhão em embarcações carregadas de gente, huns apoz os outros, a pedir com muita instancia e lagrimas que lhe dessem oontas bentas, **veronicas e Agnus Dei**, que o Padre trazia da India.
⑩	9	189	第12章 第1部63章	1565年 永禄8	その時、彼はその若者が頸に掛けていた**錫のメダイ**を見つけ、手ずからそれをひったくり、デウスにまつわることへの侮蔑と嫌悪の念から彼を足で踏みしだき、それでも満足することなく一個の石をとってメダイを打ち壊し、それから遠くへ投げ捨てて先へと進んで行った。	II	78	C63°	acertando de lhe ver huma **veronica d'estanho** que o mosso trazia ao pescoço, elle mesmo lha tirou e, por des-prezo e odio das couzas de Deos, a meteo debaxo dos pés e a pizou aoscouces, e não contente com isto, tomou huma pedra e a pizou com ella, e depois a lançou fora e passou seo camirfio.
⑪	9	318	第22章 第1部96章	1572年 元亀3	彼は三年間、その行を守り続け、言葉によって教えたり、自ら徳の高い生活の範を垂れることによってデウスの言葉を説いた。その年月が経つと、彼にはデウスの言葉の種子が実を結ぶ時が来たように思えた。そこで彼は復活祭に都に行った時に、ルイス・フロイス師に次のように願った。「洗礼の授け方を教えていただきたいし、また洗礼に関することをよく教授してほしいのです。それにどうか**メダイ**、コンタツ、また死者を埋葬する時のために短白衣を一着お与え下さい。といいますのは、私の郷里花正の地には、すでにカテキズモを教わって、祈りを知っている人が幾人かおりまして洗礼を受けることができるからです」と。	II	369	C96°	Ao cabo de tres annos que perseverou continuos nestes exercicios de pregar a palavra de Deos, com a doutrina das palavras e com o exemplo de sua vida virtuoza, vendo que já era chegado o tempo de a semente da palavra de [353r] Deos produzir seo fruto, vindo pela Pascoa ao Miaco pedio ao P.e Luiz Froiz lhe ensinasse a forma de baptizar, e o instruisse bem na materia do baptismo e lhe desse algumas **veronicas**, rozarios de contas e huma sobrepeliz para o enterramento dos defunctos, porque já lá deixava alguns cathequizados e com as orações sabidas para receberem o baptismo, tanto que para o administrar elle levasse licença e tornasse, conforme ao que dezejava, negociado.
⑫	10	168	第41章 第2部33章	1581年 天正9	そしてその代りとして、我らのコンタツや十字架や、**ヴェロニカ**、キリストの画像など、キリシタンの標章となる品、もしくは日本人は生来、儀式や礼拝を嗜好するので、自宅に備えつけることができるような、なんらかの画像のような物を与えてほしいと願った。……かくて一基の美しい高い十字架が建立され、それはこの尾張の国に掲げられた最初のキリストの旗印とでもいうべきものであった。	III	271	C33°	E acabado o baptismo levavão ao Padre as contas pelas quaes primeiro rezavão sendo gentios, pedindo-lhe as queimasse e em seo logar lhes desse outras das nossas e alguma insignia de christãos, como cruzes, **veronicas** ou quaesquer imagens que podesse[m] ter em suas cazas, por serem os jappoes naturalmente mui dados ao culto e adoraçam.
⑬	11	30	第58章 第2部73章	1586年 天正14	彼女たちは司祭たちから、祈・用にと、**アグヌス・デイ**が付いた幾つかの御守りや、祝別されたコンタツ、**ヴェロニカ**などを贈られ、深く慰められて帰って行ったが、彼女たちは我らの船に同乗していたキリシタンや異教徒たち全員に感化を残した。	IV	219	C29°	E dando-lhes os Padres algumas nominas, com **Agnus Dei** e contas bentas e **veronica**, para rezarem, se tornarão com grande consolaçam sua e edificação de todos os christãos e gentios que hiam naquella embarcação
⑭	11	170	第71章 第2部109章	1588年 天正16	日本人は元来霊魂の救いを求める傾向があり、その優れた判断力によって自分たちに説かれたことを容易に理解し得るので、ただちに信仰を取り戻し、祈祷文を覚え教会に通い、コンタツや**ヴェロニカ**や御守りを求め始めた。	V	15	C02°	E como os japões são naturalmente inclinados às couzas da salvação, e por seo bom juizo se fazerem com facilidade capazes do que lhes foram, logo se começarão a reduzir, aprender as orações, frequentarem a igreja, pedirem contas, **veronicas** e nominas.
⑮	10	146	第39章 第2部20章	1580年 天正8	巡察師には、これほど密集しているこの貧しい群衆を救うのに施しを行なうほど目的にかない有意義なことはないと思われた。そこで彼はかなりの量の食糧を購入させ、毎日、修道院に喜捨を求めに来るすべての貧者に施しを与えたほか、焼失した城に救助の手を差しのべるように命令し、食糧、およびかなりの範囲内でいくらかの銀を送った。またこの目的のために定航船から十分に仕入れておいた**鉛**と硝石を提供した。これらのことで彼は六百クルザーを費やした。	III	145	C20°	De maneira que vendo o P.e Vizitador tantas necessidades, às quaes nem Arimadono nem outran podia acudir, porque as padecião elles mesmos, determinou como melhor podia acudir-lhes para que não desesperasse de todo e se acabassem de perder, parecendo-lhe que se não podia fazer esmolas mais bem empregadas que acudir a tantos pobres como havia naquellas terras. E assim fez comprar boa copia de mantimentos e, alem das esmolas que dava cada dia a todos os pobres que vinhão pedi-las a caza, mandou soccorrer tambem as fortalezas que [se] queimarão, provendo-as com mantimentos e alguma prata conforme ao que podia, provendo-os tambem de **chumbo** e salitre, de que tinha feito com a nao bom provimento para este effeito e gastando nestas couzas perto de seiscentos cruzados.
⑯	2	39	第27章 第1部75章	1566年 永禄9	数名のキリシタンの武将たちがいたところには、キリストの十字架、もしくはイエスの御名がついた大きい旗が見受けられた。	II	174	C75°	Nos logares onde estavão alguns capitães christãos havia grandes bandeiras de campo com a cruz de Christo, ou [258v] com o nome de Jesus;
⑰	12	194	第105章 第3部35章	1593年 文禄3	修道士たちはこれらのキリシタンたちに対してこよなく寛大に振舞い、コンタツや聖フランシスコの帯や制服を分けたりしていた。彼はそういう品物を寛大に与えれば与えるほど、日本人たちが速やかに信心を失ってしまうことや、またそれが日本の習わしにもとると、キリシタンたちが全く気づかないでいた。都にいたオルガンティーノ師がそのことで警告し、その他必要な注意を与えたが、彼らは修道会ごとに定められた生き方に従うべきだと言って聞き入れようとしなかった。	V	456	C59°	Dizem suas missas recolhidos naquella caza e vão alguns dos nossos christãos a vê-los, com os quaes são muy liberaes in repartir contas, cordões e babitos de São Francisco, não tendo ainda oahido que, quanto mais liberaes forem em dar estas couzas, tanto mais dpressa lhe perderão a devoção, por ser este o costume de Jappam. E posto que o P.e Organtino, que está no Miaco, [290v] nã o faltou de os advertir disto e dar-lhes outras advertencias necessarias, nam fazem entendimento disso, dizendo quie cada Religião se há-de guiar a seo modo.
⑱	9	125	第8章 第1部50章	1563年 永禄6	ところでこの地の人々は知識欲が盛んで、自分の教霊に助けとなり得ることならば、どのようなことにも心を傾ける性分なので、我々から**アグヌス・デイ**を乞い求めていともおびただしい人たちが殺到して来た。それを彼らは「愛の聖遺物」と呼んでいるのだが、千五百人を超える人々に行きわたるようにするためには、手もとのものを幾多の小片にせねばならなかった。一同はそれを入れるために、能力に応じて、銅、錫、真鍮、骨、木などで聖遺物入れをつくり、片面にはJESUSの名を、他の面には三本の釘と荊棘の冠付きの十字架を配した。	I	357	C50°	[161r] E como esta gente hé ourioza e enclinada a todos os meios que os podem ajudar para sua salvação, foi tanta a gente que concorreo em nos pedir **Agnus Dei**, a que elles chamão «reliquias de amor», que lhes foi necessario fazer, dos que tinhão, tantas partes que bastassem para mais de mil e quinhentas pessoas. E assim todos, segundo sua possibilidade, lhe fazião relicarios de cobre, estanho, latão, de osso e pao, pondo-lhe de huma banda hum Jesus, e da outra huma cruz com tres cravos e sua coroa de espinhos.

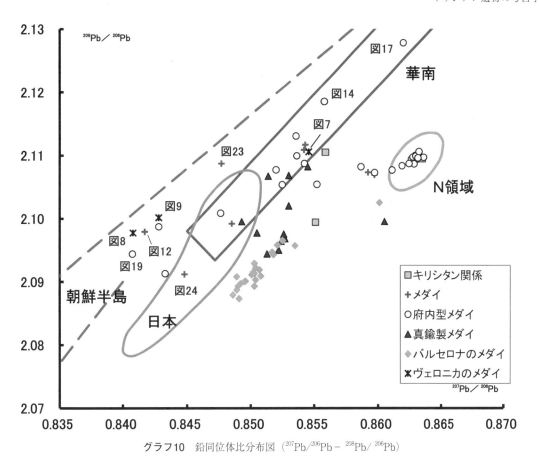

グラフ10　鉛同位体比分布図　(^{207}Pb／^{206}Pb − ^{208}Pb／^{206}Pb)

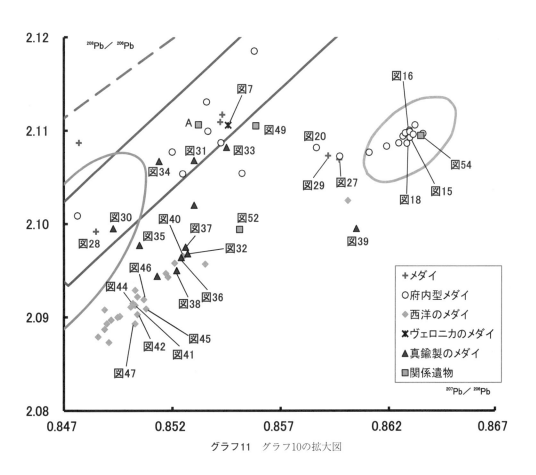

グラフ11　グラフ10の拡大図

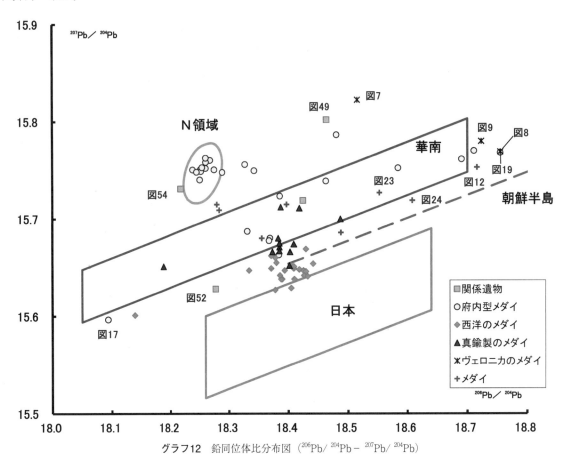

グラフ12　鉛同位体比分布図（^{206}Pb/^{204}Pb − ^{207}Pb/^{204}Pb）

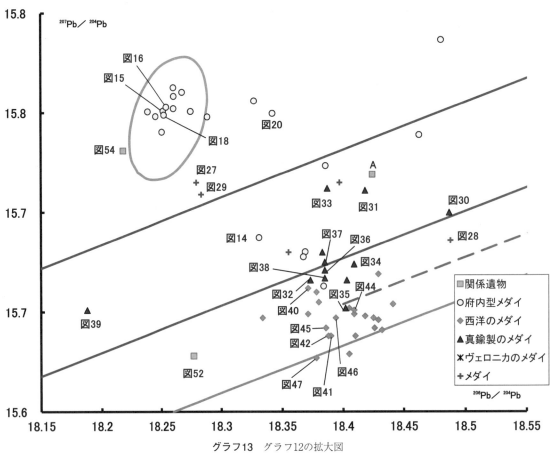

グラフ13　グラフ12の拡大図

註

1）竹下節子『聖母マリア』（講談社，1998年）
2）本稿でいう「布教期」とは，日本でキリスト教の布教が始まった1549年から，江戸幕府の禁教政策が激しくなる17世紀前葉，具体的には島原の乱の終結する1638年前後までの西欧の宣教師が日本に訪れて布教活動を行っていた期間を指す。
3）コンタとは「数える」に由来するキリスト教徒の所持する数珠の珠で，カトリック教徒はコンタを環状につなぎ，祈りをささげながら，指先で数えていた。コンタが複数で「コンタツ」と称す。
4）長崎純心大学浅野ひとみ准教授のご教示による。
5）調査を担当された同文化財調査室の佐藤浩司氏よりご教示いただいた。
6）メダル部分の直上にあり，紐等を通す孔の部分との間にある部分である。本来鈕の穿孔はメダルに対して横方向に通っていないと，首などからぶら下げた際にメダルが正面を向かない。つまり図3のようにメダル面に対してクロスして鈕が付かなければならない。こうした形で鈕が付く場合，例えば西洋の例をとってみてみると，メダル部分は極めて薄く，さらにメダル自体が円形ということもあり，同じく円形をした穿孔部分とメダル部分の接点は極めて少ないということになる。したがってこの「段」とは，こうしたメダル部分と鈕との連結を補強する意味合いで付いたものと思われる。府内型メダイの場合は，厚さが厚いために，この連結部分の段は必要ないと思われるが，オリジナルを模倣する上で形骸化して残ったものであろう。
7）鈕の部分が極端に発達した形態で，三角形状を呈す。何を意匠したものか不明であるが，一見破風のような形にも見える。中世ヨーロッパの教会建築に破風の様式が用いられており，その名称「ペディメント」をここでは使用した。
8）本項の分類項目を今野氏の分類基準に照らし合わせると，
　　①円形：Ⅰ円形（A素円形・B府内形）
　　②楕円形：Ⅱ楕円形
　　③突起楕円形：Ⅱ楕円形（B十字架楕円形）
　　④八角形：Ⅲ多角形
　　⑤六角形：Ⅲ多角形（A六角形）
9）浅野ひとみ氏によれば，メダイは本来巡礼用のバッジだったものが変容したとものであるとし，突起楕円形の突起は，バッジの痕跡として残ったという指摘がある。（浅野2009）その観点に基づけば布教期初期段階に遡らせることも可能である。
10）本調査は，平成22年度科学研究費補助金（新学術領域研究）「鉛同位体比法を用いた東アジア世界における金属流通に関する歴史的研究」（研究代表者 平尾良光）により実施した。
11）本調査は，平成18〜21年度科学研究費補助金（基盤研究A）「中世東アジアにおける技術の交流と移転－モデル，人，技術」（研究代表者 小林正敏）により実施した。
12）報告では「1621年（元和7）9月25日，加津佐の庄屋ミゲル助ェ門の家に隠れていた中浦神父は，ローマのマスカレニア神父に宛てた手紙で，その神父から受けたメダイなどに感謝して直ちに信者達に分け与えたと書いている。出土したこれらのメダイはその時のものかもしれない」としている。

参考文献

浅野ひとみ　2009「信心具としての《ヴェロニカのメダイ》」『純心人文研究』第15号
伊藤幸司　2007「黒崎城跡出土金属加工関連遺物の科学的調査」『黒崎城跡3―前田熊手線街路事業に伴う埋蔵文化財発掘調査報告3―』北九州市埋蔵文化財調査報告書第375集　北九州市芸術文化振興財団埋蔵文化財調査室
五野井隆史　2005「キリスト教布教とキリシタンの道具（一）」『英知大学キリスト教文化研究所紀要』第20巻第1号
後藤晃一　2009「豊後府内出土のキリシタン遺物―府内型メダイの再考を中心として―」『キリシタン大名の考古学』別府大学文化財研究所・九州考古学会・大分県考古学会編　思文閣出版年85-99頁
後藤晃一　2010「スペインのメダイ」『考古学ジャーナル』600
平尾良光編　1999『古代青銅の流通と鋳造』鶴山堂
平尾良光・魯禔玹・西田京平・山口将史・角川茂　2010「鉛同位体比から見た日本の中世戦国時代における南蛮船で運ばれた鉛材料」『大航海時代における東アジア世界の交流―日本を巡る銀と鉛などの金属交易を中心に―』第60回西洋史学会　小シンポジウム　口頭発表
今野春樹　2006「布教期におけるメダイの研究―16世紀後半〜17世紀前半にかけて―」『物質文化』82　物質文化研究会
伊藤健司編　2010『原城Ⅳ』南有馬町文化財調査報告第4集　南有馬町教育委員会
井藤暁子　2006「キリシタン数珠ロザリオの我が国における態様―遺物から見たキリシタン時代の信仰復元をめざして―」『大阪府文化財センター研究調査報告』第4集
角川茂・上野淳也・平尾良光・佐藤浩司　2008「出土した鋳造関連遺物の鉛同位体比」『研究紀要』第22号　北九州市芸術文化振興財団埋蔵文化財調査室
賀川光夫　1983「キリスト教―宗教考古学の諸相」『季刊考古学』2　雄山閣
金子智・今野春樹・鈴木康友編　2003『東京都千代田区　東京駅八重洲北口遺跡』千代田区東京駅八重洲北口遺跡調査会
小林牧編　2001『東京国立博物館図版目録―キリシタン関係遺品篇―』東京国立博物館
松田毅一・佐久間正　1965『日本巡察記　ヴァリニャーノ』東西交渉旅行記全集Ⅴ　桃源社
松田毅一監訳　1998『十六・七世紀イエズス会日本報告集』第3期第4巻　1570年－1577年　同朋舎
松田毅一・川崎桃太訳　2000『完訳フロイス日本史』1〜12，中公文庫
松本慎二編　1996『原城跡』南有馬町文化財調査報告第2　南有馬町教育委員会
松本慎二編　2004『原城Ⅱ』南有馬町文化財調査報告第3集　南有馬町教育委員会
宮崎貴夫・寺田正剛編　1996『万才町遺跡―長崎県庁新別館建替に伴う発掘調査報告書―』長崎県文化財調査報告書第123集　長崎県教育委員会
永松実編　1992『朝日新聞社長崎支局敷地埋蔵文化財発掘調査報告書』長崎市埋蔵文化財調査協議会
大橋康二・櫻木晋一・扇浦正義・高田美由紀編　1996『万才町遺跡―朝日生命ビル建設に伴う埋蔵文化財発掘調査報告書―』長崎市埋蔵文化財調査協議会
扇浦正義編　2003『勝山町遺跡―長崎市桜町小学校新設に伴う埋蔵文化財発掘調査報告書―』長崎市教育委員会
坂本嘉弘・原田昭一・松本康弘・後藤晃一編　2005『豊後府内2　中世大友府内町跡第9次・第13次・第21次調査区――般国道10号古国府拡幅事業に伴う埋蔵文化財発掘調査報告書（1）―』大分県教育庁埋蔵文化財センター調査報告書第2集　大分県教育庁埋蔵文化財センター
坂本嘉弘・友岡信彦・原田昭一・槙島隆二・吉田寛・後藤晃一編

2006『豊後府内4 中世大友府内町跡第9次・第12次・第18次・第22次・第28次・第48次調査区――一般国道10号古国府拡幅事業に伴う埋蔵文化財発掘調査報告書（2）―』大分県教育庁埋蔵文化財センター調査報告書第9集 大分県教育庁埋蔵文化財センター

坂本嘉弘・田中祐介・後藤晃一編 2007『豊後府内6 中世大友府内町跡第10次調査区―大分駅付近連続立体交差事業に伴う埋蔵文化財発掘調査報告書（5）―』大分県教育庁埋蔵文化財センター調査報告書第15集 大分県教育庁埋蔵文化財センター

坂本嘉弘・後藤晃一編 2007『豊後府内7 中世大友府内町跡第20次調査区――一般国道10号古国府拡幅事業に伴う埋蔵文化財発掘調査報告書（3）―』大分県教育庁埋蔵文化財センター調査報告書第16集 大分県教育庁埋蔵文化財センター

佐藤一郎編 2002『博多85―博多小学校建設に伴う埋蔵文化財発掘調査報告書―』福岡市埋蔵文化財発掘調査報告書第711集 福岡市教育委員会

佐藤浩司編 2007『黒崎城跡3―前田熊手線街路事業に伴う埋蔵文化財発掘調査報告3―』北九州市埋蔵文化財調査報告書第375集 北九州市芸術文化振興財団埋蔵文化財調査室

高橋裕史 2006『イエズス会の世界戦略』講談社選書メチエ 講談社

魯禔玹・西田京平・平尾良光 2009「南蛮貿易と金属材料」『キリシタン大名の考古学 別府大学文化財研究所企画シリーズ2「ヒトとモノと環境が語る』別府大学文化財研究所・九州考古学会・大分県考古学会編，思文閣 131-141頁

柳宗玄・中森義宗編 1994『キリスト教美術図典』吉川弘文館

結城了悟 1992「Ⅴ.聖ペテロのメダイ（メダル）」『朝日新聞社長崎支局敷地埋蔵文化財発掘調査報告書』長崎市埋蔵文化財調査協議会 68頁

Wicki Jose（ed.）1976-1984 ; Frois Luii Historia de Japam 1-5vols. Lisboa.

【後藤晃一，連絡先：大分市田中町16組の3】

The Archaeological Study of Christian Relics:
The Inflow Process of Christian Relics "Medal" During the Missionary Period in Japan

GOTO Koichi

This thesis aims to study the distribution process of Christian relics, mainly from the medals unearthed at a site located in Funai. The name of the site is called "Tyuseiootomofunaimachiato." Its relics can be placed in the early part of the missionary period in Japan

The medals found at the Funai site roughly can be divided into two types. One is "*Veronica*," the other "*Funai type medal*." "Funai type medals" were originally made in Funai, modeled on the medals brought to Japan by missionaries in those days.

Both types of medals were made before 1587. In 1587, Funai town was conquered and burned out by Shimazu (a feudal lord of Satsuma). We can see the burned soil in many areas of this site. Both types of medals were found under the stratum which mainly contains this burned soil, so, these types of medals can be placed before 1587, along with their important information about Christian influence before 1587.

By comparing the medals found at the Funai site with the other medals brought to or made in Japan during the missionary period, it becomes clear that there were various patterns of shapes: circle, ellipse, ellipse with protuberance around the medal, and polygon. According to descriptions in the book *Japanese History* by Frois, Veronica type medals were the main type in the 16th century.

By scientific analysis, we were able to consider the medals from their materials. For example, X-ray fluorescence analysis made it possible to know detailed metal composition, and analyzing the lead isotope ratio made the production center of the Christian relics' materials clear.

As a result, I could know that the medals prior to the end of the 16th century were mainly made from lead or copper, and after the 17th century, mainly from brass. This means that their production origins changed, concretely, from Japan to Europe. The medals made in Europe show they were directly brought to Japan from Europe. There was great change in the inflow process of medals around the end of the 16th century.

The Christian relics have been mainly studied from the perspective of religious studies, historical literature (mainly European), iconography and folklore studies. But by integrating archaeological inspection and scientific analysis data into these studies, I've reached the stage to understand the pattern of inflow process of Christian relics during the missionary period in Japan.

Keywords：

Studied period：missionary period (the second half of 16th century to the early17[th] century)

Studied region：Japan, South-East Asia, Europe

Study subjects：inflow process of Christian relics medal (Funai type,Veronica type)

石廟の成立と展開

関 根 達 人

1．はじめに
2．石造霊屋の種類と研究史
3．石廟の分布と基本構造

4．石廟の地域的特徴と変遷
5．結語

― 論 文 要 旨 ―

　全国各地に散見される石造霊屋は，系統上，関東系の石堂，北陸系の石廟，儒葬系の石祠に大別される。

　16世紀中頃，越前・若狭地方で，開山堂や墓塔の覆屋として出現した石廟は，慶長12（1607）年，高野山奥の院に造られた福井藩主結城秀康廟において完成し，これが，加賀前田家，陸奥松前家，出雲堀尾家など，後に続く近世大名家の石廟の規範となった。石廟の受容の仕方やその後の展開は，家ごと，地域ごとに多様である。

　金沢藩では，17世紀前半には，藩祖前田利家の血縁者を中心に切妻・妻入型の石廟，それより格下の重臣層では反屋根・平入型の石廟が営まれたが，全国的に大名の霊廟建築が下火となった17世紀後半以降，石廟の造営を止めてしまう。その一方で，越前・若狭で16世紀後半に出現した一石入母屋型の石廟は，土豪や湊町の有力町人層を中心に営まれ，時代が下るとともに小型・簡略化し，18世紀まで継続する。

　松前藩では，1630年代かそれをやや遡る頃，藩主松前家に先んじて旧館主系の重臣層によって反屋根・平入型の笏谷石製石廟が初めて導入された。藩主権力が確立した1640年代には，藩主松前家でも石廟を採用するようになり，加賀前田家同様，藩主家は切妻・妻入，重臣層は反屋根・平入の秩序が確立し，やがて旧館主系重臣層の没落とともに石廟は藩主松前家の独占するところとなる。

　出雲では，藩主堀尾家によって石廟が導入されたが，松前と異なり，最初から地元の石工が地元産の来待石により独自の石廟を製作している。堀尾家によって導入された石廟は，堀尾家改易後，小型の出雲型石廟に姿を変え，在方の旧家層の受容するところとなる。

　石見銀山では，奉行の竹村丹後守廟が石見産の福光石を使った越前式の石廟であり，佐渡にある大久保石見守の石廟とともに，石工と鉱山の金掘りに関わる技術者が密接な関係にあったことを示している。

　本研究により，各地の石廟が，越前式石廟を源流とし，霊廟建築が頂点を迎えた17世紀初め，大名家や鉱山奉行によって各地に伝播した実態が明らかとなった。同時に，霊廟建築が衰退する17世紀後半以降，石廟の小型・簡略化が進み，松前を除き，造営主体が大名家から在方の有力町人や旧家層に下降したことも判った。

キーワード

受付：2011年6月16日
受理：2011年8月19日

対象時代　中世・近世
対象地域　日本
研究対象　石廟，大名墓，霊屋，笏谷石

1. はじめに

　文化財としての近世墓の価値は，研究者の間でもいまだ十分に理解されているとは言い難い。一方で，1983年度に文化庁が文化財保護審議会第三専門調査会の専門委員からなる中世城館遺跡・近世大名家墓所等保存検討委員会を設置し，近世大名家墓所の史跡指定を積極的に進めてきたこともあり，大名墓は近年広く認知されつつある。特に，史跡指定にむけて行われた石川県金沢市野田山加賀藩主前田家墓所ならびに富山県高岡市前田利長墓所の調査（金沢市・金沢市埋蔵文化財センター2003・2008，高岡市教育委員会2008）は，徳川将軍家に次ぐ有力大名だけに注目を集めた。

　加えて，2007年から東京都台東区谷中寛永寺で始まった徳川将軍家御裏方霊屋や2009年に行われた愛知県額田郡幸田町の本光寺における深溝松平家7代忠雄墓の発掘調査は，豪華な出土品が世間を賑わすとともに，近世大名墓に関する考古学的研究が活発化する契機となった。2009年と2010年には『考古学ジャーナル』589号・595号で近世大名墓所の調査に関する特集が組まれたほか，2010年には，城郭遺産を構成する資産として大名墓を重視する中井均が中心となり大名墓研究会が発足，立正大学考古学フォーラム「近世大名家墓所調査の現状と課題」の開催，坂詰秀一監修による『近世大名墓所要覧』の刊行などが相次いだ。また，近世史研究の立場からは岩淵令治が，大名家墓所を「社会の統合を強化・確認する大名家の葬送儀礼の遺構」として理解すべきと主張した（岩淵2010）。

　筆者は，2007～2009年度，「近世墓と人口史料による社会構造と人口変動に関する基礎的研究」という課題で科学研究費補助金（基盤研究B・課題番号：19320123）を受け，北海道松前町において，旧松前城下と周辺4漁村に現存する5,629基11,862名分の近世墓標と，城下の3ヶ寺に残された過去帳20冊1,3651人分（重複を除く）のデータを分析・検討した（関根編2010）。松前では，松前藩主松前家に加えて重臣層を中心に武家の墓に越前式石廟が採用されており，北陸地方で石廟の造営が下火となった18世紀以降も，石材を福井産の笏谷石から瀬戸内産の花崗岩や地元産の火山礫凝灰岩に変え，幕末まで石廟が営まれている。

　石廟をはじめとする石造霊屋は，17世紀をピークに，16世紀から19世紀にかけ，北は北海道松前町から南は鹿児島県鹿児島市まで，各地でさまざまな形態のものが営まれた。それらは石廟・石堂・石龕・石殿・石祠・四十九院墓・石室墓・石霊屋など様々で，あるいは「ミヤボトケ」（千葉県東部～茨城県東南部）・「ラントウ」（長野県諏訪・伊那地方および瀬戸内海沿岸）・「ゴリン

サマ」（静岡県西部）・マンネンドウ（山形県置賜地方）・「イシホウデン」（兵庫県内陸部）といった地方での呼称で呼ばれ，系統性が十分把握されていないこともあり，用語が不統一なままとなっている。

　民俗学の立場からこれら石造霊屋に着目した水谷類は，「ラントウ」＝「欄塔・檻塔」＝木造の廟墓とする土井卓治の説（土井1997）に則り，「石造ラントウ」という呼称を与え，それらを弥勒兜率天浄土信仰により中世末に成立した新しいタイプの墓制（廟墓）と位置付けた（水谷2009a）。

　後述するように，筆者は，石造霊屋を，北陸型・関東型・儒葬型の三系統に大別するが，水谷は関東地方をフィールドとした関係上，北陸型に対する調査が手薄で，儒葬との関係については検討していない。石造霊屋は，近世初頭に北陸地方において大名墓として急速に発達しており，北陸地方を中心に分布する笏谷石製の霊屋の成立と展開を明らかにする作業が不可欠である。同時に，松原典明が指摘するように，近世前期の武家社会の葬制には儒教を背景とした礼式が看取され（松原2010c），そうした点は，本稿で筆者が儒葬型に分類した石造霊屋にも表れている。

　徳川将軍家を頂点とする近世大名墓は，17世紀に霊屋や墳墓堂などの霊廟建築が著しく発達したが，木造のなかには風化や火災，廃仏毀釈などで失われたものが多く，現存する事例が限られているため，徳川将軍家廟以外は，系統性・階層性が十分検討されているとは言い難い。また，これまで近世大名墓は，木造の霊廟は建築史，埋葬施設と石造の墓塔・墓標は考古学がそれぞれ研究を進めてきた経緯があり，両者の共同研究は，限定的であった。

　木造のものに比べ風化や火災に強い石造霊屋は，近世大名墓を考えるうえで重要な手がかりを与えてくれる上，建築史と考古学の共同研究が取り組みやすい素材でもある。

　石造霊屋は，広域に多様な形態のものが分布しているため，北関東や山陰地方のように地域によっては編年などある程度の研究の蓄積がみられるものの，これまで全国的な視点に立った分類やそれに基づく系統性の追求は行われていない。本稿では，はじめに石造霊屋を系統性に基づき分類し，併せて石造霊屋に関する用語の整理を行う。次いで，それら石造霊屋のなかで近世大名墓として発達を遂げた北陸系の石廟を取り上げ，その成立と展開を地域ごとに検討する。

　一般に，近世大名墓は家ごとの個性が強いため，家の枠を超え，墓としての系統性や階層性を追求することは困難とみられてきた。本稿では系統性が追える石廟を手掛かりとして，近世大名墓の系譜と原理，さらにはそれが身分・階層間を下降する実態を論じる。

2．石造霊屋の種類と研究史

廟は本来，祖先の尊像や位牌を安置する殿堂，すなわち霊屋を意味し，必ずしも遺体の埋葬施設を指しているわけではない。豊臣秀吉を祀った豊国廟をはじめ徳川将軍家や石川県金沢市野田山の加賀前田家の廟所など，最高権力者クラスの廟所では，霊を祀った社殿が立地する場所（霊屋・霊廟）と，遺骸を埋葬した墳墓ならびに関連施設（墓所）が空間上分離している。そのため，霊屋（廟）と墓所を合わせた施設全体を示す言葉としては廟墓という用語が最も適切といえる。ただし多くの大名墓は墓所と霊屋が同じ場所に営まれているため，本稿では廟墓全体を廟，墓所に建てられた殿堂を霊屋と呼ぶ。

殿堂を模した石造物には，本稿で扱う石造霊屋以外にも様々なものがあり，各地でいろいろな名称が与えられている。石造霊屋の範疇に含まれるものに限っても，石廟，石堂，石殿，石龕，石祠などの用語が使われている。ここでは，石造霊屋に関する研究史を振り返るとともに，それらを大別し，用語を整理する。

石造物研究の泰斗として知られる川勝政太郎は，石造の建築物を「石室」と呼び，事例として「石佛龕」・「石殿」・「石廟」を挙げた（川勝1939）。

龕とは本来，寺の塔や寺の塔の下の室あるいは神仏を安置するための厨子を指す言葉であり，川勝はそうした石造物を石仏龕と呼んでいる。それに対して墓塔を覆う石屋形の施設，すなわち石造霊屋に石龕の名称を与えるのは不適切であろう（樋口2005ほか）。

川勝は社殿形式の立派な作りの石造物を石殿と呼び，事例の一つとして天正11（1583）年の年紀を有する上野二宮神社の石殿を挙げた。そのため北関東では，内部に石物や石塔・神札などを奉安する目的で，木造建造物を模してつくられた中世の石造物を一括して石殿と呼ぶことが多い。石殿は時代が下り簡略化が進むとともに，供養塔・墓塔の性格が強まるとされ，そうしたものに対しては石堂の名称が使用されている（高崎市史編さん委員会1996・2003，磯部2002，金子2004）。

川勝は桃山から江戸にかけ，大名を中心に，墓塔を安置するための石造の廟建築，すなわち石廟が出現したとし，その代表例として高野山奥の院の結城秀康およびその母長勝院の2棟の石廟を取り上げた。その後，藤原良志は，石廟の源流は越前地方に求められるとし，「墓塔を容する笏谷石製の小さな建築物」に対して越前式石廟の名称を与え，北海道松前町法幢寺松前藩主家墓所を含む25例を挙げた（藤原1968a）。藤原は，16世紀にはすでに越前地方には石龕や石殿などの笏谷石製の石室が存在しており，そこに禅宗の開山堂から派生した廟建築の発達が重なった結果，越前地方で17世紀代に越前式

石廟が展開することとなったとの見通しを示した（藤原1968b）。水谷類は，堂塔型の墓石の総称として「石造ラントウ」・「ラントウ形墓石」もしくは単に「ラントウ」を使用する（水谷2003a・2003b・2003c・2009a・2009b）。水谷は墓塔と墓塔を納める霊屋を特段区別することなく，墓塔であっても霊屋であっても，廟墓に関わる堂塔型の石造物すべてに対して，「ラントウ」の名称を与えており，その点が問題である。

愛知県額田郡幸田町にある本光寺深溝松平家墓所では，寛文9（1669）年に死亡した6代当主忠房の長男好房と，6代忠房（1700年没）から17代忠愛（1862年没）までの歴代の当主12名の墓に石造霊屋が採用されている。これらは全て一間社古式流造の社殿を模したと考えられており，報告書では石祠と呼ばれている（松原・山川2010）。たしかに祠には，ほこら・やしろ（祠堂）とともに先祖の霊を祀る霊屋（先祠）という意味もあるが，石祠は，霊屋と無関係な石造の祠一般にも広く用いられているため，石造の霊屋を指す用語として適切かという問題がある。

以上，石造霊屋に関する先行研究を振り返りつつ，どのような名称で呼ばれてきたか確認した。その結果，同じものに対して異なる名称が使われている，あるいは不適切な名称である，などの問題が判明した。筆者は，内部施設・壁構造の特徴と系統性の観点から，石造霊屋を北陸系の石廟，関東系の石堂，儒葬系の石祠の3種類に大別する（表1・図1）。

北陸系の石廟は，内部に必ず宝篋印塔・五輪塔などの墓塔が納められており，壁と屋根は別材で，前面に観音開きの扉を伴う。後述するように，16世紀後半，越前・若狭地方において，福井産の笏谷石を用いた墓塔の覆屋が造られるようになり，それが近世初期に北陸の大名墓に採用される。北陸系の石廟は，17世紀前半に急速な発達を遂げ，階層に応じて大きさ・構造・装飾などに多様性が生まれた。北陸系の石廟は，北海道の松前城下町，近畿地方，山陰地方，岡山・兵庫にも分布する。北陸や近畿では17世紀代のうちに石廟の造営はほぼ終焉を迎えるが，松前や山陰では，18世紀以降も独自に地域的展開を遂げ，幕末，場合によっては近代にいたっても連綿と営まれ続けた。

関東系の石堂は概して小型で，壁は基本的に一つの石材を刳り貫いており，窓や入口などの開口部はあるが，扉はない。関東一円に分布し，山形県の置賜盆地や福島県の一部など南東北にも分布が及ぶ。特に石堂の製作に適した銚子石（千葉県銚子市犬吠埼・愛宕山周辺産出の砂岩）や多湖石（群馬県高崎市吉井町南方の牛伏山周辺産出の花崗岩質砂岩）の流通圏では石堂が多数確認されている（千葉2008，秋池2010）。

北関東や南東北の石堂は，内部に墓塔などの施設がな

表1　石造霊屋の系統とその特徴

型式名	主な分布域	年代	内部施設	外部施設 壁構造	外部施設 石材	外部施設 四十九院	代表例
北陸系（石廟）	北海道松前町	1630年代～1860年代	内部に必ず墓塔（一石五輪塔・別石五輪塔・宝篋印塔など）あり	壁とは別材の扉を有し、大型のものは壁も複数の石材を組み合わせる	笏谷石→花崗岩・火山礫凝灰岩	17世紀代のものの一部にみられる北陸地方ではみられない	松前藩主松前家墓所
	北陸・近畿地方	16世紀中葉～18世紀（大半は17世紀で18世紀は稀）			笏谷石・戸室石・日引石ほか		高野山奥の院結城秀康・同母長勝院霊屋
	山陰地方	17世紀初頭～近代			来待石・福光石ほか		島根県松江市報恩寺堀尾民部霊屋
	岡山・兵庫	16世紀末～？			豊島石ほか		兵庫県加西市陽松寺墓地
関東系（石堂）	北関東・南東北（群馬・栃木・埼玉・福島・山形）	15世紀後半～18世紀	内部に施設のない場合が多い。稀に僧形先祖仏・舟型陽刻五輪塔・一石五輪塔・舟型光背型石碑あり	基本的に一石刳り貫きで扉なし	牛伏砂岩ほか	17世紀代のものの一部にみられる	群馬県高崎市玉田寺柴田家墓地・福島県下郷村音金下坪湯田家墓地
	東関東（千葉・茨城）	1590年代～19世紀	内部に一石五輪塔・一石宝篋印塔・石仏などがある場合が多い		銚子石ほか		千葉県佐原市自性院椎名家墓地・海上町松ケ谷小長谷家墓地
儒葬系（石祠）	全国各地？（一部の大名家）	17世紀後葉～近代	位牌（神主）	壁とは別材の扉を有し、壁も複数の石材を組み合わせ		無	愛知県幸田町深溝松平家墓所・長崎県大村市大村藩主大村家墓所

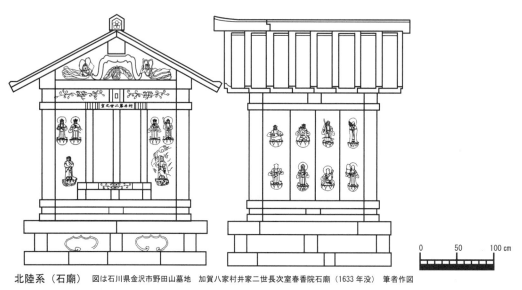

北陸系（石廟）　図は石川県金沢市野田山墓地　加賀八家村井家二世長次室春香院石廟（1633年没）筆者作図

関東系（石堂）
図は群馬県高崎市下横町興禅寺
「道隆禅定門・妙秋禅定尼」逆修石堂（1625年造立）
（金子2007b）

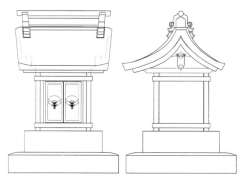

儒葬系（石祠）　図は愛知県幸田町深溝本光寺　肥前島原藩主深溝松平家6代忠房石祠（1700年没）
（松原・山川2010）

図1　石造霊屋の種類

い場合が多いが，千葉県や茨城県など東関東では，一石五輪塔・一石宝篋印塔・石仏などを内部に納めるのが一般的である。石廟であれば，内部に納められた墓塔に記されるべき没年や戒名などの情報が，石堂ではしばしば外壁（多くは正面）に見られる。

関東系の石堂は，石造の仏殿として14世紀頃から造営されていた石殿に由来する。初期の石殿には身部を刳り貫かないものもみられるが，15世紀代には基本的に身部を刳り貫き，内部に石仏を安置するようになる。15世紀後半以降，個人の逆修や供養の意味あいが強まるとともに小型化し，小型の石造霊屋である石堂と堂塔形の墓塔の両者が，在方の旧家層を主体として18・19世紀頃まで営まれ続ける。

儒葬系の石祠は，内部に位牌（神主）を納める。類例としては，前述の愛知県本光寺深溝松平家墓所のほかに，長崎県大村市の本経寺にある国史跡大村藩主大村家墓所がある。

大村家墓所では，正徳2（1712）年に没した5代藩主純尹をはじめとして，8〜11代の歴代藩主，4代純長長男，6代純庸女などの墓に石祠が採用されている。藩主の石祠はいずれも単層入母屋造で，内部は木製の扉を挟んで手前の前室と位牌（神主）を安置する奥室に分かれている。藩主の石祠は，萱瀬石と呼ばれる玄武岩を用いて，瓦屋根や柱・梁・桁など木造建築同様，精巧に表現している。とりわけ，9代純鎮（1815年没）と10代純昌（1838年没）の石祠は，外壁に故人の事蹟を記し，天井を金箔貼りの格子天井とするなど壮麗である。これらは，領内千綿出身で世襲の給人石工の手になるものという（大村市教育委員会2007）。なお，本経寺境内には，家老松浦家をはじめとして家臣層の墓にも位牌（神主）を納めた小型の石祠がみられる。

以上，内部施設・壁構造の特徴と系統性の観点から，石造霊屋を北陸系の石廟，関東系の石堂，儒葬系の石祠の3種類に大別し，概要を述べた。次に，このなかで近世初期に大名の霊屋として進化するとともに，階層分化し，複雑な展開を遂げた石廟を取り上げ，分布と基本構造について論じる。

3．石廟の分布と基本構造

（1）石廟の分布

北陸系の石造霊屋，すなわち石廟は，越前・若狭・能登・越中など北陸地方に数多く分布するとともに，日本海沿岸に沿って，北は北海道松前町と新潟県佐渡市，西は島根・鳥取両県で確認できる（図2，表2〜7）。

多数の石廟が営まれた越前・若狭地方では，全ての石廟を把握することが困難である。そこで，本研究では，

この地域の主要な石廟の調査に併行し，石廟が最も多くみられる福井県敦賀市に所在する2ヶ寺で，石廟の悉皆調査を行い，傾向性を把握することとした。調査を行ったのは，曹洞宗永厳寺と浄土宗西福寺で，あわせて49基の石廟を確認した（表8・9）。

北陸地方以外では，結城秀康（越前福井藩主）とその母長勝院，京極高次（若狭小浜藩主）とその正室鶴姫，堀尾泰晴夫妻（嫡男で豊臣三中老の一人である吉晴が，泰晴の死亡した時点で，越前府中に隠居料5万石を領していた）など北陸にゆかりの深い近世初期の大名が，福井産の笏谷石を用いた石廟を，京都や紀州高野山，京極氏の先祖伝来の墓所のある滋賀県米原市に造営している。

新潟県佐渡市相川町大安寺の佐渡金山奉行大久保石見守長安の石廟と，島根県大田市大森町勝源寺の石見銀山奉行竹村丹後守道清の石廟は，いずれも典型的な越前式石廟であり，後述するように，石工と金掘りとの関連性を示唆する資料として注目される。

松前や山陰地方では，近世初期には笏谷石製の越前式石廟がみられるものの，その後，松前では瀬戸内産の花崗岩，出雲・伯耆では島根県松江市宍道町産の凝灰質砂岩（来待石），石見では島根県大田市温泉津産の軟質凝灰岩（福光石）に石材が変化し，18世紀以降も石廟の造営が継続し，独自の地域的展開をみせる。

（2）石廟の基本構造と階層性

既に述べたとおり，石廟は，内部に墓塔を納める施設であり，壁と屋根は別材で，前面に観音開きの扉を伴う。大型の石廟には基壇を有し，扉を上下で支える？・窓台をはじめとして多くの部材からなる（図3）。

壁の構造は，石廟の規模により，いくつかの類型に分かれる（図4）。小型の石廟の場合，壁は一材でコの字を呈する単純なものが多いが，大型になるにつれ壁は組み合わせ式となり，柱の表現が加わる。17世紀代につくられた笏谷石製の大型石廟のなかには，木造建築物同様，柱と壁板が別材からなるものもみられる。

石廟の屋根は，木造建築同様，多様である（図5）。

入母屋造りの屋根は，一つの石材で作られたものと，石製の瓦で屋根を葺くタイプとに大別されるが，後者は高野山奥の院にある重要文化財に指定されている結城秀康廟のみである。一石の入母屋は，小型の石廟に多く認められる。それらは唐破風と大棟をもつもの（A類），大棟のみもつもの（B類），大棟がないもの（C類）に細別され，B類が最も多く，C類がこれに次ぎ，A類は稀である。

切妻造りの屋根は，山陰地方に分布するものを除き，複数の石材を組み合わせており，石川県金沢市野田山墓地の加賀藩主前田家墓所の石廟をはじめ，大型の石廟の大部分がこの屋根を採用している。妻入と平入の両者が

図2 北陸系石造霊屋（石廟）の主な分布

表2　全国の主な石廟（1）

所在地	寺院・墓地	番号	全高cm	横幅cm	奥行cm	屋根構造1	屋根構造2	壁構造	石材	棟	破風	梁	束	内法	欄	外壁	内壁	扉	窓台	墓標型式	墓標石材	名前など	社会的地位など	埋葬地	没年（西暦）	備考
北海道松前郡松前町	曹洞宗大洞山法幢寺松前藩主松前家墓所	A	165	124	136	別石切妻	妻入	柱一体A	笏谷石	蟇股正面			天女	蓮華唐草			内面蓮華			一石五輪	笏谷石	高姫	松前藩主9世高廣室（矩廣母）・蠣崎利廣娘	松前法幢寺	1665	
		B	194	170	160	唐破風	妻入	柱無別材	斑岩		牡丹唐草		天女	雲龍				欠失		一石五輪	笏谷石	松前矩廣	松前藩主10世	松前法幢寺	1720	朱入り　蕪懸魚
		C	189	180	197	別石切妻	妻入	柱一体A型	笏谷石	蟇股正面背面			天女				四十九院	欠失		別石五輪	笏谷石	清姫	松前藩主8世氏廣室（高廣母）・蠣崎友廣娘	松前法幢寺	1696	朱入り　内壁の四十九院は枠のみ線刻で文字は朱書。
		D	234	195	258	別石切妻	妻入	柱別材型	笏谷石	蟇股正面背面			天女	蓮華唐草		柱に刻字	四十九院	欠失		別石五輪	笏谷石	松前高廣	松前藩主9世	松前法幢寺	1665	朱入り　内壁の四十九院は塔婆・文字ともに刻書
		E	243	192	267	別石切妻	妻入	柱別材型	笏谷石	蟇股正面背面		卍	天女			柱に刻字	四十九院	欠失		別石五輪	笏谷石	松前氏廣	松前藩主8世	江戸吉祥寺	1648	内壁の四十九院は塔婆・文字ともに刻書（文字は全て薬研彫）。部材に方位を示す文字あり。
		F	240	206	295	別石切妻	妻入	柱別材型	笏谷石	蟇股正面			天女			柱に刻字	四十九院	欠失		別石五輪	笏谷石	松前公廣	松前藩主7世	松前法幢寺	1641	内壁の四十九院は塔婆・文字ともに刻書（空・風・火・水の文字のみ薬研彫）。
		G	165	140	135	別石切妻	妻入	柱一体A	笏谷石	蟇股正面		卍	天女			柱に刻字	四十九院	欠失		一石五輪	笏谷石	藤姫	松前藩主7世公廣後室（泰廣母）	松前法幢寺	1657	内壁の四十九院は枠のみ線刻で文字は朱書。
		H	213	171	182	別石切妻	妻入	柱一体A	笏谷石	蟇股正面		家紋	天女				四十九院			別石五輪	笏谷石	松前邦廣	松前藩主11世	松前法幢寺	1743	内壁の四十九院は枠・文字ともに朱書。
		I	171	146	145	別石切妻	妻入	柱一体A	笏谷石	蟇股正面							蓮華	欠失		一石五輪	笏谷石	安姫	松前藩主10世矩廣後室・米津氏娘	松前法幢寺	1746	朱入り
		J	174	146	147	別石切妻	妻入	柱一体A	火山礫凝灰岩	風化のため不明								欠失		別石五輪	笏谷石	弁姫	松前藩主12世資廣室（道廣母）・八条前中納言隆英卿娘	松前法幢寺	1754	昭和28年の修理に際して下部施設調査（土葬石室木炭槨木棺・副葬品:銭1枚と金襴緞子）。
		K	192	172	170	別石切妻	妻入	柱一体A	笏谷石	蟇股正面		家紋	天女				四十九院			別石五輪	笏谷石	松前資廣	松前藩主12世	松前法幢寺	1765	内壁の四十九院は枠・文字ともに朱書。
		L	189	170	160	段葺別石切妻	妻入	柱無別材	花崗岩	蟇股正面			家紋							別石五輪	斑岩	敬姫	松前藩主13世道廣室（智廣母）・花山院卿娘	松前法幢寺	1776	
		M	213	161	188	別石切妻	妻入	柱一体A	花崗岩	蟇股正面背面			家紋							別石五輪	粗粒凝灰岩	松前崇廣	松前藩主17世	松前法幢寺	1866	
		N	208	161	154	別石切妻	妻入	柱一体A	花崗岩	蟇股正面背面			家紋							別石五輪	粗粒凝灰岩	松前昌廣	松前藩主16世	松前法幢寺	1853	
		O	204	165	176	別石切妻	妻入	柱一体型B	花崗岩	蟇股正面背面			家紋							別石五輪	粗粒凝灰岩	松前章廣	松前藩主14世	松前法幢寺	1833	
		P	217	151	170	別石切妻	妻入	柱一体型B	花崗岩	蟇股正面背面			家紋							別石五輪	粗粒凝灰岩	松前道廣	松前藩主13世	江戸吉祥寺	1832	
		Q	212	206	194	別石切妻	平入	柱無別材	花崗岩				家紋＋雲						算木	別石五輪	花崗岩	松前盛廣	松前藩主6世	松前宗円寺	1608	墓標・石廟ともに後世に建造された可能性が高い。
		R	209	210	193	別石切妻	平入	柱一体A	花崗岩				家紋							別石五輪	粗粒凝灰岩	松前見廣	松前藩主14世章廣2男	松前法幢寺	1827	
		S	207	200	160	別石切妻	妻入	柱一体型B	花崗岩				家紋							別石五輪	粗粒凝灰岩	松前良廣	松前藩主15世	江戸吉祥寺	1839	
		T	218	158	171	別石切妻	妻入	柱無別材	花崗岩	蟇股正面			家紋							別石五輪	粗粒凝灰岩	秋野菅子	松前藩主14世章廣側室	江戸吉祥寺	1808	
		U	215	152	178	別石切妻	妻入	柱一体型B	花崗岩				家紋							別石五輪	笏谷石	村山左幾子	松前藩主14世章廣2男見廣側室（良廣・昌廣母）	松前法幢寺	1836	
		V	131	118	93	反屋根	平入	柱無別材	笏谷石	蟇股正面			天女					欠失		一石五輪	笏谷石		不明	不明	不明	
		W	222	212	134	別石切妻	妻入	柱無別材	花崗岩				家紋＋雲						算木	宝篋印塔	笏谷石	椿姫	松前藩主6世盛廣室（公廣母）	松前宗円寺	1636	墓標（宝篋印塔）はオリジナルで、石廟は後世に建造された可能性が高い。
	曹洞宗大洞山法幢寺	A	151	141	75	破風付入母屋	平入	柱無別材	花崗岩					唐草			菊花枝	欠失					寄合席下国氏		不明	中に入っている墓標は石廟に伴わない。
		B	142	134	107	反屋根	平入	柱無別材	笏谷石									欠失		一石五輪	笏谷石		寄合席下国宮内先祖		1608	部材がバラバラに散乱。図面は図上復元。
																				一石五輪	笏谷石		寄合席下国母		1636	
																				一石五輪	笏谷石		寄合席下国氏		不明	
		C			110			柱一体A	笏谷石				天女				六地蔵	欠失		宝篋印塔	笏谷石		寄合席下国氏		不明	屋根・奥壁欠失
		D	—	—	—	入母屋B		不明	笏谷石						欠失								寄合席下国氏		不明	屋根・台石のみ。
	曹洞宗松前山法源寺	A	138	132	100	反屋根	平入	柱無別材	火山礫凝灰岩									欠失		一石五輪	笏谷石	成人男性	寄合席次廣系蠣崎氏（600石）		1645	
		B			91	不明		柱無別材	笏谷石								六地蔵	欠失		一石五輪	笏谷石	子供	正廣系蠣崎氏（蠣崎本家・520石）		1646	屋根部材欠失、壁部材一部欠損。
		C	149	148	105	反屋根	平入	柱無別材	笏谷石									欠失		別石五輪	笏谷石	不明	長廣系蠣崎氏（200石）		1631	
		D		110	80	反屋根	平入	柱無別材	笏谷石					欠失			十三仏	欠失				不明	長廣系蠣崎氏（200石）		不明	屋根部材、壁の一部のみ。
	曹洞宗福形山寿養寺跡	A	172	139	141	別石切妻	妻入	柱一体A	笏谷石	蟇股正面背面			天女	蓮華			奥壁に十三仏	欠失		一石五輪	笏谷石	蠣崎友廣	守廣系蠣崎氏（250石）　執政		1658	
		B	149	136	90	反屋根	平入	柱無別材	笏谷石								六地蔵	欠失				不明	守廣系蠣崎氏（250石）		不明	
		C	159	170	124	別石切妻	妻入	柱無別材	笏谷石	蟇股正面背面			天女					欠失		別石五輪	笏谷石	成人女性	守廣系蠣崎氏（250石）		1643	
		D	—	—	—	不明			笏谷石					欠失			六地蔵	欠失				不明			不明	壁部材のみ。
		E	—	—	—	不明			笏谷石					欠失			六地蔵	欠失				不明			不明	壁部材のみ。

表3　全国の主な石廟（2）

所在地	寺院・墓地	番号	全高cm	横幅cm	奥行cm	屋根構造1	屋根構造2	壁構造	石材	棟	破風	梁	束	内法	楣	外壁	内壁	扉	窓台	型式	石材	名前など 社会的地位など	埋葬地	没年(西暦)	備考
	曹洞宗華遊山龍雲院	A	104	71	90	宝珠方形B		柱無別材	花崗岩			家紋						家紋算木		丘状頭角柱形	粗粒凝灰岩	和田郡司精維／松前藩士和田氏8代目(詰組・用人仮役)		1852	右扉内側刻字「松前臣和田氏第八代」左扉内側刻字「和田精維塚」戒名に金入り
		B	164	94	92	破風付寄棟		柱無別材	花崗岩	家紋	家紋							蓮華格子窓		櫛形	粗粒凝灰岩	和田文蔵義継／松前藩士和田氏9代目(中書院)		1856	右扉内側刻字「安政三季丙辰十二月二日 九代 義継」蟇懸魚に家紋
																					成人女性	松前藩士和田氏9代目義継妻？		不明	
	真言宗地屋山萬福寺	A	—	—	100	不明			笏谷石			欠失			十三仏			欠失		無縫塔	粗粒凝灰岩	大法師／万福寺住職？		1759	石廟に本来伴っていたのは一石五輪塔か宝篋印塔であったと思われる。右壁部材、台石部材のみ。
																			無縫塔	粗粒凝灰岩	不明		不明	
																			宝篋印塔	笏谷石	不明		不明	
																			一石五輪	笏谷石	不明		不明	
	浄土宗高徳山光善寺	A	136	68	62	向唐破風		柱無別材	花崗岩			家紋						無？		一石五輪	花崗岩	成人男性／松前藩士冨永氏		1747	石廟1839年再建(石廟背面に刻字「天保十巳亥初夏孝孫静遠政年代再建之」)。
																					成人女性／松前藩士冨永氏		1769	
		B	192	150	126	別石切妻	妻入	柱一体A	花崗岩				蟇股正面					無？		有像舟形	花崗岩	成人男性／松前藩士冨永氏		1747	石廟1846年再建(石廟左側面に刻字「弘化三丙午年十一月二日為中興高祖父教信院正常當百回忌菩提 静遠政年 再建之」)。
																					成人女性／松前藩士冨永氏		1769	
		C	178	145	100	反屋根	平入	柱一体A	笏谷石					天女				欠失	蓮華	宝篋印塔	笏谷石	成人／戒名:3禅定門		1640	部材がバラバラに散乱。図面は図上復元。
		D	—	—	—	別石切妻	妻入	不明	笏谷石					天女	蓮華	欠失				一石五輪	笏谷石	成人／戒名:4信女		1664	棟・右側桁・正面妻・楣部材のみ。
北海道松前郡松前町	浄土真宗大谷派西立山専念寺	A	161	92	86	宝珠方形		柱無別材	花崗岩									家紋		奥壁内面	花崗岩	新井田兵右衛門知貞(初代)		1692	内部に「納骨」と書かれた石がある。右扉内側に「寛政九丁巳三月日 立立」、左扉内側に「新井田正壽・新井田保壽」の刻字あり。新井田正壽はクナシリメナシの戦いで松前藩鎮圧隊を指揮した新井田孫三郎正壽である。知貞系新井田氏。
																					新井田嘉助壽知(2代)		1725	
																					新井田兵内知吉(3代・御側頭役)		1723	
																					新井田久之助知久(4代)		1730	
																					新井田佐与之進義知(9代)		1736	
																			右側壁内面	花崗岩	新井田金右衛門信壽(10代・側用人)		1788	
																					新井田家成人女性		1799	
																					新井田家成人女性		1859	
																					新井田金右衛門保壽(12代・中老)		1836	
																					新井田家成人女性		1811	
																			左側壁内面		新井田孫三郎正壽(11代・勘定奉行)		1807	
																					新井田家成人女性		1835	
																					新井田家成人女性		1850	
																					新井田嘉門得壽(13代・用人)		1788	
																					新井田家成人男性			
		B	109	93	70	宝珠方形A		柱無別材	花崗岩									欠失		石板	花崗岩	新井田兵作朝忠(11代・目付)		1833	知朝系新井田氏
		C	107	91	72	宝珠方形A		柱無別材	火山礫凝灰岩											石板	花崗岩	新井田右膳朝訓(12代・用人・番頭)		1858	知朝系新井田氏
		D	171	106	106	宝珠方形A		柱無別材	花崗岩									家紋				不明		不明	
	日蓮宗妙光山法華寺	A	146	135	101	反屋根	平入	柱無別材	笏谷石									欠失		一石五輪	笏谷石	成人女性／河野系松前氏		1652	「蠣崎右仲太廣経」を含む河野系松前氏の墓所。
		B	148	131	92	一石切妻	妻入	柱無別材(一部材)	笏谷石		家紋	蓮華						欠失		櫛形	花崗岩	成人女性／小林氏(旧志苔館主)		1803	石製の鬼板を有する。石廟と墓標はオリジナルの組み合わせではない可能性あり。
		C	—	64	43	入母屋B	平入	不明	笏谷石			欠失								欠失		不明		不明	
		D	—	—	—	不明			笏谷石			欠失								無縫塔	笏谷石	不明		不明	基壇のみ。基壇に刻印あり。
																				無縫塔	笏谷石	不明		不明	
																				無縫塔？	笏谷石？	不明		不明	
		E	150	114	95	一石切妻	妻入	柱無別材	花崗岩		家紋	蓮華								櫛形	斑岩	成人男性／戒名:2院4居士		1792	墓標の背面に刻字「吉田勝見源心凭公」。
																					成人女性／戒名:2院4大姉		1794	
		F	—	—	—	不明			花崗岩			欠失								欠失		不明		不明	台石前方部材のみ。
		G	—	—	—	反屋根	平入	不明	笏谷石			欠失								欠失		不明		不明	屋根後方部材のみ。
	浄土宗護念山正行寺	A	—	89	61	入母屋B	平入	不明	笏谷石			欠失						六地蔵	欠失		欠失		不明		不明	屋根部材・壁部材の一部のみ。
		B	—	—	—	不明			笏谷石			欠失								欠失		不明		不明	台石部材のみ。
		C	—	—	—	入母屋B	平入	不明	笏谷石			欠失								欠失		不明		不明	屋根部材のみ。
		D	—	—	—	反屋根	平入	不明	笏谷石			欠失								欠失		不明		不明	屋根部材のみ。
		E	83	92	61	入母屋B	平入	柱無別材	笏谷石										欠失		一石五輪	笏谷石	成人男性／戒名:4禅定門		不明	
																						成人女性／戒名:4禅定尼		不明	
		F	—	—	58	入母屋B	平入	不明	笏谷石			欠失								欠失		不明		不明	屋根部材のみ。
		G	—	—	58	入母屋B	平入	不明	笏谷石			欠失								欠失		不明		不明	屋根部材のみ。
		H	—	96	66	入母屋B	平入	不明	笏谷石			欠失								欠失		不明		不明	屋根部材のみ。
		I	—	—	—	不明			笏谷石			欠失								欠失		不明		不明	台石部材のみ。

表4　全国の主な石廟（3）

所在地	寺院・墓地	番号	全高cm	横幅cm	奥行cm	屋根構造1	屋根構造2	壁構造	石材	装飾	四十九院	基壇高さcm	基壇横幅cm	基壇奥行cm	基壇装飾/羽目板	墓標番号	墓標型式	墓標高さ	墓標石材	名前など	社会的地位など	没年(西暦)	備考	文献
新潟県佐渡市	浄土宗大安寺		193	226	160	別石切妻	平入	柱別材型	笏谷石	奥壁内面に如来・菩薩		無し					宝篋印塔	148	笏谷石	大久保長安	佐渡金山・石見銀山・伊豆銀山の奉行	1611	奥壁のみオリジナル。安政5年(1858)に修復？後補された石は大きな斑晶を含む凝灰岩。	京田1973、佐渡市教育委員会2004
富山県高岡市	曹洞宗瑞龍寺	A	270	282	260	別石切妻	妻入	柱別材型	笏谷石	破風に蟇股・天女 正面桁に梅紋 内法に蓮華唐草 窓脇壁に不動明王・毘沙門天 外壁に菩薩・阿弥陀如来迎図 窓台に蓮華唐草		65	267	233			宝篋印塔	173	笏谷石	前田利長	加賀藩初代藩主	1,614	廟の裏手に石扉部材2点転がる。基壇は戸室石。	高岡市教育委員会2008
		B	247	265	247	別石切妻	妻入	柱一体A材型	笏谷石			59	233	230			宝篋印塔	206	笏谷石	前田利家	加賀藩藩祖	1599	屋根(塀瓦葺)、台石以外新材	
		C	251	256	252	別石切妻	妻入	柱一体A材型	笏谷石			55	220	220			宝篋印塔	206	笏谷石	織田信長		1582	屋根は新材	
		D	159	160	150	別石切妻	妻入	柱一体A材型	笏谷石			47	157	152			宝篋印塔	128	笏谷石	正覚院	織田信長側室	1597	屋根(塀瓦葺)、台石以外新材	
		E	245	267	243	別石切妻	妻入	柱別材型	笏谷石			57	222	218			宝篋印塔	203	笏谷石	織田信忠	織田信長の嫡男、左近衛中将	1582		
石川県七尾市	曹洞宗長齢寺		228	212	158	別石反屋根	平入	柱一体A材型	笏谷石	欄に家紋 窓台に格狭間		無し				a	宝篋印塔	139	笏谷石	前田利長(左)	加賀藩初代藩主	1614		
															b	宝篋印塔	139	笏谷石	前田利家(右)	加賀藩藩祖	1599		
	白蓮宗長寿寺		110	93	61	入母屋B	平入	柱無別材		外壁正面に日月輪の透かし彫り		無し					欠失			山崎権左衛門家	不明	不明	正面壁部材反転か？	
	浄土宗宝幢寺		76	63	44	入母屋B	平入	柱無別材				無し					一石五輪塔地蔵		笏谷石	不明		不明	扉欠損	
石川県金沢市	野田山墓地	A	183	161	171	別石反屋根	妻入	柱無別材型	笏谷石	大棟端面に家紋 内法に日月輪 窓脇壁に地蔵 外壁に蓮華 窓台に蓮華唐草		33	143	164		a	宝篋印塔	124	笏谷石	瑞雲院(蕭)	中川光重室 利家の次女	1603	両扉紛失	金沢市・金沢市埋蔵文化財センター2003・2008
															b	宝篋印塔	121	笏谷石	中川光重	加賀藩士 信長・利家に仕官	1614		
		B	194	153	162	別石反屋根	妻入	柱無別材	笏谷石	欄に刻字(「村井第二世」) 窓脇壁に蓮華		無し					宝篋印塔	112	笏谷石	村井家第二世長次	前田利家家臣 村井長頼嫡男	1613	横幅、奥行きは屋根の最も長い部分を計測。	
		C	183	135	140	別石切妻	妻入	柱別材型	灰色凝灰岩	破風に蟇股 扉に額内禅文		無し					一石五輪塔	112	灰色凝灰岩	清妙院(保智)	前田利家9女 篠原貞秀(前田家家臣)	1614	塀瓦葺 横幅、奥行きは屋根の最も長い部分を計測。	
		D	194	201	204	別石切妻	妻入	柱一体A材型	笏谷石	破風に蟇股・日月輪 欄に蓮華唐草 窓脇に不動明王・毘沙門天 内壁に菩薩・天女 扉に蓮華		104	218	255			宝篋印塔	135	笏谷石	春桂院(幸)	前田利家長女 加賀八家前田対馬守家初代当主前田長種室	1616	塀瓦葺	
		E	202	199	208	別石切妻	妻入	柱一体A材型	笏谷石	破風に蟇股・桜・天女 欄に蓮華唐草 窓脇壁に不動明王・毘沙門天 内壁に菩薩 扉に蓮華 窓台に蓮華唐草		55	165	201			宝篋印塔	132	笏谷石	江月院(前田利貞)	前田利家6男 前田家家臣	1620	塀瓦葺	
		F	252	210	191	別石切妻	妻入	柱無別材	笏谷石	破風に蟇股・桃・天女 窓脇壁に不動明王・地蔵 内壁に観音・勢至菩薩 扉に蓮華		52	180	179			宝篋印塔	126	笏谷石	奥村栄明	加賀八家奥村宗家2代目当主 従五位下河内守	1620	屋根部材は補修	
		G	246	184	170	別石切妻	妻入	柱一体A材型	笏谷石	破風に蟇股 欄に刻字(「村井第三世之室」) 窓脇壁に不動明王・地蔵菩薩 内壁に菩薩 扉に蓮華		57	169	154			宝篋印塔	128	砂岩	接厳院(風)	利家の妹の孫娘 村井長次室	1623	塀瓦葺	
		H	323	292	265	別石切妻	妻入	柱別材型	笏谷石	大棟端面に梅紋 破風に蟇股・天女 内法に蓮華唐草 欄に刻字(「村井第二世之室」) 窓脇壁に仏神 外壁に菩薩・天女 扉内面に蓮華		59	255	221	格狭間		宝篋印塔	209	笏谷石	春光院(千代)	前田利家7女 加賀八家村井家2代目当主村井長次室	1633	塀瓦葺	
	法華宗真門流慈雲寺	A	213	188	141	別石反屋根	平入	柱無別材	笏谷石	棟に家紋 内法に天女・蓮華 欄・窓脇台・外壁に蓮華 内壁に蓮華の彩色 窓台に蓮華・格狭間		54	191	196			宝篋印塔	未計測	笏谷石	照光院	加賀八家奥村宗家3代目当主奥村栄政女	1645		
		B	202	174	141	別石反屋根	平入	柱無別材	笏谷石	棟に家紋 内法に天女 窓脇台に蓮華 内壁に蓮華の彩色 扉外面に蓮華・内面に髭題目 窓台に格狭間		無し					宝篋印塔	未計測	笏谷石	慈照院	加賀八家奥村宗家3代目当主奥村栄政室(冨田重政女)	1640		
		C	197	161	126	別石反屋根	平入	柱無別材	笏谷石	棟に家紋 内壁に蓮華の彩色 窓台に唐草		無し					宝篋印塔	未計測	笏谷石	冨田重政	前田家兵法指南役	1625	扉後補	
		D	158	167	131	別石反屋根	平入	柱無別材	笏谷石			無し					宝篋印塔	未計測	笏谷石	(伝)冨田重康		不明	屋根後補？ 風化著しい	
	曹洞宗龍渕寺		128	93	68	別石反屋根	平入	柱無別材	戸室石			28	103	109			一石五輪塔		戸室石	(伝)織田長政夫婦	織田有楽斎四男 山和国戒重藩初代藩主	1657		
福井県坂	真言宗瀧谷寺開山堂		224	341	230	別石切妻	平入	柱別材型	笏谷石	内壁に十三仏(元亀3年作)		無し								睿憲上人	瀧谷寺開山	不明	元亀3(1572)年、堀江氏建立、貞享3(1686)年修復 桁および棟は木製だが、本来は石製か 塀瓦葺 左側面梁に「開山堂修復施主竹内久助 同源五郎 為二世安楽也 貞享三寅八月□日 十八世慶範」	福井市教育委員会1999

表5　全国の主な石廟（4）

所在地	寺院・墓地	石廟 番号	本体 全高cm	横幅cm	奥行cm	屋根構造1	屋根構造2	壁構造	石材	装飾	四十九院	基壇 高さcm	横幅cm	奥行cm	装飾羽目板	墓標 番号	型式	高さcm	石材	被供養者 名前など	社会的地位など	没年(西暦)	備考	文献
福井県坂井市	真言宗性海寺	A	90	62	46	入母屋B	平入	柱無別材	笏谷石			無し					一石五輪	63	笏谷石	森田氏子供	2童子	1604		
		B	135	120	82	入母屋B	平入	柱無別材	笏谷石	窓脇壁に梵字 窓台に蓮華		無し				a	別石五輪	84	笏谷石		不明	慶長□年	扉欠失	
																b	別石五輪	84	笏谷石		不明	慶長□年		
																c	別石五輪	84	笏谷石	森田氏成人男性	2禅定門	1602		
		C	114	90	60	入母屋B	平入	柱無別材	笏谷石	窓脇壁に梵字・刻字 窓台に蓮華		無し				a	別石五輪	73	笏谷石	森田氏成人男性	2禅定門	1580	扉欠失	
																b	別石五輪	77	笏谷石	森田氏成人男性	2禅定門	1613		
		D	126	100	74	入母屋B	平入	柱無別材	笏谷石		○	無し				a	別石五輪	81	笏谷石	森田氏成人男性	2禅定門	1611		
																b	別石五輪	84	笏谷石	森田氏成人女性	2禅定尼	1611.10.13		
		E	142	120	80	入母屋B	平入	柱無別材	笏谷石	窓脇壁に梵字・刻字 窓台に蓮華		無し				a	別石五輪	88	笏谷石	森田氏成人男性	2禅定門	1610	扉欠失、逆修	
																b	別石五輪	87	笏谷石	森田氏成人女性	2禅定尼	1610		
		F	140	117	78	入母屋B	平入	柱無別材	笏谷石			無し				a	別石五輪	72	笏谷石	森田氏成人女性	2禅定尼	1566	造立：慶長12(1607)年2月吉日 施主：森田武兵工尉 森田氏は元和・寛永期に加賀金沢藩から舟免許を受け、御用問丸として廻船業で財をなした。	
																b	別石五輪	72	笏谷石	森田氏成人男性	2禅定門	不明		
																c	別石五輪	72	笏谷石	森田氏成人男性	2禅定門	1565		
		G	135	91	64	入母屋B	平入	柱無別材	笏谷石			無し					別石五輪	75	笏谷石		不明	慶長□年		
		H	139	116	99	不明	平入	柱無別材	笏谷石			無し					有像舟形	70	笏谷石	森田氏成人男性	権大僧都寶過誉	1579	明治11年に再建。	三井2002
		I	70	62	49	入母屋B	平入	柱無別材	笏谷石			無し					一石五輪	53	笏谷石	森田氏成人男性	2禅定門	1606		
		J	105	78	67	入母屋B	平入	柱無別材	笏谷石	窓台に蓮華		無し					別石五輪	不明	笏谷石	不明		不明		
		K	90	77	58	入母屋C	平入	柱無別材	笏谷石			無し				a	一石五輪	59	笏谷石	不明		不明		
																b	一石五輪	57	笏谷石	不明		不明		
		L	108	86	60	入母屋C	平入	柱無別材	笏谷石			無し				a	別石五輪	76	笏谷石	森田氏成人女性	2禅定尼	1557	左右内壁に突起あり	
																b	別石五輪	76	笏谷石	森田氏成人男性	2禅定門	1566		
		M	96	94	58	入母屋C	平入	柱無別材	笏谷石			無し				a	一石五輪	55	笏谷石	森田氏成人男性	2禅定門	1602		
																b	一石五輪	53	笏谷石	森田氏成人男性	2禅定門	不明		
																c	一石五輪	55	笏谷石	森田氏成人男性	行阿弥陀仏	1598		
		N	86	70	57	入母屋C	平入	柱無別材	笏谷石			無し				a	一石五輪	53	笏谷石	森田氏成人男性	法印秀押	1565		
																b	一石五輪	不明	笏谷石	森田氏成人男性	月松宗休	1582		
		O	—	31	—	入母屋C		—	笏谷石			無し					欠失			不明		不明		
		P	—	60	44	入母屋B	平入	—	笏谷石			無し					欠失			不明		不明		
		Q	—	84	62	入母屋B	平入	—	笏谷石			無し					欠失			不明		不明		
	日蓮宗妙海寺西墓地	A	63	53	33	入母屋B	平入	柱無別材	笏谷石			無し				a	一石五輪	36	笏谷石	成人女性	妙口尼	1641		
																b	一石五輪	36	笏谷石	不明		不明		
		B	106	90	64	入母屋B	平入	柱無別材	笏谷石			無し				a	一石五輪	70	笏谷石	成人男性	月松	1648		
																b	一石五輪	66	笏谷石	成人男性	清教、妙安、妙秋、妙相、了円	不明		
																c	一石五輪	65	笏谷石	成人男性	了秋、妙教、妙有、妙意、妙是、妙幻	不明		
	時宗称念寺	A	—	92	57	向唐破風造り			笏谷石			無し					欠失			不明		不明		
		B	—	40	—			—	笏谷石	内壁に仏像		無し					欠失			不明		不明		
		C	—	96	70	入母屋B	平入	—	笏谷石			無し					欠失			不明		不明		
福井県福井市	浄土真宗西光寺		98	82	59	入母屋B	平入	柱無別材	笏谷石			60	81	92		a	宝篋印塔	73	笏谷石	柴田勝家	越前北庄城主	1583	石廟は文久元(1861)年4月頃作られたと思われる「この墓は豊臣家の祐筆山中山城守長俊の手によって建立されたと伝えられる」(石廟脇の碑より)	
																b	一石五輪	52	笏谷石	成人男性	楽峰浄安居士	1614		
																c	一石五輪	63	笏谷石	成人男性	穏誉清音禅定門	1615		
																d	一石五輪	49	笏谷石	成人男性	□□大法師	不明		
																e	一石五輪	62	笏谷石	成人男性	香範禅定門	1617?		
	一乗谷	A	91	70	75	一石反屋根	妻入	柱無別材	笏谷石			29	72	73			一石五輪	59	笏谷石	成人女性	理窓妙雪大姉	1661		福井市教育委員会1999
		B	219	130	130	唐破風造り		柱一体A	笏谷石	破風に家紋 外壁に刻字 扉に額内家紋		無し					宝篋印塔	未計測	笏谷石	朝倉義景	戦国大名越前朝倉氏第11代(最後)	1573	寛文3(1663)年8月造立「火園心山月現説堂玄養叟庵書之」	福井市教育委員会1999
福井県大野市	浄土宗善導寺		197	142	141	別石反屋根	平入	柱無別材	笏谷石	角脇壁に蓮華		無し					宝篋印塔	97	笏谷石	土屋左馬助正明	結城秀康の家臣、大野城代	1608	宝暦3(1753)年、善導寺九世明與上人造立	福井市教育委員会1999

石廟の成立と展開

表6　全国の主な石廟（5）

所在地	寺院・墓地	番号	全高cm	横幅cm	奥行cm	屋根構造1	屋根構造2	壁構造	石材	装飾	四十九院	基壇高さcm	基壇横幅cm	基壇奥行cm	基壇装飾（羽目板）	墓標番号	墓標型式	墓標高さcm	墓標石材	名前など	社会的地位など	没年（西暦）	備考	文献
福井県越前市	浄土宗正覚寺		181	160	168	入母屋B	一石B	柱無別材	笏谷石	内壁に蓮華の彩色		76	146	280			宝篋印塔	121	笏谷石	吉松丸	結城秀康四男	1609	扉は木製、平成6年に修理。	福井市教育委員会1999
福井県敦賀市	曹洞宗永厳寺	表9参照																						三井2006
福井県敦賀市	浄土宗西福寺	表8参照																						三井2002
福井県若狭町	堤区内藤佐渡守石廟		104	60	57	入母屋B	平入	柱無別材	笏谷石			無し				a	別石五輪塔	63	花崗岩	天翁口	若狭武田氏の被官で箱ヶ岳城主内藤佐渡守行勝	1527	玉垣に囲まれ四方の隅に花崗岩製別石五輪塔が置かれる　町指定文化財	
															b	別石五輪塔	66	花崗岩	慶春		1565		
福井県小浜市	天台真盛宗極楽寺開山堂		167	141	133	宝珠方形A		柱無別材	笏谷石	窓脇壁に刻字		72	119	130		a	一石五輪	未計測	笏谷石	圓戒國師	極楽寺開山	不明	窓脇壁右に「奉造立一宇石塔當寺開基為顕真明大法師之佛也」左に「右口口口禅門口口口忘今造口口也」正面左柱に「天文廿二口口年五月十九日敬日」とある→1553年造立	水谷2004
															b	一石五輪	未計測	笏谷石	成人男性	道泉禅定門	1533		
															c〜i	一石五輪	—	笏谷石	不明		不明		
滋賀県米原市	天台宗清滝寺徳源院		252	227	260	別石切妻	妻入	柱別材型	笏谷石	大棟端面に連珠巴文 棟に家紋 破風に蟇股・月輪 内法に天女・雲 窓脇壁に不動明王・毘沙門天 窓台に格狭間		49	209	220			宝篋印塔	157	砂岩	京極高次	若狭小浜藩主、京極家19代	1609	塀瓦葺	肥後1933 中井2010
京都府京都市	日蓮宗本満寺		214	212	175	別石切妻	平入	柱一体A	笏谷石	破風に天女・蟇股・牡丹 内壁に菩薩		64	211	173	格狭間（正背面、左右側面）		宝篋印塔	130	笏谷石	鶴姫（蓮乗院殿華雲妙徹大姉）	福井藩主結城秀康のち公家室	1621	原位置は、本満寺墓地のほぼ中央、2005年の改修工事の際、現在の位置に移設 塀瓦葺 石廟左側面妻部材に彫刻された天女および牡丹には、金・銀・緑の彩色が残存	
京都府京都市	臨済宗妙心寺派霊光院		150	151	112	反屋根	平入	柱一体A	笏谷石	大棟端面に三巴文 外壁に竪連子と格狭間 扉外面に天蓋・瓔珞・梵字・蓮花座 扉内面に日輪	○	無し				a	宝篋印塔	115	来待石	堀尾泰晴	豊臣政権三中老 出雲松江藩初代藩主吉晴父	1599	正面左扉は欠失。	松江市教育委員会2007
															b	宝篋印塔	113	来待石	堀尾泰晴妻		1607		
和歌山県高野町	高野山奥の院 結城秀康石廟		396	496	375	入母屋	平入	柱別材型	笏谷石	破風に蟇股・桐紋・天女・茨 輪種 桁に菖蒲 内法に梵字（虚空蔵菩薩）窓脇台に毘沙門天・羚羯羅・不動明王・制多迦・月輪内種子アーンク・蓮華 内壁に種子・銘文 扉外面に框・桟・桟・欅 扉内面に刻字	○	無し			a	宝篋印塔	153	砂岩	結城秀康	家康二男	1607	花崗岩製の扉は天保14年新造 廟内中央を左右に彩色文様をもつ円柱 天井石には蓮華文様 内部の柱には雲文様	天岸1958ab 高野山文化財保護協会1967
															b	宝篋印塔	133	砂岩	長見右衛門	秀康家来	1607		
															c	宝篋印塔	133	砂岩	土屋左馬助	結城秀康家来	1607		
															d	宝篋印塔	145	砂岩	結城信康	結城家康の長子	1579		
															e	宝篋印塔	124	砂岩	仙千代	徳川家康の八子	1600		
	結城秀康母長勝院石廟		356	273	222	別石切妻	妻入	柱別材型	笏谷石	破風に蟇股・桐紋・日月輪 桁に三つ巴文 窓脇台に不動明王・多聞天・種子（キリーク）・蓮華・天女 外壁に菩薩・蓮華唐草	○	無し			a	宝篋印塔	172	砂岩	長勝院	結城秀康母、徳川家康側室	1619	aは廟内後方中央 bは廟内向って左端 cは廟内向って右端 dとeは堂内の左壁際	
															b	宝篋印塔	180	砂岩	藤原氏	長勝院の里方	1604		
															c	五輪塔	152	花崗岩	智光院	信康の妹	1619		
															d	一石五輪	82	花崗岩	不明		不明		
															e	板碑	167	笏谷石	妙清	この廟に関係の深い僧か	1604？		
鳥取県米子市	福平公民館前		123	106	77	寄棟	平入	柱無別材	来待石			無し				a	宝篋印塔	76	来待石	不明		不明	16世紀末～17世紀初頭	中森2005
															b	宝篋印塔	79	来待石	不明		不明		
															c	宝篋印塔	77	来待石	不明		不明		
鳥取県南部町	臨済宗経久寺		122	99	95	入母屋C	平入	柱無別材	来待石			無し				a	宝篋印塔	未計測	来待石	不明		不明	被供養者は尼子経久夫妻と伝えられる 16世紀末～17世紀初頭	樋口2005
															b	宝篋印塔	未計測	来待石	不明		不明		
島根県安来市	月山富田城親子観音		200	166	137	寄棟	平入	柱無別材	来待石		○	68	194	168			宝篋印塔	118	来待石	堀尾氏？	松江藩堀尾家関係者？「口口院殿祥雲世口大居士」	1608	扉部材欠失 親子観音	今岡1996 今岡ほか2005 樋口2005 今岡2006
島根県安来市	浄土宗一乗寺		120	60	60	宝珠方形A		柱無別材	来待石			無し					不明			不明		不明	現在は所在不明	今岡1991
島根県松江市	真言宗報恩寺		164	124	100	一石切妻	平入	柱無別材	来待石		○	43	172	147			宝篋印塔	114	来待石	堀尾民部？	松江藩堀尾家重臣	1620？		西尾・稲田・樋口2005
島根県松江市 曹洞宗蓮光寺上福庭家墓地	A		79	58	80	寄棟	平入	柱無別材	来待石			無し				a	宝篋印塔	97	来待石	成人男性	3代目	1732	上福庭家は江戸時代、意宇郡の下郡役を勤めた旧家	西尾・樋口2005
															b	宝篋印塔	97	来待石	成人女性		1746		
	B		未計測			寄棟	平入	柱無一材	来待石			無し				a	宝篋印塔	未計測	来待石			1784		
															b	宝篋印塔	未計測	来待石			1755		
	C		未計測			寄棟	平入	柱無一材	来待石			無し				a	宝篋印塔	未計測	来待石			1798		
															b	宝篋印塔	未計測	来待石			1796		
	D		未計測			入母屋B	平入	柱無一材	来待石			無し					宝篋印塔	未計測	来待石			1952 / 1959		
	E		未計測			入母屋B	平入	柱無一材	来待石			無し					宝篋印塔	未計測	来待石			1918 / 1925		
	F		未計測			入母屋B	平入	柱無一材	来待石			無し					宝篋印塔	未計測	来待石	9代目		1858		

表7　全国の主な石廟（6）

所在地	寺院・墓地	番号	全高cm	横幅cm	奥行cm	屋根構造1	屋根構造2	壁構造	石材	装飾	四十九院	基壇 高さcm	基壇 横幅cm	基壇 奥行cm	基壇 装飾 羽目板	墓標 番号	型式	墓標 高さcm	墓標 石材	被供養者 名前など	社会的地位など	没年(西暦)	備考	文献
	上福庭家墓地	G	未計測			入母屋B	平入	柱無一材	来待石			無し				a	宝篋印塔	未計測	来待石			不明	上福庭家は江戸時代、意宇郡の下郡役を勤めた旧家	西尾・樋口2005
																b	宝篋印塔	未計測	来待石			不明		
	上福庭家墓地	H	未計測			入母屋B	平入	柱無一材	来待石			無し				a	宝篋印塔	未計測	来待石			1850		
																b	宝篋印塔		来待石			1867		
島根県松江市	宍道町白石字才の川島家墓地	A	150	83	47	寄棟	平入	柱無一材	来待石			無し				a	宝篋印塔	77	来待石	2代？		1720?		
																b	宝篋印塔	78	来待石			1707?		
		B	153	76	66	宝珠方形	平入	柱無一材	来待石			無し				a	宝篋印塔	—	来待石	初代？		1665?		
																b	宝篋印塔	79	来待石			1664?		
		C	158	91	56	宝珠方形	平入	柱無一材	来待石			無し				a	宝篋印塔	87	来待石	3代？		1757?	改葬され現在は原位置にない	西尾・稲田2005
																b	宝篋印塔	85	来待石			1762?		
		D	113	68	65	寄棟	平入	柱無一材	来待石			無し				a	宝篋印塔	68	来待石			不明		
																b	宝篋印塔	68	来待石			不明		
		E	121	80	60	寄棟	平入	柱無一材	来待石			無し				a	宝篋印塔	—	来待石			不明		
																b	宝篋印塔	—	来待石			不明		
島根県出雲市	臨済宗興源寺前古墓		92	72	51	寄棟	平入	柱無一材	来待石			無し				a	宝篋印塔	60	来待石			不明		西尾・樋口2004
																b	宝篋印塔	60	来待石			不明		
	神門寺	A	82	52	40	寄棟	平入	柱無別材	来待石			無し				a	一石五輪	49	来待石	出雲大社出雲国造北島家ゆかりの塔との伝承あり		不明	現在は所在不明	出雲市教育委員会1982
		B	86	54	38	寄棟	平入	柱無一材	来待石			無し				b	一石五輪	48	来待石			不明		
島根県雲南市	同安寺跡殿様墓	A	175	160	100	一石切妻	平入	柱無別材	来待石	破風に蓮華	○	118	423	189		a	宝篋印塔	108	来待石	三刀屋城主堀尾修理とその子掃部一族？		不明	基壇共有	樋口2005 今岡2006
																b	宝篋印塔	111	来待石			不明		
		B	175	160	100	一石切妻	平入	柱無別材	来待石	破風に蓮華	○					a	宝篋印塔	118	来待石			不明		
																b	宝篋印塔	115	来待石			不明		
		C	99	73	49	寄棟	平入	柱無別材	来待石			28	89	70			宝篋印塔	73	来待石			不明		
	臨済宗西方寺		100	73	65	寄棟	平入	柱無一材	来待石			無し					宝篋印塔	72	来待石			不明		樋口2005
島根県大田市大森町（石見銀山）	浄土宗勝源寺		176	130	110	別石切妻	平入	柱別材型	福光石			無し				a	宝篋印塔	127	福光石	竹村丹後守道清	2代目石見銀山奉行	1635	石垣を入れた全高は232cm	島根県教育委員会・大田市教育委員会2003a
																b	無縫塔	76	福光石	成人女性	蓮證院殿一譽向蓮大姉	不明		
																c	無縫塔	76	福光石	光安院	竹村丹後守の正室	不明		
	大龍寺跡	A	13	53	—	寄棟	平入？	不明	福光石			不明					欠失		不明			不明	屋根部材のみ	島根県教育委員会・大田市教育委員会2003a
		B	142	106	80	別石切妻	平入	柱無別材	福光石			不明					無縫塔	96	不明			不明		
		C	16	60	40	寄棟	平入？	不明	福光石			不明					欠失		不明			不明	屋根部材のみ	
	龍昌寺跡	A	12	29	32	寄棟	平入？	不明	福光石			不明					欠失		不明			不明	屋根部材のみ	島根県教育委員会・大田市教育委員会2002
		B	—	26	6	不明			福光石			不明					欠失		不明			不明	壁材のみ	
		C	—			不明			福光石			不明					欠失		不明			不明	基壇の一部のみ3基以上	
	長楽寺跡	A	8	48	48	不明			福光石			不明					欠失		不明			不明	基壇の一部のみ	島根県教育委員会・大田市教育委員会2003b
		B	24	48	41	寄棟	平入？	不明	福光石			不明					欠失		不明			不明	屋根部材のみ	
	龍源寺間歩上墓地		—	—	—	不明	不明	不明	福光石			不明					欠失		不明			不明	台石のみ4基以上	島根県教育委員会ほか1999
	妙本寺上墓地		—	—	—	不明	不明	不明	福光石			不明					欠失		不明			不明	窓台のみ	
愛知県江南市	宝頂山墓地	A	148	136	130	別石切妻	平入	柱無別材	花崗岩	大棟端面に家紋 大棟側面に唐草文 窓脇壁と窓台に家紋 外壁・扉石に生前の事蹟を記した銘文		無し					不明			生駒利豊	尾張藩重臣 生駒家5代当主 織田信長側室生駒吉乃の兄	1670	従五位下因幡守 覚海院殿空山露月居士 享年96歳	
		B	108	104	104	別石切妻	平入	柱無別材	花崗岩	大棟端面に家紋 大棟側面に唐草文・家紋 窓脇壁と窓台に家紋 外壁・扉石に生前の事蹟を記した銘文		無し					不明			生駒利豊室	遠山友政の娘	1667	了應院殿圭巖壽白大姉 享年82歳	

表8　福井県敦賀市曹洞宗永厳寺墓地の石廟

番号	石廟 全高cm	横幅cm	奥行cm	屋根構造1	屋根構造2	壁構造	石材	墓標 番号	型式	高さcm	石材	被供養者 名前など	社会的地位	没年(西暦)	備考
1	86	74	46	入母屋B	平入	柱無別材	笏谷石	a	一石五輪塔	57	笏谷石		不明	不明	
								b	一石五輪塔	57	笏谷石	成人女性×2、	4信女×2	不明	
2	82	73	48	入母屋B	平入	柱無別材	笏谷石	a	一石五輪塔	49	笏谷石		不明	不明	
								b	一石五輪塔	37	笏谷石		不明	不明	
								c	一石五輪塔	35	笏谷石		不明	不明	
3	80	—	—	不明	平入	柱無別材	笏谷石	a	一石五輪塔	40	笏谷石		不明	不明	
								b	一石五輪塔	不明	笏谷石		不明	不明	
								c	一石五輪塔	52	笏谷石		不明	不明	
4	134	124	90	反屋根	平入	柱無別材	笏谷石	a	宝篋印塔	83	笏谷石	成人男性 成人女性	4居士 4大姉	不明	
								b	宝篋印塔	85	笏谷石	成人男性 成人女性	4居士 4大姉	不明	
5	103	64	42	入母屋B	平入	柱無別材	笏谷石	a	一石五輪塔	58	笏谷石	成人男性 成人女性	4居士 4大姉	不明	
								b	一石五輪塔	42	笏谷石	成人男性 成人女性	3信士 4大姉	不明	
6	87	77	50	入母屋B	平入	柱無別材	笏谷石	a	一石五輪塔	—	笏谷石		不明	不明	
								b	一石五輪塔	—	笏谷石		不明	不明	
								c	一石五輪塔	—	笏谷石		不明	不明	
7	—	—	—	入母屋B	平入	柱無別材	笏谷石	a	一石五輪塔	—	笏谷石		不明	不明	
								b	一石五輪塔	—	笏谷石		不明	不明	
								c	一石五輪塔	—	笏谷石		不明	不明	
8	67	55	36	入母屋B	平入	柱無別材	笏谷石	a	一石五輪塔	44	笏谷石	成人女性	4信女	1624	
								b	一石五輪塔	46	笏谷石	子供	2童女	1652	
9	84	72	46	入母屋B	平入	柱無別材	笏谷石	a	一石五輪塔	55	笏谷石	成人男性	4禅定門	1656	窓台あり
								b	一石五輪塔	49	笏谷石	成人女性×2、	4大姉×2	不明	
								c	一石五輪塔	52	笏谷石	成人男性 成人女性	4居士 4大姉	不明	
10	92	86	55	入母屋B	平入	柱無別材	笏谷石	a	一石五輪塔	—	笏谷石		不明	不明	
								b	一石五輪塔	—	笏谷石		不明	不明	
								c	一石五輪塔	—	笏谷石		不明	不明	
								d	一石五輪塔	—	笏谷石		不明	不明	
								e	一石五輪塔	—	笏谷石	成人女性	4禅尼	正保口年	
11	94	76	50	入母屋B	平入	柱無別材	笏谷石	a	一石五輪塔	—	笏谷石		不明	不明	窓台、扉あり
								b	一石五輪塔	—	笏谷石		不明	不明	
								c	一石五輪塔	—	笏谷石		不明	不明	
								d	一石五輪塔	—	笏谷石		不明	不明	
12	100	83	52	入母屋B	平入	柱無別材	笏谷石	a	一石五輪塔	—	笏谷石		不明	不明	
								b	一石五輪塔	—	笏谷石		不明	不明	
								c	一石五輪塔	—	笏谷石		不明	不明	
13	118	100	66	入母屋B	平入	柱無別材	笏谷石	a	一石五輪塔	—	笏谷石		不明	不明	窓台、扉あり
								b	一石五輪塔	—	笏谷石		不明	不明	
								c	一石五輪塔	—	笏谷石		不明	不明	
								d	一石五輪塔	—	笏谷石		不明	不明	
14	84	73	47	入母屋B	平入	柱無別材	笏谷石	a	一石五輪塔	—	笏谷石		不明	不明	
								b	一石五輪塔	—	笏谷石		不明	不明	
								c	一石五輪塔	—	笏谷石		不明	不明	
15	65	52	37	入母屋B	平入	柱無別材	笏谷石	a	一石五輪塔	—	笏谷石		不明	不明	
								b	一石五輪塔	—	笏谷石		不明	不明	
16	109	113	75	反屋根	平入	柱無別材	笏谷石	a	一石五輪塔	—	笏谷石		不明	不明	
								b	一石五輪塔	—	笏谷石		不明	不明	
								c	一石五輪塔	—	笏谷石		不明	不明	
								d	一石五輪塔	—	笏谷石		不明	不明	
								e	一石五輪塔	—	笏谷石		不明	不明	
17	—	93	60	入母屋B	平入	柱無別材	笏谷石	欠失					不明	不明	
18	—	94	57	入母屋B	平入	柱無別材	笏谷石	欠失					不明	不明	
19	—	74	45	入母屋B	平入	柱無別材	笏谷石	欠失					不明	不明	
20	—	—	—	—	—	柱無別材	笏谷石	a	一石五輪塔	—	笏谷石		不明	不明	
								b	一石五輪塔	—	笏谷石		不明	不明	
								c	一石五輪塔	—	笏谷石	成人男性	4居士	1656	
21	—	—	44	入母屋B	平入	柱無別材	笏谷石	欠失					不明	不明	
22	—	94	59	入母屋B	平入	柱無別材	笏谷石	a	一石五輪塔	—	笏谷石		不明	不明	
								b	一石五輪塔	—	笏谷石		不明	不明	
								c	一石五輪塔	—	笏谷石		不明	不明	
								d	一石五輪塔	—	笏谷石		不明	不明	
23	—	64	38	入母屋B	平入	柱無別材	笏谷石	a	一石五輪塔	—	笏谷石		不明	不明	
								b	一石五輪塔	—	笏谷石		不明	不明	
24	—	—	46	入母屋B	平入	柱無別材	笏谷石	欠失					不明	不明	
25	—	—	44	入母屋B	平入	柱無別材	笏谷石	a	一石五輪塔	—	笏谷石		不明	不明	
								b	一石五輪塔	—	笏谷石		不明	不明	
								c	一石五輪塔	—	笏谷石		不明	不明	
26	—	—	53	入母屋B	平入	柱無別材	笏谷石	a	一石五輪塔	56	笏谷石	成人男性	3禅定門	1625	窓台あり
								b	一石五輪塔	—	笏谷石		不明	不明	
								c	一石五輪塔	—	笏谷石		不明	不明	
								d	一石五輪塔	—	笏谷石		不明	不明	
								e	一石五輪塔	—	笏谷石		不明	不明	
27	—	74	46	入母屋B	平入	柱無別材	笏谷石	欠失					不明	不明	
28	—	—	40	—	平入	柱無別材	笏谷石	a	一石五輪塔	—	笏谷石	成人男性	4禅定門	1614	
								b	一石五輪塔	—	笏谷石		不明	不明	
								c	一石五輪塔	—	笏谷石		不明	不明	

表9　福井県敦賀市浄土宗西福寺墓地の石廟

番号	石廟							石廟内の墓標				被供養者			備考
	全高cm	横幅cm	奥行cm	屋根構造1	屋根構造2	壁構造	石材	番号	型式	高さcm	石材	名前など	社会的地位	没年(西暦)	
1	壁90	82	壁49	不明	平入	柱無別材	笏谷石	a	一石五輪塔	67	笏谷石		不明	1653	屋根後補
								b	一石五輪塔	75	笏谷石		不明	不明	
								c	一石五輪塔	57	笏谷石	成人女性	4大姉	1597	
								d	一石五輪塔	59	笏谷石	成人男性	4首座	1662	
								e	一石五輪塔	48	笏谷石	成人男性	4信士	0	
2	145	124	94	入母屋(本瓦葺き)	平入	柱無別材	笏谷石	a	宝篋印塔	86	笏谷石		不明	不明	
								b	宝篋印塔	89	笏谷石		不明	不明	
								c	宝篋印塔	80	笏谷石		不明	慶長	
3	75	71	50	入母屋C	平入	柱無別材	笏谷石	a	一石五輪塔	62	笏谷石		不明	不明	
								b	一石五輪塔	62	笏谷石	成人男性	3禅定門	1568	
4	88	96	62	入母屋C	平入	柱無別材	笏谷石	a	一石五輪塔	46	笏谷石	成人男性	載蓮社運順適西堂	不明	
								b	一石五輪塔	49	笏谷石	成人男性	2禅定門	1602	
								c	一石五輪塔	45	笏谷石	成人男性	2禅定門	1598	
								d	一石五輪塔	48	笏谷石		不明	不明	
								e	一石五輪塔	50	笏谷石		不明	不明	
5	125	112	74	入母屋B	平入	柱無別材	笏谷石	a	一石五輪塔	50	笏谷石	成人女性	2禅尼	不明	
								b	一石五輪塔	58	笏谷石	成人男性	2禅門	不明	
								c	一石五輪塔	89	笏谷石	成人女性	2禅定尼	不明	
								d	一石五輪塔	53	笏谷石	成人女性	2禅定尼	1627	
								e	一石五輪塔	49	笏谷石	成人女性	2禅定尼	1618	
6	108	95	65	切妻	平入	柱無別材	笏谷石	a	一石五輪塔	44	笏谷石		不明×2	不明	
								b	一石五輪塔	72	笏谷石	成人男性	3禅定門	1597	
								c	一石五輪塔	49	笏谷石	成人男性 子供	2禅門 2童女	不明	
7	92	—	52	入母屋B	平入	柱無別材	笏谷石	a	一石五輪塔	—	笏谷石		不明	不明	
								b	一石五輪塔	55	笏谷石		不明	不明	
								c	一石五輪塔	45	笏谷石		不明	不明	
8	96	89	64	入母屋B	平入	柱無別材	笏谷石	a	一石五輪塔	50	笏谷石		不明	不明	
								b	一石五輪塔	58	笏谷石		不明	不明	
								c	一石五輪塔	57	笏谷石		不明	不明	
9	168	115	110	宝珠方形造りA		柱無別材	笏谷石	a	一石五輪塔	68	笏谷石		不明	不明	
								b	一石五輪塔	72	笏谷石	成人男性 成人女性	2禅定門 2禅定尼	1609 1609	
								c	一石五輪塔	50	笏谷石		不明		
								d	一石五輪塔	51	笏谷石	成人男性	説蓮社洪誉良存西堂	1679	
								e	一石五輪塔	47	笏谷石	成人女性	2禅尼	1629	
								f	一石五輪塔	48	笏谷石	女児	2童女	1618	
								g	一石五輪塔	53	笏谷石		不明		
								h	一石五輪塔	53	笏谷石		不明		
								i	一石五輪塔	—	笏谷石	成人男性	3禅定門	1583	
10	壁115	91	壁46	—	平入	柱無別材	笏谷石	a	宝篋印塔	78	笏谷石	成人女性	2禅定尼	不明	屋根後補
								b	一石五輪塔	73	笏谷石	成人男性	4信士	1634	
								c	一石五輪塔	47	笏谷石	成人男性×2 成人女性×5 子供	6居士、4信士 6善尼、4大姉、6比丘尼×2、4信女　2童子	不明	
								d	一石五輪塔	50	笏谷石		不明		
								e	一石五輪塔	33	笏谷石	成人女性 成人男性	6比丘尼 6信士	1772 1748	
								f	一石五輪塔	56	笏谷石	成人男性	4信士	不明	
								g	一石五輪塔	58	笏谷石	成人女性	4信女	不明	
11	93	—	75	入母屋B	平入	柱無別材	笏谷石	a	宝篋印塔	93	笏谷石	成人女性×5	4信女、4比丘尼×2、5尼、4尼	不明	扉欠失
								b	一石五輪塔	78	笏谷石	子供×5	2童子×2、2童女×3	不明	
								c	一石五輪塔	73	笏谷石		不明	不明	
								d	一石五輪塔	68	笏谷石	成人男性 成人女性	4禅門 4禅定尼	1603 1626	
								e	一石五輪塔	62	笏谷石	成人男性	4信士	不明	
								f	一石五輪塔	59	笏谷石		不明	寛永	
								g	一石五輪塔	46	笏谷石		不明	不明	
12	78	68	40	入母屋B	平入	柱無別材	笏谷石	a	一石五輪塔	53	笏谷石		不明	不明	
								b	一石五輪塔	—	笏谷石		不明	不明	
13	137	166	103	反屋根	平入	柱無別材	笏谷石	a	無縫塔	—	笏谷石		不明	不明	
								b	宝篋印塔	—	笏谷石		不明	不明	
								c	宝篋印塔	—	笏谷石		不明	不明	
14	124	118	100	反屋根	平入	柱無別材	笏谷石	a	無縫塔	—	笏谷石		不明	不明	
								b	一石五輪塔	—	笏谷石		不明	不明	
								c	一石五輪塔	—	笏谷石		不明	不明	
15	—	181	100	反屋根	平入	柱無別材	笏谷石	a	無縫塔	—	笏谷石		不明	不明	
								b	無縫塔	—	笏谷石		不明	不明	
16	140	121	74	反屋根	平入	—	笏谷石	a	一石五輪塔	—	笏谷石		不明	不明	
								b	一石五輪塔	—	笏谷石		不明	不明	
								c	一石五輪塔	—	笏谷石		不明	不明	
								d	一石五輪塔	—	笏谷石		不明	不明	
								e	一石五輪塔	—	笏谷石		不明	不明	
17	—	65	38	入母屋B	平入	—	笏谷石		欠失				不明	不明	扉欠失
18	—	90	60	入母屋	平入	—	笏谷石		欠失				不明	不明	
19	—	52	47	入母屋	平入	—	笏谷石		欠失				不明	不明	
20	—	—	60	入母屋B	平入	柱無別材	笏谷石		欠失				不明	不明	
21	100	—	70	入母屋	平入	—	笏谷石	a	一石五輪塔	—	笏谷石	成人男性 成人女性	2信士 2信女	不明	
								b	一石五輪塔	—	笏谷石	成人男性 成人女性	2信士 2信女	不明	

石廟の成立と展開

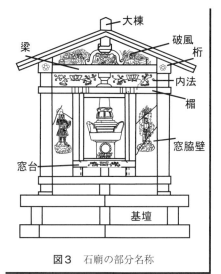

図3 石廟の部分名称

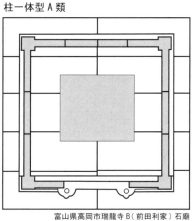

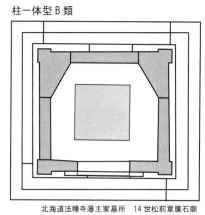

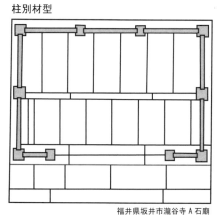

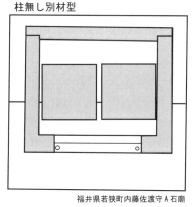

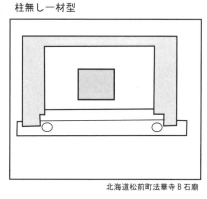

図4 石廟の壁構造分類　　　　　　　　縮尺不同

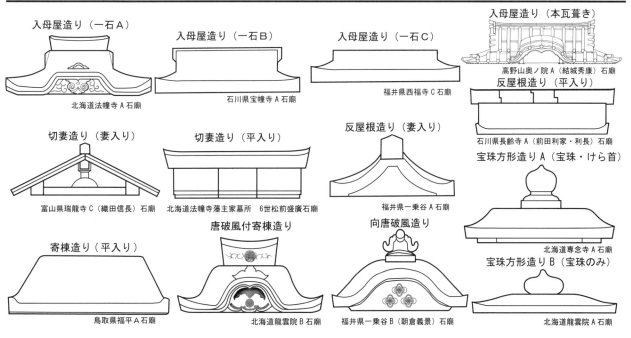

図5 石廟の屋根構造の分類　　　　　　縮尺不同

131

あるが，妻入のものが圧倒的に多い。屋根板石は，本瓦を模したもの，角桟がつく塀瓦状のもの，平板の3種がある。このうち，本瓦を模した例は，高野山奥の院にある結城秀康の母長勝院廟（重要文化財）のみである。角桟がつく塀瓦状の屋根板石を用いた切妻屋根の石廟は，北陸地方と松前でみられる。それらは全て18世紀以前に造られており，笏谷石が使われている。平板な屋根板石を用いた例としては，松前のほか愛知県江南市にある生駒利豊夫妻の石廟があり，全て花崗岩製である。なお，公家の花山院卿の娘で松前藩主13世松前道廣に嫁した敬姫の石廟は，特異な段を有する切妻屋根である。

反屋根の石廟は，弯曲する2枚の石材の長辺を合わせ，その上に大棟を乗せ（別石反屋根），平入とする。福井市一乗谷には一石反屋根・妻入の石廟（一乗谷A石廟）があるが，管見では唯一の例外である。寄棟・平入の石廟は，出雲・石見地方に分布し，基本的に屋根材は一石である。宝珠方形の屋根をもつ石廟は数が少なく，松前と若狭でのみ確認される。唐破風屋根は，松前藩主10世矩廣（1720年没）の石廟や一乗谷朝倉義景の石廟（1663年造立）などにみられる。

次に，石廟の型式と規模の関係性を検討することで，石廟の格式を論じる。

石廟の型式を入母屋（本瓦葺），切妻（妻入），切妻（平入），反屋根，宝珠方形造，一石入母屋，寄棟，その他に分け，石廟の高さ（基壇を含む全高），横幅を指標として，大きさの分布を調べた（図6）。その結果，石廟の型式は，一部重複しながらも，格の高いものから順に，入母屋（本瓦葺）→切妻（妻入）→切妻（平入）・反屋根→宝珠方形造→一石入母屋・寄棟まで5段階の序列が存在することが判った。本瓦葺の入母屋は徳川家康の2男で越前福井藩主の結城秀康の石廟のみで，切妻（妻入）は，金沢藩主前田家や松前藩主松前家などの大名家とその重臣層のなかでもひときわ実力のあった人物，切妻（平入）は松前藩主ならびにその子息女，反屋根は，加賀八家をはじめとする金沢藩や松前藩の重臣層，一石入母屋は松前と北陸の中級以下の武家や有力商人を含む幅広い階層，寄棟は山陰地方において松江藩堀尾家の一族から有力農民まで幅広い階層に対応する。

4．石廟の地域的特徴と変遷

（1）北陸地方・近畿地方の石廟（図7）

紀年銘を有する最古の石廟は，福井県小浜市極楽寺の開山堂である。笏谷石製の宝珠方形の屋根を有する石廟内には現在10基の一石五輪塔が納められている。石廟の正面向かって右側の脇壁に「奉造立一字石塔當寺開基為一顕真明大法師之佛也」，同じく左柱に「天文廿二丑癸

年五月十九日敬白」と刻まれており，石廟が，天文22（1553）年，天台真盛宗の宗祖真盛上人の弟子で，極楽寺を開いた真明上人の開山堂であることが判る。

福井県坂井市三国町の瀧谷寺開山堂は笏谷石製で，高さ224cm，横幅341cm，奥行230cmの大型の石廟である。屋根は切妻で，塀瓦を模した笏谷石で葺かれている。壁と柱は別材で，内壁には十三仏の陽刻がある。内部に瀧谷寺開基叡憲上人と中興開山慶範上人の石像を祀り，内部の柱に元亀3（1572）年の刻銘をもつ。本石廟の造立は16世紀後半に遡る可能性が高いものの，貞享3（1686）年に修復されており，当初の形状がどの程度保たれているか判然としない[1]。

福井県若狭町堤区に所在する笏谷石製の一石入母屋造の石廟は，若狭武田氏の被官で，箱ケ岳城主内藤佐渡守行勝の墓と伝えられる。石廟の内部には大永7（1527）年と永禄8（1565）年の紀年銘を有する花崗岩製の別石五輪塔が2基納められていることから，石廟も16世紀中葉頃造立された可能性がある。

以上，北陸地方では16世紀代に笏谷石製の開山堂が営まれる場合があり，ほぼ同じ頃，一部の土豪層が笏谷石製の覆屋を伴う廟墓を造営し始めたと推測される。

石廟を近世大名墓に初めて採用した例は，慶長12（1607）年，高野山奥の院に営まれた結城秀康廟である。石廟としては国内最大級を誇る結城秀康廟は，それ以前に北陸地方で営まれていた開山堂や石廟と同じく笏谷石を使っているとはいえ，構造も規模も全く異なるものであり，材質を除けば木造の霊廟建築との共通性が高い。すなわち，結城秀康廟は，木造の霊廟の外観・構造を写すだけでなく，木造の霊廟と同様，彩色を施し，内壁に四十九院を巡らす[2]。結城秀康廟は，それ以降，北陸や近畿地方で続々と営まれる近世大名の石廟の規範となった画期的な廟墓と評価できる。

近世大名家の廟墓に多く採用された切妻・妻入型の石廟は，滋賀県米原市清滝寺徳源院にある京極高次廟を嚆矢とする。若狭小浜藩主で慶長14（1609）年に没した京極高次の石廟は笏谷石製で，窓脇壁に不動明王と毘沙門天の陽刻を施す点などに結城秀康廟との類似性が認められる。切妻・妻入型の石廟は，その後，最大規模のものが高野山奥の院において結城秀康の母長勝院廟として営まれる一方，北陸地方では富山県高岡市瑞龍寺や石川県金沢市野田山墓地において金沢藩主前田家と加賀八家の一つ奥村宗家2代目当主である奥村栄明の廟所などに採用されている。

前田氏関連の石廟は，高岡市瑞龍寺ならびに金沢市野田山墓地に所在する石廟について，史跡指定に関連して詳細な調査が行われている（金沢市・金沢市埋蔵文化財センター2003・2008，高岡市教育委員会2008）。

藩主前田家とその最有力家臣である奥村栄明の石廟が

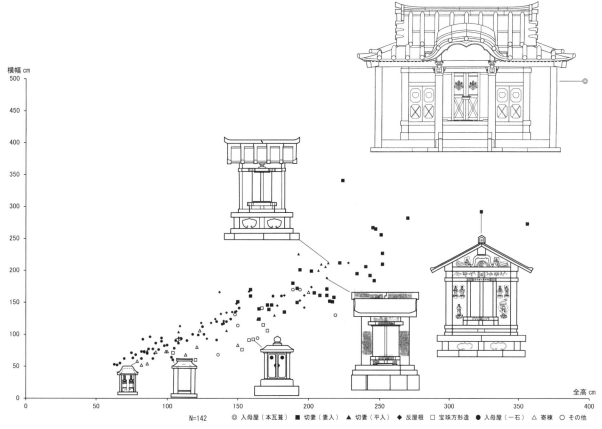
図6 石廟の型式と規模

切妻・妻入型であるのに対して，加賀八家村井家の3代目村井長次，奥村宗家3代目当主栄政の室や娘，前田家兵法指南役冨田重政などの石廟は反屋根型である。村井家の場合，当主長次の石廟が反屋根であるのに対して，前田利家の7女で細川忠隆と離縁後に長次に嫁した千代姫（春光院）や，長次の養子で3代目当主長家の正室となった前田利家の妹の孫娘接厳院の石廟は，それより格の高い切妻・妻入型である。このことから，石廟の格式の選択に当たっては，嫁ぎ先の家内秩序よりも出自，すなわち藩主前田家（とりわけ藩祖前田利家）との血縁関係が，重要視されていたことが判る。

なお，野田山墓地の前田家墓所では，明治7（1874）年前田家が仏教から神道へ改宗したのに伴い，明治10年に一部の石廟が撤去され，現在の鳥居に置き換えられたことが判っている（金沢市・金沢市埋蔵文化財センター前掲）。すなわち，「野田山御廟絵図」（金沢市立玉川図書館蔵）と成巽閣所蔵の石廟図から，明治10年以前には，高徳院（前田利家）廟，瑞龍院（前田利長）廟，芳春院（前田利家室まつ）廟，玉泉院（前田利長室永）廟にも石廟が存在していたことが明らかである。

笏谷石を用いた反屋根型の石廟は，京都市妙心寺春光院にある堀尾泰晴夫妻廟にも採用されている。堀尾泰晴の子で豊臣政権において三中老の一人であった堀尾吉晴は，出雲松江藩の初代藩主であり，堀尾泰晴夫妻の石廟が，後述するように，出雲地方に分布する石廟のモデルになった可能性がある。

結城秀康の関係者では秀康の母長勝院に加え，4男吉松丸と，秀康の正室で秀康没後，公家の烏丸光広に嫁した鶴姫が笏谷石製の石廟を採用している。

京都市本満寺にある鶴姫の石廟は，切妻・平入型で，基壇に格狭間の装飾を持つ。石廟の左側面妻部材に彫刻された天女や牡丹には，金・銀・緑の彩色が残存しており，造られた当時は木造の霊廟建築を思わせる彩色が施されていたと考えられる。

福井県越前市の正覚寺にある吉松丸の石廟は，巨大な一石入母屋で，内壁には蓮華図が描かれている。浄土を表す蓮華図は，徳川3代将軍家光を祀った栃木県日光市の輪王寺にある大猷院霊廟本殿や青森県南部町の三光寺にある陸奥盛岡藩初代藩主南部利直の4男利康の霊屋など，近世大名の霊廟建築の内壁にしばしばみられる。なお，内壁に蓮華図を描いた石廟は，他に金沢市卯辰山山麓の慈雲寺にある奥村栄政女，奥村栄政室（冨田重政女），冨田重政の3石廟が挙げられる。

金沢市寺町寺院街の龍渕寺には，織田有楽斎の4男で大和戒重藩初代藩主織田長政夫妻のものと伝えられる石廟がある。17世紀中頃に造られたと推定される石廟は，

反屋根・平入である点は金沢藩の重臣層の石廟と同じであるが，規模が小さい，内部の墓塔が宝篋印塔ではなく一石五輪塔である，石材が福井市足羽山産の笏谷石ではなく，地元金沢市東部の医王山・戸室山産の安山岩（戸室石）である，などの点で異質である。

以上，北陸・近畿地方では近世大名家およびその重臣層による笏谷石製の石廟の造営は，17世紀前半の短期間のうちに終焉を迎えたと結論付けられる。

これまで述べてきた近世大名とその重臣層によって営まれた石廟のほかに，越前・若狭地方には笏谷石製の小型の石廟が多数分布する。それらは基本的に全て屋根が一材でつくられた一石入母屋であり，定型化している。笏谷石製の一石入母屋型の石廟は，伝内藤佐渡守行勝廟石廟の例などから，石廟が成立した16世紀中葉の段階で既に出現していた可能性が高い。

一石入母屋型の石廟の造営者を特定することは困難であるが，造営者の階層を推定する上で手がかりとなるのが，福井県坂井市三国町の性海寺にある森田家墓所の石廟群である。三国湊の豪商として知られる森田氏の祖先は，織田信長の越前進出に際して船舶の調達などを手伝ったとされ，元和元（1615）年に加賀藩主前田利光（利常）から藩米の輸送を任されたのを機に，特権的な廻船問屋へと成長する。性海寺の森田家墓所には，内部に別石五輪塔や一石五輪塔を納めた17基の一石入母屋型の石廟がある。墓塔の年号は，1550年代から1610年代に集中する。永禄8（1565）年，同9年を含む3基の別石五輪塔を納めた石廟（性海寺F石廟）は，壁正面端面にある「慶長十二年丁未二月吉日」「施主森田武兵ヱ尉」の刻字を有する。この石廟は，越前・若狭地方に分布する一石入母屋型の石廟のなかでは最も大型の部類に属する。

福井県敦賀市永厳寺・西福寺における石廟の悉皆調査（表8・9）から，一石入母屋型の石廟の造営は，17世紀代に集中するものの一部18世紀まで下る可能性がある，年代的に古い一石入母屋型の石廟は比較的大型のものが多く，L字型の部材を2枚組み合わせて壁としているのに対し，新しいものは小型で，壁はコの字型の1部材である，被供養者の戒名は，居士・大姉が最も多いが信士・信女，禅定門・禅定尼クラスも少なくないことなどが判る。

以上のことから，一石入母屋型の石廟は，16世紀後半に出現し，当初は土豪や湊町の最有力町人層を中心に営まれ，時代が下るとともに小型・簡略化し，上層町人層の受容するところとなったと結論づけられる。

（2）北海道松前町の石廟（図8・9）

松前城下ではほぼ全ての寺院に石廟がある。近世墓標に占める石廟の比率は，法幢寺松前藩主松前家墓所が約5割と突出し，他は1％程度に過ぎない。

後世に建造・再建された可能性が高い石廟や，内部の墓標が石廟に伴うものでないと判断される石廟を除き，被供養者を藩主家，家臣，不明・その他に分け，10年ごとに造立数を検討した（図10）。

松前では1630年代かそれをやや遡る時期に石廟が登場したと考えられる。松前で最初に石廟を採用したのは，藩主松前家ではなく，寄合席の下国氏や長廣系蠣崎氏など，藩主松前家と姻戚関係にある旧館主系の重臣層であった。松前に石廟が出現してから藩主松前家で石廟を採用する前の段階をⅠ期とする。Ⅰ期の石廟は全て笏谷石製で，反屋根・平入である。

藩主松前家で初めて石廟が採用されたのは，寛永18（1641）年に没した7世公廣の墓と考えられる。藩主松前家が石廟を採用し始めた1640～60年代には，蠣崎本家の正廣系蠣崎氏，寄合席次廣系蠣崎氏，守廣系蠣崎氏，河野系松前氏など，藩主松前家と姻戚関係にある旧館主系の重臣層も引き続き，石廟を造営しており，多くの石廟が見られる（Ⅱ期）。Ⅱ期も引き続き，石廟・墓標ともに石材は全て笏谷石である。

7世公廣，8世氏廣，9世高廣の3基の石廟は，全て屋根は切妻・妻入で，壁と柱は別材である。3基とも，内壁には四十九院塔婆，四隅の柱の外面には四門八塔を刻み，内法には向かい合う天女が陽刻されている。これら3基の石廟は共通性が高いが，大きさは，はじめに営まれた7世の石廟が最も大きく，次第に小型化する。また，四十九院塔婆の文字も7世と8世の石廟が薬研彫であるのに対して，9世の石廟では線刻へと変化している。7世後室と9世室の石廟は，藩主の石廟に比べ，規模が小さい上に柱材と壁材が一体である点で，明らかに藩主の石廟より格が下がる。

松前藩では7世公廣治世下の元和・寛永期に藩主権力の集中・強化と家臣団の整備（新参家臣の登用や序列化）が図られたとされる（松前町史編集室1984）。公廣の墓に，有力家臣の石廟を凌駕する規模と質を備えた石廟が選ばれた背景には，寛永期をピークとする砂金による経済的基盤に裏打ちされた藩主権力の強大化と藩内の身分秩序の確立があったと考えられる。

Ⅱ期には，寄合席次廣系蠣崎氏，正廣系蠣崎氏，守廣系蠣崎氏，河野系松前氏など，重臣層が引き続き石廟を営んでいる。松前藩では，8世氏廣が襲封した寛永18（1641）年から，9世高廣を経て，10世矩廣治世前半の延宝期頃まで，3代にわたって幼少藩主が続いたため，この間，領主権力が著しく弱体化し，その反作用として藩主一門の重臣が事実上藩政の実権を握っていたとされる。なお，重臣層の石廟のなかでは，寿養寺跡の守廣系蠣崎氏の石廟だけが藩主松前家と同じ切妻・妻入で，他はⅠ期同様，反屋根・平入である。このことは，17世紀中葉に守廣系蠣崎氏が他氏に比べ，より大きな権力を有

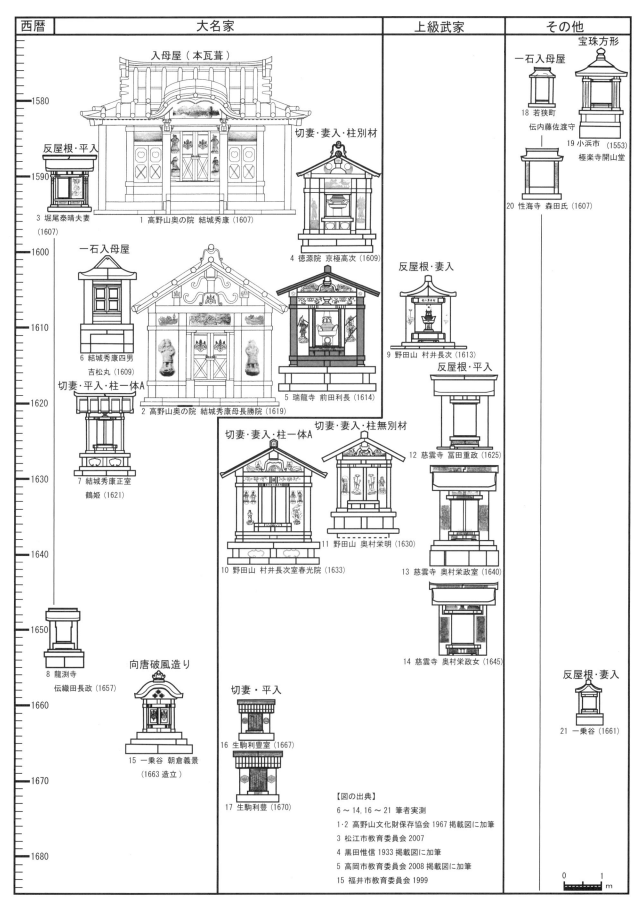

図7　北陸・近畿地方における石廟の変遷

していた可能性を示す。4世季廣の11男で蠣崎季繁の跡を継いだ守廣に始まる守廣系蠣崎氏は，守廣の娘藤姫が7世公廣の後室となり，ついで守廣の子，友廣の女清姫が8世氏廣に嫁している。氏廣の治世下で家老職を務めた友廣は，藩主の義父という立場にあった。さらに，慶安元（1648）年に氏廣が死亡した後，僅か7歳で藩主の座についた9世高廣にとって友廣は外祖父にあたる。守廣系蠣崎氏が藩主家に準ずる石廟を採用したことは，家老の蠣崎友廣が，婚姻関係を利用し藩主に迫る権力を持っていたことの表れであろう。

1670年代以降は，18世紀末まで約130年もの間，藩主松前家以外に石廟を造営しない状況が続く（Ⅲ期）。藩主家の石廟や墓標の石材が笏谷石から花崗岩へと変化する1770年頃を境に，Ⅲa期とⅢb期に細分する。

松前藩では，延宝2（1674）年，蠣崎友廣の子で家老の蠣崎廣隆が江戸藩邸で変死した事件に端を発し，享保元（1716）年までの間に5名もの家老が権力抗争の末，相次いで変死している。さらに10世矩廣は，それまでの旧館主系ないし藩主一門から正室を選ぶ慣例を破り，公卿の唐橋民部少輔在勝の娘を正室とし，後室も幕臣米津氏から迎えた。10世矩廣は，石廟もそれまでの屋根型式（切妻・妻入）を踏襲せず，唐破風と特異である。Ⅲ期には，旧館主系重臣層の弱体化と領主権力の回復によって，「石廟を建てるのは藩主松前家に限る」という規制，ないし暗黙の了解が生まれたと推察する。

18世紀末以降は，再び藩主松前家以外でも石廟を営むようになる（Ⅳ期）。造営者は，知貞系新井田氏，知朝系新井田氏，和田氏のような重臣層もいるが，比較的下級の藩士層にも石廟が受容されており，1830〜50年代にかけ比較的多くの石廟が営まれている。

藩主松前家において，藩主とその室（側室・後室）以外で石廟が営まれたのは，14世章廣の2男見廣と，その側室で15世良廣と16世昌廣の母となった村山左幾子だけである。見廣やその側室の墓に石廟が採用されたのは，見廣が生前，世嗣として幕府に届出られていたうえ，この両名が15世・16世の父母となったという事情によるものであろう。

光善寺にある冨永氏の石廟は，型式・規模ともに藩主家の石廟に匹敵する。家臣層にこのような石廟の造営が許容されたのは，梁川移封以降，藩内の身分秩序に「ゆらぎ」が生じていたことの現れと考えられよう。

（3）山陰地方の石廟（図11）

山陰地方で最も古く位置づけられる石廟はいずれも，慶長5（1600）年，遠江浜松から入部し，慶長16年，月山富田から松江に居城を移した近世大名堀尾氏に関連するものと考えられている（樋口2005）。これら山陰の堀尾氏関連の石廟が営まれるきっかけとなったのが，京都

市妙心寺春光院にある堀尾泰晴夫妻廟であろう。既に述べたように，笏谷石を用いた反屋根型のこの石廟は，典型的な越前式石廟であり，北陸地方では，加賀八家村井家などにみられ，金沢藩主前田家の関係者が採用した切妻・妻入型に次ぐ格式の石廟である。

しかし堀尾氏が領地の出雲で営んだ石廟は，越前式そのものではなく，独自にアレンジした石廟であった。すなわち，堀尾氏関連の石廟は，寄棟あるいは一石切妻の屋根で，いずれも平入となるが，そうした石廟は北陸地方には存在しない。石材も全て，宍道湖近くで採れる凝灰質砂岩（来待石）であり，笏谷石製のものはみられない。京都市妙心寺春光院の堀尾泰晴夫妻廟の造営には越前の石工の手を借りた堀尾氏だが，出雲では地元の石工に石廟の製作を委ねたとみてよい。

堀尾氏関連の石廟は，山陰地方の石廟のなかでは群を抜いて大きく，外壁に四十九院を巡らす特徴を持っている。このような石廟は，寛永10（1633）年の堀尾氏の改易とともに姿を消したとみられ，後に続かない。

堀尾氏が出雲で営んだ来待石製の石廟は，在地の旧土豪層の受容するところとなり，さほど時間を置かずして寄棟・平入型の小型石廟（本稿では「出雲型石廟」と呼ぶ）が誕生する。出雲型石廟は，堀尾氏関連の大型の石廟が営まれなくなった後も，在方の旧家層によって受け継がれ，次第に小型・簡略化しつつも江戸時代を通して営まれ続け，近代まで至っている。なお，出雲地方では，17世紀中頃から来待石で造られた宝珠方形の石廟が出現し，出雲型石廟と併存する。

一方，17世紀初頭に江戸幕府直轄となった石見銀山にある2代目奉行竹村丹後守道清の石廟は，石材こそ，地元温泉津産の軟質凝灰岩（福光石）を用いているものの，形態・構造は切妻・平入・柱別材型の本格的な越前式石廟である。石見銀山の初代の奉行で，佐渡金山奉行大久保石見守長安と，彼の後任として石見銀山の奉行となった竹村丹後守道清が，ともに越前から遠く離れた地で，越前式の石廟を営んでいることは，石廟の製作にあたる石工と鉱山の金掘りに関わる技術者が密接な関係性をもっていたことを物語っていよう。なお，石見銀山では，他にも，竹村丹後守の石廟を省略・小型化したような，福光石製の一石切妻・平入型の石廟が営まれているが，それらも石見銀山の衰退とともに，17世紀後半には姿を消したものと思われる。

5．結　語

全国各地に散見される石造霊屋は，系統上，関東系の石堂，北陸系の石廟，儒葬系の石祠に大別される。

16世紀中頃，越前・若狭地方で，開山堂や墓塔の覆屋として出現した笏谷石製の石廟は，慶長12（1607）年，

石廟の成立と展開

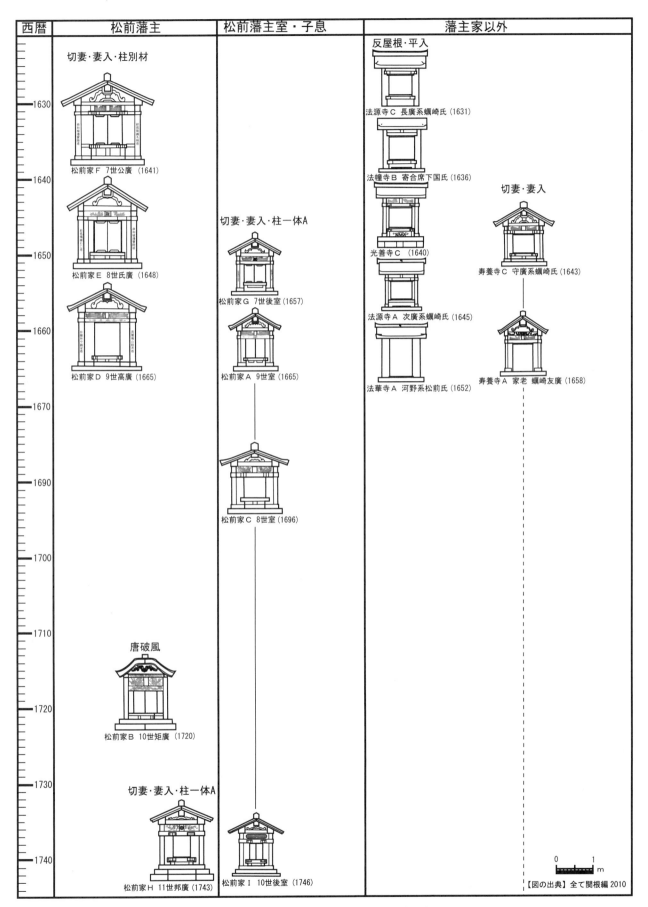

図8　北海道松前町旧松前城下町における石廟の変遷1

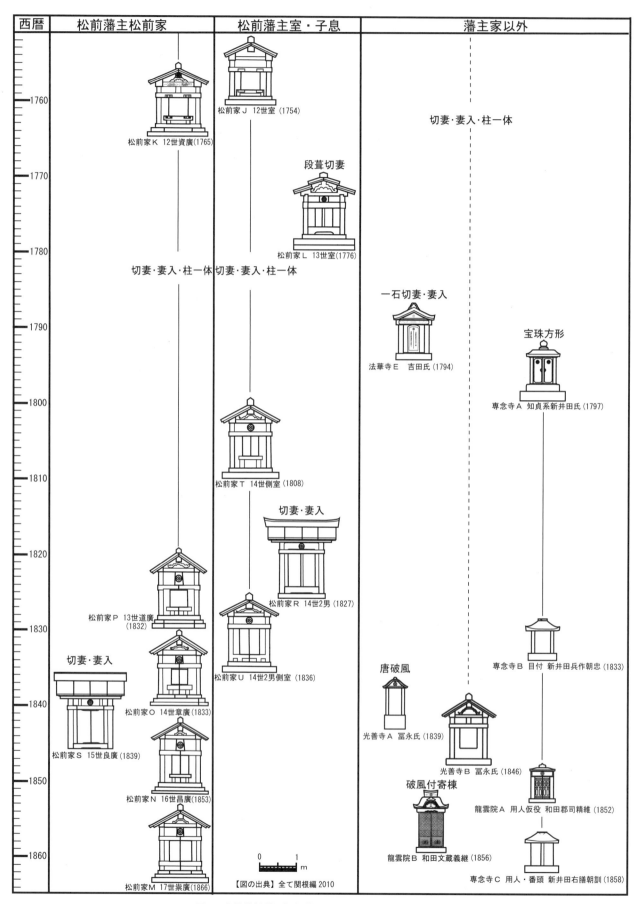

図9　北海道松前町旧松前城下町における石廟の変遷2

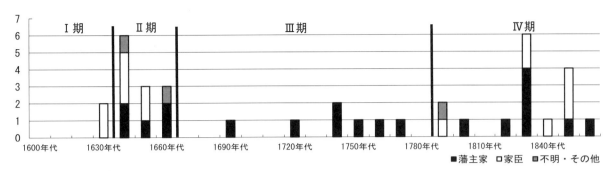

図10 松前城下における石廟の年代別造立数と時期区分

高野山奥の院に営まれた越前福井藩主結城秀康廟で一挙に完成をみる。結城秀康廟は，近世初期に盛行した霊廟建築の外観・構造・彩色を石廟に取り入れ，内壁には弥勒仏の兜率天浄土信仰を表す四十九院を巡らす。結城秀康廟は，加賀前田家，陸奥松前家，出雲堀尾家など，後に続く近世大名家の石廟の規範となった画期的な廟墓であるが，石廟の受容の仕方やその後の展開は，家ごと，地域ごとに多様である。例えば，若狭小浜藩主京極高次廟では，内部の彩色・四十九院とも継承されるが，前田家関連の石廟では彩色はあっても四十九院はなく，反対に，松前家や堀尾家の石廟では四十九院はみられるが，彩色は皆無に等しい。

加賀前田家関係では，17世紀前半には，藩祖前田利家の血縁者を中心に切妻・妻入型の石廟，それより格下の重臣層では反屋根・平入型の石廟が営まれたが，全国的に大名の霊廟建築が下火となった17世紀後半以降，石廟の造営を止めてしまう。その一方で，越前・若狭で16世紀後半に出現した一石入母屋型の石廟は，土豪や湊町の有力町人層を中心に営まれ，時代が下るとともに小型・簡略化し，18世紀まで継続する。

松前では，1630年代かそれをやや遡る頃，旧館主系の重臣層によって反屋根・平入型の笏谷石製石廟が初めて導入された。藩主権力が確立した1640年代には，藩主松前家でも石廟を採用するようになり，加賀前田家同様，藩主家は切妻・妻入，重臣層は反屋根・平入の秩序が確立し，やがて旧館主系重臣層の没落とともに石廟は藩主松前家の独占するところとなる。松前家では1760年代まで笏谷石製の石廟を造営しており，その後は瀬戸内産の花崗岩を用いた石廟に替わる。松前でみられる笏谷石製の石廟は，細部の加工に至るまで越前福井で行われ，松前では組み立てのみ行われた可能性が高く，同じことは花崗岩製の石廟についてもあてはまる。18世紀以降，大型の石廟がみられるのは全国で松前ただ1か所であり，石廟の特注は，松前藩主の代替わりを広く印象付けることとなったであろう。

出雲では，藩主堀尾家によって石廟が導入されたが，松前と異なり，最初から地元の石工が地元産の来待石により独自の石廟を製作している。堀尾家によって導入された石廟は，堀尾家改易後，小型の出雲型石廟に姿を変え，在方の旧家層の受容するところとなる。

石見銀山では，奉行の竹村丹後守廟が，石見産の福光石を使った越前式の石廟であり，佐渡の大久保石見守の石廟とともに，石工と鉱山の金掘りに関わる技術者が密接な関係にあったことを示している。

本研究により，出雲・石見地方の石廟を含め，各地の石廟が，北陸の越前式石廟を源流とし，霊廟建築が頂点を迎えた17世紀初め，大名家や鉱山奉行によって各地に伝播した実態が明らかとなった。同時に，霊廟建築が衰退する17世紀後半以降，石廟の小型・簡略化が進み，松前を除いて造営主体が大名家から，在方の有力町人や旧家層に転換したこともわかった。

今後，本稿で検討した石廟と，関東系の石堂や儒葬系の石祠との関係性を追求する必要がある。

謝辞 石廟調査に際しては各寺院および次の関係機関・関係諸氏から御指導・御協力を賜った。末筆ではあるが，芳名を記して深く感謝申し上げる（敬称略）。

松前町教育委員会，朽津信明，朽木　量，栗山雅夫，齋藤しおり，佐藤雄生，竹林侑紀，舟木　聡，山下豊八

註
1) 石廟の左側面の梁に「開山堂修復施主竹内久助同源五郎　為二世安楽也　貞享三寅八月□日　十八世慶範」と刻まれている。水谷氏は瀧谷寺開山堂を高野山奥の院の結城秀康廟や加賀前田家の石廟の模範となったと論じたが（水谷2009a），貞享3（1686）年に修復されたことが明らかであり，そうした指摘は差し控えたほうが適切といえる。
2) 結城秀康の石廟は，内部の天井には天蓋を彩色で飾り，後部の柱上部に雲，背面内法上の壁には牡丹の彩色を施すほか，内外面の種字・仏語の陰刻内には金箔を押すなど，木造の霊廟と同様の彩色がみられる（高野山文化財保存協会1967）。

引用・参考文献
相川町教育委員会　1994『史跡佐渡金山遺跡保存管理計画策定書』

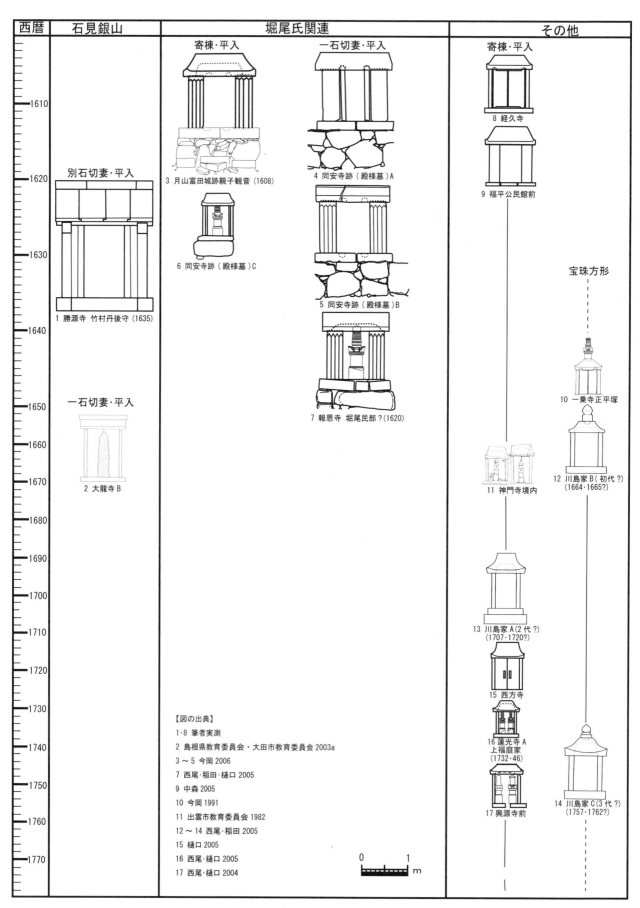

図11 山陰地方における石廟の変遷

相川町史編纂委員会 1973「越前式宝篋印塔」『墓と石造物』佐渡相川の歴史資料集2 255-266頁

秋池 武 2010『近世の墓と石材流通』高志書院

天岸正男 1958a「紀伊高野山越前家石廟とその墓碑」『密教文化』40 密教文化研究会 高野山出版社 9-24頁

天岸正男 1958b「紀伊高野山越前家石廟とその墓碑（続）」『密教文化』41・42 密教文化研究会 高野山出版社 77-98頁

出雲市教育委員会 1982『神門寺境内廃寺』

磯部淳一 2002「高崎市周辺における近世墓石の編年─墓石からみた近世─」『高崎市史研究』16 高崎市史編さん専門委員会 21-54頁

今岡 稔 1991「山陰の石塔二三について─2─」『島根県考古学会誌』8 島根県考古学会 91-108頁

今岡 稔 1996「山陰の石塔二三について─5─」『島根県考古学会誌』13 島根県考古学会 95-102頁

今岡利江・今岡 稔・舟木 聡 2005「石室を持つ宝篋印塔2例」『日引』7 石造物研究会

今岡利江 2006「石室を持つ宝篋印塔3例」『島根考古学誌』23 島根考古学会 101-116頁

岩淵令治 2004『江戸武家地の研究』塙書房

岩淵令治 2010「大名家の墓所・霊廟」『史跡で読む日本の歴史9 江戸の都市と文化』吉川弘文館 142-171頁

宇佐美孝他 2008『野田山・加賀藩主前田家墓所調査報告書』金沢市

大野市役所 1987『大野市史図録文化財論』

大村市教育委員会 2007『国指定史跡大村藩主大村家墓所保存管理計画書』

金沢市・金沢市埋蔵文化財センター 2003『野田山墓地』金沢市文化財紀要200

金沢市・金沢市埋蔵文化財センター 2008『野田山・加賀藩主前田家墓所調査報告書』金沢市文化財紀要250

金子智一 2003「特論1 近世石堂・四十九院塔について─形態上の特徴を中心に─」『新編高崎市史』資料編13 近世石造物 619-667頁

金子智一 2004「高崎市周辺における近世石堂・四十九院塔について」『高崎市史研究』19 高崎市史編さん専門委員会 63-106頁

金子智一 2007a「近世石堂と清浄心院上野国供養帳について─玉田寺に残る墓石をもとに─」『群馬文化』290 53-73頁

金子智一 2007b「寛永初期年号を持つ石堂について─近世石堂への漸移形態として─」『群馬考古学手帳』17 群馬土器観会 55-68頁

金子智一 2009「近世墓石に関する一考察─慈願寺における調査を中心に─」『群馬文化』299 39-60頁

川勝政太郎 1939『石造美術』一條書房

北見継仁 2007「渋谷小左衛門家墓地の『トノサマのハカ』」『佐渡伝統文化研究所年報』2 佐渡市教育委員会 53-55頁

京田良志 1973「佐渡大安寺の大久保長安逆修塔とその石室」『信濃』25-1 信濃史学会 55-65頁

京田良志 1991「北海道・東北地方の越前石文化」『日本の石仏』60 日本石仏協会 7-15頁

朽津信明 2009「越前式石廟に施された彩色装飾について」『日本文化財科学会第26回大会研究発表要旨集』日本文化財科学会 188-189頁

栗山雅夫 2010「加賀藩主前田家墓所における造墓原理」『近世大名家墓所調査の現状と課題』立正大学考古学フォーラム資料集 35-54頁

黒田惟信 1933「京極家墳墓考」『滋賀縣史蹟調査報告』5 125-

167頁

江南市歴史民俗資料館 2008『生駒家中興の祖 第6代生駒利勝の業績をたどる』

高野山文化財保存協会 1967『重要文化財松平秀康及び同母霊屋修理工事報告書』

坂詰秀一他 2010『近世大名墓所要覧』考古調査ハンドブック4 ニュー・サイエンス社

佐渡市教育委員会 2004『佐渡金銀山 相川地区石造物分布調査報告書』

島根県教育委員会・大田市教育委員会 2002『石見銀山 龍昌寺跡』石見銀山遺跡石造物報告書2

島根県教育委員会・大田市教育委員会 2003a『石見銀山 安養寺・大安寺跡・大龍寺跡・奉行代官墓所外』石見銀山遺跡石造物報告書3

島根県教育委員会・大田市教育委員会 2003b『石見銀山 長楽寺跡・石見銀山附地役人墓地（河島家・宗岡家）』石見銀山遺跡石造物報告書4

島根県教育委員会・大田市教育委員会・温泉津町教育委員会・仁摩町教育委員会 1999『石見銀山 石見銀山遺跡総合調査報告書平成5年度～平成10年度』3（城跡調査・石造物調査・間歩調査編）

関根達人 2002「近世大名墓における本葬と分霊─弘前藩主津軽家墓所を中心に─」『歴史』第九十九輯 東北史学会 1-29頁

関根達人 2010「松前藩主松前家墓所と松前城下の石廟」『近世大名家墓所調査の現状と課題』立正大学考古学フォーラム資料集 1-20頁

関根達人編 2010『近世墓と人口史料による社会構造と人口変動に関する基礎的研究』科学研究費補助金基盤研究B研究成果報告書

曹洞宗瑞雲山本光寺 2009『調査概要報告深溝松平家墓所』

高岡市教育委員会 2008『高岡市前田利長墓所調査報告』

高崎市史編さん委員会 1996『新編高崎市史』資料編3中世Ⅰ

高崎市史編さん委員会 2003『新編高崎市史』資料編13近世石造物

高橋大蔵 1997「庶民の石造霊屋を発見」『日本の石仏』81 日本石仏協会 52-56頁

千葉隆司 2008「銚子石の石塔文化」『筑波学院大学紀要』3 159-168頁

土井卓治 1997『葬送と墓の民俗』岩田書院

中井 均 2010「丸亀藩・多度津京極家墓所」『近世大名家墓所調査の現状と課題』立正大学考古学フォーラム資料集 55-66頁

中森 祥 2005「鳥取県米子市淀江町福平の来待石製宝篋印塔」『来待ストーン研究』6 来待ストーンミュージアム 17-22頁

西尾克己・樋口英行 2004「平田・小早川正平墓と興源寺周辺の石塔について」『来待ストーン研究』5 来待ストーンミュージアム 37-46頁

西尾克己・稲田 信 2005「宍道・川島家墓所にみる石塔の変遷」『来待ストーン研究』6 来待ストーンミュージアム 43-60頁

西尾克己・稲田 信・樋口英行 2005「玉湯・報恩寺の石塔群」『来待ストーン研究』6 来待ストーンミュージアム 23-36頁

西尾克己・樋口英行 2005「玉湯・上福庭家墓所の石塔」『来待ストーン研究』6 来待ストーンミュージアム 37-42頁

服部重蔵 1987「廟式および厨子式墓石」『日本の石仏』42 日本石仏協会 44-46頁

樋口英行 2004『白粉石・来待石の宝篋印塔，五輪塔』宍道町ふるさと文庫19 宍道町蒐古館

樋口英行 2005「来待石製石龕の成立と展開─江戸時代前半を中心に─」『来待ストーン研究』6 来待ストーンミュージアム 5-16頁

肥後和男 1933『滋賀縣史蹟調査報告』第五冊

福井県朝倉氏遺跡資料館　1988『石の鬼　一乗谷の笏谷石』

福井県立博物館　1989『石を巡る歴史と文化―笏谷石とその周辺―』

福井市教育委員会　1999『特別史跡一乗谷朝倉氏遺跡朝倉義景廟修理工事報告書』

藤原良志　1968a「越前式石廟の展開ならびに形式の源流について」『史迹と美術』38（2）　史迹美術同攷会　スズカケ出版部　57-67頁

藤原良志　1968b「越前式石廟の展開ならびに形式の源流について」『史迹と美術』38（3）　史迹美術同攷会　スズカケ出版部　87-95頁

星野紀子　1988「石祠―その無表情を装った石造物について―」『日本の石仏』46　日本石仏協会　77-80頁

松江市教育委員会　2007「春光院に所在する来待石製石塔群について」『松江市歴史叢書』1　1-30頁

松江石造物研究会　2006「来待石製大型石塔の出現とその歴史的背景」『来待ストーン研究』7　来待ストーンミュージアム

松原典明　2009「大名墓調査の回顧と研究課題」『考古学ジャーナル』589　ニュー・サイエンス社　5-8頁

松原典明　2010a「近世王権の墓制とその歴史的脈絡」『陵墓からみた東アジア諸国の位相―朝鮮王陵とその周辺―』1-8頁

松原典明　2010b「大名家墓所の成立と系譜―祀る墓から拝する墓へ―」『近世大名墓所要覧』考古調査ハンドブック4　ニュー・サイエンス社

松原典明　2010c「近世葬制と儒教受容―近世葬制理解のための一試論―」『池上悟先生還暦記念論文集』93-102頁

松原典明・山川公見子　2010『深溝松平家墓所と瑞雲山本光寺』本光寺霊宝会

松前町史編集室　1984『松前町史』通説編1上

水谷　類　2003a「ラントウ考試論」『地方史研究』53（1）　地方史研究協議会　1-20頁

水谷　類　2003b「鴻巣市勝願寺の牧野家墓地とラントウ」『埼玉地方史』49　埼玉県地方史研究会　1-16頁

水谷　類　2003c「ラントウについて」『歴史考古学』52　歴史考古学研究会　26-44頁

水谷　類　2004「北関東の石堂―中世・近世移行期の墓石文化について考える―」『石の比較文化誌』国書刊行会　197-233頁

水谷　類　2009a『廟墓ラントウと現世浄土の思想』雄山閣

水谷　類　2009b『墓前祭祀と聖所のトポロジー』雄山閣

三井紀生　2002『越前笏谷石―北前船による移出・各地の遺品―』福井新聞社

三井紀生　2006『越前笏谷石　続編―越前仏教文化の伝搬を担う―』福井新聞社

村上訒一　1990『日本の美術295　霊廟建築』至文堂

【関根達人，連絡先：弘前大学人文学部・弘前市文京町1番地】

The Establishment and Development of Stone Mausoleums

SEKINE Tatsuhito

Stone mausoleums are classified from a genealogical point of view into *Sekibyou* originally produced in Hokuriku District, *Sekidou* originally produced in Kanto Region and *Sekishi* produced for Shinto funerals.

Sekibyou appeared as halls built to commemorate founding temples or huts which covered gravestones in the Echizen and Wakasa regions in the middle of the 16th century. This study makes clear that Echizen style *Sekibyou* were spread throughout Japan in the first half of the 17th century when many wooden mausoleums were built by feudal lords and mine magistrates who were connected to the Hokuriku District.

The mausoleum for Yuuki Hideyasu, who was the second son of Tokugawa Ieyasu, the first shogun of Tokugawa Regime and the first feudal lord of Hukui Clan, was built at Okunoin of Kouyasan in Wakayama Prefecture in 1607 and is the largest and most typical stone mausoleum. The mausoleum for Yuuki Hideyasu seems to be the model for many mausoleums made later by feudal lords such as Maeda of the Kanazawa Clan, Matsumae of the Matsumae Clan and Horio of the Matsue Clan. Acceptance and deployment of *Sekibyou* differed according to the family and region.

In the Kanazawa Clan, some gable *Sekibyou* were built for relatives of Maeda Toshiie who was the first lord of the clan and some warped roof *Sekibyou* were built for senior statesmen of the clan in the first half of the 17th century when many wooden mausoleums were built in Japan. But the Maeda family and senior statesmen of Kanazawa Clan stopped building *Sekibyou* after the late half of the 17th century when few mausoleums were built by feudal loads . *Sekibyou* with hip gable roofs, which were made of stone, appeared in the Echizen and Wakasa regions in the late half of the 16th century. They were downsized and simplified with the times and continued to be built until the 18th century by the wealthy class and upper merchants at port cities.

In the Matsumae Clan, senior statesmen whose ancestors had been independent castellans in the Middle Ages began to build some warped roof *Sekibyou* in the 1630s or a few years before. In the 1640s when the power of the lord was established the Matsumae family began to build some gable *Sekibyou*. Senior statesmen of the clan collapsed in power struggles from the 1670s to the 1710s. The result of this was that only the Matsumae family could continue to build from the 1670s to the end of the 18th century. In Matsumae, the stone material of *Sekibyou* changed from tuff mined at Fukui to granite mined in Setouti since about the 1770s. Other families began to build *Sekibyou* again after the end of the 18th century when the status of the Matsumae Clan was shaken.

In the Matsue Clan, the Horio family, who were the feudal lords, introduced *Sekibyou* at the beginning of the 17th century. *Sekibyou* built for the Horio family were made of tuff sandstone mined locally by local masons. After the Horio family was deprived of their samurai privileges in 1633 *Sekibyou* made of tuff sandstone were downsized and simplified with the times and continued to be built until the end of the Edo period by the wealthy classes in rural villages.

Keywords：
  Studied period：Medieval period and Early Modern period
  Studied region：Japan
  Study subjects：Stone Mausoleums

研究ノート

弥生時代～古墳時代前期における鏡の「重ね置き副葬」

会 下 和 宏

1．はじめに	4．ｂ型，ａ＋ｂ型副葬のルーツ
2．日本列島における完形鏡の「重ね置き 副葬」	5．日本列島における破砕鏡の「重ね置き 副葬」
3．ａ型副葬のルーツ	6．まとめ

― 論 文 要 旨 ―

　弥生中期～古墳前期の日本列島では，北東アジア他地域と比較しても多量の鏡が副葬品として消費されている。しかし，倭人が鏡副葬を嗜好する思想的背景については，これまで必ずしも正面から検討されてこなかった。本稿では，弥生中期～古墳前期において，鏡やその他器物を重ね置いた副葬形態に着目し，この課題にアプローチした。

　まず，完形鏡やその他器物を重ね置く副葬事例を概観した結果，鏡と刀剣・工具などを重ね置く場合（ａ型副葬），複数面の鏡同士を重ね置く場合（ｂ型副葬），両者を複合させたようなａ＋ｂ型副葬が認められた。

　ａ型副葬は，弥生中期初頭からみられる。そのルーツは，北東アジア青銅器文化の系譜に連なる可能性を考えたが，現状では資料不足のため不明である。ｂ型副葬，ａ＋ｂ型副葬は，弥生中期後半から現れる。これは，前漢王墓にみられる多量の玉璧を重ね置く副葬形態を模倣・アレンジして考案されたものと考えた。こうした副葬形態の意味については，ｂ型副葬，ａ＋ｂ型副葬の場合，遺体頭部や上半身周囲などに，結界を作るように鱗状に重ねながら並べ置くことで，辟邪・破邪的意味を意識していたことを想定した。

　また，弥生後期～終末期を中心にみられる，破砕鏡や切断した刀剣を重ね置いたり，集積したりする副葬形態も，もともと１個体だった製品を分割することで，個体数を水増しさせ，辟邪の効力増大をはかろうとした結果である可能性を考えた。

　今後の課題としては，ａ型副葬のルーツ，弥生中期後半の九州北部と古墳前期の近畿中部におけるａ＋ｂ型副葬の系譜関係の解明などがあげられる。これらについてさらに追究し，当該期の倭人が鏡を副葬した意味やこうした副葬の背後にある葬送観念の内容について接近していきたい。

キーワード

受付：2011年7月11日
受理：2011年9月12日

対象時代　弥生時代，古墳時代
対象地域　西日本，朝鮮半島，中国大陸
研究対象　墳墓，副葬配置，鏡

日本考古学　第32号

1. はじめに

　弥生中期～古墳前期の日本列島では，東アジア他地域と比較しても多量の鏡が副葬品として消費されている。しかし倭人が鏡副葬を嗜好する思想的背景については，これまで必ずしも正面から検討されてこなかったように思われる。

　さて筆者は，弥生中期初頭～古墳前期の日本列島における鏡，銅剣，鉄剣などの副葬金属器のなかに重ねて置かれたものがみられることから，これを「重ね置き副葬」と仮称して，意図的な所作と解釈した（会下2007a）。さらにこうした副葬状態が，朝鮮半島や中国東北地域でも，断片的であるものの散見できることから，その源流が中国大陸にあることを予察した（会下2007b）。また前漢王墓の棺内・槨内を中心に副葬品の配置状況を概観した結果，多量の璧や鉄剣が重ね置かれている状況を看取したことから，日本列島における鏡の「重ね置き副葬」が璧の代替として用いられたことを推定した（会下2009）。

　しかし，金属器の「重ね置き副葬」には，様々な器種を組み合わせた場合がみられ，拙稿ではこれらの組成，系譜，意味について，必ずしも具体的に説明できていなかった。そこで本稿では，弥生中期～古墳前期の鏡を軸にみた「重ね置き副葬」を俎上にのせて整理したうえで，こうした副葬所作の系譜について改めて検討する。また，破砕された鏡の副葬事例のなかにも重ね置いたものがみられることから，あわせて検討を加えたい。

　そのうえで冒頭にあげた倭人の鏡副葬嗜好の意味や背景という大テーマについてアプローチするものとする。

2. 日本列島における完形鏡の「重ね置き副葬」

　まず，完形ないしほぼ完形の鏡とその他製品を重ね置いたり，鏡同士を重ね置いたりした副葬事例についてみていく。

（1）弥生中期初頭～前半

吉武高木3号木棺墓（福岡県福岡市，図1-1）

　早良平野を流れる室見川左岸に位置し，1981～85年度の発掘調査によって，弥生前期末～中期後半の甕棺墓34基，木棺墓4基，土壙墓13基が検出された。

　このうち3号木棺墓では，被葬者右側辺に下位から細形銅矛，細形銅剣，鏡面を上にした多鈕細文鏡（面径11.2cm）の順で重ね置かれていた。その他，被葬者左側辺には，細形銅戈と細形銅剣が置かれ，北側小口近くには一連とみられる翡翠製勾玉1点・碧玉製管玉95点の首飾りが出土した。

宇木汲田12号甕棺墓（佐賀県唐津市，図1-2）

　唐津平野南部の微高地に位置し，1957年以来の発掘調査で，東西34m・南北10mの範囲から甕棺墓129基，土壙墓3基などが検出されている。

　このうち弥生中期前半・汲田式の12号甕棺墓棺内では，鏡面を上にした多鈕細文鏡（面径10.5cm）の上位に細形銅剣が置かれていた。

（2）弥生中期後半

三雲南小路1号甕棺墓（福岡県前原市）

　糸島平野の瑞梅寺川と井原川の間にある沖積微高地に位置する。1号甕棺墓は，1822（文政5）年に開棺し，1974・1975年度に福岡県教育委員会によって再調査がなされている。

　副葬品は，棺内から前漢鏡など31面以上，細形銅矛1点，中細形銅矛1点，金銅四葉座金具8点，ガラス璧8面以上，ガラス勾玉3点，ガラス管玉60点以上，棺外から有柄中細形銅剣1点，中細形銅戈1点，朱入り小型壺1点が出土したと推定されている。甕棺内面には朱が付着していた。

　柳田康雄氏の復元によれば，出土した鏡は漢鏡2期[1]の重圏彩画鏡1面（推定面径27.3cm），四乳雷文鏡1面（面径19.3cm），漢鏡3期の連弧文清白鏡11面（面径16.4～18.8cm），連弧文鏡15面以上，重圏斜角雷文帯精白鏡1面（面径18cm前後），重圏清白鏡2面（面径16cm）の計31面以上と考えられている（柳田1985）。

　青柳種信氏による記録では，「又鏡を重ねて其間ごとに挿物あり。状平たく圓にして径二寸八分中間に穴あり。穴径七分両共に聖土を塗たる如くにして黶文あり。厚貳分許」（青柳1822）とあり，重ねた鏡の間にガラス璧が挟まれていた副葬状況が分かる。複数の鏡と一緒にガラス璧も重ね置かれていたという両者の同じ扱いから，後述するように，鏡が同じ円形である璧の代替として用いられた可能性を一考しておきたい。なお，1974・1975年度調査で出土したガラス璧は7面に復元されており，面径12.0～12.3cmを測る。

　一方，三雲南小路2号墓では，1975年度の調査によって，前漢鏡22面（面径6.0～11.4cm）が出土している。2号甕棺下甕からは，鏡面を上にした完形鏡1面のほか，棺内壁の5ヶ所で円形の鏡影が検出されている。これらの痕跡は間隔をあけた位置で検出されており，1号甕棺墓のように鏡同士を重ね置いたとみられる配置にはなっていない。なお，下甕内は部分的に朱が付着していた。

須玖岡本D地点甕棺墓（福岡県春日市）

　福岡平野南側の那珂川と御笠川の間にある春日丘陵に位置する。1899（明治32）年，大石の下から発見された。確認されている遺物は，前漢鏡など30面前後，銅剣・銅

弥生時代〜古墳時代前期における鏡の「重ね置き副葬」

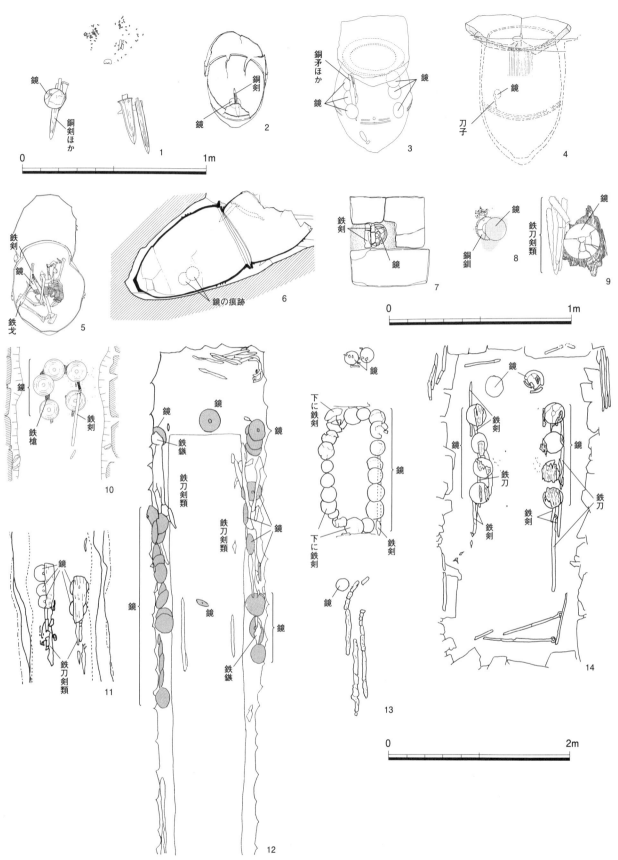

図1　日本列島における完形鏡の「重ね置き」
1. 吉武高木3号墓　2. 宇木汲田12号墓　3. 立岩堀田10号墓　4. 同28号墓　5. 隈・西小田第13地点23号墓
6. 門田辻田地区A群24号墓　7. 原田1号墓　8. 芝ヶ原古墳　9. ホケノ山古墳　10. 権現山51号墳　11. 前橋天神山古墳
12. 黒塚古墳　13. 大和天神山古墳　14. 一貴山銚子塚古墳　（1, 7〜9：1/20, 2〜6, 10〜13：1/40）

矛・銅戈10点以上，ガラス璧，ガラス製勾玉1点，ガラス製管玉12点などである。

梅原末治氏の復元によれば，出土した鏡は，漢鏡2期の草葉文鏡3面（推定面径約23.0〜23.6cm），漢鏡3期の重圏精白鏡2面（推定面径約17.3cm），重圏清白鏡3面（推定面径約16.7cm），連弧文清白鏡3面（推定面径約17.8cm），星雲文鏡5〜6面（推定面径約15.8〜16.1cm），連弧文昭明鏡1〜2面（推定面径約9.8cm），重圏日光鏡3面（推定面径約7.6cm）など，大小の鏡からなる（梅原1930）。

鏡の出土状態については不明な点が多いものの，中山平次郎氏の報文では，「多く鏡が重なって出たと発掘者が私に告げたのを参酌すると，あるいは大鏡が表面を下にして置かれていて，その上により小なるものが重なっていたのであらぬやと思うのである」と記述してある（中山1927）。これは，大小の各鏡片に付着した朱の状況から想定した中山氏の仮説であるが，多量の鏡が重なって出土したという発掘者の証言に信憑性があるとすれば，三雲南小路1号甕棺墓と同様に，少なくとも鏡が重ね置かれていたという配置状況については，想定してよいだろう。

立岩堀田10・28号甕棺墓（福岡県飯塚市，図1-3・4）

嘉穂盆地を流れる遠賀川右岸の独立立丘陵にある。1963年〜1965年の発掘調査によって，弥生中期中頃〜後期前半の甕棺墓40基，土壙墓1基などが検出された。

このうち，弥生中期後半の朱塗りの10号甕棺墓棺内からは，漢鏡3期の前漢鏡6面，銅矛1点，鉄剣1点，鉇1点，砥石2点が出土している。被葬者から見て右側には，連弧文日有喜鏡（1号鏡・面径15.6cm），重圏精白鏡（2号鏡・17.8cm），鉄剣，鉇，銅矛，重圏清白鏡（3号鏡・15.4cm）の順で，一部分を重ねながら鱗状に並べ置かれていた。被葬者から見て左側には，連弧文日有喜鏡（4号鏡・18.2cm）の上位に連弧文清白鏡（5号鏡，面径18.0cm）が一部分重ね置かれ，約4cmの間隔をあけて重圏姚皎鏡（6号鏡，面径15.9cm）が置かれていた。いずれも鏡面を上に向けており，絹布などの布痕は認められず，鏡そのものを遺体の左右に副葬したと考えられている。

弥生中期後半の朱塗りの28号甕棺墓棺内からは，漢鏡3期の前漢鏡1面，素環頭刀子1点，管玉553点，ガラス製丸玉1点，ガラス製棗玉1点，塞杆状ガラス器5点が出土した。被葬者右側で，鏡面を上にした重圏昭明鏡1面（面径9.8cm）の上に素環頭刀子1点が置かれていた。鏡面に布痕は認められていない。

この他，立岩堀田遺跡では，34号・35号（頭骨周辺に朱あり）・39号甕棺から漢鏡3期の前漢鏡が1面ずつ出土しているが，「重ね置き副葬」ではない。34号・35号甕棺に副葬されていた9号鏡・8号鏡は鏡背を上にして

置かれていたのに対し，上記の10号・28号甕棺墓では，いずれも鏡面を上にしていた。立岩堀田遺跡では，「重ね置き副葬」を行う場合，鏡面を上に向けて副葬する約束があった可能性も考えられよう。また，10号・28号甕棺墓のみ，朱塗りの甕棺が使用されていることは，両者の特別性が窺える。

東小田峯10号甕棺墓（福岡県朝倉郡筑前町）

筑後川支流宝満川左岸の微高地に位置する。1986年の発掘調査によって検出された。

出土状態からみると重ね置いた配置ではないが，鏡と剣が接している事例として，10号甕棺墓がある。10号甕棺墓棺内には，前漢鏡2面，鉄剣，鉄鑷子1口，ガラス璧を再加工した円板2面が，棺外には鉄戈が副葬されていた。また，棺内からは多量の朱が認められている。

前漢鏡は，漢鏡3期の連弧文清白鏡（面径17.2cm），連弧文日光鏡（面径6.6cm）である。鉄剣と接した連弧文清白鏡は鏡面を上に向けて，鉄剣の切先と接して置かれていた。当初は重ね置かれていたものが，埋没の過程で移動した可能性もあろう。なお，一方の連弧文日光鏡は，鏡背を上に向けている。

隈・西小田第13地点23号甕棺墓（福岡県筑紫野市，図1-5）

宝満川中流域左岸にある低丘陵上に位置する。1987年の発掘調査によって，第13地点からは甕棺墓24基，土壙墓21基などが検出された。

このうち，23号甕棺墓の棺内から，ゴホウラ貝製腕輪41点を着装した30代と推定される男性人骨とともに，前漢鏡，鉄戈，鉄剣が出土した。棺内には朱が認められる。

前漢鏡は，漢鏡3期の重圏昭明鏡（面径9.8cm）で，布に包まれていたとみられる。被葬者右肘上に鏡面を上にして置かれ，その上位に鉄剣と鉄戈茎部が重ね置かれていた。

門田辻田地区A群24号甕棺墓（福岡県春日市，図1-6）

那珂川右岸，春日丘陵に位置する。辻田地区の調査は，1972年〜1975年，福岡県教育委員会によって実施された。

弥生中期後半の24号甕棺墓は，既に盗掘を受けていたもので，攪乱土中から鉄剣1点，棺外接合部南側から有樋鉄戈1点が出土した。下甕からは，直径約14cmと13cmの円弧痕が一部分重なった状態で検出されており，鏡の「重ね置き副葬」の痕跡と考えられる。上甕・下甕とも体部内面全体に朱が塗布されている。

（3）弥生終末期〜古墳前期

原田1号箱式石棺墓（福岡県嘉麻市，図1-7）

嘉麻川（遠賀川）上流域の馬見台地上に位置する。1986年度の発掘調査では，弥生中期の木棺墓16基，土壙墓47基，甕棺墓12基，弥生後期〜古墳前期初頭の石棺墓18基，木棺墓20基，土壙墓28基，石蓋土壙墓1基，甕蓋

状土壙墓1基が検出されている。

弥生後期後半ないし終末期の1号箱式石棺墓では、鏡と鉄剣が底石部分に副葬されていた。石棺中央部分のみ一段低くした板石上に鏡を1面置き、その上に中央から折った鉄剣を2本平行させて置いていた。さらに、その上や周辺を粘土で目張りして、最後に三角形の板石片を置くという特異な副葬状況である。また、石棺内にはベンガラが塗られていた。

鏡は、縁の一部分が欠落する「長生宜子」銘単夔文鏡（面径11cm）である。鏡背を上にして、検出時には十数片に割れていた。鉄剣は、もともと茎が欠落しており、残存長25.6cmを測る。

芝ヶ原古墳 （京都府城陽市、図1-8）

1986年、城陽市教育委員会によって発掘調査が行われた。木津川右岸、城陽市東部の丘陵上に位置する、墳丘残存長約24mの前方後方墳。埋葬施設は組み合わせ式木棺である。出土土器から、庄内式新段階頃に位置付けられている。副葬品は、四獣形鏡1面、銅釧2点、鉇1点、翡翠製勾玉・碧玉製管玉、ガラス製小玉などがある。棺内には、朱が検出されている。

頭側とみられる小口板付近で、裏向きの銅釧2点（外径12.1cm）の上に、鏡面を上にした四獣形鏡1面（面径12cm）が重ね置かれていた。

ホケノ山古墳 （奈良県桜井市、図1-9）

1999〜2000年、大和古墳群学術調査委員会によって埋葬施設が発掘調査された。奈良盆地南東部、纒向古墳群中にある墳長約80mの前方後円墳で、中心埋葬施設は石囲い木槨である。木槨内や木棺内は、朱が塗布・撒布されていたと考えられる。出土した画文帯四乳求心式神獣鏡の年代観や三角縁神獣鏡を含まない点などから、3世紀中頃、古墳前期初頭の築造と考えられている。副葬品は、鏡3面、銅鏃70点以上、青銅滓3点、刀剣類9点以上、鉄鏃74点以上、工具類である。

このうち、完形で鏡面を上にした画文帯同向式神獣鏡（面径19.1cm）の西脇から、一部分が鏡の下にもぐるように刀剣類5点が束になった状態で出土している。鉄刀剣類は抜き身のものを束にして布で包んでいたとみられている。これらは、棺内遺物である可能性があるが、他の副葬品同様に木槨蓋上などの高いところにあった可能性も否定できない。いずれにしても一部分重なりあった出土状態からみて、鉄刀剣類と画文帯神獣鏡Aは、もともと近接して副葬されていたと考えられる。

また、鉄剣はすべて茎部を欠失しており、原田1号箱式石棺墓における鉄剣の状況と類似する。なお、このほかの鏡として出土した画文帯四乳求心式神獣鏡、四葉座内行花文鏡は、破片を破砕して散布したとみられている。

権現山51号墳 （兵庫県たつの市、図1-10）

揖保川下流域に立地する墳長48mを測る前方後方墳。

古墳前期初頭頃に位置付けられる。竪穴式石室内の木棺内からは、三角縁神獣鏡5面、鉄剣、鉄槍、その他鉄器類、ガラス製小玉220点、紡錘車形貝製品などが出土した。また木棺内には、赤色顔料が塗布されていたと考えられる。

三角縁神獣鏡5面は、被葬者頭部をコの字状に囲むようにして出土している。これらは、鏡背を上にして検出されたが、本来は遺体の方向に鏡面を向け、遺体の脇に立てかけられていたものと考えられている。このうち、2号鏡と3号鏡は一部分が重なるように検出された。また、被葬者から見て右側にある2・3・4号鏡の下位からは鉄槍先が、被葬者から見て左側にある1号鏡と5号鏡の間からは、挟まれるように鉄剣が検出されている。

なお、残存人骨から、被葬者は壮年後半〜熟年の男性である蓋然性が高いと考えられている。

黒塚古墳 （奈良県天理市、図1-12）

1997〜1998年、天理市教育委員会・橿原考古学研究所によって埋葬施設が発掘調査された。奈良盆地南東部、柳本古墳群中にある墳長約130mの前方後円墳で竪穴式石室をもつ。割竹形木棺の棺床では、朱やベンガラが検出されている。古墳前期前半頃に位置付けられる。棺内には画文帯神獣鏡1面、刀剣類など、棺外には三角縁神獣鏡33面、25点以上の刀剣類、170点以上の鉄鏃、小札類、工具、U字形鉄製品などが副葬されていた。

棺外の三角縁神獣鏡は、西棺側17面、東棺側15面、北小口中央に1面があり、棺外両側の鏡は、本来、鏡面を木棺側に向けて立位で置かれていたとみられる。これらは鏡同士を一部分重ねたり、鏡が刀剣類や鉄鏃群を挟んだりした状態で置かれていた。

大和天神山古墳 （奈良県天理市、図1-13）

1960年、埋葬施設が発掘調査された。奈良盆地南東部、柳本古墳群中にある墳長113mの前方後円墳である。竪穴式石室内の木棺からは、中央部で朱、鏡20面、北端部で鏡2面、鉄製工具類、鉄鏃が、南端部で鏡1面、鉄刀3点が検出された。

鏡は、漢鏡5期の内行花文鏡4面、方格規矩四神鏡6面、漢鏡7期の画像鏡2面、画文帯神獣鏡4面、上方作系浮彫式獣帯鏡1面などで、面径12.9〜23.8cmを測る。これらは、鏡面をすべて上にして置かれていた。中央部の20面は、4点の鉄剣の上に置かれ、一部分重ねたり、接したりさせながら長方形に並べていた。

東之宮古墳 （愛知県犬山市）

1973年、盗掘に伴って埋葬施設が発掘調査された。白山平山頂上に立地する、墳長約78mを測る前方後方墳で、竪穴式石室をもつ。古墳前期前半頃に位置付けられる。三角縁神獣鏡5面、方格規矩鏡1面、四獣鏡2面、人物禽獣文鏡3面、鍬形石1、車輪石1、玉類、刀剣類、鉄製工具類などが出土している。

布に包まれていたとみられる7面の鏡は，鏡面を内側に向けて，石室東側小口壁に並べ重ねて，立てかけてあった。また詳細は不明だが，粘土床東端には，布に包まれて鏡面を下にした3面の鏡があり，その下位から鏡面に接して3点の短剣が検出されたと報告されている。

紫金山古墳（大阪府茨木市）

1947年に埋葬施設が発掘調査された。墳長約100mを測る前方後円墳で竪穴式石室をもつ。古墳前期中葉頃に位置付けられる。竪穴式石室内からは，鏡12面，刀剣類，筒形銅器，鉄製工具類，玉類，貝輪，鍬形石，車輪石，紡錘車形石製品などが出土している。

鏡は，木棺内で方格規矩四神鏡1面（漢鏡4期）が検出されたほか，石室北壁と木棺小口の間で，勾玉文帯神獣鏡1面，仿製三角縁神獣鏡5面が貝輪，車輪石，鍬形石，鉄剣などと重ね置かれ，石室南壁と木棺小口の間で，三角縁神獣鏡1面，仿製三角縁神獣鏡4面が，貝輪，鍬形石などと重ね置かれた状態で検出された。

後述するように古墳前期において，多数面の三角縁神獣鏡を副葬する場合，列状に配置しながら刀剣類と重ね置かれる事例が多いが，本古墳の場合，石室両小口部に集積して重ね置かれており，他の事例とは若干様相が異なっている。

前橋天神山古墳（群馬県前橋市，図1-11）

1968年，埋葬施設が発掘調査された。墳長約129mを測る前方後円墳で，粘土槨をもつ。古墳前期後半頃に位置付けられる。鏡5面，刀剣類，鉄鏃，銅鏃，鉄製工具類，紡錘車形石製品などが出土している。

棺内中央の両側に平行して，被葬者右側には刀剣類の上に二禽二獣鏡1面，三段式神仙鏡1面，捩文鏡1面が，被葬者左側には刀剣類の上に三角縁神獣鏡2面が，鏡面を下にして，重ねて並べ置かれていた。

一貴山銚子塚古墳（福岡県二丈町，図1-14）

1950年，埋葬施設が発掘調査された。筑前，長野川流域にある墳長103mの前方後円墳である。竪穴式石室内からは，鏡10面，素環頭大刀3点，鉄刀4点，鉄剣6点，鉄槍14点などの刀剣類，鉄鏃14点，玉類などの副葬品が出土した。被葬者頭部付近からは朱が検出されている。古墳前期末葉頃に位置付けられる。

鏡は，被葬者の上半身をコの字状に取り囲むように並べられ，被葬者左右には刀剣類の上に4面ずつの仿製三角縁神獣鏡，頭頂部側に漢鏡5期の方格規矩四神鏡1面（面径21.2cm）・内行花文鏡1面（面径21.7cm）が，鏡面を上にした状態で検出された。仿製三角縁神獣鏡8面と刀剣類は，副葬当初から，棺外に重ねて並べ置かれたか，

表1　完形鏡「重ね置き副葬」一覧

遺跡名	住所	時代	類型	重ね置かれた副葬品	鏡面向き	その他副葬品	備考
吉武高木3号木棺墓	福岡県福岡市	弥生中期初頭	a	【棺内】細形銅矛＜細形銅剣＜多鈕細文鏡	上	【棺内】細形銅剣1，細形銅剣1，翡翠製勾玉1，碧玉製管玉95	
宇木汲田12号甕棺墓	佐賀県唐津市	弥生中期前半	a	【棺内】多鈕細文鏡＜細形銅剣	上		
三雲南小路1号甕棺墓	福岡県前原市	弥生中期後半	a+b	【棺内】前漢鏡＜ガラス璧＜前漢鏡…（前漢鏡31以上・ガラス璧8以上）	？	【棺内】細形銅矛1，中細形銅剣1，金銅四葉座金具8，ガラス勾玉3，ガラス管玉60以上【棺外】有柄中細形銅剣1，中細形銅戈1，朱入り小型壺1	甕棺内面に朱
立岩堀田10号甕棺墓	福岡県飯塚市	弥生中期後半	被葬者右 a+b / 被葬者左 b	【棺内】前漢鏡＜前漢鏡＜鉄剣＜鉇＜中細形銅矛＜前漢鏡 / 【棺内】前漢鏡＜前漢鏡	上 / 上	【棺内】砥石2，前漢鏡1	甕棺内面に朱
立岩堀田28号甕棺墓	福岡県飯塚市	弥生中期後半	a	【棺内】前漢鏡＜素環頭刀子	上	【棺内】管玉553，ガラス丸玉1，ガラス棗玉1，棗杆状ガラス	甕棺内面に朱
隈・西小田13地点23号甕棺墓	福岡県筑紫野市	弥生中期後半	a	【棺内】前漢鏡＜鉄剣・鉄戈	上	【棺内】ゴホウラ貝製腕輪41	甕棺内面に朱
原田1号箱式石棺墓	福岡県嘉麻市	弥生終末期		【棺内】後漢鏡＜鉄剣片2	下		棺内にベンガラ
芝ヶ原1号墳	京都府城陽市	古墳前期初頭		【棺内】銅釧＜銅釧＜銅鏡	上	鉇1，翡翠製・碧玉製勾玉，ガラス小玉	棺内に朱
ホケノ山古墳	奈良県桜井市	古墳前期初頭	a	【棺内】鉄刀剣＜後漢鏡	上	鏡2，銅鏃70以上，鉄鏃74以上，鉄製工具類ほか	棺槨内に朱
権現山51号墳	兵庫県たつの市	古墳前期初頭	a+b	【棺内】鉄槍＜三角縁神獣鏡3，三角縁神獣鏡＜鉄剣＜三角縁神獣鏡	内側	【棺内】鉄鏃，鉄槍3，鉄製工具類，ガラス小玉220，紡錘車形石製品	棺内に赤色顔料
黒塚古墳	奈良県桜井市	古墳前期前半	a+b	【棺外】三角縁神獣鏡＜鉄刀剣・鉄鏃＜三角縁神獣鏡…（鏡32・刀剣類25以上・鉄鏃）	内側	【棺外】後漢鏡1，刀剣類【棺外】小札類，工具類ほか	棺内に朱
大和天神山古墳	奈良県天理市	古墳前期	a+b	【棺内】鉄剣4＜後漢鏡20	上	【棺内】後漢鏡2，鉄刀3，鉄製工具類，鉄鏃5	棺内に朱
東之宮古墳	愛知県犬山市	古墳前期前半	a+b	【棺内】鉄剣3＜鉄剣3（詳細不明）【棺外】鏡7	下 / 内側	刀剣類，鉄鏃，鉄製工具類，車輪石，石釧2，合子2，玉類	石室壁にベンガラ，棺内に朱
紫金山古墳	大阪府茨木市	古墳前期中葉	a+b	【棺外】三角縁神獣鏡5・仿製鏡・貝輪2・車輪石・鍬形石3・籠手など，三角縁神獣鏡5・貝輪・鍬形石3，短甲など	上	【棺内】方格規矩四神鏡1，玉類，鉄剣【棺外】筒形銅器，紡錘車形石製品，刀剣類，鉄鏃，鉄製工具	
前橋天神山古墳	群馬県前橋市	古墳前期後半	a+b	【棺内】刀剣類5＜三角縁神獣鏡2，刀剣類5＜後漢鏡・仿製鏡など3	下（内側か）	【棺内】刀剣類，紡錘車形石製品4など	
一貴山銚子塚古墳	福岡県二丈町	古墳前期末葉	a+b	【棺内】刀剣類5＜三角縁神獣鏡4，刀剣類4＜三角縁神獣鏡4	上（内側か）	【棺内】翡翠製勾玉，碧玉製管玉33【棺外】後漢鏡2，刀剣類，鉄鏃14	被葬者頭部付近に朱

あるいは鏡面側に木棺片が付着している点からみて，当初は鏡面を内側に向けて，木棺側板の棺外に立てかけた状態で配置されたものであった可能性がある。後者であった場合は，平面図から判断すると，鏡と刀剣類を当初から重ねていた副葬配置と考えることは難しく，「重ね置き副葬」の事例からははずれることになろう。

以上，概観したように，日本列島では，弥生中期初頭から古墳前期にかけて，鏡を用いた「重ね置き副葬」が，断片的に確認できた。もとより，埋葬施設の崩壊や埋没過程における副葬品の移動も慎重に考慮しなければならないが，他の器物が複数面の鏡に挟まれるように検出されたり，鏡の一部分のみが連続して鱗状に重ねられたりするなどの事例については，意図性をよみとることができよう。

また，日本列島における弥生中期初頭～後半の段階で「重ね置き副葬」がなされる事例は，被葬者に装着された貝輪や銅釧を除くと，多鈕細文鏡や前漢鏡を用いる場合がほとんどである[2]。日本列島に鏡副葬が導入された当初から，弥生中期の九州北部では，「重ね置き副葬」という所作と鏡との間に一定の関連性があったことが窺える。ただし，弥生後期後葉～終末期になると，近畿北部の大風呂南1号墓第1主体部（京都府与謝野町）で複数の鉄剣や銅釧，瀬戸内地域の梨ヶ谷B地点2号墓a主体（広島県広島市），西願寺D地点2号石室（広島県広島市）で各種鉄製工具を重ね置いて副葬するなど，本州島西部において他の器物でも「重ね置き副葬」の事例がみられるようになる。こうした弥生後期後葉頃以降の「重ね置き副葬」事例については，弥生中期・九州北部での鏡を要素とした「重ね置き副葬」の影響が他の器物に拡散したものか，単に副葬品を「1ケ所に集積して置く」といった意味に留まる一般的な行為からくるものなのか，といった個別的な仕分けの検討が必要になる。それでも後述するように，上記であげた古墳前期の複数の鏡と刀剣類を列状に連結して重ね置く配置事例の場合は，偶然的なものではなく，意図的になされた副葬の一形態として評価することは許されよう。

上記でみた鏡を用いた「重ね置き副葬」の組成や数量を分類すると以下のようになる。

◎「鏡重ね置き副葬a型」：鏡1面と刀剣・工具・その他の器物を重ね置いたもの。（吉武高木3号木棺墓，宇木汲田12号甕棺墓，立岩堀田28号甕棺墓，隈・西小田第13地点23号甕棺墓，原田1号箱式石棺墓，芝ヶ原1号墳，ホケノ山古墳）

◎「鏡重ね置き副葬b型」：複数面の鏡同士を重ね置いたもの。鏡の一部分のみを重ねて，鱗状に配置する場合が多い。一部分のみを重ね合わせることで，列状の連結を意識したものと考えられる。（立岩堀田10号甕棺墓被葬者左側，門田遺跡A群24号甕棺墓？）

◎「鏡重ね置き副葬a＋b型」：複数面の鏡と刀剣・工具・その他の器物を重ね置いたもの。複数面の鏡同士を重ね，さらに異なる器物とも重ね置く場合と，個々の鏡同士は重ねないが，複数点の刀剣類と複数面の鏡を重ね置いて，ひとつの纏まりをつくる場合とがある。いずれにしても，「鏡重ね置き副葬b型」と同様，重ね合わせることで列状の連結を意識したものが多い。（立岩堀田10号甕棺墓被葬者右側，三雲南小路1号甕棺墓，権現山51号墳，黒塚古墳，大和天神山古墳，前橋天神山古墳，一貴山銚子塚古墳など）

以上の類型を時期的にみると，弥生中期初頭～前半の多鈕細文鏡が副葬される段階では「鏡重ね置き副葬a型」（以下「a型副葬」と省略），弥生中期後半の前漢鏡（漢鏡3期）が副葬される段階にはいると「鏡重ね置き副葬b型・a＋b型」（以下それぞれ「b型副葬」・「a＋b型副葬」と省略）がみられるようになる[3]。

a型副葬ないしa＋b型副葬において，鏡と重なる他の器物は，剣などの近接武器や工具といった鋭利な刃部をもつ器物である場合と，ガラス璧・銅釧といった鏡と同じ円形の器物である場合とがある。古墳前期になってからのa＋b型副葬では，三角縁神獣鏡など面径の大きい複数面の鏡と複数点の刀剣類が，木棺内外の長辺両側や被葬者頭部周辺に重ね置かれる場合が多い[4]。

なお，弥生中期の九州北部における「鏡重ね置き副葬」では，吉武高木3号木棺墓，宇木汲田12号甕棺墓，立岩堀田10・28号甕棺墓，隈・西小田第13地点23号甕棺墓のように，鏡面を上に向ける事例が多い。一方，古墳前期においては，鏡面を上にするほか，遺体側に鏡面を向けて立て並べる事例が多いが，「重ね置き副葬」以外の副葬事例，鏡種・副葬位置との関係など，包括的に検討する必要があろう[5]。

また，a＋b型・b型副葬が現れる弥生中期後半の九州北部では，多量の副葬品と墳丘をもち，単独の甕棺墓が墓域を占有する特定個人墓（A王墓），墳丘や自然的高所に副葬品をもつ複数の甕棺墓がある特定集団墓（B・C王墓）が現れるといった階層性が認められている（下條1991）。これらの副葬品組成は，伊都国王墓といわれる三雲南小路1号甕棺墓や奴国王墓といわれる須玖岡本D地点甕棺墓のようなA王墓が，20面前後の大型前漢鏡（面径15cm以上）・ガラス璧・ガラス製勾玉・銅矛など，B・C王墓が，1面程度の小型前漢鏡（面径5～11cm）・武器形鉄器などからなる（立岩堀田10号甕棺墓のみ例外として大型鏡6面副葬）。いわゆるA王墓（三雲南小路1号甕棺墓，須玖岡本D地点甕棺墓）とB・C王墓の例外である立岩堀田10号甕棺墓では，漢鏡2期の鏡や漢鏡3期の清白鏡・精白鏡といった大型鏡複数面によるa＋b型やb型副葬がみられ，B・C王墓（立岩堀田28号甕棺墓，隈・西小田第13地点23号甕棺墓）では，

昭明鏡といった小型鏡1面のみのa型副葬がみられる。すなわち，弥生中期後半の九州北部における階層上位墳墓では，鏡種によって副葬配置形態が区別されていたといえる。続いてこうした配置形態のルーツについて検討したい。

3．a型副葬のルーツ

（1）中国東北地域・朝鮮半島における鏡と刀剣の「重ね置き副葬」

弥生中期初頭～前半のa型副葬事例では，北東アジア青銅器文化の系譜をひく，多鈕細文鏡と細形銅剣などの近接武器とが重ね置かれている。そこで，こうしたa型副葬の系譜を考えるために，中国東北地域や朝鮮半島における遺跡で，鏡と剣などが重ね置かれた事例を概観し，配置形態を整理しておこう。

鄭家窪子6512号墓（中国遼寧省瀋陽市，図2-2）

渾河流域にあり，第3地点南区にある大型の木棺・木槨をもつ6512号墓では，老年男性が埋葬されていた。春秋晩期～戦国早期頃（ＢＣ6世紀～ＢＣ5世紀頃）に位置付けられている。

ここでは槨内棺外の被葬者頭部付近に置かれた箱において，青銅短剣と多鈕鏡1面（面径8.8cm）が重ね置かれていた。

老河深56・67・97・105号墓（中国吉林省楡樹県，図2-3・4・5）

前漢末～後漢初頭頃に比定される木棺墓が，129基検出されており，鮮卑ないし夫餘のものとみられている。

このうち56号墓は，被葬者が男性で，鉄剣（長剣）の剣身上に七乳七獣文鏡1面（細線式獣帯鏡，面径9.7cm）が重ね置かれていた。成年男女が合葬された97号墓は，男性被葬者の腰部左側に置かれた鉄剣（長剣）の剣身上に，鏡背を上に向けた四乳八鳥文鏡1面（八禽鏡，面径9.8cm）が重ね置かれていた。105号墓は，被葬者が成年男性で，腰部左側に置かれた鉄剣（長剣）の剣身上に，鏡背を上に向けた護心鏡1面（面径8.4cm）が重ね置かれていた。67号墓は平面図が報告されていないものの，腰部右側の剣身の下に四乳四蟠紋鏡1面（虺龍文鏡，面径9.1cm）が置かれていたという。

56・97・105号墓は，いずれも剣身上の剣柄側寄りに鏡が置かれている点で共通しており，志賀和子氏は，これらが偶然ではなく意図して置かれたものと解釈している（志賀1994）。

舎羅里130号墓（韓国慶尚北道慶州市，図2-7）

慶州盆地周縁の低丘陵上に立地する。原三国時代の木棺墓7基のほか，三国時代の木槨墓，積石木槨墓，石槨墓，甕棺墓などが検出されている。

このうち木棺墓の130号墓では，棺底に板状鉄斧63枚が敷かれており，仿製鏡4面（面径4.2～4.6cm），細形銅剣，鉄剣，鉄刀，虎形帯鉤，銅釧，ガラス製小玉などが副葬されていた。ＡＤ1世紀後半に位置付けられている。詳細な副葬状態は不明であるが，仿製鏡4面は，被葬者腰部左側に置かれた鉄剣，青銅装飾付き小刀などの下に副葬されていたと報告されている。

以上，わずかな事例だが，a型副葬の配置状況を概観した。詳細な副葬配置が報告されている墳墓が少ないため，他にも同様の事例があるかもしれないが，現状ではきわめて限られていると言わざるを得ない。老河深遺跡56・97・105号墓の3例は，いずれも剣身上の剣柄側寄りに鏡が置かれている点で共通性があり，ひとつの副葬様式として，意識して重ね置かれたものと考えたい。しかし，それ以外の事例については，偶然的に鏡と刀剣が重ね置かれた可能性も排除できない。

さて，福永光司氏は，唐の司馬承禎著『含象剣鑑図』や前漢の『淮南子』，晋の葛洪著『神仙伝』『抱朴子』などの記述をひいて，死者に副葬された鏡と剣が実用の器物ではなく，神仙思想[6]と密接な関連をもつものと想定した。すなわち，中国湖南省長沙・戦国墓～漢墓や河南省洛陽・焼溝漢墓でみられるような，セットで副葬された剣と鏡が，「単なる遺品としての意味に止まらぬ神秘な霊力をもつとされていた」と解釈する（福永光司1973）。さらに，葛洪著『神仙伝』巻八にみえる，孫博という仙者による「能く鏡を引いて刀と為し，刀を屈げて鏡と為す」という記述から，金属製品という材質的な類似性がある鏡と刀剣が，共通する霊威をもち，神仙術において重要な位置を占める器物であったとしている。さらに踏みこんで，湖南省・長沙市260号墓では，鏡が銅剣の上に置かれていたことに注目し，これが意図的なもので，前者の霊威が後者のそれよりも上位であるとする考えの反映であるとも解釈した。

福永氏の説をもとに志賀氏は，上記した老河深56・67・97・105号墓におけるa型副葬が，鏡と剣を重要視する当時の神仙讖緯思想の影響であると考えた。また，鄭家窪子6512号墓についても，神仙思想に通じるシャマニズムと呼ばれる宗教形態と関連する可能性を予察している。

以上の仮説をふまえると，北東アジア青銅器文化の流れをくむ弥生中期初頭～前半および漢文化が流入する弥生中期後半の九州北部において，鏡と剣が重ねられるa型副葬も，大きくは中国大陸における神仙思想やこれに先行するような北東アジアの何らかの類似思想にルーツをもつ可能性を想定できないだろうか。すなわち，鏡と剣が霊威をもつ実用以外の器物と見なされ，さらに重ねたり，近接させたりすることによって，そうした効果が相乗的に高まるような思想的背景のもとに，a型副葬が

図2　北東アジアにおけるa型副葬と複数面の鏡副葬

1. 十二台営子1号墓　2. 鄭家窪子6512号墓　3. 老河深56号墓　4. 105号墓　5. 同97号墓　6. 朝陽洞38号墓　7. 舎羅里130号墓
8. 良洞里162号墳　9. 同427号墳　（1〜8：1/40，9：1/80）

なされたと考える。

しかし前述したように，現状では北東アジアにおける副葬事例報告の増加を待ってから検証する必要があり，その系譜については見通しを述べるに留め，今後の課題としておきたい。

4．b型，a＋b型副葬のルーツ

（1）中国東北地域・朝鮮半島における鏡の複数副葬

つづいて，b型ないしa＋b型副葬のルーツを考えるために，中国東北地域や朝鮮半島の遺跡において，1埋葬墓内に複数面の鏡が副葬された報告事例を概観し，配置形態を整理しておく。

これらの地域で鏡が複数面，副葬された事例には，西荒山屯2号墓（中国吉林省樺甸県）の多鈕鏡2面，趙家堡子石室墓（中国遼寧省寛甸県）の多鈕鏡3面，槐亭洞石槨墓（韓国大田市）の多鈕鏡2面，東西里石槨墓（韓国忠清南道禮山郡）の多鈕鏡5面，南城里石槨墓（韓国忠清南道牙山郡）の多鈕鏡2面，九鳳里（韓国忠清南道扶餘郡）の多鈕鏡2面，素素里（韓国忠清南道唐津郡）の多鈕鏡2面，大谷里石槨墓（韓国全羅南道和順郡）の多鈕鏡2面，草浦里石槨墓（韓国全羅南道咸平郡）の多鈕鏡3面，漁隠洞（韓国慶尚北道永川郡）の前漢鏡2面・仿製鏡13面，坪里洞（韓国慶尚北道大邸市）の前漢鏡1面・仿製鏡5面などがある。以上のほかに，副葬配置が明確に報告されている事例としては，管見の範囲で以下の事例がある。

十二台営子1号墓（中国遼寧省朝陽県，図2－1）

大凌河の南東側にある柏山山脈の北麓台地に位置する。1号墓は男女2体の被葬者が埋葬されていた。西周末〜春秋早期頃（BC8世紀頃）に位置付けられている。

男性頭頂部の傍らに多紐鏡1面，足下に多紐鏡1面が立てかけて置かれていた。2面の鏡で身体の頭頂部と足もとから挟むことを意識して配置されていることが窺える。2面とも大きさは同じで，面径20.4cmを測る。

鄭家窪子6512号墓（中国遼寧省瀋陽市，図2－2）

大型鏡形銅器2面（面径28cm）が十二台営子1号墓のように頭部上と足もとに，さらに小型鏡形銅器4面（面径15cm）が胸部から脛にかけての身体中軸線上にほぼ等間隔で置かれていた。

また，鏡の「重ね置き副葬」事例ではないが，被葬者右側にある円形銅飾（面径15cm・27.4cm・31.8cm）が一部分重ねられて並べ置かれている。

朝陽洞38号墓（韓国慶尚北道慶州市，図2－6）

東西に伸びる低丘陵上に立地する。1979〜83年の国立慶州博物館の発掘調査によって，木棺墓，木槨墓，石

槨墓，甕棺墓などが検出された。

このうち，前漢鏡4面が出土した38号墓は木棺墓で，鏡のほか鉄斧，鉄剣，刀子などの鉄器，ガラス製小玉，瓦質土器などが副葬されていた。造営年代は，BC1世紀中葉〜後葉に位置付けられている。

平面図や写真によれば，被葬者頭部付近に4面の鏡が，間隔をあけて置かれている。出土した鏡は，四乳鏡1面（面径7.5cm），連弧文日光鏡2面（面径8.0cm・6.5cm），重圏日光鏡1面（面径6.47cm）である。

舎羅里130号墓（韓国慶尚北道慶州市，図2－7）

上記したように，130号墓では，仿製鏡4面（面径4.2〜4.6cm）が副葬されていた。

仿製鏡4面は，被葬者腰部左側に置かれた鉄剣，青銅装飾付き小刀などの下に副葬されていたと報告されているが，個々の鏡がどのような配置であったのかについては不明である。

良洞里162・427号墳（東義大調査，韓国金海市，図2－8・9）

金海中心街から南西4kmの丘陵上にある。1990年〜1996年に東義大学校によって行われた発掘調査では，BC2世紀末〜AD5世紀頃とみられる総数548基の墳墓が検出された。

このうち，AD2世紀前半代とみられる427号墳は，被葬者腰部辺りに仿製鏡3面がほぼ横一直線上に間隔をあけて並べ置かれていた。3面のうち2面は，鏡面を上に向けて検出された。また，これらは織物生地に包んで，小さな箱（鏡匣）に入れて副葬されていたと考えられる。完形で検出された鏡2面は，内行花文日光鏡系仿製鏡で，面径約7.8cmと約6.4cm。

162号墳は，被葬者腰部辺りに後漢鏡2面，仿製鏡8面が置かれていた。後漢鏡は内行花文鏡（面径11.7cm）と四乳鳥文鏡（面径9.1cm）で，仿製鏡は面径7.47〜9.1cm。427号墳と同様に，被葬者腰部辺りに漢鏡2面・仿製鏡1面がほぼ横一直線上に間隔をあけて並べ置かれ，さらに頭部辺りに4面が置かれていた。

以上，僅かな事例ではあるが，これらの副葬状況をみると，鏡を身体の中軸線上などに並べて置いたり，頭頂部と足もとに分離して身体を挟むように置いたりするなど，間隔をあけた配置がなされており，弥生中期後半に九州北部でみられたような，一部分を重ね置きながら配列するb型ないしa＋b型副葬の事例は確認できない。ただし，鄭家窪子6512号墓のように円形銅飾を一部分重ねながら置いている事例も散見できるが，日本列島でb型副葬がみられるのは弥生中期後半であるため，年代的な齟齬がある点は否めない。

また上記でみたように，九州北部では，鏡同士を鱗状に重ね並べて列を作るのに適した大型の前漢鏡を用いてb型ないしa＋b型副葬が行われていた。これに対して，

朝鮮半島南部で出土した漢鏡は，面径が12cm未満の小型鏡が多い。こうした状況からも，朝鮮半島南部の一埋葬墓における複数面の鏡副葬は，九州北部とは対照的に，b型ないしa＋b型副葬を意図していなかったものと考えたい。

（2）中国大陸の前漢王墓にみる璧の複数副葬

上記のような状況を踏まえると，b型ないしa＋b型副葬のルーツを中国東北地域や朝鮮半島に求めることは難しそうである。拙稿でも予察したように，弥生中期後半の九州北部におけるb型ないしa＋b型副葬は，河北省・満城1・2号漢墓，山東省・巨野紅土山漢墓，広東省・広州象崗漢墓といった前漢王墓の棺内にみられる，数十面にものぼる玉璧[7]の「重ね置き副葬」を模倣・アレンジすることによって考案された可能性が，改めて浮上してくる（会下2009）。

そこで以下では，中国大陸・前漢王墓の槨内や棺内において多量の璧が重ね置かれた事例について概観してお

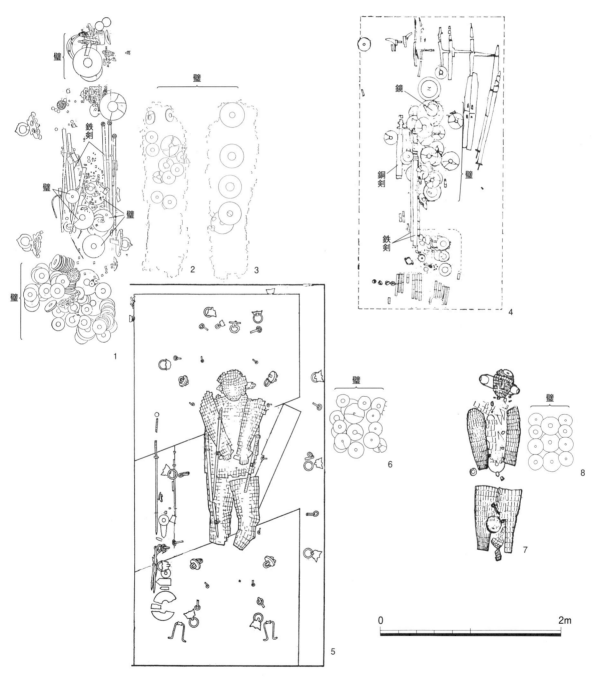

図3　前漢王墓棺槨内の副葬配置
1．広州象崗漢墓（玉衣外部）　2．同（玉衣内部前側）　3．同（玉衣内部背中側）　4．巨野紅土山漢墓　5．満城1号漢墓（玉衣外部）
6．同（玉衣内部前側）　7．2号漢墓（玉衣外部）　8．同（玉衣内部前側）（1/40）

日本考古学　第32号

きたい。

広州象崗漢墓（中国広東省広州市，図3−1）

前漢中期，ＢＣ122年頃に埋葬された南越国第２代王趙眜（胡）の墓とみられる。切石造の羨道，前室，後室，側室，耳室などをもつ。

玉璧は，絲縷玉衣上の下半身部などに10面（面径14.3〜26.9cm），玉衣内の頭部両側・胸腹部前に14面（面径13.75〜23cm），頭部から背中・下半身後ろに５面（面径25.6〜27.5cm）置かれていた。これらは，一部分だけ重ねあわせて置く配置が多く見られる。玉衣上の玉璧10面は局部を，玉衣内背中側の玉璧５面は，身体の中軸線にある後頭部や脊椎を意識して置かれているようにみえる。このほか，頭頂部側にも７面の玉璧が重ね置かれていた。

また被葬者左右には，それぞれ鉄剣５本ずつが重ねて置かれ，一部分は玉璧の上や下に重ねられているものもある。

巨野紅土山漢墓（中国山東省巨野県，図3−2）

前漢中期，武帝天漢４（ＢＣ97）年建国の昌邑国王墓とみられる。切石造の玄室をもつ。

後室にある棺内中央には，被葬者背中に10面，被葬者胸腹部に17面，棺上に１面，計28面（面径14〜25.2cm）の玉璧が重ねて置かれていた。被葬者胸腹部の玉璧は，鱗状に重ね置かれている。被葬者右側にある鉄剣や銅剣の上にも重ねられた玉璧がある。また，頭部付近には，玉璧に重なるように鏡奩に入れられた鏡が１面（面径21.3cm）置かれていた。

満城１・２号漢墓（中国河北省満城県，図3−3・4）

前漢中期の崖墓で，１号墓はＢＣ113年に埋葬された中山国王劉勝の墓，２号漢墓は中山国王劉勝の妻，とう綰の墓とみられる。

１号墓の棺内には，金縷玉衣上に重なるように，腰部左側に鉄刀１本，右側に鉄剣２本が置かれていた。玉衣内部の胸部前と背中に玉璧18面程度が副葬され，それぞれが紗のような織物で結ばれていたという。報告書の記述と図版写真の状況とが対応しづらい部分もあるが，胸部前には玉璧が縦３列に配置され，一部分が重ねられ鱗状に置かれていた。３列のうち，中央列の玉璧は，面径16.6〜21.2cmと比較的大きく，両側列の玉璧は13.9〜17cmと比較的小さい。背中には，脊椎部に大型の玉璧が並べられていた。

２号墓の棺内には，金縷玉衣内部の胸部前と背中に玉璧15面が副葬され，このうち胸部前には，11面が縦３列に配置されて，鱗状に重ね置かれていた。３列のうち，中央列の玉璧３面は面径21.2cmと比較的大きく，両側列の玉璧各４面は面径14.2〜16.3cmと比較的小型である。背中には，４面の玉璧が縦一列に置かれていた。

上記のように漢代王墓の棺内には，多いもので30面前後を数える璧の「重ね置き副葬」をみることができる。満城１・２号漢墓や広州象崗漢墓では，面径14cm前後以上の玉璧を玉衣内の胸腹部上に一部分を重ねながら置き，背中側にも脊椎を意識して縦に並べるなど，配置の類似性がうかがえる。

信立祥氏は，漢代の璧が，棺・槨の頭部・足部側板に描かれたり，遺体の傍らに置かれたりした事例を，死者の霊魂を招きよらしめるため，および死者の遺体の腐敗を防ぐためと述べている。当時の昇仙観念によれば，死者が崑崙山などの仙人世界へ順調に昇仙するためには，大切に保存された肉体を持つ，霊魂が自身の遺体から離れないようにする，などの条件が必要であった。死者は，こうしたいわば仮死の段階を経て，肉体と意識の浄化を達成し，昇仙の資格を獲得するという（信1996，p167）。王墓クラスの墳墓では，こうした思想的背景のもとに，璧がもつ効力をより高めることを期待して，多量の副葬がなされたものといえる。

さて，菅谷文則氏は，上記の広東省・広州象崗漢墓において趙眜の棺内に玉璧が多くあり，鏡がみられない一方，殉葬者に鏡が副葬されていることから，「鏡による避邪の呪力が，玉璧のそれと同じであった」と想定している（菅谷1996）。また，弥生中期後半・九州北部の三雲南小路１，２号甕棺墓や須玖岡本Ｄ地点甕棺墓における数十面にのぼる前漢鏡の副葬について，河北省・満城漢墓の多量の玉璧副葬事例をひいて，「中国の円形の璧に霊力を信じ屍体を封じた力を，同じ円形の鏡とごく少量の璧で代替したのが日本の弥生時代中期である」と想定した（菅谷1991）。

また，河上邦彦氏や大形徹氏は，漢墓から出土する「面罩」という頭部をおおう箱形の漆器内側に，鏡が貼り付けられていることに注目し，遺体を守るために，辟邪・破邪的意味を鏡に期待したものと解釈している（河上1991・1997，大形2000）。すなわち，中国大陸においても，遺体腐敗防止のために，鏡に璧と同様の意味をもたせる場合があったようである。

広州象崗漢墓，満城１・２号漢墓，巨野紅土山漢墓では，面径14cm前後以上の玉璧の一部分のみを鱗状に重ねて配置しており，器物の法量や配置形態の点において，九州北部の弥生中期後半にみられたｂ型ないしａ＋ｂ型副葬の状況に類似している。

弥生中期後半の九州北部において，階層最上位の墳墓に位置付けられ，ａ＋ｂ型副葬がなされた三雲南小路１号甕棺墓および須玖岡本Ｄ地点甕棺墓では，前漢王墓での玉璧面数に近い30面前後の前漢鏡とともにガラス璧が検出されている。青柳種信氏の記録によれば，三雲南小路１号甕棺墓では，多量の鏡の中に混在する形でガラス璧が重ねられ副葬されていたとあり，璧と鏡が同様に扱われていたことが窺える。

以上の諸説や状況をふまえると，前漢代の中国大陸における事例がなお希薄である点は否めないものの，日本列島では，前漢王墓にみられるような多量の璧の「重ね置き副葬」を模倣して，璧の代わりに，形態や法量が近い複数面の鏡を用いることで，b型ないしa＋b型副葬を考案したのではないだろうか。この仮説が首肯されるなら，こうした副葬形態の考案は，三雲南小路1号甕棺墓や須玖岡本D地点甕棺墓に起点があったと考えるのが妥当であろう[8]。

　弥生中期後半や古墳前期において，「鏡重ね置き副葬」がなされたものは，棺内に朱がみられる場合が多い。『抱朴子』の記述にもみられるように，神仙術において，水銀朱が不老不死薬に関連することも，上記の仮説を補強しよう。

　ただし，前漢王墓では被葬者胸腹部を覆うように多量の璧が重ね置かれるようだが，弥生中期後半のb型ないしa＋b型副葬の事例では，遺体上半身周囲に結界を作るように並べて重ね置かれてあり，配置位置が異なっている。ある地域における墓制の変遷過程において，墳墓の一要素のみを断片的に外部から受容して，さらに変容させる現象は普遍的にみられる。三雲南小路1号甕棺墓や須玖岡本D地点甕棺墓での詳細な配置状況が不明であ

るため，断定できないが，厳密な副葬配置位置については，九州北部においてアレンジ・改変されたと考えることもできよう。

　また，福永伸哉氏は，前期古墳への鏡多量副葬は，三角縁神獣鏡の登場とともに始まったとみて，重松明久氏の仮説[9]を引用しながら，鏡多量副葬事例のなかに，神仙世界を表現した径九寸（約22cm）以上の三角縁神獣鏡を含むこと，被葬者を取り囲むように，あるいは前後から挟むように鏡を配置すること，鏡面を被葬者の側に向ける意識が強いことなどの共通点の背後には，神仙思想における銅鏡使用法に通じる要素が窺えると考えた（福永伸哉1998）。神仙思想が，どの程度体系的・具体的な形で倭人に理解されていたのかという問題については保留するとしても，権現山51号墳，黒塚古墳，大和天神山古墳，前橋天神山古墳，一貴山銚子塚古墳のa＋b型副葬事例にみられるような，神仙術において重要アイテムと考えられる鏡と刀剣類を重ねながら配置する副葬所作から，こうした思想的影響を一考することは妥当であると考えられる。ただし，古墳前期の近畿中部などにみられるa＋b型副葬が，当該期にいたって新たに中国大陸からの思想的影響で成立したものか，あるいは弥生中期後半に九州北部でみられたa＋b型副葬の系譜に連な

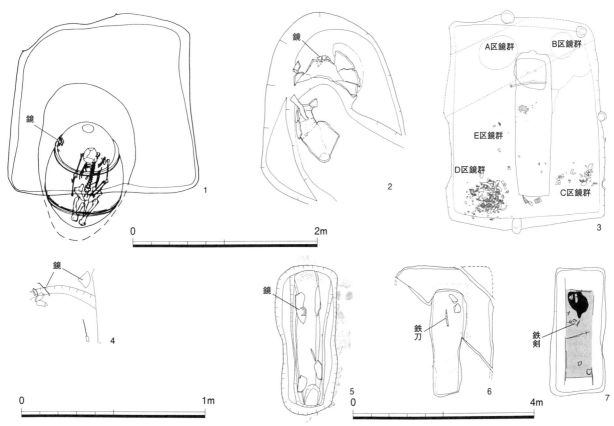

図4　破砕鏡と切断した刀剣の「重ね置き副葬」
1．二塚山29号墓　2．茶ノ木ノ本3号墓　3．平原1号墓　4．徳永川ノ上遺跡C地区IV-19号墓　5．寄居1号墳第1主体部
6．二塚山52号墓　7．みそのお4区42号墳墓第3主体部　（1～2：1/40，3・5～7：1/80，4：1/20）

るものなのかについては，今後の検討の余地があろう。現状では，これらの間をつなぐ弥生後期の西日本におけるb型ないしa＋b型副葬の事例や同時代の中国大陸での状況が不明であるため，今後の課題としておきたい。

5. 日本列島における破砕鏡の「重ね置き副葬」

日本列島では，弥生中期後半に副葬される漢鏡3期の鏡は完形，弥生後期前半から副葬される漢鏡4期以降の鏡は破砕鏡ないし破鏡がみられるようになる（岡村1999，p71）。こうした破砕鏡のなかには重ね置かれた事例がある。そこで，弥生後期以降における鏡副葬形態のひとつとして看過できない破砕鏡の「重ね置き副葬」についても，以下に検討しておきたい。

（1）弥生後期〜終末期

二塚山29号石蓋土壙墓（佐賀県神埼市，図4－1）

脊振山脈南麓から佐賀平野に派生する河岸段丘上に位置する。1975〜1976年の発掘調査によって，弥生前期末〜後期の甕棺墓159基，土壙墓89基，箱式石棺墓6基などが検出された。

このうち，29号石蓋土壙墓の熟年男性被葬者の肩部上方にあたる棺上部北側の目張り粘土中から，破砕された1面分の波文縁獣帯鏡片（漢鏡4期，面径13.6cm）が，重ね合わせた状態で検出されている。これらは，鏡背を上にした破片が多かった。

なお，重ねられた事例ではないが，二塚山76号甕棺墓からも，目張り粘土中から破砕された1面分の連弧文昭明鏡（漢鏡4期，面径9.2cm）がまとまって出土している。弥生後期前半頃の29号石蓋土壙墓や76号甕棺墓でみられるような，完形の中国鏡を故意に破砕するという儀礼は，この時期になって新たに生み出された鏡の副葬形態であると考えられている（小山田1992，藤丸1993）。

茶ノ木ノ本3号甕棺墓（福岡県八女市，図4－2）

矢部川右岸の微高地に位置し，弥生中〜後期の甕棺墓，弥生後期の石棺墓などが検出されている。

このうち弥生後期の3号甕棺墓棺外から，後漢鏡と鉄戈が出土した。後漢鏡は方格規矩四神鏡で，4分割されたものが一部重ねられながら甕棺外に置かれていた。

平原1号墓（福岡県前原市，図4－3）

瑞梅寺川と雷山川の間に挟まれた舌状丘陵先端付近に位置する。1号墓は，東西約13m・南北約9.5mの方形周溝を持ち，中央に中心主体部がある。中心主体部からは棺内外から鏡片群，素環頭大刀，ガラス製玉類などが出土した。また，中心主体部の割竹形木棺は，棺底に朱が敷かれていた。

柳田康雄氏の復元によれば，鏡の内訳は，34面の後漢鏡（虺龍文鏡，方格規矩四神鏡，内行花文鏡）と6面の仿製鏡（仿製内行花文八葉鏡など）からなる（柳田他2000）。このうち，仿製内行花文八葉鏡は面径46.5cmを測る超大型鏡である。

鏡（1〜40号鏡）は，多数の鏡片の状態で，墓壙内棺外の棺四隅附近などに，5ケ所（A〜E区）の纏まりをなして検出されている。このうちD区鏡片群では，超大型鏡3面（仿製内行花文八葉鏡・12〜14号鏡）の破片がすべて鏡背を上にして，他の鏡片の最上段に置かれていた。一方，A区鏡群では，超大型鏡2面（仿製内行花文八葉鏡・10〜11号鏡）が完形のまま最上段に置かれていた可能性がある。すなわち，鏡片を無造作に集積したのではなく，最後に超大型仿製鏡を重ね置くという鏡種による扱いの差別化がうかがえる。

徳永川ノ上遺跡C地区Ⅳ-19号墓（福岡県みやこ町，図4－4）

京都平野南東側，祓川右岸の洪積台地上に位置する。1988〜1990年の発掘調査によって，弥生終末期から古墳時代前期初頭の墳丘墓13基が検出されている。

このうち，弥生終末期のC地区Ⅳ-19号墓からは，三角縁盤龍鏡1面（面径9.8cm）と鉄刀子が出土し，棺の全体には赤色顔料が敷かれていた。鏡は2ケ所の纏まりに分かれて検出されているが，原位置からは移動したものと推定されている。このうち被葬者頭部右側から出土した4分の3の鏡片は，多少床面から浮いているものの，左側から出土した4分の1の鏡片よりは原位置に近いものとみられている。これらの本来の副葬状態は明らかにしづらく，報告書ではもともと棺内頭部右側に完形

表2　破砕鏡「重ね置き副葬」一覧

遺跡名	住所	時代	重ね置かれた副葬品	その他副葬品	備考
二塚山29号石蓋土壙墓	佐賀県神埼市	弥生後期前半	【棺外】破砕鏡同士		
茶ノ木ノ本3号甕棺墓	福岡県八女市	弥生後期	【棺外】破砕鏡同士	【棺外】鉄戈	
平原1号墓	福岡県前原市	弥生後期〜終末期	【棺外】破砕鏡同士	【棺内】ガラス管玉30，赤瑪瑙管玉12，ガラス小玉約492ほか　【棺外】素環頭大刀1，ガラス勾玉3，ガラス丸玉約	棺内に朱
徳永川ノ上遺跡C地区Ⅳ-19号墓	福岡県みやこ町	弥生終末期	【棺内】破砕鏡同士	【棺内】鉄刀子1	棺内に赤色顔料
寄居1号墳第1主体部	佐賀県小城市	古墳前期初頭	【棺内】破砕鏡同士	【棺内】鉄剣1，鏃1	被葬者頭部側に赤色顔料

鏡として副葬されていたものであったと推定しているが，鏡片が重なり合った状態で検出されていることから，割られたものが重ね置かれた可能性も排除できないだろう。

寄居1号墳第1主体部（佐賀県小城市，図4−5）

佐賀平野北西側，天山山系から派生する笠頭山の山裾に位置する。1984〜1985年の発掘調査によって，円墳1基，方墳2基が検出されている。

このうち1号墓は，東西径約15m，南北径約12mを測る，やや不整な円墳で，5基の内部主体をもつ。出土土器から古墳前期初頭頃に位置付けられる。石蓋土壙の第1主体部は割竹形木棺をもち，頭部側とみられる東端付近で赤色顔料が検出されている。後漢鏡1面，鉄剣1点，鉇などが副葬されていた。

後漢鏡は，方格規矩四神鏡（漢鏡5期，面径17.7cm）で，大きく外区2片と内区4片に割られた鏡片が，鏡背を上にして，頭部右側附近とみられる位置に重ね置かれていた。鏡背には赤色顔料がみられる。

以上のように，弥生後期前半〜終末期の福岡県，佐賀県域において，破砕鏡「重ね置き副葬」の事例が散見できた。このうち平原1号墓以外は，1面の鏡を破砕して，破片を重ね置いた事例である。二塚山29号土壙墓，平原1号墓，茶ノ木ノ本3号甕棺墓では，棺外から出土しており，弥生後期前半頃に棺外副葬の新しい形態として創出された可能性がある[10]。既に指摘されている通り，こうした棺外副葬事例は，甕棺合口や石蓋，木棺の隙間を意識した副葬配置であり，ここからの邪霊の侵入を防ぐという意図が窺える（小山田1995，禰宜田2005）。

なお，前章までで検討したa型副葬やa＋b型副葬において，鏡と重ね置かれることが多い鉄刀剣についても，途中で切断されたものが重ね置かれる場合がある。破砕鏡「重ね置き副葬」の意味について考えるために，同様に完形品を分割して重ね置く，切断された鉄刀剣の「重ね置き副葬」事例についてみておきたい。

みやこＳＰ1001石棺墓（佐賀県武雄市）

六角川右岸に位置し，1979〜1982年の発掘調査によって，弥生中期後半〜後期の甕棺墓14基，石棺墓・土壙墓など36基が検出された。

このうち，ＳＰ1001石棺墓の棺内から，素環頭鉄刀（全長40.6cm）が，「折れて上下に重なって」検出されたと報告されている。あわせて朱が残存していた。棺内上部で検出されていることから，もともと棺上に置かれていた可能性が想定できる。

二塚山52号土壙墓（佐賀県神埼市，図4−6）

前述の二塚山遺跡のうち，失蓋土壙墓とみられる52号土壙墓から，素環頭鉄刀（全長約44cm）が，折れて重なった状態で検出された。重なり方などの出土状況からみて，副葬時すでに折損していたため，初めから一部を

重ね合わせていた可能性があると報告されている。

なお，棺底に落ち込んだ状態で鉄刀が検出されていることから，もともとは棺上に置かれていたとみられる。

みそのお4区42号墳墓第3主体部（岡山県御津町，図4−7）

旭川中流域の支流・宇甘川右岸の丘陵上に位置し，1989〜1991年の調査によって，弥生後期から古墳終末期までの墳墓群が検出された。このうち，4区42号墓第3主体部棺内からは，短剣，鉄刀子，管玉1点，赤色顔料が検出された。短剣は復元全長15.7cmで，中央部で切断され一部分重なった状態で検出されている。

このほか，切断した鉄刀剣同士を重ねあわせた事例ではないもの，前述の原田1号箱式石棺墓では，鏡の上に折った鉄剣2点が平行して重ね置かれていた。

以上，わずかな事例であるが，切断された鉄刀剣の「重ね置き副葬」は，弥生後期前半〜終末期に佐賀平野周辺や岡山県南部において散見されており，岡山県を除くと破砕鏡の「重ね置き副葬」分布域とも重なる。また，二塚山遺跡のように，折れた素環頭鉄刀が重ね置かれた事例と破砕鏡が重ね置かれた事例の双方が同一遺跡でみられる場合もある。破砕鏡の「重ね置き副葬」も刀剣の「重ね置き副葬」も，ほぼ完形に復元できることから，副葬以前の段階で破砕ないし切断して重ね置かれたものと推定できる。こうした共通する要素から考えると，両者の重ね置くという行為には類似した意味が意識されていたのではなかろうか。

具体的にどのような観念が，これらの副葬行為に付与されていたのかについて，明確な見解を提示できる訳ではないものの，たとえばもともと1個体だった製品を分割することで個体数を水増しさせて，完形鏡のb型副葬と同様に重ね合わせることによって，辟邪の効力増大をはかろうとしたといった説明もできよう。さらに想像の域を出ないが，破砕によって鏡片割れ口に鋭利性を生じさせることによって，辟邪の効力をより高めることをイメージしていたのかもしれない。もとより，完全な器物を破砕したり，切断したりする行為自体に祭祀的な意味が込められていたことも充分考慮する必要があろう。

6．まとめ

以上のことを再度整理しておく。日本列島の「鏡重ね置き副葬」には，鏡と剣などを重ね置く場合（a型副葬），複数面の鏡同士を重ね置く場合（b型副葬），両者を複合させたようなa＋b型副葬がある。

a型副葬は，弥生中期初頭からみられる。そのルーツは，北東アジア青銅器文化の系譜に連なる可能性を考えたが，現状では資料不足のため，今後の追及課題としておきたい。b型副葬，a＋b型副葬は，弥生中期後半か

ら現れ，前漢王墓にみられる多量の玉璧を重ね置く副葬
形態を模倣・アレンジして考案されたものと考えた。こ
のことは弥生中期後半の三雲南小路１号甕棺墓にみられ
る前漢鏡とガラス璧を重ね置いていた副葬状況から窺え
るように，同じ円形の鏡と璧が類似した意味をもった器
物として扱われていたと推定できることが傍証となる。

　古墳前期になると，前期初頭のホケノ山古墳でａ型副
葬がみられたり，権現山51号墳，黒塚古墳，大和天神山
古墳などでａ＋ｂ型副葬がみられたりする。こうした近
畿中部などにおける完形鏡「重ね置き副葬」の成立は九
州北部からの副葬所作の伝播ないし中国大陸からの神仙
思想の再影響などが仮説として考えられるが，その具体
的系譜については現段階では不明と言わざるを得ない。

　こうした鏡を重ね置く副葬の意味については，ｂ型副
葬，ａ＋ｂ型副葬の場合，遺体頭部や上半身周囲などに，
結界を作るように重ねながら並べ置くことで，辟邪・破
邪的意味を意識していたことを想定した[11]。想像の域を
出ないものの，布に包まずに，鏡や刀剣などの金属製品
を重ね合わせる場合は，相互に光が反射しあうことで，
辟邪の効力が相乗的に増幅することをイメージしていた
のかもしれない。破砕鏡や切断した刀剣を重ね置いた
り，集積したりした副葬形態も，もともと１個体だった
製品を分割することで，個体数を水増しさせ，上記の原
理によって，辟邪の効力増大をはかろうとした結果であ
る可能性も考えられよう。

　以上，本稿では「鏡重ね置き副葬」について東アジア
的視野から再検討し，日本列島外からの重層的な影響を
よみとり，こうした副葬形態が，遺体保存のための辟邪
を意識した思想を背景としてなされたものであったと解
釈した。

　今後の課題としては，文中で認識したように，ａ型副
葬のルーツ，弥生中期後半の九州北部と古墳前期の近畿
中部におけるａ＋ｂ型副葬の系譜関係の解明などが積み
残されている。これらについてさらに追究し，当該期の
倭人が鏡を副葬した意味やこうした副葬の背後にある葬
送観念の内容について接近していきたい。

註

1 ）本稿での漢鏡の編年については，岡村秀典氏の研究による漢鏡
　　１〜４期（岡村1984），漢鏡５〜６期（岡村1993）を参照した。
2 ）弥生中期の日本列島において，鏡以外の器物による「重ね置き
　　副葬」としては，立岩堀田36号甕棺墓で被葬者右側に鉄刀子１
　　点・鉄矛１点・鉄鉋１点が重ね置かれた事例がある。
3 ）立岩堀田10号甕棺墓におけるａ＋ｂ型副葬では，前代の青銅器
　　文化の伝統をひく中細形銅矛が，前漢鏡に重ねられていた。こ
　　のことを積極的に解釈して，弥生中期後半のａ＋ｂ型副葬は，
　　弥生中期初頭〜前半に先行してみられた青銅製武器と単数の鏡
　　を重ねるａ型副葬をもとに，複数の鏡を重ねるｂ型副葬のアイ
　　デアが付加されて成立したものと考えておきたい。三雲南小路

1 号甕棺墓や須玖岡本Ｄ地点甕棺墓でも銅矛，銅剣などが出土
　　しており，多量の前漢鏡に重ねられていた可能性があろう。
4 ）古墳前期における鏡の副葬配置パターンの類型化やその意味に
　　ついては，藤田1993，福永1995，岩本2004などで整理検討され
　　てきた。前期古墳において複数面の鏡を副葬する際の配置には，
　　遺体や木棺を囲むように並べる身体包囲型，頭部側に集中して
　　配置する頭部集中型，頭部側と足部側に置き分ける頭足分離型，
　　人体埋葬が伴わない施設に埋置された埋納施設型などに類型化
　　されている（福永1995）。本稿であげた古墳前期のａ＋ｂ型副
　　葬では，紫金山古墳，東之宮古墳の事例を除くと，埋葬施設長
　　辺両側や被葬者頭部周辺に配置される場合が多く，大半は身体
　　包囲型や頭部集中型の範疇に含まれると考えられる。
5 ）前期古墳に副葬された三角縁神獣鏡などの鏡面向きについては，
　　既に岩本2004などで網羅的な検討がなされている。これによれ
　　ば，三角縁神獣鏡などが遺体に接する状態で副葬される場合は
　　鏡背を上にし，棺外に立て並べて包囲するように配置される場
　　合は，埋葬施設外側に鏡面を向けるものが多い。
6 ）神仙思想は，戦国時代ないしそれ以前に，山東半島北部沿岸地
　　方を起点にひろまった，長生の術を体得するための民間信仰で
　　ある（下出1968）。なお道教は，５世紀初頭頃になって体裁が
　　整ったと考えられているもので（下出1968），神仙思想を中心
　　に道家・易・陰陽・五行・卜筮・讖緯・天文などの説や巫の信
　　仰を加え，仏教の体裁や組織にならって宗教的な形にまとめら
　　れた，不老長生を主な目的とする現世利益的な宗教である（窪
　　1956）。
7 ）璧は，西周以来，封建君主が臣下に地位，任務を与えるときの
　　下賜品，また臣下による上長への返礼，同等者同士の贈り物，
　　神を祀るときの捧げものなどに使われ，天円地方の思想が起こ
　　ると，天のシンボルと考えられるようになる（林1959）。礼器
　　としての璧は，徳，すなわち生命を再生させる力を持つもので
　　あり，天上の神々や祖先の霊魂をよらしめる道具だった。副葬
　　品としては，龍山文化・良渚文化〜漢代の墳墓においてみられ
　　る（林1969他）。
8 ）三雲南小路１号甕棺墓からは重圏彩画鏡１面（推定面径27.3
　　cm），四乳雷文鏡１面（面径19.3cm），須玖岡本Ｄ地点甕棺墓か
　　らは草葉文鏡３面（推定面径約23.0〜23.6cm）など，伝世され
　　た漢鏡２期の面径20cm前後を超える大型鏡が出土している。こ
　　うした大型鏡は，前漢の中国大陸において王侯クラスの墳墓か
　　ら出土することが多く（高倉1993），漢帝国から王侯に対して，
　　政治的・儀礼的に贈与されたものと考えられる（岡村1999，p
　　12〜15）。こうした鏡が九州北部にもたらされた具体的な経過
　　が不明であるため，あまり積極的な論拠にはならないが，三雲
　　南小路１号甕棺墓，須玖岡本Ｄ地点甕棺墓における王侯への配
　　布鏡の存在は，これらの造墓集団が皇帝陵や王墓における副葬
　　行為に関する漠然とした情報も得ていたことを示唆しないだろ
　　うか。
9 ）重松明久氏は，卑弥呼の「鬼道」について検討するなかで，葛
　　洪著『抱朴子』にある「明鏡の九寸以上なるを用ひて自ら照
　　し，思存する所有ること七日七夕なれば，則ち神仙を見るべ
　　く，・・・明鏡は或は一つを用ひ，或は二つを用ふ。之を日月
　　鏡と謂ふ。或は四つを用ひて之を四規と謂ふ。四規なれば之を
　　照らす時，前後左右に各一を施すなり。四規を持ちふるときは，
　　見れ来る所の神甚だ多し」という神仙術における鏡使用法の記
　　述から，赤塚古墳（大分県宇佐市）の三角縁神獣鏡を立て並べ
　　た出土状態が，こうした「四規」を示唆するものとして注目し
　　た（重松1969，p104〜105）。
10）弥生中期後半頃の九州北部における棺外副葬は，鉄戈が用いら

れる場合が多い（藤田1987，小山田1995，襴宜田2005）。弥生後期初頭ないし前半段階における鉄戈の廃絶（髙倉1990，川越1993）と，当該期に始まる破砕鏡の棺外副葬とは連動する現象かもしれない。

11）ｂ型副葬，ａ＋ｂ型副葬の場合，「重ねる」行為自体の意味は副次的で，むしろ鏡や他の器物を列状に連結させて，結界を創出することに一義的な意識が働いていたとも解釈できる。いずれにしても，重ね合わせて器物同士の隙間をなくすことによって，より高い辟邪の効果を期待したものであり，「重ねる」という行為には一定の意味があったと評価できるだろう。

参考文献

岩本　崇　2004「副葬配置からみた三角縁神獣鏡と前期古墳」『古代』第116号

梅原末治　1930「須玖岡本発見の古鏡に就いて」『筑前須玖先史時代遺跡の研究』

会下和宏　2007ａ「弥生時代の鉄剣・鉄刀について」『日本考古学』第23号

会下和宏　2007ｂ「鉄器副葬からみた弥生墳墓」『四隅突出型墳丘墓と弥生墓制の研究』島根県古代文化センター

会下和宏　2009「漢代における璧・鏡・刀剣の副葬配置について」『渡邊貞幸先生退職記念論集・考古学と歴史学』島根大学法文学部社会文化学科歴史と考古教室

大形　徹　2000『魂のありか－中国古代の霊魂観－』角川選書

岡村秀典　1984「前漢鏡の編年と様式」『史林』67－5

岡村秀典　1993「後漢鏡の編年」『国立歴史民俗博物館研究報告』第55集

岡村秀典　1999『三角縁神獣鏡の時代』吉川弘文館

窪　徳忠　1956『庚申信仰』山川出版社

小山田宏一　1992「破砕鏡と鏡背重視の鏡」『大阪府立弥生文化博物館研究報告』第1集

小山田宏一　1995「副葬品」『季刊考古学－特集・前期古墳とその時代－』第52号

河上邦彦　1991「中国漢代墓の一つの墓制－面罩」『古代の日本と東アジア』小学館

河上邦彦　1997「石製腕飾類と鏡の配置から見た呪術性」『古代の日本と渡来の文化』学生社

川越哲志　1993「鉄製武器」『弥生時代の鉄器文化』雄山閣出版

志賀和子　1994「漢代北方民族における鏡と剣－神仙讖緯思想とシャマニズム－」『考古学と信仰』同志社大学考古学シリーズⅥ

重松明久　1969『邪馬台国の研究』白陵社

下出積与　1968『神仙思想』日本歴史叢書22　吉川弘文館

髙倉洋彰　1990「弥生時代の遺跡と漢鏡」『日本金属器出現期の研究』

髙倉洋彰　1993「前漢鏡にあらわれた権威の象徴性」『国立歴史民俗博物館研究報告』第55集

高橋　徹　1993「鏡」『菅生台地と周辺の遺跡ⅩⅤ』竹田市教育委員会

埋蔵文化財研究会　1994『倭人と鏡　日本出土中国鏡の諸問題』

福永光司　1973「道教における鏡と剣」『東方学報』第45冊（福永光司　1987『道教思想史研究』岩波書店・所収）

福永伸哉　1995「三角縁神獣鏡の副葬配置とその意義」『日本古代の葬制と社会関係の基礎的研究』大阪大学文学部

福永伸哉　1998「鏡の多量副葬と被葬者像」『季刊考古学』第65号

藤田和尊　1993「鏡の副葬位置からみた前期古墳」『考古学研究』第39巻第4号

藤田　等　1987「鉄戈」『東アジアの考古と歴史（中）　岡崎敬先生退官記念論集』

藤丸詔八郎　1993「破鏡の出現に関する一考察」『古文化談叢』第30集

中山平次郎　1927「須玖岡本の遺物」『考古学雑誌』第17巻第8号

襴宜田佳男　2005「弥生時代北部九州における葬送儀礼とその思想的背景」『待兼山考古学論集－都出比呂志先生退任記念―』

林巳奈夫　1959「璧」『図解考古学辞典』東京創元社

林巳奈夫　1969「中国古代の祭玉・瑞玉」『東方学報』第40冊

遺跡文献

日　本

吉武高木：力武卓治・横山邦継編　1996『吉武遺跡群』福岡市埋蔵文化財調査報告書第461集

宇木汲田：藤田　等・高島忠平・岡崎　敬・森貞次郎・山崎一雄1982「宇木汲田遺跡」『末盧国』六興出版

三雲南小路：青柳種信　1822『柳園古器略考』1976年復刻版　文献出版／柳田康雄編　1985『三雲遺跡　南小路編』福岡県文化財調査報告書第69集，福岡県教育委員会

須玖岡本Ｄ地点：中山平次郎　1922「明治三十二年における須玖岡本発掘物の出土状態」『考古学雑誌』12巻10号・11・12号／島田貞彦・梅原末治　1930『筑前須玖先史時代遺跡の研究』京都帝国大学文学部考古学研究報告第11冊

立岩堀田：小田富士雄他　1977『立岩遺跡』福岡県飯塚市立岩遺跡調査委員会

東小田峯：佐藤正義　1991「原始時代の夜須地方」『夜須町史』／埋蔵文化財研究会　1994『第35回埋蔵文化財研究集会・倭人と鏡』

隈・西小田：筑紫野市立歴史民俗資料館　1988『特別企画展　弥生の地宝を掘る』／草場啓一編　1993『隈・西小田遺跡群－隈・西小田土地区画整理事業に伴う埋蔵文化財発掘調査概報－』筑紫野市教育委員会

門田：井上裕弘編　1978『山陽新幹線関係埋蔵文化財調査報告』第9集　福岡県教育委員会

原田：福島日出海　1987『嘉穂地区遺跡群Ⅳ』嘉穂町文化財調査報告書第7集，嘉穂町教育委員会

芝ヶ原：近藤義行　1986『芝ヶ原古墳』城陽市埋蔵文化財調査報告書第16集　城陽市教育委員会

ホケノ山：岡林孝作編　2008『ホケノ山古墳の研究』奈良県立橿原考古学研究所

権現山51号：近藤義郎編　1991『権現山51号墳』権現山51号墳刊行会

黒塚：奈良県立橿原考古学研究所編　1999『黒塚古墳調査概報』大和の前期古墳Ⅲ　学生社

大和天神山：伊達宗泰・小島俊次・森浩一　1963『大和天神山古墳』奈良県史跡名勝天然記念物調査報告第22冊

一貴山銚子塚：小林行雄　1952『福岡県糸島郡一貴山村銚子塚古墳研究』便利堂

紫金山：小野山節他　1993『紫金山古墳と石山古墳』京都大学文学部博物館図録第6冊　京都大学文学部博物館

阪口英毅編　2005『紫金山古墳の研究―墳丘・副葬品の調査―』京都大学大学院文学研究科考古学研究室

東之宮：杉崎　章他　1975「愛知県白山平東之宮古墳」『日本考古学年報』26／宮川芳照　1983「東之宮古墳」『犬山市史』史料篇3　犬山市

前橋天神山：前橋市教育委員会編　1970『前橋天神山古墳図録』

二塚山：石隈喜佐雄・七田忠昭編　1979『二塚山』佐賀県文化財調

日本考古学　第32号

査報告書第46集　佐賀県教育委員会
平原：原田大六　1991『平原弥生古墳』平原弥生古墳調査報告書編
　纂委員会／柳田康雄他　2000『平原遺跡』前原市文化財調査報告
　書第70集　前原市教育委員会
茶ノ木ノ本：中川寿賀子　1994「茶ノ木ノ本遺跡」『八女市南部地
　区県営圃場整備事業地内埋蔵文化財調査概報5』八女市文化財調
　査報告第34集　八女市教育委員会
徳永川ノ上：柳田康雄　1996『徳永川ノ上遺跡』一般国道10号線椎
　田道路関係埋蔵文化財調査報告第7集　福岡県教育委員会
寄居：高橋哲郎　1989「寄居遺跡」『老松山遺跡　九州横断自動車
　道関係埋蔵文化財調査報告書10』佐賀県文化財調査報告書第92集
　佐賀県教育委員会
みやこ：原田保則編　1986『みやこ遺跡』武雄市文化財調査報告書
　第15集　武雄市教育委員会
みそのお：椿　真治　1993『みそのお遺跡』岡山県埋蔵文化財発掘
　調査報告87　岡山県教育委員会
中　国
鄭家窪子：瀋陽故宮博物館・瀋陽市文物管理弁公室　1975「瀋陽鄭
　家窪子的両座青銅時代墓葬」『考古学報』1975-1
老河深：吉林省文物考古研究所　1987『楡樹老河深』文物出版社
十二台営子：朱　貴　1960「遼寧朝陽十二台営子青銅短剣墓」『考
　古学報』1960-1
広州象崗漢墓：広州市文物管理委員会等　1981『広州漢墓』文物出
　版社／麦　英豪・林　齊華・王　文建　1996『中国・南越王の至
　宝』毎日新聞社
巨野紅土山：山東省荷澤地区漢墓発掘小組　1983「巨野紅土山西漢
　墓」『考古学報』1983－4
満城：中国社会科学院考古研究所等　1980『満城漢墓発掘報告』文
　物出版社／樋口隆康　1975『古代中国を発掘する』新潮選書
韓　国
朝陽洞：国立慶州博物館　2003『慶州朝陽洞遺跡Ⅱ』
舎羅里：嶺南文化財研究院　2001『慶州舎羅里遺跡Ⅱ』嶺南文化財
　研究院学術調査報告第32冊
良洞里：林孝澤・郭東哲　2000『金海良洞里古墳文化』東義大学校
　博物館学術報告7（日本語版）　東義大学校博物館

挿図出典
図1－1：力武卓治・横山邦継編1996，p78　Fig.73
図1－2：藤田　等・高島忠平・岡崎　敬・森貞次郎・山崎一雄

1982，p305　第155図
図1－3：小田富士雄他1977，p62　第27図
図1－4：同上，p70　第41図
図1－5：草場啓一編1993，p561　Fig 6
図1－6：井上裕弘編1978，第29図
図1－7：福島日出海1987，p67　第57図
図1－8：近藤義行1986，p20　第21図
図1－9：岡林孝作2008，p92　図45
図1－10：近藤義郎1991，p46　第28図
図1－11：前橋市教育委員会編1970
図1－12：奈良県立橿原考古学研究所編1999，p67　図6
図1－13：伊達宗泰・小島俊次・森　浩一1963，第3図
図1－14：小林行雄1952，図版第8
図2－1：朱　貴1960，p64　図1
図2－2：瀋陽故宮博物館・瀋陽市文物管理弁公室1975，p142　図
　3
図2－3：吉林省文物考古研究所1987，p20　図16
図2－4：同上，p29　図25
図2－5：同上，p27　図23
図2－6：国立慶州博物館2003，p175　図101
図2－7：嶺南文化財研究院2001，p44　図9
図2－8：林孝澤・郭東哲2000，p130　図面8
図2－9：同上，p128　図面6
図3－1：広州市文物管理委員会等1981，p159　図99
図3－2・3：同上，p157　図98
図3－4：山東省荷澤地区漢墓発掘小組1983，p474　図4
図3－5：中国社会科学院考古研究所等1980，図17
図3－6：同上，図版14－1
図3－7：同上，図157
図3－8：同上，図版166－2
図4－1：石隈喜佐雄・七田忠昭編1979，p104
図4－2：中川寿賀子1994，p19　第23図
図4－3：柳田康雄他2000，p12　第9図
図4－4：柳田康雄1996，p35　第28図
図4－5：高橋哲郎1989，p283　Fig176
図4－6：石隈喜佐雄・七田忠昭編1979，p107
図4－7：椿　真治1993，p230　第232図
（一部改変のうえ転載，または再トレース。図3－3・4の玉衣内
玉璧配置図は，写真図版からトレース）

【会下和宏，連絡先：島根大学ミュージアム・松江市西川津町1060】

弥生時代～古墳時代前期における鏡の「重ね置き副葬」

"*Kasaneoki Fukuso*" of Mirrors in Yayoi to Early Kofun Periods

EGE Kazuhiro

Consumption of mirrors as burial equipment was quite voluminous in the Japanese Islands from the Middle Yayoi to Early Kofun periods, even compared to other northeast Asian regions. However, the ideological background of *wajin* (ancient Japanese) to prefer mirrors as burial equipment has not necessarily been discussed fully in the past. This article approached this problem, focusing on the burial custom of layering mirrors and other equipment (*kasaneoki fukuso*).

First, an overview of examples of layered mirrors and other objects resulted in recognition of separate patterns: a layering of mirror and swords/tools (type a), layering of multiple mirrors (type b), and a fusion of both a and b types.

Type (a) burial is seen from the beginning of Middle Yayoi. Although it is possible that this originated from the lineage of bronze culture in Northeast Asia, there are not enough data to draw a conclusion. Type (b) and type (a + b) burials are seen from the latter half of Middle Yayoi, and are considered as an imitation of imperial burial style in Western Han, where a large amount of annular ornaments (*gyokuheki*) were layered. As for the meaning of such burials, it was assumed in the cases of type (b) and Type (a + b) that it was thought to protect the buried body from evil spirits by layering objects around the head and upper body.

As for burial examples mainly in Late to Final Yayoi where broken mirrors and swords were layered or accumulated, discussion focused on the possibility that in multiplying the number of objects by breaking a complete object, they were trying to increase the effects of fighting evil powers.

The future task of this study is to solve the origin of type (a) burial, as well as the lineage relationship of type (a + b) burial in northern Kyushu in the latter half of Middle Yayoi and central Kinki in Early Kofun. By investigating these problems, the author would like to approach the meaning of *wajin* mirror burials, and funeral concepts behind such burial customs.

Keywords：

Studied period：Yayoi period, Kofun period

Studied region：Western Japan, Korean Peninsula, continental China

Study subjects：mounded tombs, arrangement of funerary equipments, mirror

——— 『日本考古学』第31号（2011. 5 刊行）———

目　次

論　文

黄　暁芬・張　在　明
　　　　秦直道の研究 ……………………………………………………（ 1 ）
石渡　美江　北朝における中国在住のソクド人墓
　　　　－史君墓を中心にして－ …………………………………（21）
五十嵐　彰　遺構時間と遺物時間の相互関係 …………………………（39）

研究ノート

橋詰　　潤・岩瀬　　彬・小野　　昭
　　　　新潟県真人原遺跡D地点出土石器群の報告（第 1 次調査）…（55）
角田　徳幸　俵国一著『古来の砂鉄製錬法』所載のたたら吹製鉄遺跡 …（67）

遺跡報告

三浦　正人・広田　良成
　　　　根室市トーサムポロ湖周辺竪穴群の調査概要 ………………（83）
森下　惠介・久保　邦江
　　　　西大寺旧境内（第25次）の発掘調査 …………………………（97）

書　評

八重樫忠郎　黒崎直著『水洗トイレは古代にもあった』………………（107）
塚田　良道　粟田薫著『弥生時代石器の技術的研究』…………………（113）

研究動向

社会科・歴史教科書等検討委員会
　　　　シンポジウム：子ども達に旧石器・縄文時代をどう伝えるか
　　　　－小学校の教科書で教えたい旧石器・縄文時代－ ………（119）

遺跡報告

牽牛子塚古墳・越塚御門古墳の調査成果

－律令国家形成期の大王墓の実像－

西　光　慎　治

Ⅰ．はじめに	Ⅳ．範囲確認調査
Ⅱ．地理的歴史的環境	1．牽牛子塚古墳の概要　　2．塚越御門古墳の概要
Ⅲ．研究史	Ⅴ．まとめ－調査成果とその意義
	付，小市岡上陵関連史料

― 要　旨 ―

　牽牛子塚古墳は奈良県高市郡明日香村大字越に所在する終末期古墳である。牽牛子塚古墳の周辺は「真弓崗・越智崗」と呼ばれる地域で，岩屋山古墳をはじめ，マルコ山古墳や真弓鑵子塚古墳など飛鳥を代表する後・終末期古墳が数多く点在している。牽牛子塚古墳については別名，朝顔塚，御前塚とも呼ばれ，これらの名称から八角形墳や斉明陵ではないかと早くから注目されてきた。そういった中，2006年に明日香村・橿原市・桜井市の遺跡からなる「飛鳥・藤原宮都とその関連資産群」が世界遺産の暫定リスト入りをはたし，牽牛子塚古墳もその構成資産のひとつに数えられた。これをうけて2009年度からは牽牛子塚古墳の全容を明らかにすることを目的とした範囲確認調査が実施されることとなった。

　調査の結果，牽牛子塚古墳については二上山の凝灰岩切石を使用した八角形墳であることが明らかとなった。また，その調査の過程で牽牛子塚古墳の南東側に隣接した調査区から，石英閃緑岩を使用した刳り貫き式横口式石槨を検出するに至った。この古墳はこれまで地元伝承や文献史料などにも残されておらず，新出の終末期古墳であることから，大字と小字名をとって越塚御門古墳と命名した。この越塚御門古墳については，埋葬施設が鬼ノ俎・雪隠古墳と同型式の刳り貫き式横口式石槨であることや，牽牛子塚古墳と隣接して立地していることなど，二つの古墳がもつ歴史的背景について『日本書紀』の天智天皇六年の記事との関連からも注目を集めた。

　被葬者論については，考古学や古代史（文献史学）の研究の進展と今回の調査成果から，牽牛子塚古墳を斉明天皇の「小市岡上陵」とみる蓋然性が高まってきている。今後，更に牽牛子塚古墳・越塚御門古墳の検証が進み，それぞれの実態が明らかとなれば，飛鳥時代の大王墓の実像に迫る成果となり，終末期古墳研究における重要な定点が得られるものと考える。

―――――――――――――――――――――――

受付：2011年9月4日
受理：2011年9月15日

キーワード

対象時代　飛鳥時代
対象地域　近畿・飛鳥地方
研究対象　終末期古墳・大王墓・被葬者論

Ⅰ．はじめに

牽牛子塚古墳と越塚御門古墳は奈良県高市郡明日香村大字越に所在する終末期古墳である。牽牛子塚古墳については1923（大正12）年に国史跡に指定されており，早くから注目されてきた。今回の調査は墳丘規模や形態の確認を主目的としたもので調査の結果，墳丘は凝灰岩を使用した八角形墳であることが明らかとなり，更に牽牛子塚古墳の南東側から新たに終末期古墳1基を検出するに至った。

Ⅱ．地理的歴史的環境

明日香村は奈良盆地の南端に位置しており，背後には龍門山地が連なっている。龍門山地は奈良盆地と吉野山地を二分する位置にあり，中央構造線に沿って吉野川が西流している。吉野川は下流域の和歌山県に入ると紀ノ川と称されている。龍門山地は奈良県のほぼ中央を東西に伸びており，奈良盆地と吉野山地とを繋ぐ幹線道は現在では国道169号線となっている。古代においては下ツ道から巨勢路（紀路）や宮滝へと続く芋ヶ峠があり，これらの幹線道は村内を貫いており交通の要衝であったことが窺える。村内の主要河川は，南東から村内を縦断するように一級河川の飛鳥川が，西には高取川があり，それぞれ北流している。飛鳥川は多武峰と高取山から連なる芋ヶ峠，竜在峠付近に源を発している。途中，冬野川や唯称寺川と合流し，甘樫丘の東方で流れを北西に屈曲させ，北流を続けていく。一方，高取川には桧前盆地を流れる桧前川が注ぎ込んでいる。桧前盆地は標高100mの等高線に囲まれた1km四方の小沖濫原の支谷に形成されており，西側には幹線道の下ツ道が接している。高取川の西方にある貝吹山から伸びる尾根筋の裾部には高市郡と葛城郡との郡界となる曽我川が北流しており，大字寺崎付近で越峠付近から伸びる前川が曽我川に合流している。この地域の一角が古くから真弓崗，越智崗と呼ばれており，飛鳥時代に高取川流域に多くの終末期古墳が築かれるようになる。真弓から越智丘陵にかけては精美な横穴式石室を有した岩屋山古墳をはじめ，多角形を呈したマルコ山古墳，凝灰岩の切石を積み上げた横口式石槨を有する束明神古墳，蔵骨器を内蔵したとされる出口山古墳などが点在している。また結晶片岩の塼積石室で棺台を有したカヅマヤマ古墳が存在している。更に対岸の桧前盆地では，梅山古墳からカナヅカ古墳，鬼ノ俎・雪隠古墳，野口王墓古墳が東西に整然と並んで築かれており，南方には八角形墳で火葬墓の中尾山古墳や極彩色の壁画で有名な高松塚古墳が存在している。更に高松塚古墳から南方には四神図や天文図，十二支像が確認され

たキトラ古墳がある。このように，檜隈から真弓崗，越智崗と呼ばれた現在の明日香村大字檜前・越・真弓地域には律令国家形成期の大王墓が多く築かれており，その一角に牽牛子塚古墳と越塚御門古墳が位置している。

Ⅲ．研究史

牽牛子塚古墳については比較的早い段階から注目されていたこともあって，記録が多く残されている。

ここでは主な史料をもとに牽牛子塚古墳の研究史について整理したい。

【江　戸】

1856（安政3）年に刊行された北浦定政の『松の落ち葉』の中に「一越村ニ字ケンゴウシと申亦朝顔と申由此処塚ニ而三十ヶ年程以前迄ハ東這入候穴有之候處右穴ニ而非人共入籠休泊いたし候故其節　穴ヲ土ニ而相閉当時ハ出這入不相成候此塚裾廻リ百間斗高サ七八間ニ而頂上十間斗平地ニ御座候得共右塚ハ大半畑ニ開キ当時ハ真中ニ而六間四方斗林ニ相成其余開地相成有之候」と記されている（奈文研編2005）。これによると石槨は這って入れる程，開口していたようで，人が寝泊りすることから後に塞がれていたことがわかる。また「越村字ケンゴウシ又名御前塚と申由村役人　申候　長吏聞取ニハ字ケンゴウシ又ハ朝顔と申由ニ候得共朝顔と申事村役人存不申」とあり，「朝顔」といった名称を村役人は知らなかったことがわかる。更にこの『松の落ち葉』の古図の中で「真弓朝顔陵」と示されていることから，陵墓として認識されていた可能性も考えられる。

【明　治】

1893（明治26）年には野淵龍潜の『大和國古墳墓取調書』の中で「高市郡坂合村大字越ニ在リ　字塚御前ト唱フ二段ノ築造ニシテ南面石室ノ口アリ　即チ羨道ノ露出セシモノニテ巨石門口ニ在リテ天井トナレリ其質全ク練石ナリ　其口狭隘ナルヲ以テ入ルヲ得ス点火シテ稍々之ヲ窺フニ判然タラス唯四壁白色ノ模糊タルヲ見ル　村人ノ言ニ拠レハ往年ハ門口大ニシテ出入リスルヲ得タリ内構ハ方形ニシテ四面ノ石皆白色羨道ノ石ト異ナルナシ云々是ヲ以テ考フレバ総体練石ヲ以テ築造シタルガ如シ又タ其廣狭ヲ村人ニ問ヘハ三四畳敷位ナラント答ルノミニテ其地ハ明瞭ナルヲ得ス後面即チ北方ノ処ニモ練石露出セリ是玄室ノ側面ニヤアランヤ如此鄭重ナル構造ナルモ古書傳説等ノ考査ニ供スル資料ナキヲ以テ考定スルヲ得ス且其字ノ御前ト云ヘルヨリ推考スレバ或ハ貴婦人ノ御墓所ニヤアランヤ」と記されている（野淵1893）。これによると明治時代には開口部が狭く，内部に入ることができなかったようだが，石槨は凝灰岩で造られてい

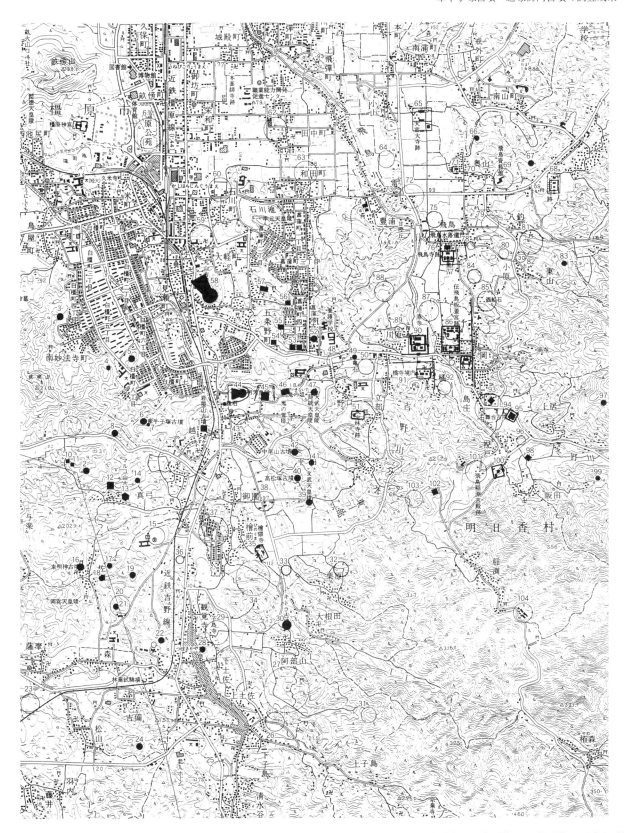

1. 岩屋山古墳 2. 真弓ワダ古墳 3. 小谷古墳 4. 益田岩船 5. 沼山古墳 6. 牽牛子塚古墳 7. 越塚御門古墳 8. 真弓鑵子塚古墳 9. 与楽古墳群 10. スズミ1号墳 11. スズミ2号墳 12. カヅマヤマ古墳 13. マルコ山古墳 14. 真弓テラノマエ古墳 15. 佐田遺跡群 16. 東明神古墳 17. 佐田2号墳 18. 佐田1号墳 19. 出口山古墳 20. 森カシタニ遺跡 21. 森カシタニ塚古墳 22. 向山1号墳 23. 薩摩遺跡 24. 松山呑谷古墳 25. 清水谷遺跡 26. ホラント遺跡 27. 阿部山遺跡群 28. 稲山古墳 29. 観音寺遺跡 30. キトラ古墳 31. 阿部山廃寺 32. 呉原寺跡 33. 桧前門田遺跡 34. 桧前遺跡群 35. 桧隈寺跡 36. 坂ノ山古墳群 37. 桧前上山遺跡 38. 御園チシヤイ遺跡・御園アリイ遺跡 39. 塚穴古墳 40. 高松塚古墳 41. 火振山古墳 42. 中尾山古墳 43. 平田キタガワ遺跡 44. 梅山古墳 45. カナヅカ古墳 46. 鬼ノ俎・雪隠古墳 47. 野口王墓古墳 48. 川原下ノ茶屋遺跡 49. 亀石 50. 西橘遺跡 51. 定林寺跡 52. 菖蒲池古墳 53. 五条野ケ原1・2号墳 54. 五条野向イ古墳 55. 五条野城脇古墳 56. 五条野内垣内古墳 57. 植山古墳 58. 五条野丸山古墳 59. 軽寺跡 60. 石川精舎 61. 橿原遺跡 62. 田中廃寺 63. 和田廃寺 64. 雷丘北方遺跡 65. 大官大寺跡 66. カセヤ塚古墳 67. 庚申塚古墳 68. 山田寺跡 69. 上の井手遺跡 70. 奥山リウゲ遺跡 71. 奥山久米寺跡 72. 雷丘東方遺跡 73. 雷丘 74. 豊浦寺跡 75. 石神遺跡 76. 飛鳥水落遺跡 77. 飛鳥寺跡 78. 飛鳥東垣内遺跡 79. 竹田遺跡 80. 小原宮ノウシロ遺跡 81. 八釣・東山古墳群 82. 東山マキド遺跡 83. 金鳥塚古墳 84. 飛鳥池工房遺跡 85. 酒船石遺跡 86. 飛鳥京跡 87. 飛鳥京跡苑池遺構 88. 甘樫丘東麓遺跡 89. 川原寺裏山遺跡 90. 川原寺跡 91. 橘寺跡 92. 東橘遺跡 93. 島庄遺跡 94. 石舞台1〜4号墳 95. 石舞台古墳 96. 馬場頭古墳群 97. 打上古墳 98. 都塚古墳 99. 戎成組田古墳 100. 坂田寺跡 101. 飛鳥稲淵宮殿跡 102. 塚本古墳 103. 朝風廃寺 104. 稲淵ムカンダ遺跡

図1 飛鳥地域周辺遺跡図（1：25,000）

ることや石槨を囲う石材が石槨材と異なる材質であることが指摘されている。また、野淵龍潜は被葬者について小字の「塚御前」の「御前」が女性に対する敬称として使われることから、貴婦人（女性）が埋葬されていたと想定している。

【大　正】

1915（大正4）年に刊行された『高市郡志料』の中で牽牛子塚古墳については「牽牛子塚　牽牛子塚は坂合村大字越の人家を距る西北約四丁字御前塚（地籍圖には塚御前とありて名寄帳には御前塚とあり）塚に在り。此の古墳は低き丘陵の上緩傾斜をなせる畑地の内に於て僅に

図2　『大和國古墳墓取調書』

取残されたる高二間周圍十數間の圓塚にして、白檮樹數種其の上に在りて之を護するに似たり。此の古墳に就きて特筆すへきは石槨の制尋常ならさるにあり。曾て發掘せられたりしか大正三年五月上旬更に入口の蔽土を除去せしを以て精密なる測定をなすことを得たり。即ち羨道は幅四尺九寸八歩高三尺五寸ありて幅二尺なる角石材を用ひたり。内部は中壁を以て二房に分たれ通して幅九尺五寸奥行六尺九寸五分奥行三尺九寸高又三尺九寸あり。而して巨石の面に羨道口を塞くへく高一尺の凸部を刻し之を以て蓋をなせしものゝ如し。尚其の外に若干の装置をなせしと思はるゝ石材數箇今外部に散乱せり。又蓋石は曾て強開せられし儘の位置にあるものゝ如し。又内部の泥土中に少數の遺物を殘留せしを拾収せり。就て見るに棺の破片と遺骨及装飾品の殘片數種あり、而して棺の原料は厚き麻布の如き織物を幾重にも疊貼し其の上に漆を塗りたり。棺の形は破片によりて考ふるに甕形をなせしものゝ如し。遺物は現今阪合村役場に蔵せり。此の古墳に關しては里人の傳説多し。或は草壁皇太子真弓岡陵に擬するものあり。或は川島皇子の御墓と称し或は浅香王の塚なりと云へり。然れとも徴證なし。唯其の構造の制によりて推考すれは中壁によりて左右均齋に区画せるは一人の屍體を収めたるには非すして、夫婦若しくは同胞なとを葬りしものなるへく、又室内面積の狭きは蓋し火葬者の遺骨なとを収めたる棺を葬れるならんや。規模は小なれとも構造の精巧なるは古墳時代の末期に属すへきを信するに足るなり」と記されている（高市郡役所1915）。これをみると大正3年に石槨開口部の土砂が取り除かれ、石槨内の実測が行われていたことがわかる。更に、石槨内からは夾紵棺片をはじめ飾金具、そして人骨などが出土している。これらの遺物は阪合村役場（昭和31年に阪合村・飛鳥村・高市村が合併して現在の明日香村となる）に保管されていたが、現在これらの遺物の所在については明らかではない。この史料で注目されるのが、古墳の築造年代を古墳時代の終末期に位置づけていることや石槨の構造から夫婦や同胞の合葬墓か火葬墓の可能性など考古学的な考証が行われていた点が挙げられる。被葬者については伝承として草壁皇子や川嶋皇子、浅香王の名がみられる。

1920（大正9）年刊行の『奈良縣史蹟勝地調査會報告書　第七回』に収録されている佐藤小吉の「牽牛子塚」には「墳丘上白檮樹の叢生するありて、其形状遠望して、一見其古墳たるを察知するに足る。大正元年の交、余が始て調査に従事せし頃は、羨道部に僅に數寸の入口あるのみにて、脚部を先にして、漸く玄室内に匍匐し降るを得る位なりき」とあり、更に報告文には「余（佐藤）は、大正二年八月の本會総會に、牽牛子塚に関する調査てふ、一文を提出して、此の古墳の他に類例見ざる、極めて珍貴にして、且精巧無比なるものなることを報告せ

り。（途中略）余は又此古墳の保存法を建議せしに，幸に當局者の容るゝ所となり，保存に必要なる補助金を下附せられ，縣より漸次郡村に移牒して，其保存法を講ずることゝなれり，該塚所在地の阪合村役場が，大正三年五月，羨道部を浚ひ木柵を建設せんと企てし際，羨道部の蓋石・人骨・漆棺・装飾品等の遺品を發見するに至れり。余は本年八月開會の總會後，高橋委員と調査を遂げ，更に阪谷委員，稲森書記を煩はして各種の圖面の製作を請ひ，更めて，牽牛子塚に就きての調査報告を起草することゝせり」と記されている（奈良縣1920）。これによると，大正元年に佐藤らが調査に訪れたときは，石槨内には大量の土砂で埋まっていたことや，大正３年には阪合村役場による保存工事も実施されていることがわかる。この工事の際，公文書によると「（イ）原料布製ト認ムル如キ壺ノ口ト覚シキ破片或ハ胴ノ破片ヤ人骨等発見セリ（数個），（ロ）装飾二用ヒタルモノノ如キ金質細片及冠リ用ノ垂房ノ瑠璃色ノ玉二個，（ハ）金質様ノ一寸二分六角形半片壱個」とあり，亀甲形七宝金具や玉類，人骨等が出土していたことがわかる。

このように，大正時代には石槨の土砂が取り除かれ，石槨内の実測や出土遺物の検証などはじめて考古学的な調査が行われており，古墳のもつ重要性が改めて評価されることとなった。また，古墳に木柵が設置されるなど保存対策も講じられており，牽牛子塚古墳に対する関心度が高かったことがわかる。こういった経緯を経て，1923（大正12）年３月７日には内務省により，国史跡に指定されている。

【昭　和】

1976（昭和51）年には由良学術文化助成基金による測量調査が実施されている。この調査で墳丘は多角形墳の可能性が指摘されており，八角形墳として仮定した場合，一辺約７m，対角距離（円墳であれば直径）約18.5m，高さ約４mの規模と推定されている（橿考研編1982）。

1977（昭和52）年には環境整備事業の一環として発掘調査が実施されている（明日香村教委1977）。この調査は石槨前面を中心に行われたもので，道板痕跡や外扉石の支点石，版築状況や中世の盗掘坑等が検出されている。出土遺物としては夾紵棺片をはじめ，七宝飾金具，鉄製品，ガラス玉，歯牙などがある。調査後には園路や歩行柵などの環境整備が行われ，同年３月に竣工している。

このように昭和に入ると，墳丘の詳細な測量図が作成されることとなり，多角形墳（八角形墳）である可能性が高まった。また，環境整備事業の一環として本格的な発掘調査が実施され，その調査成果をうけて環境整備が行われ，現在に至っている。

【平　成】

2009（平成21）年９月には墳丘を中心に測量調査が実施され，対角長約25mの八角形墳の可能性が改めて指摘されている。また墳丘部分にある滑落崖や石槨内の亀裂痕から，地震動による影響が想定されている（西光・辰巳2009）。

以上，簡単ではあるが牽牛子塚古墳について研究史を振り返ってみた。それにより江戸時代には石槨が開口していたことがわかり，また「真弓朝顔陵」と記されているなど陵墓として認識されていた可能性が考えられる。また，被葬者像について小字から女性の可能性が指摘される一方で，草壁皇子や川嶋皇子も候補に挙げられるなどその関心の高かったことが窺える。これは大正12年に国史跡に指定されていることからも，その重要性については認識されていたことがわかる。

Ⅳ．範囲確認調査

今回の調査は牽牛子塚古墳の範囲確認調査に伴い，2010（平成22）年度から二ケ年の計画で調査を実施したものである。調査の結果，牽牛子塚古墳は凝灰岩の切石を使用した八角形墳であることが明らかとなった。また調査の過程で，牽牛子塚古墳の南東側で新たに越塚御門古墳を検出している。以下，調査成果について紹介したい。

1．牽牛子塚古墳の概要

≪墳丘≫

牽牛子塚古墳は奈良県高市郡明日香村大字越小字御前ノ塚189番地に所在する。墳丘は越峠から東西に続く尾根の更に舌状にのびた丘陵頂部に位置している。墳丘は版築で築かれた対辺約22m，高さ4.5m以上の八角形墳である。墳丘基底部は花崗岩風化土の地山面を八角形に削り出し，裾部には幅約１m，深さ約0.2mの溝を掘り，その中に二上山の凝灰岩切石を敷き詰めている。切石の設置については長辺が縦になるように両端（端石）に並べ，その間は端石と直交させ，平面形が「H」状になるように敷き詰められている。石敷の八角形コーナー部分の角度は135度に設置されている。この犬走り状の石敷きが埋没した堆積土の中から，切石の端面が約70度に加工された石材が出土しており，墳丘の斜面が凝灰岩切石で装飾されていたことがわかる。凝灰岩石敷の西側には花崗岩などの川原石を敷き詰めた二重のバラス敷がある。このバラス敷のほぼ中央には凝灰岩石敷と平行するように，仕切り石が並べられており，これを境に外（西）側は10cm程低く施工されている。このバラス敷については墳丘背後の北西部分に花崗岩風化土の地山面が存在することから，バラス敷は施されておらず，また，墳丘前

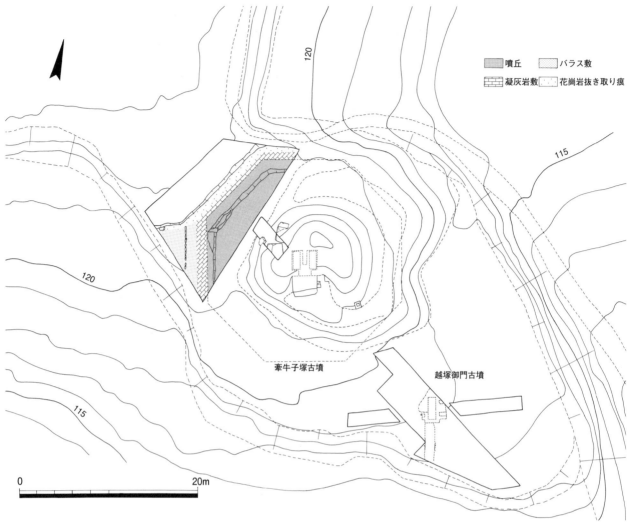

図3　牽牛子塚古墳・越塚御門古墳　調査位置図

面の南西から南東側にかけての調査区からはバラス敷を検出していないことから，このバラス敷が墳丘裾部を全周していたかについては明らかでない。次にバラス敷に使用されている石材については高取川で採れる花崗岩などを使用しているが，その中で1石だけ凝灰岩質細粒砂岩が含まれている。凝灰岩質細粒砂岩は酒船石遺跡（明日香村）で多用されている通称，天理砂岩と呼ばれる石材である。この石材は『日本書紀』の斉明天皇二年の条に記されている「石上山石」に相当すると考えられており，領家帯花崗岩層の飛鳥地域では採石することができない。この石材は，7世紀中頃に大量に飛鳥に運び込まれたもので，酒船石遺跡で多用された石材である。7世紀後半になると酒船石遺跡以外の石組溝や礎板石などに転用されはじめる（西光2006）。また転用された範囲も飛鳥京跡から藤原京の範囲と飛鳥川右岸が中心となり，高取川から西側の遺跡ではこれまで使用が確認された遺跡はなく，牽牛子塚古墳が最初である。

次に，凝灰岩石敷と墳丘背後の花崗岩風化土の地山の間には長辺約0.6mの花崗岩の抜き取り痕が存在している。この痕跡は墳丘背後の花崗岩風化土のカット面に沿って長さ19m以上にわたって検出していることから，地山面の法面処理に花崗岩が使用されていたものと考えられる。

≪埋葬施設≫

埋葬施設は二上山の流紋岩質凝灰角礫岩を使用した南に開口する刳り貫き式横口式石槨である。石槨内の中央には間仕切りがあり，それを境に二つの埋葬施設がある。各床面には長さ約1.9m，幅約0.8m，高さ約0.1mの棺台が設けられており，天井部はドーム状を呈している。開口部には長辺約1.45m，短辺1.15m，厚さ約0.3mの凝灰岩の閉塞石（内扉）がある。表面の四隅には方形の孔が穿たれており，扉金具が施されていたと考えられる。この閉塞石の更に外側には長辺約2.7m，短辺2.45m，厚さ約0.63mの石英安山岩の閉塞石（外扉）が斜めに倒れた状態で存在している。この閉塞石の左右には二段に積まれた石英安山岩の切石があり，この石材は墳丘北西

牽牛子塚古墳・越塚御門古墳の調査成果

写真1　牽牛子塚古墳　墳丘近景（北東から）

写真5　調査区全景（北西から）

写真2　埋葬施設全景（南から）

写真6　調査区全景（南東から）

写真3　石槨を囲う切石（北から）

写真4　バラス敷（北西から）

写真7　凝灰岩石敷コーナー部分（南東から）

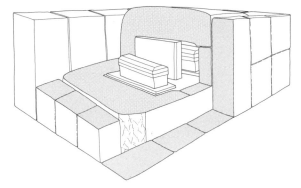

図4　牽牛子塚古墳　埋葬施設復元図（棺は想像図）

部に露出している石英安山岩と一体を成すものである。これらは石槨を構成する凝灰岩（以下，石槨凝灰岩と呼称）の周囲を取り囲んでおり，使用されている直方体の石材は長辺約2.7m，短辺約1.2m，厚さ0.7mを測る。石材については石槨凝灰岩との高さを調節するために，一石から数石の切石を積み重ねて構成されている。今回，検出した石英安山岩の切石の方向や配列などから石槨凝灰岩は東西長辺約5m，南北短辺約3.5m，高さ約2.5m程度の長方形を呈していると考えられる。そして，周囲には閉塞石（外扉）を除く，石槨前面の東西側4石，石槨後側の東西側6石，南北側各3石，合計16石（すべての石材を直方体と仮定した場合の数）の直方体の切石を立て並べていたものと推定できる。この石英安山岩は鉢伏山・寺山周辺（大阪府羽曳野市）から採石されたものである。これらの石英安山岩の切石と石槨凝灰岩が接する箇所には漆喰が充填されている。更に石槨凝灰岩外面の天井部にも厚さ約0.3mの漆喰が施されており，漆喰面は平滑に仕上げられている。漆喰の中には石英安山岩の破片が充填されている。

≪地震痕跡≫

牽牛子塚古墳では墳丘の数箇所に滑落崖があり，石槨内部にも間仕切りを挟んで左右の墓室に，斜めに走る亀裂が確認できる。これらを誘発した事象として，東南海・南海地震の影響が考えられる。牽牛子塚古墳の西方にある真弓鑵子塚古墳やカヅマヤマ古墳では東南海・南海地震の影響と考えられる滑落崖や地割れ痕が検出されている（明日香村教委2007）。牽牛子塚古墳でも墳丘の西側部分が失われ，周辺部の地形にも多くの滑落崖が認められるなど，地震に被災していたことがわかる（寒川2011）。カヅマヤマ古墳では1361年の正平の南海地震の影響が指摘されており，この時期飛鳥地域を大きな地震動が襲っていることから，牽牛子塚古墳の被災状況を考える上でも重要である。

≪出土遺物≫

夾紵棺片・ガラス玉・黒色土器・瓦器・羽釜などが出土している。夾紵棺片については，15×10cm大の破片

も含まれており，厚さは約2.5cmを測る。また，断面観察の結果，麻布を約35枚張り合わせていることが明らかとなっている。

≪小　結≫

以上，今回の牽牛子塚古墳の調査成果についてまとめると以下のようになる。

①墳丘は版築で築かれた対辺長約22mの八角形墳で，二重のバラス敷の範囲を含めると32m以上の規模を測る（バラス敷は墳丘裾部を全周するか明らかではない）。
②墳丘裾部には，二上山の凝灰岩切石やバラスを敷き詰め，墳丘斜面も凝灰岩で装飾されていた可能性もあり，大量の石材が古墳造営に使用されている。
③埋葬施設については二上山の凝灰岩の巨石を使用した刳り貫き式横口式石槨で合葬墓である。
④棺については夾紵棺が使用されている。
⑤石槨凝灰岩の周囲には，石英安山岩の切石が囲暁している。この石英安山岩の切石は石槨凝灰岩と高さを揃えるように一石から数石で積み上げられている。
⑥石槨凝灰岩の形状については，周囲を巡る石英安山岩の配列から長方形を呈していると考えられる。
⑦石槨凝灰岩と周囲を囲う石英安山岩の接合面，さらに石槨凝灰岩外面の天井部にも漆喰が施されている。そして，漆喰の中には石英安山岩の破片が充填されており，強度をもたせる工夫がなされている。
⑧墳丘，石槨については滑落崖や亀裂などから東南海・南海地震の影響が想定される。

このように，牽牛子塚古墳については八角形墳であることが明らかとなり，さらに石槨凝灰岩を囲う切石や開口部の二重閉塞など新たな知見を得ることができた。

2．越塚御門古墳の概要

越塚御門古墳は奈良県高市郡明日香村大字越小字塚御門194番地に所在する。越塚御門古墳についてはこれまで文献史料をはじめ，地元にも伝承が残っておらず，まったく知られていなかった古墳である。よって古墳の名称については大字と小字名をとって越塚御門古墳と新たに命名した。そこで，名前の由来となった小字名について考えてみたい。

≪小字名の由来≫

まず，牽牛子塚古墳と越塚御門古墳が所在する大字「越（コシ）」は「小市（オチ）」が転訛したものと考えられている。そして牽牛子塚古墳のある189番地の小字については「御前ノ塚（オマエノヅカ）」であり，八角形の犬走り状の石敷きを検出した184-1番地は「西山（ニシヤマ）」である。更に周辺をみると古墳に隣接する190番地は「御前塚（ゴゼンヅカ）」，191番地は「塚御前（ツカゴマエ）」，196番地は「御前塚（ゴゼンヅカ）」，旧195番地（昭和51年に194番地に合筆）は「御前塚（ゴゼン

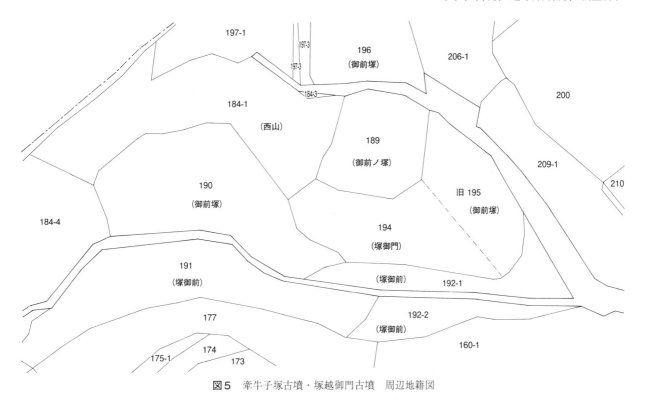

図5 牽牛子塚古墳・塚越御門古墳 周辺地籍図

ヅカ）」である。さらに，192-1と192-2番地については「塚御前（ツカゴマエ）」であることから，牽牛子塚古墳の周辺には「御前塚」や「塚御前」といった小字名が多く存在していることがわかる。その中にあって194番地だけが「塚御門（ツカゴモン）」と他の小字名と異なっている点は注目される。これは1856（安政3）年の『松の落ち葉』の中で牽牛子塚古墳を指すとみられる「御前塚」の名は記されているものの，「塚御門」については記されておらず，また他の古図にもみられないことから，現段階では「塚御門」については明治時代の史料までしか遡って確認することができない。次に「塚御門」の由来については判然としないものの「塚」と「御門」に分けて考えると「塚」は牽牛子塚古墳を，「御門（ゴモン）」は入口・玄関を指すと考えられる。これは越塚御門古墳が割り貫き式横口式石槨で，ある時期盗掘などで開口した際，開口部が牽牛子塚古墳の入口や門のように見えたことから「塚御門（ツカゴモン）」と呼称されたと考えられる。また古代の文献史料には「御門（ゴモン）」を「御門（ミカド）」と呼ぶ例も多く，「御門（ミカド）」は天皇を尊称する言葉として用いられることから，越塚御門古墳を「ミカド」と呼称した場合，牽牛子塚古墳はその「オンマエ（御前）」つまり，「御門（ミカド）の御前（オンマエ）」ということになる。しかしこの場合，立地から考えると北側が「御前（オンマエ）」で，南側が「ミカド」となることから「天子南面す」の逆転現象がおこることとなる。これは後世において地名考証の段階で変化したものか現時点では明らかにすることはできない

が，いずれにしても牽牛子塚古墳とその周辺部に「御前塚」「塚御前」といった天皇を含めた貴人の敬称となる「御前」が使われていることから，古代以降のある時期，牽牛子塚古墳の丘陵一帯が陵墓として認識されていたと考えることができる。つまり，丘陵側の189・190・旧195・196番地の小字が「御前塚」であるのに対して，丘陵裾部の191・192-1・192-2番地が「塚御前（ツカゴマエ）」であることからも丘陵側は貴人の墓所として，南側はその墓所（塚）の御前「オンマエ」としての意味から「ツカゴマエ」の小字名が使われたのではないだろうか。その中にあって丘陵側の194番地だけが「塚御門」の名称が残されていることはやはり，牽牛子塚古墳の「前」を意図した地名であったと考えておきたい。

≪調査成果≫

越塚御門古墳発見の経緯については，牽牛子塚古墳の範囲確認調査のため，墳丘南東側に設けていた幅約2mの調査区内から，石英閃緑岩の巨石を検出したことに端を発している。その後，この石材が割り貫き式横口式石槨の一部であることが明らかとなったことから，新たに埋葬施設及び墳丘形態などを確認することを目的とした調査区を設けて，範囲確認調査を実施した。

≪墳 丘≫

墳丘は牽牛子塚古墳と同様，越峠から伸びる丘陵上に位置している。墳丘については版築で築かれていることが明らかになったものの，削平や地震動などの影響により，地表面観察からでは確認することができなかった。また今回の調査区の範囲内では，墳形や規模について詳

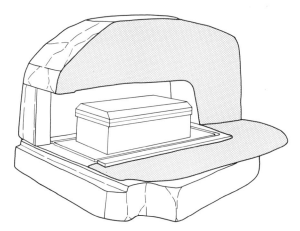

図6　越塚御門古墳　埋葬施設想像図（棺は想像図）

細なデータを得ることはできなかった。

≪埋葬施設≫

　貝吹山周辺（奈良県高取町）で採れる石英閃緑岩の巨石を使用した南に開口する刳り貫き式横口式石槨である。埋葬施設は天井部と床石の二石からなり，規模については内法長約2.4m，幅約0.9m，高さ約0.6mを測る。

　床面には幅約2mの溝を「コの字形」に設けており，この溝には排水機能をもたせるとともに，棺を納める範囲を明示していることがわかる。天井部については，石の抜き取り等で大半が失われているものの，奥壁隅部が残存しており，側壁はやや内傾していることがわかる。側石の底部と床石の接する箇所には平面が「U字形」に掘りこんだ窪みがあり，石材を接合する際のほぞ穴と考えられる。ほぞ穴については漆喰が充塡されており，床石と天井部を密着させる役割を果たしている。この床面と牽牛子塚古墳の石槨床面との比高差は約5mを測る。次に石槨の前面については両端に川原石を数石積み上げ，その間をバラスで敷き詰めた長さ4m以上，幅約1m，高さは現状で約20〜30cmの墓道が設けられている。この墓道の主軸は石槨主軸より西側に振っている。また，墓道の下層からは石槨主軸に沿った幅約40cm，深さ約20cmの暗渠排水溝が設けられている。この異なった主軸を持つ二つの遺構については，古墳築造時に納棺を行った後，墓道は丁寧に版築で塞がれているが，今回検出したバラス敷の墓道は，築造当初の墓道を埋めた版築土を更に掘り込んで敷設されていることから，古墳造営よりも後に設けられたものと考えられる。

≪出土遺物≫

　漆膜片，鉄製品などの細片が少量出土している。

≪小　結≫

　以上，今回の越塚御門古墳の調査成果をまとめると，
①越塚御門古墳の立地については，牽牛子塚古墳に隣接した南東側に築かれている。
②墳丘・規模については，今回の調査区内では詳細は不明であるが，盛土については版築で築かれている。
③埋葬施設については，石英閃緑岩を使用した天井部と床石からなる組合せ式の刳り貫き式横口式石槨である。石槨の形状については，鬼ノ俎・雪隠古墳（明日香村）と同様の構造となっている。
④石槨床面には「コの字形」に幅約2cmの溝を設けて排水機能をもたせるとともに，棺を設置する範囲をも明示している。
⑤棺については漆膜の出土などから，漆塗木棺が使用されていたと考えられる。
⑥石槨前面には，主軸に沿った暗渠排水溝と主軸の異なるバラス敷の墓道が設けられている。このバラス敷の墓道については納棺後，築造当初の墓道を埋めた版築土を掘り込んで敷設されていることから，古墳造営よりも後に設置されていることがわかる。
⑦越塚御門古墳の石槨の墓壙は牽牛子塚古墳の基盤版築土を掘り込んで造られていることから，牽牛子塚古墳よりも後に越塚御門古墳が造営されている。

　このように，越塚御門古墳の調査ではこれまで未確認であった終末期古墳の実態が明らかとなり，更に牽牛子塚古墳を検証する上でも，越塚御門古墳の検出は重要な位置を占めることとなった。また，鬼ノ俎・雪隠古墳との比較検討や刳り貫き式横口式石槨墳のあり方を考える上でも，越塚御門古墳検出の意義は大きいものと考える。

V．まとめ－調査成果とその意義－

　今回の調査成果として，牽牛子塚古墳の墳丘が八角形墳であることが明らかとなった点が挙げられる。明日香村内にある野口王墓古墳や中尾山古墳がそれぞれ八角形を呈していることや丘陵頂部に立地していることなど大王墓としての条件を備えている。また埋葬施設については刳り貫き式横口式石槨で，合葬墓であることや，石槨内からは夾紵棺片が出土している点が挙げられる。夾紵棺については阿武山古墳（大阪府高槻市）や野口王墓古墳など天皇またはそれに準じるクラスの棺として採用されており，棺の中でも最上位をしめるものである。また，昭和52年に石槨内から出土した歯牙の計測値が女性の平均値に近く，年齢が30〜40代であること，更に築造年代が刳り貫き式横口式石槨の型式学的な編年や飛鳥の石造物群の製作技術との比較検討から，7世紀後半頃と考えられる。次に越塚御門古墳については，牽牛子塚古墳の南東部に隣接して立地していることや，埋葬施設については刳り貫き式横口式石槨で単葬墓であること，更に石槨内から出土した漆膜から漆塗木棺の使用が想定される。また牽牛子塚古墳と越塚御門古墳の造営順については牽牛子塚古墳の基盤版築土を掘り込んで越塚御門古墳の墓壙が築かれていることから，牽牛子塚古墳の後に越

牽牛子塚古墳・越塚御門古墳の調査成果

写真8　塚越御門古墳　埋葬施設（南東から）

写真9　塚越御門古墳　埋葬施設（南から）

写真10　塚越御門古墳　調査区全景（東から）

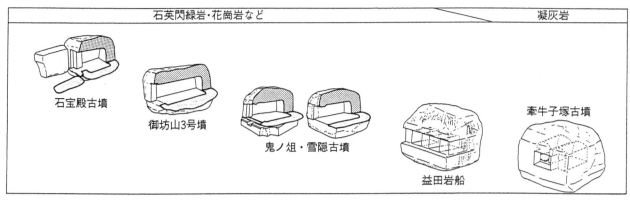

図7 刳り貫き式横口式石槨変遷図（西光2002）

塚御門古墳が造営されていることがわかる。また石槨前面にある主軸の異なるバラス敷の墓道は，築造当初の墓道を埋めた版築土を更に掘り込んで設置されていることから，後に改修などが行われていた可能性が考えられる。築造年代については牽牛子塚古墳同様，7世紀後半頃と考えられる。次に石槨に使用されている石材については，飛鳥地域では7世紀後半になるとこれまでの硬い石英閃緑岩から，柔らかい凝灰岩へと変化していくが，刳り貫き式横口式石槨も石英閃緑岩の単槨から凝灰岩の複槨へと変遷していく（西光2002）。牽牛子塚古墳と越塚御門古墳については，築造された時期がちょうど石英閃緑岩から凝灰岩へと変わる過渡期であったことから，築造順からみると牽牛子塚古墳が凝灰岩で越塚御門古墳が石英閃緑岩と使用されている石材が逆転している。これは牽牛子塚古墳の石槨が複槨構造であり，石英閃緑岩では製作技術上難しく，凝灰岩が使用された結果と考えられる。これは牽牛子塚古墳の北方に位置する益田岩船が石英閃緑岩で複槨を有する石槨の未完成品と考えられていることからも窺い知ることができる（猪熊1982）。

次に被葬者論については今回，牽牛子塚古墳が八角形墳と確定したことや，牽牛子塚古墳に隣接して越塚御門古墳が発見され，文献史料との比較検討から被葬者について活発な意見が述べられている。研究者の見解は一応に牽牛子塚古墳については『日本書紀』天智天皇六年の条に記されている「小市岡上陵」に相当すると考えられている。被葬者については現在の考古学的な調査方法から特定することは極めて困難であることは言うまでもない。これは埋葬施設から墓誌などの被葬者を特定できるような史料が出土しないこともあって，これまでは被葬者像についての言及が中心を成していた。被葬者像・被葬者名のどちらにしても葬られている人物の生前の地位や職掌など分析にたえうるだけのデータがどれほど残されているかが重要である。その際，墳丘形態や埋葬施設，棺の種類，築造年代など考古学的な検証を踏まえ事実関係を精査し，総合的に分析を行うことが不可欠である。その一方で『古事記』や『日本書紀』などの文献史料の検証作業を通じて被葬者像や被葬者名についてのアプローチが試みられている。飛鳥地域は律令国家形成期において政治・文化の中心地であったことから『記・紀』には歴史的事象が数多く記されている。また，近年の考古学の発掘調査の進展に伴い，発掘成果と『日本書紀』に記されている内容との整合性が高いことも明らかとなってきている。こういった中で当時，国政を司っていた大王（天皇）や皇族などの墓所も『記・紀』などに記されており，陵墓を検証する上で重要なデータとなっている。今回の調査はまさに，飛鳥地域の終末期古墳の調査であり，考古学と文献史料の双方の成果との整合性が高く，被葬者特定へ向けての条件が整いつつある。そこで牽牛子塚古墳の小市岡上陵説について整理・検討を行っていく。まず，斉明天皇の崩御に先立つ3年前の658年に，最愛の孫の建王が薨去しており，自分の亡き後，建王との合葬を望んでいる。そして661年に斉明天皇は朝倉宮で崩御し，同年11月7～9日にかけて飛鳥川原で殯宮が行われている。しかしその後，斉明天皇の埋葬記事はなく，665年に間人皇女が薨去し，667年2月27日には，大田皇女を斉明天皇と間人皇女を合葬した小市岡上陵の前に葬ったとする記事が出てくる。そして32年後の699年には越智陵と山科陵を営造したことが『続日本紀』に記されている。この一連の流れの中で問題となるのは，667年と699年の二つの造営記事についてである。そこで二つの記事をもう一度整理を行っていく。

まず，『日本書紀』の667（天智六）年の条であるが，斉明天皇と間人皇女の合葬の記事の後，小市岡上陵の前に大田皇女を葬ったことが記されている。斉明天皇は661年に崩御され，間人皇女は665年に薨去されており，二人を合葬するとなると間人皇女が薨去された665年2月以降となる。また，大田皇女が小市岡上陵の前に葬られた「是の日」は667年2月27日となる。つまり，斉明天皇と間人皇女が合葬されたのは667年2月以前ということになり，間人皇女が薨去された665年2月以降ということになる。実際，斉明天皇は661年に崩御されており，合葬記事が出てくる667年までは4年以上の空白期

間がある。この間の解釈であるが殯を行っていた可能性もあるものの，天武天皇の殯が２年２ヶ月であったことを考えると４年もの間，殯を続けていたとは考えにくい。そうすると，斉明天皇は間人皇女と合葬される以前は別の古墳（初葬墓）に埋葬されていて，間人皇女が薨去された後，665年から667年までの間に小市岡上陵が新造されて，そこに斉明天皇が改葬され，間人皇女と合葬されたと考えることができる。その他にも667年の記事では「皆御路に哀奉る」や「石槨の役を起こさしめず」とも記されており，前者は道路との関係，後者は古墳造営に関する労役についての内容で，これらの記事との関連性については課題が残る。

　次に699年であるが『続日本紀』の文武三年の条の記事に「越智と山科の二つ山陵を営造せむと欲す」と記されている。この「営造」については①新たに造営，②改修・修繕，と考えるかで解釈が大きく異なってくる。①と考えた場合，667年の記事は699年以前に小市岡上陵の存在（初葬）を示しており，699年に至って別の場所に小市岡上陵を新造して，改葬したとするものである。また，667年の記事にもあるように，小市岡上陵の前には大田皇女の墓も存在することから，699年に大田皇女の墓も一緒に移設されたと考えられている（白石2011ほか）。次に②と考えた場合，699年以前に築かれていた小市岡上陵を改修・修繕したと解釈することができる。この場合の改修・修繕作業が行われた原因のひとつとして，742（天平14）年５月に起きた越智山陵の崩壊とその後の修繕工事の例からも自然災害などの影響が考えられる。一方で699年の造営記事については，式年祭に関連したもので699年は斉明天皇が崩御されて40年目，天智天皇は30年目にあたる前年でもあることから，それに向けての修造工事とも考えられている（和田2005）。

　いづれにしても667年と699年の記事は小市岡上陵造営に関わる記録として今回の調査成果との関連性が注目されることは言うまでもない。しかしこれらの史料解釈の中で，改葬の問題や658年に斉明天皇が建王との合葬を望んだ記事との関連から，665年以前の造営の有無[1]，八角形が導入された背景や時期など，まだまだ解決しなければならない課題も多く残されている。

　このように，今回の調査成果は，文献史料との整合性から両古墳の占める位置は今後，終末期古墳研究を行う上で重要な定点になると考えられる。牽牛子塚古墳と越塚御門古墳の調査成果の更なる精査と検証に期待がかかる。

付，小市岡上陵関連史料（稿）

①『日本書紀』斉明天皇四（658）年の条
「五月に，皇孫建王，歳八歳にして薨せましぬ。今城谷の上に，殯を起てて収む。天皇，本より皇孫の有順なる

を以て，器量めたまふ。故，不忍哀したまひ，傷み慟ひたまふこと極めて甚なり。群臣に，詔して曰く，「萬歳千秋の後に，要ず朕が陵に合せ葬れ」とのたまふ。

②『日本書紀』斉明天皇七（661）年の条
「秋七月の甲午の朔丁巳に，天皇，朝倉宮に崩りましぬ。八月の甲子の朔に，皇太子，天皇の喪を奉徙りて，還りて磐瀬宮に至る。是の夕に，朝倉山の上に，鬼有りて，大笠を着て，喪の儀を望み視る。衆皆嗟怪ぶ。冬十月の癸亥の朔己巳に，天皇の喪，帰りて海に就く。是に，皇太子，一所に泊てて，天皇を哀慕ひたてまつりたまふ。乃ち口號曰はく　君が目の　戀しきからに　泊てて居てかくや戀ひむも　君が目を欲り　乙酉に，天皇の喪，還り手て難波に泊れり。十一月の壬辰の朔戊戌に，天皇の喪を以て，飛鳥の川原に殯す。此より發哀ること，九日に至る。」

③『日本書紀』天智天皇四（665）年の条
「春二月の癸酉の朔丁酉に，間人大后薨りましぬ。」

④『日本書紀』天智天皇六（667）年の条
「春二月の壬辰の朔戊午。天豊財重日足姫天皇と間人皇女とを小市岡上陵に合せ葬せり。是の日に，皇孫大田皇女を，陵の前の墓に葬す。高麗・百済・新羅，皆御路に哀奉る。皇太子，群臣に謂」りて曰はく，「我，皇太后天皇の勅したまへる所を奉りしより，萬民を憂へ恤む故に，石槨の役を起こさしめず。冀ふ所は，永代に以て鏡誡とせよ」とのたまふ。

⑤『日本書紀』天武天皇八（679）年の条
「三月（途中略）丁亥に，天皇，越智に幸して，後岡本天皇陵を拝みたてまつりたまふ。」

⑥『続日本紀』文武天皇三（699）年の条
「冬十月甲午，詔したまはく，天下の罪有る者を赦す。但し十悪・強窃の二盗は，赦の限に在らずとのたまふ。越智・山科の二の山陵を営造せむと欲すが爲なり。辛丑，浄広肆衣縫王，直大壱当麻真人国見，直広参土師宿禰根麻呂，直大肆田中朝臣法麻呂，判官四人，主典二人，大工二人を越智山陵に，浄広肆大石王，直大弐粟田朝臣真人，直広参土師宿禰馬手，直広肆小治田朝臣当麻，判官四人，主典二人，大工二人を山科山陵に遣わして，並に功を分ちて修め造らしむ。」

⑦『続日本紀』聖武天皇天平十四（742）年の条
「五月癸丑。越智山陵崩え壊る。長さ一十一丈，廣さ五丈二尺。丙辰。知太政官事正三位鈴鹿王ら十人を遣して，雑工を率て修め緝はしむ。また，采女女嬬等を遣してそ

の事に供奉らしむ。庚申。内蔵頭外従五位下路真人宮守らを遣して，種々の献物を齎ちて山陵に奉らしむ。」

⑧『延喜式』諸寮陵
「越智崗上陵。飛鳥川原宮御宇皇極天皇在大和國高市郡兆域東西五町。南北五町。陵戸六烟」

註
1）牽牛子塚古墳を斉明天皇と建王の合葬墓とし，東西南北各五町四方の兆域内に大田皇女と間人皇女が葬られたとする見解もだされている（森2011）。

参考文献
青木和夫他　1992『続日本紀二』新日本古典文学大系　岩波書店
明日香村教育委員会　1977『史跡牽牛子塚古墳―環境整備事業に伴う事前調査報告―』
明日香村教育委員会　2007『カヅマヤマ古墳発掘調査報告書―飛鳥の磚積石室墳の調査―』明日香村文化財調査報告書第5集
明日香村教育委員会　2010「牽牛子塚古墳の調査」『明日香村発掘調査報告会資料』
明日香村教育委員会　2010『牽牛子塚古墳』明日香の文化財⑭　現地見学会パンフレット
明日香村教育委員会　2010『越塚御門古墳』明日香の文化財⑮　現地見学会パンフレット
明日香村教育委員会　2011「牽牛子塚古墳の調査」『明日香村遺跡調査概報 平成21年度』
猪熊兼勝　1982「益田岩船考証」『関西大学考古学研究室開設参拾周年記念考古学論叢』関西大学文学部考古学研究室

猪熊兼勝　2011「牽牛子塚古墳の世界―土中の日本書紀―」『季刊明日香風』118　古都飛鳥保存財団
上田三平　1928「牽牛子塚古墳」『奈良縣に於ける指定史蹟』第一冊　内務省
黒板勝美編　1977『延喜式　中篇』吉川弘文館
西光慎治　2002「飛鳥地域の地域史研究（3）今城谷の合葬墓」『明日香村文化財調査研究紀要』第2号
西光慎治　2006「砂岩について」『酒船石遺跡発掘調査報告書―付，飛鳥垣内遺跡・飛鳥宮ノ下遺跡―』明日香村文化財調査報告書第4集　明日香村教育委員会
西光慎治・辰巳俊輔　2009「牽牛子塚古墳測量調査報告」（『王陵の地域史研究』所収）『明日香村文化財調査研究紀要』第8号　明日香村教育委員会
坂本太郎他　1967『日本書紀』下　日本古典文學大系　岩波書店
寒川　旭　2011「斉明天皇とその時代―地震考古学からみた牽牛子塚古墳―」『季刊明日香風』118　古都飛鳥保存財団
白石太一郎　2011「考古学からみた斉明天皇陵」『明日香村まるごと博物館フォーラム斉明天皇と飛鳥～牽牛子塚古墳の発掘から』講演会資料　奈良県明日香村
高市郡役所　1915『高市郡志料』
奈良縣　1920『奈良縣史蹟調査會報告書』第七回
奈良県立橿原考古学研究所編　1982『飛鳥・磐余地域の後，終末期古墳と寺院跡』奈良県文化財調査報告書第39集
奈良文化財研究所編　2005『北浦定政関係資料　松の落ち葉二』奈良文化財研究所史料第65冊
野淵龍潜　1893『大和國古墳墓取調書』
森　浩一　2011『天皇陵古墳への招待』筑摩選書
米田文孝　1999「牽牛子塚古墳に眠るのは斉明天皇か」『歴史と旅』第26巻第4号　秋田書店
和田　萃　2005「飛鳥の陵墓―檜隈坂合陵の再検討―」『終末期古墳と古代国家』吉川弘文館

【西光慎治，連絡先：明日香村教育委員会・高市郡明日香村大字川原91-3】

Research Results of Kengoshizuka and Koshitsukagomon Mounded Tombs: Images of Chiefs' Tombs in Formation Phase of the Ritsuryo Nation

SAIKO Shinji

Kengoshizuka mounded tomb belongs to Final Kofun, and it is located in Asuka Village, Takaichi County, Nara Prefecture. The area around Kengoshizuka mounded tomb is called "Mayumi-oka/Ochi-oka," where many Late to Final Kofun representing Asuka are located. They include Iwayayama mounded tomb, Marukoyama mounded tomb and Mayumikansuzuka mounded tomb. Researchers have been paying attention to Kengoshizuka mounded tomb as it was also called Asagao mound or Omae mound, and therefore it was thought as an octagonal mound or mausoleum of Empress Saimei. In the 18th year of Heisei, "Asuka/Fujiwara palace cities and their related assets" was chosen in the provisional list of World Heritage Sites, which consist of archaeological sites in Asuka Village, Kashihara City, and Sakurai City; Kengoshizuka mounded tomb was counted as one of the constituent assets. As a result, surveys were conducted from the fiscal 21st year of Heisei, in order to reveal the whole picture of the Kengoshizuka mounded tomb.

As a result of the survey, it was revealed that Kengoshizuka mounded tomb is an octagonal tomb using cut-out tuff stones from Mt. Nijo. Also, in the process of the survey, a dug-out and side entrance style stone sarcophagus using quartz diorite was excavated from a research area next to the southeast side of Kengoshizuka mounded tomb. This mounded tomb was not mentioned in local tales or historical documents and since it was a completely new mounded tomb from the Final Kofun, it was named Koshitsukagomon mounded tomb. Since the burial facility of Koshitsukagomon mounded tomb had the same type of dug-out and side entrance style sarcophagus with Oninomanaita/ Secchin mounded tomb and it was located next to Kengoshizuka mounded tomb, the historical background of the two mounded tombs drew attention in relation to an article of the 6th year of Tenchi in *Nihon Shoki*.

On the theory of the buried body found, there is an increasing probability that Kengoshizuka mounded tomb was for Empress Saimei's Ochino-Okano-Ueno-Misasagi based on research development of archaeology and ancient history (document history) and results of this excavation. If the whole picture of these mounded tombs becomes clear as further verification of Kengoshizuka/Koshitsukagomon mounded tombs progress in the future, it would yield results to grasp images of imperial tombs in the Asuka period, and an important foothold will be gained for the study of final phase mounded tombs.

Keywords：

Studied period：Asuka period

Studied region：Kinki/Asuka region

Study subjects：final phase mounded tombs, imperial tombs, theory of buried body

─────── 『日本考古学』第30号（2010. 10刊行）───────

目　次

論　文

張　龍　俊　　西日本における湧別技法の系統－恩原仮説を中心に－ ……（1）

貞清　世里・髙倉　洋彰
　　　　　　　鎮護国家の伽藍配置 ……………………………………（21）

研究ノート

鹿又　喜隆　　更新世最終末の石器集積遺構に含まれる道具の評価
　　　　　　　－宮城県仙台市野川遺跡の機能研究と複製石器の運搬実験を通して－
　　　　　　　　　　　　　　　　　　　　　　　………………（47）

柳澤　和明　　多賀城跡城外出土辛櫃の意義－現存古櫃，絵画・文献史料，
　　　　　　　　出土古櫃の多角的検討を通して－ …………………（65）

遺跡報告

吉野　　武　　宮城県日の出山窯跡群の調査－Ｆ地点西斜面地区を中心に－ …（93）

書　評

林　　博通　　用田政晴著『湖と山をめぐる考古学』…………………（107）

米川　暢敬　　条里制・古代都市研究会編『日本古代の郡衙遺跡』…………（113）

小笠原好彦　　梶原義実著『国分寺瓦の研究
　　　　　　　　－考古学からみた律令期生産組織の地方的展開－』………（119）

遺跡報告

石見国益田の中世港湾遺跡群

―最近発見の中須西原・東原遺跡を含めた中世湊の変遷―

木 原　　光

1．はじめに　　　　　　　　　4．益田川河口域の古地形と歴史的環境
2．中世益田の歴史的環境　　　5．発見された中世の益田湊
3．中世の石見国と対外交易　　6．むすびにかえて

― 要 旨 ―

　島根県益田市は日本海に面して、朝鮮半島・中国大陸や対馬・博多とも距離的に近い地理的環境にある。近年、益田川河口域において、沖手遺跡・中須西原遺跡・東原遺跡など、古代末から中世にかけての大規模な港湾遺跡が次々と発見されている。

　沖手遺跡は、古代末の益田平野の本格的な開発と、それを受けて成立した益田荘に関連した流通拠点と考えられ、整然と配置された道路を骨格として、集落全体に計画的な地割が行われていた。

　中須西原遺跡では、船着場の礫敷き遺構が二面検出された。山陰の中世遺跡の中でも朝鮮陶磁の出土量が際立っており、ベトナム鉄絵皿をはじめ東南アジア産陶器も多数出土した。中須東原遺跡からも、汀線沿いに大規模な礫敷き遺構が検出され、タイ鉄絵壺も出土している。

　一体的に機能した中須西原・東原遺跡は、益田荘の成立に伴い、荘園年貢の輸送のために設置されたが、南北朝時代以降は、荘園領主に代わって地域支配の実権を掌握した益田氏が管理した。この湊を拠点として行われた室町時代以降の交易圏は、国内遠隔地はもとより、中国や朝鮮、さらに東南アジアにも及んでいた。

　16世紀に入ると、益田川の上流に、市場と湊の機能を備えた今市が新たに成立し、戦費や軍事物資を調達する特権商人が居住した。

　室町・戦国時代の益田氏は、領域の海岸線を有効に利用して交易に積極的に関与する海洋領主的性格を強く有し、その強固な経済基盤が、幕府や大内氏、大内氏滅亡後の毛利氏に対する地位を高めたと考えられている。

　これら港湾遺跡の消長と流通拠点機能の変遷は、荘園領主から益田氏への権力の移動など、益田地域における政治的・社会的な動向や国内外の情勢、さらに、15世紀中頃以降のバリア海退によって引き起こされた大規模な飛砂現象による海浜部の急激な地形環境の変化も大きく影響して生じたものと考えられる。

受付：2011年7月19日
受理：2011年9月1日

キーワード

対象時代　中世
対象地域　西山陰
研究対象　中世港湾遺跡

1. はじめに

益田市は島根県の西端に位置する（図1）。市域の南から北流する益田川と，津和野町を経て南西から流れ込む高津川によって，県西部では最も広大な三角州が形成され，市域の北は約33kmの海岸線で日本海に面している。

旧国は石見国に属し西日本海を介して朝鮮半島・中国大陸や対馬・博多とも距離的に近い地理的環境にある。

日本海側に特有の潟湖が形成されていた地域であり，近年，益田川河口域の三角州上や海岸砂丘の後背の低地で，沖手遺跡・中須西原遺跡・東原遺跡など古代末から中世にかけての大規模な港湾遺跡が次々と発見されている。

本稿では，益田と石見国の歴史的な背景を概観し，すでに知られている沖手遺跡・今市を含めて中世益田の港湾遺跡の変遷について紹介したい。

2. 中世益田の歴史的環境

平安時代末期に石見国府（現浜田市）の在庁官人藤原氏が，開発を進めた益田平野とその周辺部を摂関家に寄進して荘園益田荘が成立すると，藤原氏は荘官に任じられて益田氏を称するようになった。

鎌倉時代の益田氏は，本拠を益田本郷に移すが，その後いったん益田川中流域の山道地域に退いた。再び益田本郷に本拠を定めたのは南北朝時代であり，荘園領主九条摂関家に代わって益田荘支配の実権を掌握した。

以来大内氏，大内氏の滅亡後は毛利氏に従い，室町将軍家や幕府の中枢権力との関係も強めながら，山陰の有力武士団として勢力を伸張させた。関ヶ原の戦いの後は，長門国の阿武郡須佐村に移り，萩藩毛利家の永代家老職を務めた。

市内の中世遺跡は城館跡を中心に全域に点在するが，

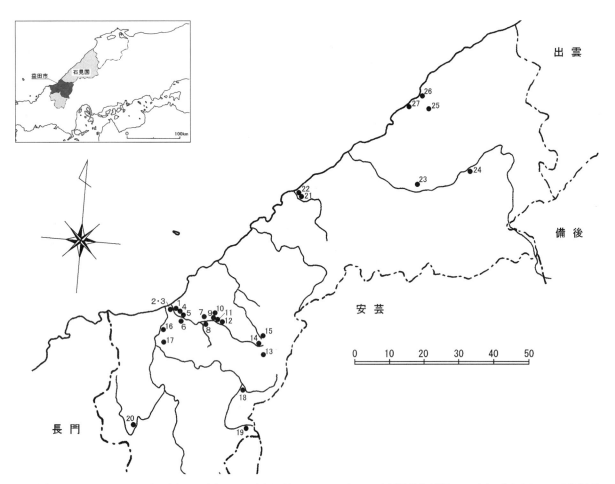

1 沖手遺跡　2・3 中須西原・東原遺跡　4 今市　5 三宅御土居跡　6 七尾城跡　7 式内社佐毘売山神社　8 上久々茂土居跡　9 東仙道土居遺跡　10 粟島原遺跡　11 酒屋原遺跡　12 下都茂原遺跡　13 丸山銅山跡　14 大年ノ元遺跡　15 森下遺跡　16 羽場遺跡　17 石塔寺権現経塚　18 山根ノ下遺跡　19 殿屋敷遺跡　20 喜時雨遺跡　21 古市遺跡　22 横路遺跡　23 丸山城跡　24 キタバタケ遺跡　25 石見銀山遺跡　26 鞆ケ浦　27 沖泊

図1 益田市の位置と石見の主要な中世遺跡

城館跡をはじめとする益田氏関連遺跡群や主要遺跡の分布は特に益田川流域に顕著である（図2）。

最上流地域には，『日本三代實録』に元慶5（881）年に銅が産出した記録が残る都茂郷丸山鉱山があり，戦国時代末期には銀を産出していた。約5km下流の大年ノ元遺跡は，14〜15世紀の銅の精錬工房跡である。

中流域の仙道地域には，古代の行政関連施設から在地領主の館に変遷したと考えられる酒屋原遺跡，青磁碗・白磁小皿・湖州鏡が副葬された墓が検出された粟島原遺跡，日引石製宝篋印塔とともに褐釉四耳壺・常滑系壺などを骨蔵器とした集石墓が発見された東仙道土居遺跡，緑釉陶器が出土して上流の丸山鉱山との関連も推定される下都茂原遺跡などが集中する。また，式内社である佐毘売山神社の祭神金山彦命は丸山鉱山の山神社へ，さらに二度にわたって大森銀山へ奉遷された。

南北朝時代から関ヶ原の戦いまでの間，益田氏が本拠とした益田本郷は，益田平野の南東部にあたり，益田川の両岸に中世の文化財が色濃く残る。

益田氏館の三宅御土居は南北朝時代に築造され，天正11（1583）年に大規模な改修が行われた。館の東西には高さ約5mの土塁が現存し，その外側では幅10mの箱堀が検出されている。北側にも最大幅16mの堀が確認され，南側は川を堀として利用していた。中世前期の陶磁器が多く出土することから，館の前身として益田荘の政所が推定されている。

益田氏の拠城である七尾城は南北朝時代の初期に築城された。天文年間（1532〜1555）末頃に毛利氏との緊張が高まる中で，益田藤兼が大規模な改修を行い，城内に居住した。藤兼は天正11（1583）年頃に下城して再び三宅御土居を本拠とした。

本丸跡の南端で主殿の礎石建物，北端で瓦葺きの礎石建ての門跡，二の段跡北端では礎石建物と砂利の化粧区画を伴う小庭園などが検出されている。遺物の大半は16世紀の第3四半期までのもので，藤兼の居住時期と一致する。特に主郭にあたる本丸と二の段では全ての遺物に対するかわらけが占める割合が90％近くに及び，酒宴を伴う儀礼が行われていたことがうかがえる。

七尾城下には，中世の町割をとどめる道路及び短冊状区画と，三宅御土居の前身と推定される「小土井」，「徳原土居（大土井）」，「上市，中市，下市」，犬追物が想定される「犬ノ馬場」などの地名が残る。

さらに，式内社の瀧蔵権現（現在の染羽天石勝神社）と平安時代末期に建てられた別当寺勝達寺，文永年間（1264〜1274）創建の妙義寺，応安7（1374）年に中須から移転再建された萬福寺，貞治2（1363）年に創建された崇観寺を前身とする医光寺，天文12（1543）年に益田家の重臣増野甲斐守の屋敷跡に創建された暁音寺などの寺社が点在する。

また近年では，鎌倉時代後期以降の六甲山御影石を含む花崗岩製の大型石塔が多数搬入された地域としても注目され，七尾城の山麓には総高211cmの五輪塔である益田藤兼の墓，萬福寺境内椎山には総高168cmの益田兼見の墓をはじめ6基の五輪塔が残る。

3．中世の石見国と対外交易

石見国府は，石見国のほぼ中央の那賀郡（浜田市）に置かれ，中世には石見府中として石見国支配の政治的・軍事的中心地であったが，南北朝期の内乱を通じて，国衙の機能は守護に吸収され，在庁官人層もそれぞれ拠点を移して著しく衰退した。

さらに石見国の国衙・守護権力を掌握した大内氏は，14世紀末に邇摩郡を拠点として，新たな政治的・経済的な中枢を形成した。石見銀山の開発が進んだ戦国時代には邇摩郡の重要性が高まる一方で，石見国の全体的な統一性が失われ，各領主は山で隔てられた谷や小河川流域の狭い平野部などを拠点として割拠した。その背景には，平野部が少ない石見国特有の地形的な制約もあったと考えられ，500を超す中世城館跡が点在する。

石見国の代表的な中世遺跡としては，下府川下流域の石見府中に所在し，12・13世紀を主体とする大量の貿易陶磁が出土して西日本海水運の流通拠点と考えられている古市遺跡・横路遺跡（浜田市）や，戦国時代に開発が進み，17世紀前半には年間約1万貫（約38t）の銀を産出して世界の産出銀の約3分の1を占めていたといわれる大森銀山を中心とする世界遺産登録の石見銀山遺跡とその文化的景観（大田市）などがある。

石見国における中世の対外交易については，応永32（1425）年に長浜（現浜田市長浜町）に漂着した朝鮮官船の乗組員を朝鮮に送還したことを契機として始まった周布氏と朝鮮との交易がよく知られており，文亀2（1502）年までの78年間に49回の通交が行われた。

さらに，『海東諸国記』に応仁元（1467）年に朝鮮に使者を派遣した記録が残る石見州益田守藤原朝臣久直は，益田兼堯に比定されている。またこの頃，対馬島主宗氏の家臣塩津留氏や賊倭，族徒が石見の沿岸部で頻繁に活動していたことが，日本と朝鮮の双方の記録に残る。

天文20（1551）年の陶隆房の挙兵に協力した益田藤兼は，厳島合戦の後に毛利元就と対立することとなったが，永禄6（1563）年に毛利氏に服属した。五年後の永禄11（1568）年に益田藤兼・元祥父子が吉田郡山城に出頭したが，その際には，中国・朝鮮からの輸入品である銅銭約千三百二十貫目，朝鮮貿易の輸入品である虎皮を含む夥しい礼物が毛利氏一族・家臣に献上され，祝宴には多種多様な海産物・加工品が供されたことが史料に残る。

さらに永禄13（1570）年の藤兼譲状によると，所領の

中に長門国見嶋，筑前国の原・莚田両郷などがみえ，博多を経由して入手する以外に，対馬を経由して直接交易を行う基盤もあったと考えられている。

また益田氏の家中には水軍の将がおり，軍事物資の調達や海上輸送の機能も保持していた記録も残る。

室町・戦国時代の益田氏は，農業生産力に偏らず，領域の長い海岸線を有効に利用して交易に積極的に関与する海洋領主的性格を強く有しており，その強固な経済基盤が，幕府や大内氏，毛利氏に対する地位を高めたと考えられている。

益田氏の交易拠点に関しては，近年まで，戦国時代に成立した今市のみから言及され，益田川・高津川河口域にも湊の存在は推定されてきたものの，その実態は明らかにされていなかった。

4．益田川河口域の古地形と歴史的環境

縄文時代早期から前期にかけての約6,000年前頃，急速な海面上昇に伴い，海岸部に東側から砂州が成長し，これに伴い益田川・高津川の河口域には広範囲に潟湖が形成されていた。

その後，土砂の流入によって潟湖の陸地化が進むが，中世の段階にも潟湖的な水域が存続し，両河川の流路や沢沼地を含め，湊が立地するのに適した地形が維持されていたと考えられる。

現在の益田川河口域では，原始・古代に遡る遺跡については明らかではないが，益田川河口部の右岸側の丘陵上には式内社櫛代賀姫神社があり，その境内地には建長7（1255）年在銘の阿弥陀如来立像を本尊とした真如坊（勝達寺分坊）が明治初年まであった。中須地区の砂丘の先端に立地する福王寺には鎌倉時代後期の十三重層塔や元徳2（1330）年の年号が彫られた五輪塔の地輪など多くの中世石造物が残され，付近には，応安7（1374）年に益田本郷に移転創建された萬福寺の前身である安福寺跡，さらに恵比寿神社，厳島神社などがある。

永和2（1376）年の「益田本郷御年貢并田数目録帳」（益田家文書81）によって，南北朝時代に益田兼見が中須を新たに益田本郷の領域に組み込んだことが分かる。宗教施設も一体となった湊を中心として，益田氏の経済

1　沖手遺跡　2　中須西原遺跡　3　中須東原遺跡　4　今市　5　三宅御土居跡（史跡益田氏城館跡）　6　七尾城本丸跡（史跡益田氏城館跡）　7　式内社染羽天石勝神社（重要）　8　勝達寺跡　9　妙義寺　10　萬福寺（史跡名勝・重文）　11　医光寺（史跡名勝）　12　暁音寺鍵曲がり　13　益田藤兼墓五輪塔（市史跡）　14　益田兼見墓五輪塔（市史跡）　15　式内社櫛代賀姫神社　16　真如坊跡　17　福王寺石造十三重塔（県有形）　18　安福寺跡

図2　益田川下流域の主要な中世遺跡と文化財

基盤を支える港湾拠点地域として重視されと思われる。さらにこの史料には，名のひとつとして「大中洲鍛冶名」がみえ，鍛冶も盛んに行われていたことがうかがえる。

中須集会所所蔵の文書によると，寛政8（1796）年には，益田川の水量が減少し，かつて諸廻船が入津していた中須浦港の機能がすでに著しく低下していたことが分かる。

5．発見された中世の益田湊

（1）沖手遺跡

遺跡は，益田市久城町の益田川河口から約1km遡った右岸側の三角州上に立地する。標高約2mの低平な水田地帯に広がる遺跡の推定面積は45,000㎡に及び，遺跡の南側に接する今市川は，昭和10年代に行われた河川改修以前の益田川の本来の河道である。

遺跡の一部に「専福地（寺）」の寺院地名が重なり，近世には浜田藩の益田組専福寺浦番所が置かれていた。

道路建設に伴い，2004年度から2006年度にかけて島根県埋蔵文化財調査センターと益田市教育委員会によって約19,000㎡の発掘調査が行われた。

主な遺構として掘立柱建物跡140棟，井戸18，墓92，道路遺構などが検出された（図3）。遺構面の標高は1.0～1.7mである。

注目すべき点は，直線状または方形に巡る道路，遺構空白地としての道路，溝，柵列等によって集落の全体が大きく区画され，建物は概してこの区画に沿って建ち並ぶことである。特に遺構が重複する調査区の西側では，両側に側溝状の窪みを持って，全体が皿状に浅く掘り窪められた幅4.0～6.0mの道路が明瞭に検出されている。向きを方位にほぼ合わせて配置され，成立の段階から一定の規格性をもって道路を骨格とした集落全体の地割が行われたことがうかがえる。

掘立柱建物の中には，公的施設あるいは有力者の居宅の可能性がある床面積が100㎡を超える総柱の大型建物が所々に存在するが，礎石建物は確認されていない。墓の中には，完形品の中国製青磁碗・皿・白磁皿や中国宋代の柄鏡の湖州鏡素文鏡が副葬された有力者の墓と推定されるものや，卒塔婆，漆器椀や膳が残るものもあった。幼少児を含めた手厚い埋葬は，集落に済む集団の特殊性によるものともいえ，葬送儀礼を司る僧侶の存在も考えられる。

11世紀後半から17世紀前半までの遺物が出土しているが，貿易陶磁に関しては，大宰府編年（太宰府市教育委員会2000）によるC～D期（11世紀後半～12世紀後半）

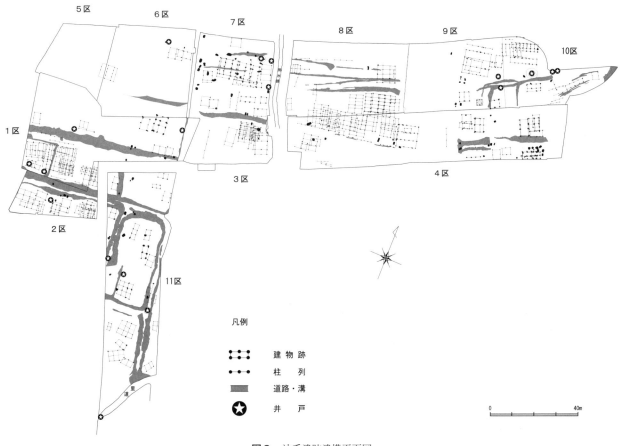

図3　沖手遺跡遺構平面図

の量が全体の約50％を占め，E期（13世紀初頭〜前半）から減少し始め，F期（13世紀中頃〜14世紀初頭），G期（14世紀初頭〜15世紀前半）は少量である。

このような中で，調査区の東端域は中世後期の貿易陶磁が増加する傾向にあり，近世初頭の遺物も多数出土した。集落の中心部が，南あるいは南西から東へ移動したと考えられる。中世前期には益田川の本流河道が利用され，中世後期は，山裾際の小河道の利用も高まったと推定される。

沖手遺跡からは船着きの遺構は確認されていないが，その立地と，遺構や遺物の全体的な様相から，益田川や高津川の上流域と国内外の遠隔地とを結ぶ流通拠点として，寺院と一体となって古代末に成立した港湾集落と考えられる。

（2）中須西原遺跡

遺跡は，益田市中須町の海岸部に形成された砂丘後背の低平地に立地する（図4）。標高は約1.7mで，南側には0.4〜0.6m低い旧河道の水田地割が明瞭に残る。

遺跡の北東には，御影石製といわれる鎌倉時代後期の十三重層塔（図9）が建つ福王寺境内に接する。

区画整理事業及び道路建設に伴い，2007年度に益田市教育委員会によって約5,000㎡の発掘調査が行われた。

遺構としては，掘立柱建物跡約30棟，方形竪穴遺構2，鍛冶炉19，鉄滓溜り土壙19，墓5，溝，浅く掘り窪められた道路などが検出された。遺構面は標高1m前後以下である。

幅約3.5m，幅5m前後の明瞭な溝が南北方向に2条走り，これに直交する東西方向の幅広の溝もあり，これらの溝ないしは道路によって街区が区画されている。遺構は，後述する礫敷きの北側が特に濃密で，旧河道に面して帯状に分布するが，北西域及び北域では徐々に希薄となる。

特筆すべきは，旧河道の地形に重なるように「く」の字状に検出された2面の礫敷きである（図5）。最初に築かれた北側の礫敷き1は長さ約25m，幅10m以上で，礫岩，砂岩の人頭大以上の角礫が多用され，舫い杭と思われる杭も残っていた。

礫敷き2は，長さ約30m，幅約4mで，丸みを帯びた小さめの円礫を多く使用して表面的に築かれ，部分的に南側に張り出した所がある。津和野青野山の安山岩を多く含むことから，高津川の影響がより強まり，前面の河道が変動したため，向きを変えて築き直されたと考えられ，その時期は，埋土中の遺物から15世紀後半から末以降と推定される。

このような港湾地域における汀線際の部分的・限定的な礫敷きは，近年の全国各地の調査例から船着き場の遺構と考えられているもので，十三湊遺跡（92・121次／15c），兵庫・兵庫津遺跡（御崎本町地点SX18／15c後〜16c），香川・高松城下層遺跡（西の丸町B・C地区／

図4　中須西原遺跡空中写真（南から）　左下の調査区が中須西原遺跡。右手のビニールハウスが建ち並ぶ畑地に中須東原遺跡が広がる。上方に益田川河口を望む。

図5　中須西原遺跡の礫敷き遺構（西から）

図6　中須西原遺跡遺構平面図

12c前～13c前），香川・直島積浦遺跡（ＳＸ03／12c～13c），佐賀・徳蔵谷遺跡（13c前～15c前），福岡・博多遺跡群（89次／16ｃ）などに検出事例がある。

貿易陶磁に関しては，12・13世紀から一定のまとまりが認められ，14世紀から徐々に増加して15世紀前半に最盛期を迎え，15世紀後半からは減少する傾向にある。15世紀代が最も多く，碗・皿を中心に中国陶磁が豊富に出土するが，朝鮮陶磁の占める割合が20％近くに及び，山陰の中世遺跡の中でも際立って高い比率を示す。

さらに，中国元時代の鉄絵瑠璃釉大鉢，14世紀の中国褐釉擂座壺，14世紀末から15世紀初頭にかけてのベトナム鉄絵皿など希少な遺物も出土し，資料整理の段階でタイの鉄絵壺も確認されている（図７）。また国内遠隔地からの搬入品として珠洲，越前が益田で初めて出土した。

多くの朝鮮陶磁とともに東南アジア産の陶器が確認できる状況は，対馬・壱岐地域の中核的な遺跡に類似しており，対馬を介した交易ルートの延長に位置していただけでなく，朝鮮との直接的な通交を行っていた可能性も推定させる。

中須西原遺跡をめぐる物流は，倭寇も介在した中世の東アジア規模の交易圏に組み込まれており，この遺跡は益田市の拠点湊であったと考えられる。鍛冶に関する遺構や遺物も多く，益田家文書に記された「大中洲 鍛冶名」とも関係する遺跡と考えられる。

（3）中須東原遺跡

遺跡は，益田市中須町の海岸砂丘の後背地に立地し，中須西原遺跡の東側に隣接する（図８）。標高は1.8m前後で，遺構が検出される範囲は20,000㎡に及ぶ。

遺跡の北側には，最高部で標高約６ｍの砂丘が東西方

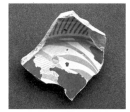  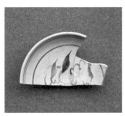  

鉄絵瑠璃釉大鉢（底径22.0cm）　褐釉座壺（口径7.0cm）　ベトナム鉄絵皿（口径13.0cm）　タイ鉄絵壺（15世紀）　珠洲焼鉢（15世紀）

図７　希少な出土遺物

図８　中須東原遺跡と周辺の地理的・歴史的環境

図9　福王寺境内の花崗岩製の層塔

図10　中須東原遺跡の礫敷き遺構（東から）

図11　中須東原遺跡から出土した五輪塔の地輪

図12　中須東原遺跡から出土したタイ鉄絵壺

向にあり，南側は0.8m程度低い旧河道の水田地形に面している。遺跡の北東域は福王寺境内に接し，中須西原遺跡との間には小さな入江状の低湿地が存在する。

益田市教育委員会によって2009・2010年度に内容確認調査が行われ，2010年度後半から区画整理事業に伴う道路部分の発掘調査に移行し，現在も継続中である。

主な遺構としては，掘立柱建物，鍛冶炉や鉄滓廃棄土抗など鍛冶関連遺構，墓，木組みの貯水枡状遺構，砂利敷を含む道路，溝などが検出されている。遺構は概して旧河道の地形に沿って帯状に密度高く分布し，部分的に2面以上の遺構面が存在するが，北側の砂丘に向けては次第に希薄となる傾向がある。

遺跡の東側中央に14世紀～15世紀の鍛冶炉や鍛冶関連遺構のまとまりがあり，西側中央では中世前期の12～13世紀の可能性のある柱間2mの掘立柱建物跡が確認されている。南西部には，旧河道に面した湿地を安定した地盤に変えるために，礫を混入させて造成を行った痕跡が広範囲に認められる。

とりわけ注目されるのは，遺跡の南東部で，汀線に沿った位置で中須西原遺跡の遺構を凌ぐ，全長約40m，最大幅約10mの礫敷きが発見されたことである（図10）。20cm大の円礫を多数使用して築かれた礫敷き面は，4mほどの平坦面を形成し，その後急激に南側に落ち込む。15世紀中頃に築かれたと考えられるが，当時は現存する規模以上のものであった可能性がある。

貿易陶磁器に関しては，15世紀代を中心に12～16世紀の幅がある。中国陶磁が碗・皿を中心に豊富に出土するが，特筆されるのは，中須西原遺跡から山陰で初めてベトナム産陶磁が出土したのに続き，中須東原遺跡からも15世紀のタイ産の鉄絵壺（図12）が出土したことである。さらに朝鮮陶磁が多数出土する点，鍛冶関連遺構や大量の鉄滓が広範囲に広がっている点は，中須西原遺跡と共通する様相である。

15世紀前半が最盛期の中須西原遺跡に対し，中須東原遺跡は13世紀から15世紀にかけて繁栄したが，両遺跡は本来はひとつの湊町と考えられる。

全国にも例を見ない規模の礫敷き遺構が良好に遺存し，益田川流域に展開する益田氏関連遺跡群の中におい

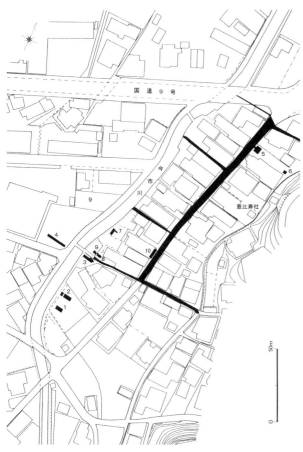

図13 今市の地割と調査区配置図

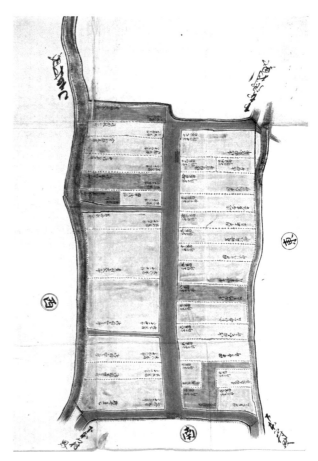

図14 乙吉村今市地引図（広島大学図書館所蔵）

て，河口域の流通拠点として機能した重要な遺跡と評価される。

（4）今市

今市（益田市乙吉町）は，沖手遺跡から今市川沿いを約900m遡った右岸側に立地する面積約9,000㎡の中世市町の遺跡である。一帯の標高は約4mで，市道の両側に残る短冊形地割を踏襲して家屋が建ち並び，約150mの間に「上市・中市・下市」の地名が残る（図13）。今市川に面して築かれた石垣が船着き場の名残を留めるが，近世後半から近代にかけての技法で積み直されている。

天正19（1591）年の美濃郡益田元祥領検地目録に「代弐貫三百十文　今市屋敷銭」とあり，益田氏領内の横田市・本郷市・津毛郷市とともに市として記載されている。今市の地割を明瞭に知ることができる資料として「乙吉村今市地引図」（図14・広島大学附属図書館）がある。

河川改修計画に伴い，1997～1999年度に益田市教育委員会によって発掘調査が行われた。

川に接した調査区では，現存する石垣の裾部から護岸施設と推定される敷石遺構が発見された。また中央の道路沿いに設定した調査区では，一帯が元来湿地であったことを示す粘質土の上に盛土層が確認され，道路に面した間口部分の下層では礎石と思われる石列も検出されている。

貿易陶磁及び国産陶磁器の層位ごとの組成の変遷から，七尾城下の益田本郷市に対する新たな船着場＋市町として16世紀前半に成立し，16世紀末に最盛期を迎え，17世紀初頭に終息したことが分かる。

益田氏の動向と密接に関わりながら消長した市町であり，戦費や軍事物資の調達のために特権的な有力商人が居住した可能性が考えられている。

発掘調査の結果，戦国時代の町割が石垣のラインと一体となって今日もなお現存していることが明らかにされ，河川改修事業に伴う拡幅は，対岸の左岸側に変更して実施されることとなっている。

6．むすびにかえて

益田川の河口域でいち早く成立した沖手遺跡は，古代末の11世紀後半から中世前期初頭の12世紀にかけて繁栄し，13世紀から衰退が始まる。中須西原・東原遺跡は12世紀から成立のきざしがみえるが，沖手遺跡の衰退に連動するように13世紀には機能し始め，15世紀代に最も繁栄した。16世紀に入ると，両遺跡は衰退しつつも存続す

るが，この頃，益田川の上流に新たに今市が成立した。

これら港湾遺跡の消長と流通拠点機能の移動は，益田地域における政治的・社会的な動向や国内外の情勢，さらに，海退による河口域の急激な地形環境の変化などが要因となって生じた。

平安時代末から鎌倉時代初期にかけての益田氏は石見府中を本拠とし，庶流家を益田に配して11世紀後半から益田地域の本格的な開発に着手し，12世紀中頃には益田荘が成立した。沖手遺跡は，この段階における河口域の流通拠点と考えられる。

益田荘の成立に伴い，荘園年貢の京都への輸送のための交通路の整備が必要となり，西日本海水運の結節点となる湊として中須西原・東原遺跡が生まれ，次第に機能を拡充していった。

近年，中世前期の益田湊に関する新たな史料が確認された。文永6（1269）年の法橋範政書状案（「益田金吾家文書」）によると，13世紀後半には，荘園領主によって河口域に川関の「益田本郷津」が設置されており，高津川の上流域から搬出されたと推定される筏流しの材木に対して関銭の「浮口」が徴収されていた。この益田本郷津がいずれの遺跡を指すのか，あるいは河口域の湊の全体を呼称するものかは明確でないが，益田荘の枠組みを超えた，益田及びその周辺を含む広範な地域における流通センターとしての機能を担っていたと推定される（井上2010）。

鎌倉時代の益田氏は，本拠を石見府中から益田へ移すが，石見国の守護となった北条氏によって益田本郷の地頭職を没収され，いったん益田本郷を離れて，益田川中流域の山道地域を拠点とした。

益田氏が再び益田本郷に本拠を定めたのは南北朝時代のことであり，荘園領主に代わって益田荘支配の実権を掌握し，中須西原・東原遺跡が所在する中須を含む「波田原」地区を新たに益田本郷に組み込んで再編成した。

一方，国内外の情勢に目を向けると，南北朝時代以後，西日本海では各地の領主や民衆が直接的に交易を行う流通システムが成立し，隔地間交易が盛んに行われるようになった。そのような中で，周布氏による朝鮮交易にみられるように，石見国と対馬とを結ぶ日常的な交易ルートが定着し，対馬を経由して，中国・朝鮮や琉球，東南アジアなど広く東アジア世界とも密接に結ばれることとなった。

さらに，南北朝時代以後，大きく勢力を拡大していく守護大内氏と結ぶことによって，益田氏が石見国内で圧倒的に優位な地位を得ていたことも重要な要因であった。室町時代から戦国時代にかけての益田氏は，中須西原・東原遺跡の湊を拠点として，積極的に交易に関与し，海洋領主的な性格を強めていった。

港湾遺跡の消長に関しては，地形環境の変化も大きく影響したと考えられている。土砂の流入によって潟湖や低湿地の陸地化が徐々に進み，河川流路も変動した。さらに，海面が現在よりも2m低下したといわれる15世紀中頃以降のバリア海退によって，河口域の地形は急激に変貌したと思われる。

日本海沿岸の中世遺跡の事例を通して，このバリア海退によって引き起こされた大規模な飛砂現象が，益田を含め海浜部の湊や集落の衰退・終焉の直接的な要因と指摘する論考がある（村上2009）。

この影響を受けて，湊の立地に適した場はさらに限定されることとなり，流通拠点としての主な機能は，河川流路と水量がより安定した上流域の今市に移動したが，機能の一部は中須西原・東原遺跡に残り，存続したと考えられる。

以上のように，港湾遺跡の相次ぐ発見によって，遺構と遺物を通して，益田が西日本海水運の要地を占め，中世後期にはその交易圏が，国内遠隔地はもとより，中国や朝鮮，さらに東南アジアにも及んでいたことが明らかとなった。

そして，三宅御土居，七尾城，城下町，湊という益田氏関連遺跡群の基本的な骨格が明確となったことにより，今後の中世都市益田に関する総合的な研究の進展と新たな地域史像の構築が期待されるとともに，文化遺産を活かしたまちづくりの展望が問われることとなった。

本稿を作成するにあたり，長澤和幸，佐伯昌俊，寺戸淳二の協力を得た。記して感謝したい。

参考文献

太宰府市教育委員会　2000『大宰府条坊跡ⅩⅤ―陶磁器　分類編―』

古川久雄　2003「石材からみた益田市の中世石造物」『市内遺跡発掘調査報告書Ⅰ』益田市教育委員会

井上寛司　1995「三宅御土居と益田氏」網野善彦・石井進編『中世の風景を読む4―日本海交通の展開―』新人物往来社

井上寛司　2010「中世の益田川関と沖手遺跡」『市道中吉田久城線道路改良工事に伴う文化財発掘調査　沖手遺跡』益田市教育委員会

岸田裕之　1993「石見益田氏の海洋領主的性格」『芸備地方史研究』185　芸備地方史研究会

村上　勇　2009「地域研究と貿易陶磁・山陰―特に島根県益田川流域の発掘成果からの考察」『貿易陶磁研究』No.29　貿易陶磁研究会

村上　勇　2009「バリア海退が中世地域社会に与えた影響について―日本海沿岸の遺跡を中心にして―」『西国城館論集Ⅰ―河瀬正利先生追悼論集―』中国・四国地区城館調査検討会

服部英雄　2000「今市船着場跡の歴史的な役割―益田川の河口津をめぐる状況―」『中世今市船着場跡文化財調査報告書』益田市教育委員会

林　正久　2000「益田平野の古地理の変遷」『中世今市船着場跡文化財調査報告書』益田市教育委員会

林　正久　2006「益田平野の成り立ちと沖手遺跡」『沖手遺跡―1区の調査成果―』島根県教育委員会

島根県教育委員会　2006『沖手遺跡―1区の調査成果――般国道号（益田道路）建設予定地内埋蔵文化財発掘調査報告書3』

島根県教育委員会　2008『沖手遺跡　専光寺脇遺跡　一般国道9号（益田道路）建設予定地内埋蔵文化財発掘調査報告書5』

【木原　光，連絡先：益田市教育委員会文化財課・益田市元町11番15号】

日本考古学　第32号

Medieval Harbor Sites in Masuda, Iwaminokuni

KIHARA Hikaru

In recent years, large and foothold-class port sites such as Okite site, Nakasu-Nishihara site and Nakasu-Higashihara site, have been discovered in Masuda City, Shimane Prefecture in which a lagoon was formed around river basins of Masuda River and Takatsu River.

Okite site was a port most prosperous from the latter half of the 11th century to the 12th century. It is considered as a distribution base deeply related to the full-scale development of the Masuda plain and Masuda manor which was established in the middle 12th century, and allocation of the whole village was planned with orderly located roads as its framework.

Nakasu-Nishihara site had its prime as a port in the former half of the 15th century. Especially important features were two paved wharfs which extended 25 to 30 meters. Also, Korean ceramics took up almost 20% of imported ceramics excavated, as well as many Vietnamese Tetsue plates and Southeast Asian pottery.

In Nakasu-Higashihara site which is located next to Nakasu Nishihara site, large scale construction and strengthening of port function was conducted after the 15th century, and large paved features stretching to 40 meters were yielded along the coast line, and many imported ceramics were excavated including a Thai Tetsue jar.

Both Nakasu-Nishihara and Nakasu-Higashihara sites, which are parts of one archaeological site, were born as a tribute transportation port in the 12th century, and it became a base port managed by Masuda clan after Masuda clan who conspired with Ouchi clan, took over the power of regional control in the Nanboku-cho period.

The port at Nakasu-Nishihara and Higashihara sites began to decline in the 16th century, however, a new port was constructed with the functions of market and port upriver at Imaichi, and was residence for privileged merchants.

It seems the rise and decline of these sites, and transfer and division of trade base function were closely related to the movements of Masuda clan, a marine lord, who was positively involved in trade with remote places which became active in the Japanese Islands after the Nanboku-cho period, as well as trade with Asian world that was established through Tsushima. Furthermore, it was influenced by outflows of earth and sands from the rivers, and topographical change of lagoons and rivers due to regression.

Keywords :

　　Studied period : Medieval
　　Studied region : western Sanin
　　Study subjects : medieval port sites

書　評

瀬口眞司著『縄文集落の考古学
－西日本における定住集落の成立と展開－』

松　田　真　一

　本書は滋賀県をフィールドとして調査と研究を蓄積された著者が，対象とする縄文時代の遺跡とそこで検出された遺構と遺物を主に統計的処理などを駆使する手法で分析し，近畿地方を中心として西日本の縄文文化のなかでも集落の特徴を明らかにしようとした内容である。特に本書は定住集落の成立と展開に焦点をあて，あらたな視点も交えて標記の課題を解明しようとしたところにある。第Ⅰ部「西日本縄文集落研究の意義」，第Ⅱ部「関西地方の縄文遺跡の特色」，第Ⅲ部「遺跡と遺構から見た集落と資源利用」，第Ⅳ部「遺物から見た集落と資源利用」，第Ⅴ部「関西地方における定住集落の成立と展開」，とした全体が5部構成となっている。評者の知識と能力では遠く及ばない解釈が随所に見られ，正しい評価ができるか心許ないが，本書の紹介に替えさせていただく。

第Ⅰ部「西日本縄文集落研究の意義」

　これまでの縄文集落研究史を「集落の形態・構造」，「集落群の性格」，「集落の移動と領域」，「定住の様態とその展開過程」に分けて整理し紹介する。集落遺構の分析に当たって研究視点毎に，時系列で整理し研究の深化を振り返る。近年特に施設の規模や数量のほか，住居などの構築・廃棄・建て直しなどについても，土器型式だけでは読み取れない構成員の移動や離合集散を想定した分析も進められてきた現状を評価する。また大規模集落が移動や活動累積の結果と見ることで，集落住居数の多寡が人口数とは必ずしも比例しないという新たな観点とその批判についての動向を窺う。

　ここでは定住集落の成立をどう捉えるかの議論に踏み込む。生活拠点の継続利用を実証するために遺跡から得

受付：2011年6月30日
受理：2011年8月16日

られる考古学資料を悉に分析しても，現実的には遺構の同時性の認定の難しさなどの限界が存在する。これは動植物遺存体に恵まれていた粟津貝塚の事例をしても同じだろう。動物質資源と植物質資源の利用痕跡があっても，その場所で年間を通じて生活していた根拠とはとうていなり得ない。また民族学的研究方法や資料の援用から縄文集落の定住の程度を探るが，一集団の年間を通じた行動の足跡を把握するのはきわめて困難といえる。遊動と定住という言葉では律しきれない，時期によってまた各地域の生活実態があったのであり，つまるところ生業活動と深く関わった生活の拠点の利用のあり方から，生活様式をどう捉えるかという点が重要になる。民族事例を作業仮説として提示することを否とはしないが，縄文遺跡の実態にきちんと援用できる接点が示されているとは言い難く，著者の言う唯物論的歴史観とは別に遺跡実態が突き詰められていない点を問題とすべきだろう。

第Ⅱ部「関西地方の縄文遺跡の特色」

　はじめに関西の縄文遺跡の分布と，遺跡数および住居面積を統計的に分析し，推定人口の変化を読み取っている。特に中期終末の遺跡数の増加と，後期前半前後の居住集団の規模拡大などを弁別し，人口推移の実態を把握しようと試みる。著者は遺跡数と住居面積平均値（集落遺跡の規模）のデータが整合しない点を，同一集落に対する定着度が強まったと解釈するが，それぞれ夏期と冬期の住居と断じる平地式住居と竪穴式住居を，統計上区分けして資料操作する必要があろう。ただし各種住居の季節性については検証できている問題とは思えない。特に竪穴住居の利用については，季節的利用と通年利用を検討するなら，住居構造などに踏み込む必要があると考えるが，大鼻遺跡以下の報告書から単に転載された図からは読み取れるものはない。時期毎の遺構図が多く掲載されているにも関わらず，文章の飾りとしかなっていな

いことが惜しまれる。なお草創期の竪穴住居は粥見井尻遺跡などで確認されており正しい評価がほしいところである[1]。

次に遺跡の分布傾向を遺跡が立地する地形や景観と食糧資源の関係を通し、季節性が特定できる活動内容を分析して遺跡動向の実態を探ろうとする。特に著者が調査研究のフィールドとする琵琶湖沿岸とその一帯の遺跡が対象として扱われている。遺跡の立地や環境を景観という用語を用いてA・Bに大別する。この景観とは「地勢環境」を指すのだろうが、そこでは湖岸に山が迫る環境（景観A）と、広い氾濫原や沖積地が形成された地域が湖岸と山地の中間に存在する環境（景観B）とに分かち、前者を複合的景観と呼び替え、早期中葉以前にはそういった立地が多いとし、ここに大きな意味を持たせている。近畿地方全体として後期初頭前後から沖積地へ集落が進出する傾向があるが、早期の遺跡も琵琶湖周辺以外に目を向けると多様な地勢環境に立地しているのがむしろ実態といえる。琵琶湖周辺の分布図を見ると、著者が通年で定住が可能な条件がある景観Aとする場所は、早期の遺跡が存在する以外にもあちこちに存在するが、その後何故かそこへの遺跡の広がりはない。このことは著者が主張する景観が定住とは関わりがないことを示している。

第Ⅲ部「遺跡と遺構から見た集落と資源利用」

琵琶湖岸にある貝塚の食糧残渣を中心とした堆積物とその堆積状態は、この地で1年を通した定住が認定できる良好な資料として重視する。しかし上述したように繰り返された資源獲得の内容は把握できても、この場所を離れることなく通年居住していた証明にはならない。加えて近年各地で確認されている特定食糧資源の処理場ないしは加工場などの事例を参考とすると、食糧獲得活動の痕跡を示す遺構と居住地との関係には慎重な検討が必要だろう。

年間定住を促したと評価する堅果類の貯蔵穴が詳しく取り上げられる。一遺跡当たりの数と合わせて、中期後葉、後期中葉、後期後葉と段階的に急増することを貯蔵穴の容量の数値も加えて補強し説得的である。人口増加にともなう貯蔵施設の拡大は当然の現象だろうが、晩期に貯蔵穴が著しく減少することは、これを定住との関係にそのまま結びつけて考えることの危うさを示しているともいえる。増加する理由があれば減少することについても、結果的に普遍化しなかった新たな穀類の利用とは別に説明も必要だろう。そもそも一遺跡当たりの貯蔵穴の容量の増加が、利用期間を延ばしたといえるのだろうか。秋しか収穫できない堅果類を食糧が枯渇する時期を

考慮して利用しないわけはない。また1人当たりの貯蔵穴容量の増加は、正しくは湿地式貯蔵穴による堅果類の貯蔵量の増加であって、湿地式貯蔵穴とは別の保存方法や施設の存在も考えるべきで[2]、貯蔵穴増加の主因はあくまで人口の増加によるものとみるのが自然だろう。また湿地式貯蔵穴は場所を選ぶ性格を持っている遺構であることを認識する必要がある。集落内や近接して設けられた場合もあろうが、居住地域とは離れた場所にある事例のほうがむしろ多く、堅果が得られる場所に近く、なにより地下水位の高い場所が選ばれたのである。集落周辺で検出された遺構だけで判断すると貯蔵穴の実態を見誤ることになりかねない。

著者は中期後葉に至って関西では、環境「依存」から環境「創出」という型へ移行し、定住集落が成立しうる条件が拡大し、定住はいっそう普遍化したとする。環境「創出」が著者の意図している生産活動の変化に相応しい言葉かどうかは別にしても、この第3段階に農耕の痕跡が見え、自然の人工化という資源環境の「創出」だとする。評者にはそのような自然環境との対峙の仕方まで変わる大きな局面がこの時期に認められるとはとても考えられない。

関西地方の縄文集落の景観変化と、集落規模の地域的な違いを扱い、定住生活が居住地域の拡大や、集落規模の増大へと繋がったことを唱える。集落の規模については住居面積、貯蔵穴容量、埋葬遺構数、祭祀具出土数の統計から小規模集落と大規模集落が弁別でき、中期後葉に住居を中心とした多機能型の大規模集落が出現し、後期中葉以降は一転して、大規模単機能型とした集落が共有する貯蔵穴群や大規模な埋葬・祭祀遺構が新たに出現する傾向が把握できるという。また関西地方の縄文遺跡が基本的に小規模なことは、幾度となく紹介される経済人類学者サーリンズの考えに従い、集団の求心力よりも世帯の自律性が優先されるという地域の社会的原理によって生じたと結論づけられている[3]。本当に実態はそうなのだろうか？本郷太田遺跡が複数の集団が関与し、居住区が抜け落ちた形と見なし、橿原遺跡を祭祀や埋葬に特化した遺跡と判断するなど、そのどちらも遺跡の実態からはかけ離れた理解と言わざるを得ない。単眼的な類型化や数量的処理に頼りすぎると遺跡の本質を見誤りかねない。

第Ⅳ部「遺物から見た集落と資源利用」

ここでは琵琶湖周辺の遺跡を対象にして、石器組成の時期的変化や地域的な差異を分析し、各集落の滞留性を見極めようとする。著者の考えによれば早期前葉から中葉、琵琶湖沿岸の遺跡は湖岸に山地が迫った場所で、年

間を通じて食糧獲得に至便な場所に立地するという。これに従うと石器組成は著者の言う複合型ないし総合型であるはずだが何故か1器種突出型と説明されている。これは年間を通じた生産活動が行われていないか，もしくは石器組成の偏りの基準に問題があるかのどちらかだろう。繰り返すが，近畿のほかの地域の当該時期の遺跡ではそういった立地に限定されていないし，また突出型と判断された事例で，3分の1を下回った器種が担う生産活動が低調であったとは考えられず，むしろバランスがとれた生業を行っていたと評価する調査報告は少なくない。石器組成の研究は重要な研究手法であるが，判断の基準や数字の読み方に慎重を期さないと遺跡の内容が正しく評価されない結果を招く。

　著者はまた中期後葉以降，釣針や琵琶湖周辺で多数検出されている丸木舟など漁撈関係用具の普及したことが年間を通じた定住を可能にした一因とする。また打製石斧と磨製石斧が耕作や森林開発など自然環境への働きかけを推し量る資料と捉え，隣接する中部地方西部との量的違いや，貯蔵穴数が石斧数と反比例的傾向を示すことなどを根拠に，開発を積極的に行わず食糧貯蔵に傾倒した近畿地方の資源獲得の特徴が大規模集落を生み出さなかった原因とする。確かに石斧所有の実態は両地域の生産活動の違いを反映したものと考えられる。ただし根茎類の採集や何らかの耕作活動が，必ずしも人数を確保し集約的でなければならないことはなく，また短期間で大量の貯蔵行為が必要な活動も，作業量と人数の関係は変わらないはずであり，評者は基本的にそのことと集落の規模とは関係がないと考える。

第V部「関西地方における定住集落の成立と展開」

　著者のいう「定住集落の成立と展開」を時系列的に追うと，縄文時代早期には旧石器時代の遊動生活から転じて湖岸に山が迫る場所を選んで通年定住生活を常態とする。ところがまもなく早期も後半になると，再び季節的移動を併用する生活へ移行する。しかし中期も終盤に至ってまた定住を基本とした生活に戻るということになるらしい。本書の全体を貫く筋書きはどこかで生産活動の転換が図られるような画期が無ければならないということが前提にあるようで，それが著者に環境「依存」型と環境「創出」型という，対峙する生業パターンをまさ

に「創出」させたようだ。また証明がきわめて難しい年間定住ということに重きを置いたがために，結果的に説明のための資料の解釈に無理が生じたように思われる。

　縄文時代の遺跡の立地は基本的に一次産品の得やすいことが大きな条件となっただろう。しかし果たしてそうした食糧資源すべてを一集落が直接獲得したのだろうか。縄文社会が自給自足的な面を持っていたことは確かだし，様々な技術進歩が活動範囲拡大や，定住化を促進した主因と考えることもできる。しかし縄文時代のモノの動きを示す様々な資料から推察するに，物資や情報の動きも我々の想像を超えて活発であったこともまた事実である。琵琶湖周辺地域における遺跡の氾濫原などへの分布の広がりも，著者が強調するよう生業関係器具の発達や貯蔵技術の進歩が寄与したことはあっただろうが，人口増加による生活領域の競合などを避けるための当然の変化と見ることもできる。著者が丹念に蓄積し提示された資料は貴重な内容と評価できるが，これをもって定住集落への道程が説明されたかと問われると，記述したような頷けない事柄が多く横たわる。提示された考古資料だけでは証明することが難しい課題だからである。著者のような考え方もあり得るかも知れないが，上記したような別の考えも成り立つ。縄文時代をどういう社会と見るかにも関わっている。ともあれ，決して他地域に比べて多くはない近畿地方において蓄積されてきた資料を，手際よく整理した点や，視点を変えて分析や操作を行うなど，研究の停滞状況に切り込んだ意気込みは評価されるところであり，本書が契機となって今後活発な議論が展開することを望みたい。

註
1）出版後ではあるが同じく草創期に属する相谷熊原遺跡の竪穴住居の発見もあり，縄文時代初期の竪穴住居も無視できない存在となっている。
2）九州地方では草創期にすでに堅果貯蔵が認められることなど，他地域の状況を踏まえると，湿地式貯蔵穴以外の保存法の存在も考慮せねばならないだろう。
3）蛇足ながら編集に一考あればと感じた。自説を強調したい気持ちもわかるが，意義・構成・目的・ねらい・まとめ・小結など必要だろうかと思えるほど同じ文章が繰り返えされ，正直読書の忍耐の限界を超えるほどだった。加えてここにあるサーリンズの説をはじめ，他者の説や研究手法までも何度も同じ文章のまま紹介するのはいかがなものだろう。本書は適切な編集によって相当な分量の削減が図れたと思う。

（昭和堂，2009年12月12日発行，総頁数367頁，ISBN978-4-8122-0951-6 C3021）
【松田真一，連絡先：天理大学附属天理参考館・天理市守目堂町250】

日本考古学　第32号

Book Review:
Jomon Shuraku no Kokogaku: Nishi Nihon ni Okeru Teiju Shuraku no Seiritsu to Tenkai (Archaeology of Jomon Village: Formation and Development of Permanent Villages in West Japan) by SEGUCHI Shinji

MATSUDA Shinichi

As this book, *Archaeology of Jomon Village*, has a subtitle: *Formation and Development of Permanent Villages in West Japan*, it pursued characteristics of Jomon villages in West Japan, for which less research data is available compared to East Japan, mainly from the viewpoint of acquisition and utilization of food resources. Although Jomon society is assumed to be a settled society, the author points out that the settlement of one place throughout a year is established in the latter half of the Jomon period, based on analysis of site locations in West Japan, various tools in subsistence activities, and food storing facilities. Although the author describes the process of permanent settlement by quantitative analysis/manipulation of many excavation data, the reviewer feels that the data which is the ground for the hypothesis does not prove year round settlement. Also, while the author regards that a large-scale village, of which examples are rare in West Japan, made the transition from multi-functional types to single functional types in Late Jomon, it seems that drastic change of relationship among groups is not observed in archaeological sites.

196

『日本考古学』投稿規定

1. 投稿資格　：原則として日本考古学協会会員に限定する。但し，会員からの推薦があればこの限りではない。依頼原稿に関しても同じである。
2. 原稿の種類：論文，研究ノート，研究動向，遺跡報告，書評とする。
3. 投稿手続　：投稿者は，必ず別紙「送り状」を添えて日本考古学協会事務局宛送付する。非会員の投稿は，会員の推薦状を添付する。推薦状の書式は問わない。
4. 受　　付　：編集委員会が原稿を受け取った日を「受付日」とする。受付後，「預り状」を発送する。
5. 受　　理　：原稿はすべて，複数の査読委員による査読の結果を受けて，編集委員会で採否を決定し，掲載原稿についてはその段階で「受理」とする。なお，原稿の掲載時期についても編集委員会が決定する。
6. 別　　刷　：掲載者には，掲載雑誌3部と別刷50部を贈呈する。それ以外の別刷については，自己負担とする。
7. 著 作 権　：掲載原稿の転載は，原則として1年間は控えてください。また，転載にあたっては必ず当会の承諾を得てください。ただし，論文要旨については，この限りではありません。

『日本考古学』執筆要項

1. 原稿の種類・枚数
   判型はA4判で，本文版組みは25字×48行の横2段組である。
   ・論　　文——16頁程度（図版含む）
   ・研究ノート——8頁程度（図版含む）
   種目の判断は，最終的に編集委員会が行う。
2. 原稿は，原則としてテキストファイル変換した電子媒体での提出とする（図版類は除く）。
3. 論文要旨について
   論文には，44字×20行程度の和文要旨を用意し，本文冒頭に掲載する。また，英文要旨も文末に掲載するので，英文訳のものも用意すること。その際，特殊な考古学の用語の一般名詞は，イタリック体を使用する。英訳が不可能な場合は，編集委員会で行うので，和文要旨（44字×10行以内，厳守）を用意すること。
4. キーワードについて
   論文・研究ノート・遺跡報告には，対象時代・対象地域・研究対象の3項目について、10文字，3点以内（句読点含む）のキーワードを記入する。
   例）対象時代　縄文時代
   　　対象地域　東日本
   　　研究対象　集落の構成，集落の構造，集落の類型
5. 文章表記について
   a．度量衡単位はcm，kg，㎡等のように記号を，数量は算用数字を使用する。
   b．外国語関係固有名詞は，原則としてカタカナ書きとし（　）内に原文表記する。例）A・L・クローバー（Kroeber）
   c．年代表記は，西暦と和暦の年号を併記する。但し，引用箇所は、この限りではない。

6. 註・参考文献について
   a．註は，通し番号を付し右肩付きとし，文章末尾の参考文献の前に一括して掲載すること。下記参照。
   b．本文中の参考文献は（小林1988）と明記し，引用箇所が明確な場合はそのページを記入する（小林1988，25-56頁）。
   c．参考文献の配列は，原則として言語の種類にかかわらず著者名の原文の発音のアルファベット順とする。下記参照。
7. 挿図・写真図版について
   a．版面は・1頁の場合　　　　　縦232mm×横168mm
   　　　　　　　　　　　　　　　（キャプション分は含ます）
   　　　　　・左右半頁の場合　縦232mm×横80mm（同上）
   b．挿図はトレース済みの完全版下とし，縮尺・写植・見出し等の指示を入れる（写真図版も同様）。
   c．採用決定者には，割付原稿を送付するので，割付見本を作成すること。
   d．挿図および表は，典拠を明記する。典拠は，図表タイトルの後にカッコを付して，（小林1988による）のように典拠となる文献を示し，文献は論文末尾の「参考文献」の項に他の参考文献とともに記すること。但し，執筆者自身の原図・表の場合には断る必要はない。
   e．写真は鮮明なものに限る。同様に出所を明記すること。
8. 原稿の末尾（参考文献の後）に，連絡先（所属先名・所属先住所，または個人住所）を明記する。
9. 原稿提出の際には，テキストファイル変換した電子媒体・挿図図版・割付見本とともに，本文・論文要旨のそれぞれの打ち出し原稿を添付する。

＜註の表記方法＞

◎本文中は，右肩付き終わり小カッコで示し→第1号墳は第3号墳よりも新しい[1]。
　以下のように，本文末尾の参考文献の前に一括して記載する。

　註
　1）筆者の編年案による。
　2）ただし，一部においては不明である。

＜参考文献の表記方法＞

◎以下のように，言語の種類にかかわらず，著者名のアルファベット順に掲載する。また和文献の最後に句点は入れないが，洋文献の場合は．をつける。

参考文献

安志敏　1983「中国晩期旧石器的　-14　断代和问题」『人類雑誌』2巻4期　342-351頁

Binford, L. R. 1989. *Debating archaeology*. Academic Press, New York.

Деревянко, А.П.1983. Палеолит Дальнего Востока и Кореи Новосибирск.

Frison, G. C. 1989. Experimental use of Clovis weaponry and tools on African elephants. *Americon Antiquity* 54 (4), pp.766-784

橋口達也　1984『石崎曲がり田遺跡Ⅱ』今宿バイパス関連埋蔵文化財発掘調査報告書第9集　福岡県教育委員会

金元龍　1974「百済初期古墳에　대한再考」『歴史学報』62輯　1-18頁

Kondō Yoshirō（近藤義郎）. 1986. The keyhole tumulus and its relationship to earlier forms of burial. In *Windows on the Japanese past*, edited by R. J. Pearson, G. L. Barnes, and K. L. Hutterer, pp.335-348. Center for Japanese Studies, the University of Michigan, Ann Arbor.

田中英司　1995「日本先史時代のデポ」『考古学雑誌』80巻2号　1-71頁

吉田　孝　1983『律令国家と古代の社会』岩波書店

『日本考古学』投稿原稿用送り状

種　　類　　（〇）		論文　　　　　研究ノート　　　　　その他	
著　者　名	和　文		
	英　文		
表　　題	和　文		
	英　文		
キーワード	対象時代		
	対象地域		
	研究対象		

本文原稿：和文＿＿＿＿＿枚　欧文＿＿＿＿＿枚　本文要旨：和文＿＿＿＿＿枚　欧文＿＿＿＿＿枚
挿図：＿＿＿＿＿枚　写真図版：＿＿＿＿＿枚　表：＿＿＿＿＿枚

ワープロ・パソコンの種類	ワープロソフト名：＿＿＿＿＿＿＿＿＿＿　　ＦＤ等の種類：＿＿＿＿＿＿＿＿
	編集ソフトとバージョン：＿＿＿＿＿＿＿＿＿＿＿＿＿＿＿

別　刷　希　望　数	50　＋　　　部　＝　　　　部　（追加分は有料）

【 連絡先 】　住　　所　〒＿＿＿＿＿＿＿＿＿＿＿＿＿＿＿＿＿＿＿＿
　　　　　　　氏　　名　＿＿＿＿＿＿＿　TEL　＿＿＿＿＿＿＿　FAX　＿＿＿＿＿＿＿
　　　　　　　勤務先名　＿＿＿＿＿＿＿＿＿＿　勤務先 TEL　＿＿＿＿＿＿＿＿＿＿
　　　　　　　メールアドレス　＿＿＿＿＿＿＿＿＿＿　FAX　＿＿＿＿＿＿＿＿＿＿

No.	受付　　年　　　月　　　日	受理　　年　　　月　　　日

--------編集後記--------

　今号は論文５編、研究ノート１編、遺跡報告２本、書評１編が収載され、少し厚めに仕上がりました。

　ところで、会報に載る「機関誌原稿募集」の案内にも示されていますように、本誌掲載までには、編集委員による下読み—手直し—受付—査読判定—補訂—受理—割付け入稿—著者初校—編集子再校—事務局校了という手順を踏んでいます。

　文の長さや修辞、参照図表の見やすさ、さらには特殊な呼称の振り仮名など、読者のため細かい点にもぜひ配慮頂けると助かります。

　改めて、屈指の調査成果や渾身の研究論考の投稿を期待するばかりです。　　　　　　　　　　　　（か）

編集委員会からのお願い

　本誌は随時投稿を受け付けておりますので，各位の積極的な投稿をお願いいたします。版下入稿が原則ですが，図面等をデータ状態で入稿される方が増えており，なかには印刷不可能な劣化データを入稿される方があります。データ状態で入稿される方は，以下のことに是非ともご留意下さい。

Ⅰ　写真図面の場合
　a　写真焼き付け，またはスライドをご提供下さい。
　b　写真データで入稿の場合。出力物での入稿は品質がかなり落ちます。入力と保存の両方にご注意願います。
　○　モノクロ写真の入力条件は，グレースケール，350dpi以上，原寸以上の大きさ，でお願いします。一般的な分解能の175線での印刷では倍＝350dpiが最低条件です。
　○　デジカメ・データの場合，使用カメラで一番高画質で撮影を願います。いずれも必ず，出力見本を添付して下さい。
　○　保存形式。「tif」で保存し，CDに焼き付ける。MOは機械によって不安定であり避けて下さい。また，「jpg」は保存するたびに徐々に劣化し，回転すると特に著しいので避けて下さい。
　○　埋め込み，リンクした画像も付けて下さい。

Ⅱ　図版版下
　a　トレース図を提供下さい。
　b　模写図面の場合。複写機を使用すると，大幅に劣化します（最大で600dpi程度）。1頁大などの大きな図面に再現できません。

　c　報告書図面の場合は，報告書をお貸し下さい。この場合，アミがあるものはモアレが出るのでご注意を。また，アミの移動や消去などは基本的に出来ません。
　d　図面データの場合
　○　イラストレータ・データが最適。キャド・データは印刷できない場合があります（その場合一度プリントし，スキャニングすることになる）。
　e　図面などの入力条件
　○　トレース図面は1,200dpiで取り込む。複写図面は600dpi程度に劣化しているので，それ以下で可能。ただしこの場合は，小さな図にしか再現できません。
　○　入力時の条件は，モノクロ2階調（写真扱いの場合はグレースケールで300〜350dpi），原寸です。
　○　イラストレータで作図する場合。線幅は0.25point以上，文字は全てアウトラインをかける（画像データとする），下絵にした画像は書類上から削除する，透明機能は使用しない（そのデータ内の黒部分はグレースケールで指示する），只の線に塗りの情報は入れない，などを厳守して下さい。
　○　埋め込み，リンクした画像も付けて下さい。
　f　保存形式。「ai」又は「eps」で保存し，CDに焼き付けて下さい。MOは避けて下さい。

Ⅲ　ワード・エクセル，一太郎などに貼られた図・写真は印刷に適しません。劣化し修復も完全に出来ません。絶対に，お避け下さい。

［編集委員］　川名広文（理事）・茂木雅博（理事）・鈴木康之（広島県）・藤尾慎一郎（千葉県）・細田勝（埼玉県）・
　　　　　　　松本太郎（千葉県）・山本孝文（埼玉県）
［英文要旨］　コジリアン直子氏にご協力いただきました。
本刊行物は，独立行政法人日本学術振興会平成23年度科学研究費補助金（研究成果公開促進費）の交付を受けた。

日本考古学　第32号

発　行　日　2011年10月10日

編集・発行　一社団法人　日本考古学協会
　　　　　　　（会長　菊池　徹夫）
　　　　　　　〒132-0035　東京都江戸川区平井5丁目15番5号
　　　　　　　平井駅前協同ビル4階
　　　　　　　電話　03（3618）6608・FAX 03（3618）6625

印　刷　所　能登印刷株式会社
　　　　　　　〒920-0855　金沢市武蔵町7番10号
　　　　　　　電話 076（233）2550・FAX 076（233）2559

発　売　所　株式会社吉川弘文館
　　　　　　　〒113-0033　東京都文京区本郷7丁目2番8号
　　　　　　　電話　03（3813）9151（代表）
　　　　　　　振替口座　00100-5-244

ISBN　978-4-642-09325-5　C3321